वॉरेन बफ़े के निवेश के रहस्य

(The Warren Buffett Way)

वॉरेन बफ़े के निवेश के रहस्य

(The Warren Buffett Way)

रॉबर्ट जी. हैगस्ट्रॉम

WILEY

वॉरेन बफ़े
के निवेश के रहस्य

Translation by Translation Panacea

Other Wiley Editorial Offices:

John Wiley & Sons, Inc. 111 River Street, Hoboken, NJ 07030, USA

Wiley-VCH Verlag GmbH, Pappellaee 3, D-69469 Weinheim, Germany

John Wiley & Sons Australia Ltd, 42 McDougall Street, Milton, Queensland 4064, Australia

John Wiley & Sons (Asia) Pte Ltd, 1 Fusionpolis Walk #07-01 Solaris, South Tower Singapore 138628

John Wiley & Sons Canada Ltd, 22 Worcester Road, Etobicoke, Ontario, Canada, M9W 1L1

First Hindi Reprint: 2020

Reprint : 2025

ISBN: 978-81-265-4632-9

ISBN: 978-81-265-9102-2(ebk)

www.wileyindia.com

Printed at: Yash Printographics, Noida

विषय-सूची

प्राक्कथन- विलक्षण प्रतिभा

वित्तीय निवेश के क्षेत्र में वॉरन बफ़े की विलक्षण सफलता का रहस्य क्या है? यह प्रश्न मुझसे अक्सर पूछा जाता है। इस प्राक्कथन में मैंने इसी प्रश्न का उत्तर देने की चेष्टा की है।

साठ के दशक के उत्तरार्ध में, जब मैं यूनिवर्सिटी ऑफ़ शिकागो में MBA की पढ़ाई कर रहा था, तब मुझे वहाँ वित्त विज्ञान के एक नए सिद्धांत का अध्ययन करने का अवसर प्राप्त हुआ, जो कुछ वर्ष पूर्व अधिकतर उसी विश्वविद्यालय के शोधकर्ताओं द्वारा विकसित किया गया था। दक्ष बाज़ार की अवधारणा, "शिकागो मत" का एक अति महत्वपूर्ण अंग थी। इस अवधारणा के अनुसार, लाखों बुद्धिमान, अभिप्रेरित, निष्पक्ष व जागरूक निवेशकों के संयुक्त प्रयास से, बाज़ार में किसी भी शेयर अथवा अन्य वस्तु जिसका कारोबार होता हो, की क़ीमतों में उससे सम्बंधित तात्कालिक सूचना अथवा समाचार का समावेश तुरंत ही हो जाता है, जिससे कि वह शेयर अथवा वस्तु, निवेशकों को उनके निवेश पर बिलकुल सटीक परिणाम (लाभ अथवा हानि) देती है। इस प्रक्रिया में निवेशक के उसके निवेश में उठाए गए जोखिम का समावेश उसको मिल रहे लाभ अथवा हानि में स्वतः ही हो जाता है। इसके फलस्वरूप, बाज़ार में कभी भी दाम इतने कम या ज़्यादा नहीं होते कि उनके कारण बहुत अधिक लाभ अथवा हानि उठायी जाए और इस कारण से किसी भी निवेशक को बाज़ार में नियमित रूप से लाभ कमाने के अवसर नहीं मिलते। इस अवधारणा से शिकागो मत सर्वाधिक प्रसिद्ध सूत्र उद्धृत है, और वह है कि "बाज़ार को कभी हराया नहीं जा सकता"।

दक्ष बाज़ार की अवधारणा ही इस प्रसिद्ध उक्ति का बौद्धिक आधार है और इसके समर्थन में कई आँकड़े भी उपलब्ध हैं, जिनसे यह साफ़ हो जाता है कि अधिकतर निवेशक बाज़ार से लाभ नहीं कमा पाते, या सरल शब्दों में, अधिकतर निवेशक बाज़ार को नहीं हरा पाते। यह प्रकरण बाज़ार की अजेयता का एक सशक्त प्रमाण हैं।

ऐसा भी नहीं है कि सभी निवेशक बाज़ार से हार जाते हैं। समय-समय पर ऐसा भी होता है कि कोई निवेशक बाज़ार के औसत से अधिक लाभ कमा लेता है। बाज़ार की दक्षता इतनी भारी

शक्ति भी नहीं है कि एक निवेशक को मिलने वाला लाभ, बाज़ार के औसत से भिन्न न हो पाए। कहने का अर्थ बस यही है कि कोई भी निवेशक बहुत अधिक समय तक बाज़ार के औसत से बहुत अधिक लाभ नहीं कमा सकता। बहुत अधिक लाभ कमाने वाले निवेशकों तथा उनके कमाए गए लाभ को अनियमित तथा क्षणिक घटना मानकर अनदेखा कर दिया जाता है। जब मैं बड़ा हो गया था, तब हमारे समय में एक कहावत थी कि, “अगर एक कमरे में बहुत सारे बंदरों को बंद कर दिया जाए तो उनमें से कोई न कोई अंततोगतवा बाइबल लिख डालेगा।” कहने का तात्पर्य यह है कि अचानक या अनियमित रूप से तो कुछ भी घटित हो सकता है। यद्यपि, जैसा कि मेरी माँ कहा करती थीं, “अपवादों से ही सिद्धांत सिद्ध होता है।” अर्थात, किसी भी नियम अथवा सिद्धांत के जितने कम अपवाद होंगे, उतना ही उस सिद्धांत की मूलभूत सत्यता सिद्ध हो जाएगी। प्रतिदिन, करोड़ों व्यवसायिक तथा अव्यवसायिक निवेशक, अपने किए गए निवेश के परिणामों द्वारा इस सिद्धांत को सत्य सिद्ध करते हैं कि बाज़ार को हराया नहीं जा सकता।

परंतु इसी बाज़ार में हमें वॉरन बफ़े तथा कुछ अन्य प्रसिद्ध निवेशक- जैसे कि बेन ग्राहम, पीटर लिंच, स्टैन ड्रकेन्मिलर, जॉर्ज सोरोस, एवं जूलीयन राबर्ट्सन भी दिखायी पड़ते हैं- जिनके द्वारा बाज़ार में किए नए निवेशों के परिणाम, शिकागो मत के इस सिद्धांत की धज्जियाँ उड़ाते दिखायी पड़ते हैं। संक्षेप में, इन महान निवेशकों ने बाज़ार में अपने किए गए निवेशों से इतने अधिक समय तक मुनाफ़ा कमाया है कि, दक्ष बाज़ार के सिद्धांत के प्रणेताओं को अपने सिद्धांत की सत्यता पर ही शंका होने लगे। इन महान निवेशकों की उपलब्धियाँ बताती हैं कि बाज़ार को संयोग से ही नहीं, बल्कि अपने कौशल से भी हराया जा सकता है।

उपर्युक्त सभी उदाहरणों में, वॉरन का उदाहरण ऐसा है जिस पर कोई भी विवाद नहीं किया जा सकता। वॉरन के कार्यालय की दीवार पर उनके द्वारा टाइप किया हुआ एक संदेश प्रदर्शित है, जिसमें यह दर्शाया गया है कि सन 1956 में उन्होंने $105,000 की पूँजी से द बफ़े पार्ट्नरशिप की स्थापना की थी। तब से, उनकी कंपनी में इतना बाहरी अतिरिक्त पूँजी निवेश हुआ है तथा इतना मुनाफ़ा हुआ है कि, आज बर्कशायर हैथअवे का बाज़ार में $143 बिलियन का निवेश है तथा उसकी कुल सम्पत्ति $202 बिलियन है। पिछले कई सालों से बफ़े बाज़ार को पछाड़ते आ रहे हैं। आज वह अमेरिका के दूसरे सबसे अमीर व्यक्ति हैं। फ़ोर्ब्ज़ की सूची में अमेरिका के दूसरे सबसे धनी व्यक्ति होने की उनकी उपलब्धि का स्रोत उनकी पैतृक सम्पत्ति अथवा उनके द्वारा की गयी कोई नयी प्रौद्योगिक खोज नहीं, बल्कि शेयर बाज़ार में किए गए उनके कठिन परिश्रम व निवेश कौशल का परिणाम है।

वॉरन बफ़े की इस अद्वितीय उपलब्धि के पीछे क्या कारण हैं? मेरे विचार से ये कारण निम्नलिखित हैं:

- **वह अत्यधिक तीव्र बुद्धि वाले व्यक्ति हैं।** बफ़े की प्रसिद्ध उक्तियों में से एक है “यदि आपका बौद्धिक स्तर (IQ) 160 है, तो 30 अंक बेच दीजिए। आपको उनकी आवश्यकता

नहीं है।" अपनी पुस्तक 'आउटलायर्स' में मैल्कम ग्लैड्वेल कहते हैं कि, महान सफलता प्राप्त करने के लिए व्यक्ति को विलक्षण रूप से प्रतिभावान होने की आवश्यकता नहीं है, बल्कि बस सामान्य प्रतिभाशाली होना ही काफ़ी है। सामान्य से अधिक बुद्धिमान होने से किसी व्यक्ति के सफल होने की सम्भावना बहुत अधिक नहीं बढ़ती। यथार्थ में, कई ऐसे विलक्षण बुद्धि वाले व्यक्ति हैं जो कि अपने विचारों की दुनिया में ही खोए रहते हैं तथा इस कारण से वास्तविक दुनिया में सफलता से वंचित रह जाते हैं। केवल ऊँचा बौद्धिक स्तर (IQ) होने से ही कोई महान निवेशक नहीं बन जाता। यदि उच्च बौद्धिक स्तर वाले स्वतः ही अच्छे निवेशक होते तो कदाचित कॉलेजों में पढ़ाने वाले प्रोफ़ेसर अमेरिका के सबसे अमीर व्यक्ति होते। व्यापारिक कौशल तथा व्यावहारिक ज्ञान भी एक सफल निवेशक होने के लिए उतने ही महत्वपूर्ण हैं।

वैसे मेरा मानना है कि वॉरन की बौद्धिक क्षमता 130 से कहीं अधिक है...और उन्होंने अपनी अतिरिक्त बौद्धिक क्षमता को सहेजकर रखा है एवं उसका प्रयोग भी करते हैं। उनकी किसी प्रश्न के मूल में तुरंत ही पहुँच जाने की क्षमता, ठोस निष्कर्ष पर पहुँचने की क्षमता तथा प्रारम्भ में विपरीत परिणामों के बावजूद भी उस निष्कर्ष पर क़ायम रहने की क्षमता, यह सभी उनकी सफलता की कुंजीयाँ हैं। संक्षेप में कहा जाए, तो उनकी विश्लेषणात्मक क्षमता अद्वितीय है।

वे यह सब बहुत तेज़ी से कर लेते हैं। उनको किसी निष्कर्ष पर पहुँचने में कई हफ़्ते अथवा महीनों का समय नहीं लगता है। उन्हें सांख्यिकीय गणनाएँ करने वाले विश्लेषकों की फ़ौज की भी कोई आवश्यकता नहीं पड़ती। वह केवल उन्हीं संख्याओं पर अपना ध्यान केंद्रित करते हैं जो उन्हें महत्वपूर्ण लगती हैं और ऐसी संख्याएँ एवं गणनाएँ पहचानने की उनके पास विलक्षण प्रतिभा है।

- **उनका फ़लसफ़ा उनका मार्गदर्शन करता है।** कई निवेशकों को लगता हैं कि वे निवेश के क्षेत्र में सब कुछ जानते हैं, अथवा वे दिखाते हैं कि वे सब कुछ जानते हैं। और तो और, उन्हें लगता है कि चूँकि संसार सदा ही बदल रहा है, इसलिए उन्हें बदलाव के साथ चलने के लिए सदा ही अपनी सोच भी बदलनी चाहिए, जिससे कि वे बदलते समय से पीछे न रह जाएँ। इस सोच के साथ समस्या यह है कि हर व्यक्ति हर समय सब कुछ नहीं जान सकता। बार-बार अपनी सोच तथा कार्यशैली बदलना एक कठिन कार्य है, तथा ऐसी सोच के कारण एक निवेशक में विशिष्ट ज्ञान तथा उपयोगी व्यावहारिक ज्ञान का विकास होने में बाधा उत्पन्न होती है।

दूसरी ओर, वॉरन जानते हैं कि उन्हें क्या पता है और क्या नहीं पता। जो उन्हें पता है, वे उस पर अपना ध्यान केंद्रित रखते हैं और अन्य बातें दूसरों पर छोड़ देते हैं। यह एक

अत्यावश्यक गुण है, जैसा कि मार्क ट्वेन ने कहा है "जो आप नहीं जानते उसके कारण आप मुसीबत में नहीं फँसते। बल्कि जो आप जानते हैं कि ऐसा ही है, वही आपको संकट में डालता है।" वॉरन उन्हीं औद्योगिक क्षेत्रों में निवेश करते हैं जिन्हें वे जानते व समझते हैं तथा जिनके प्रति वे आश्वस्त महसूस करते हैं। उनका ध्यान बहुत ही साधारण उद्योगों पर रहता है और वे बाज़ार में अत्यधिक कोलाहल मचाने वाली भड़कीली कंपनियों, उदाहरणार्थ, उच्च तकनीक के क्षेत्र की कंपनियों से दूर रहना पसंद करते हैं। जो उन्हें समझ में नहीं आता, अथवा जो उनके फ़लसफ़े में नहीं समाता, उसमें हाथ न डालने के लिए वे प्रसिद्ध हैं। वे इस बात को स्वीकार करने के लिए सदा तत्पर रहते हैं कि वे सर्वज्ञ नहीं हैं तथा जो कंपनी अथवा क्षेत्र उनकी समझ से बाहर है, संभव है कि किसी और को उसकी अच्छी जानकारी हो जो उससे बहुत पैसे कमा ले, जबकि वह (वॉरन) देखते रह जाएँ। उन्हें इस बात की बिलकुल भी चिंता नहीं रहती और यह गुण अधिकतर व्यक्तियों में नहीं होता है।

- **वह परिस्थिति के अनुसार अपनी सोच बदलने की क्षमता रखते हैं।** जीवन में एक मार्गदर्शक फ़लसफ़ा होने का अर्थ यह नहीं है कि समय के अनुसार उसमें कुछ बदलाव न हो सके। कई बार परिस्थितियों के अनुसार अपने आप को बदलना पड़ता है। ऐसा भी हो सकता है कि कोई पहले से बेहतर फ़लसफ़ा मिल जाए। कब अपने आप को बदलना है और कब अपनी विचारधारा पर दृढ़तापूर्वक खड़े रहना है, यह ज्ञान होना अत्यावश्यक है। अपने करियर के आरम्भ में, वॉरन ने अपने महान शिक्षक, बेन ग्राहम के सिद्धांतों को अपनाया। इसे 'गूढ़ मूल्यांकन' (Deep Value) का सिद्धांत कहते हैं। इस सिद्धांत के अनुसार जब कोई अच्छी कंपनी बुरे दौर से गुज़र रही हो तथा उसका मूल्यांकन उसकी कुल नकदी से कम हो, तब उसके शेयर ख़रीदने चाहिए। कभी-कभी इस सिद्धांत के निंदक इसे "बुझी हुई सिगरेट उठाना" भी कहते हैं। पर कुछ समय बाद, अपने साझेदार चार्ली मंगर के कहने पर, बफ़े ने अपना ध्यान ऐसी कंपनियों में निवेश करने में लगना आरम्भ किया जो कि अपने औद्योगिक क्षेत्र में सफल हों, जिनके पास पर्याप्त मात्रा में मुद्रा के भंडार हों, उनका प्रबंधन प्रतिभाशाली व्यक्तियों के हाथों में हो तथा बाज़ार में उनके शेयर उचित दाम (न कि सस्ते दाम) पर उपलब्ध हों।

  वॉरन सदा ही ऐसी कंपनियों में निवेश से बचते रहे थे, जिनके कारोबार में अत्यधिक पूँजी निवेश की आवश्यकता पड़ती हो। परंतु अपनी इस सोच को बदलते हुए उन्होंने बर्लिंगटन नॉदर्न सैंटा फ़े रेलवे में निवेश किया जिससे कि वे 2008 के आर्थिक संकट से उबरती हुई उस कंपनी के कम दाम पर उपलब्ध शेयरों तथा रेल परिवहन की बढ़ती हुई माँग का लाभ उठा सकें।

जीवन का कोई भी फ़लसफ़ा कठोर व अपरिवर्तनीय नहीं बल्कि मार्गदर्शक की तरह होना चाहिए। निवेश की दुनिया में अन्य गुणों की तरह, इस गुण में निपुण होना भी काफ़ी कठिन कार्य है। वॉरन बड़ी ही कुशलता से न तो बाज़ार के हर नए चलन के पीछे भागते हैं और न ही अपनी सोच को इतना कठोर बनने देते हैं, कि वह नयी परिस्थितियों का लाभ न ले सकें।

- **वह भावनाओं में नहीं बहते हैं।** दक्ष बाज़ार की अवधारणा के असफल होने का एक बड़ा कारण है उसमें निहित पूर्वधारणा कि बाज़ार में सभी निवेशक निष्पक्ष रूप से निवेश के निर्णय लेते हैं। ऐसा कभी नहीं होता। अधिकतर निवेशकों की असफलता का कारण होता है उनका लोभ, अति आत्मविश्वास, अति उत्साह आदि भावनाओं के वश में आ कर निवेश संबंधी निर्णय लेना, जिसके फलस्वरूप उन्हें अधिकतर हानि का सामना करना पड़ता है। अधिकतर निवेशक, बाज़ार में दाम बढ़ने के समय अपने लाभ को बढ़ाने के लिए और अधिक ख़रीद करते हैं (जिससे और भी ऊँचे दामों पर बिकवाली करें) तथा जब दाम गिरते हैं तब अवसाद व हताशा ग्रस्त हो कर अच्छे मूल्यांकन वाले शेयर भी कम से कम दाम पर बेच देते हैं (इस डर से कि कहीं दाम और भी नीचे न गिर जाएँ)। इससे भी बुरा परिणाम मिलता है दूसरों को देख कर अपनी सफलता का निर्णय करने तथा दूसरों के देख कर अपने लिए निवेश के निर्णय लेने से। दूसरों द्वारा कमाए जा रहे लाभ से ईर्ष्यावश कई निवेशक ऐसे क्षेत्रों में निवेश कर डालते हैं, जिनके विषय में अक्सर वे कुछ भी नहीं जानते।

  वॉरन ऐसी भावनाओं से बिलकुल अछूते रहते हैं। जब दाम बढ़ते हैं, तो वह अति उत्साहित नहीं होते और जब दाम गिरते हैं तो वह अवसाद ग्रस्त नहीं होते। वह अपनी सफलता को स्वयं परिभाषित करते हैं तथा मीडिया अथवा अन्य लोगों की सफलता की परिभाषा को नहीं मानते। उन्हें इस बात की कोई चिंता नहीं होती कि दूसरे उनके बारे में क्या सोचते हैं अथवा दूसरों की दृष्टि में उनके निवेश संबंधी निर्णय सही हैं अथवा ग़लत। उदाहरण के तौर पर, सन 2000 में मीडिया तथा अन्य विशेषज्ञों ने उच्च तकनीक क्षेत्र की कंपनियों में निवेश न करने की उनकी रणनीति को उनके समय के साथ न चल पाने एवं निवेश के क्षेत्र में उनकी प्रासंगिकता समाप्त होने का प्रमाण मान लिया था, पर इस सबके बावजूद भी वह अपने निर्णय पर अडिग रहे और समय ने उन्हें सही साबित किया। वे केवल अपने (और चार्ली मंगर) के मत पर ध्यान देते हैं......और इस बात पर कि क्या उनके शेयर धारकों को उनके लिए गए निवेश के निर्णयों से लाभ होगा अथवा नहीं।

- **वह लोकप्रिय मतों से अलग चलते हैं** तथा रूढ़ियों को तोड़ने में विश्वास रखते हैं। सामान्य निवेशक, बाज़ार में क्या प्रचलित अथवा लोकप्रिय है, उस पर दाँव लगाता है,

यानि कि भीड़ के साथ चलता है, बावजूद इसके कि भीड़ अक्सर भावनात्मक रूप से उत्तेजित होकर कार्य करती है जिससे त्रुटियाँ होने की सम्भावना बढ़ जाती है। सर्वश्रेष्ठ निवेशक भीड़ से हट कर, ख़ासकर कुछ निर्णायक क्षणों में, चलते हैं। पर जो दूसरे कर रहे हैं, उसका विपरीत करना ही पर्याप्त नहीं होता। आपको समझना चाहिए कि दूसरे जो कर रहे हैं, वे ऐसा क्यों कर रहे हैं; आपको समझना होगा कि वह क्यों सही नहीं है; उसके अतिरिक्त और क्या किया जा सकता है; दूसरों के विपरीत काम करने का साहस होना चाहिए (जिसे येल विश्वविद्यालय के प्रोफ़ेसर डेविड स्वेन्सेन "कष्टदायी सनकी दाँव" लगाना और उन पर क़ायम रहना कहते हैं); और उसे तब तक करते रहना जब तक कि आप सही साबित न हो जाएँ। अंतिम बिंदु विशेष रूप से अत्यधिक कष्टदायी हो सकता है; क्योंकि जैसा कि एक पुरानी कहावत कहती है कि "यदि आप अपने समय से बहुत ही ज़्यादा आगे की सोच रखते हैं तो आप अपने जीवन भर ग़लत ही कहलायेंगे।" अर्थात इन सभी बिंदुओं को एक साथ लेकर निवेश के निर्णय लेना अत्यंत कठिन कार्य है।

यह स्पष्ट है कि वॉरन दूसरों के विपरीत कार्य करने में अत्यंत सक्षम हैं। वस्तुतः, उन्हें ऐसा करने में बहुत आनंद आता है। एक बार उन्होंने एक पत्र में मुझे लिखा था कि उन्होंने कई बार बाज़ार में ऊँचे दाम पर बिकने वाली प्रतिभूतियों को उनके सही मूल्य से ऊपर तथा नीचे बिकते हुए पहचान है तथा अधिकतर उनमें तभी निवेश किया है जब बाज़ार में उनके दाम उनके सही मूल्य से कम लगाए गए हों। भीड़ से अलग निवेश करने वाला निवेशक वस्तुओं को तभी ख़रीदना पसंद करता है, जब उनके दाम कम लगाए गए हों और दूसरे उन्हें ख़रीद न रहे हों। वॉरन यह कार्य विलक्षण प्रतिभा व दक्षता से कर लेते हैं।

- **वह अर्थव्यवस्था के चक्र के विरुद्ध निवेश करते हैं।** निवेश की प्रक्रिया में भविष्य का अनुमान लगाना पड़ता है, पर कई महान निवेशक यह मानते हैं कि अर्थव्यवस्था की विकास दर, ब्याज दर तथा आर्थिक उतार-चढ़ाव का सटीक अनुमान लगना असम्भव है। ऐसी परिस्थिति में एक निवेशक क्या करे जिससे कि लोग उस पर भरोसा करके उसे अपने पैसे कहीं निवेश करने के लिए दें? मेरे विचार से, अर्थव्यवस्था के चक्र के विपरीत निवेश करने की रणनीति यहाँ काम आती है।

  जब अर्थव्यवस्था उन्नति की ओर अग्रसर हो, कंपनियाँ मुनाफ़ा कमा रही हों, शेयर तथा अन्य सम्पत्तियों के दाम बढ़ रहे हों, तब निवेश करना मानसिक व भावनात्मक रूप से आसान होता है। पर ऊँचे दाम पर ख़रीदी गयी मूल्यवान वस्तु से मोटा लाभ कमाने की आशा नहीं की जा सकती। बल्कि, सर्वाधिक मुनाफ़ा तब होता है जब अधिक मूल्यवान वस्तु कम दाम पर मिल जाए, जो तभी सम्भव है जब अर्थव्यवस्था उतार पर हो और सामान्य रूप से कंपनियों के मुनाफ़े में कमी हो रही हो अथवा घाटा हो रहा हो। ऐसी सूरत

में बाज़ार में अधिक गुणवत्ता वाली वस्तु काम दाम पर मिल सकती है। पर ऐसे मौक़े पहचानना भी आसान नहीं है।

वॉरन ने कई बार ऐसी विलक्षण प्रतिभा का प्रदर्शन किया है। कई बार तो ऐसा लगता है कि वह अपने बड़े निवेश तभी करते हैं जब अर्थव्यवस्था रसातल में पहुँच गयी हो और सब ओर निराशा छायी हो। सन 2008 के आर्थिक संकट के चरम पर उन्होंने गोल्ड्मन साक्स एवं जनरल इलेक्ट्रिक में $5 बिलियन प्रति कंपनी का निवेश किया तथा 2009 में डूब रही कंपनी बर्लिंगटन नॉदर्न में $34 बिलियन का निवेश किया, जो इस तथ्य के प्रमाण हैं। आज इन निर्णयों की सटीकता के उदाहरण दिए जाते हैं, पर कितने लोगों ने आर्थिक संकट के चरम पर इतना बड़ा जोखिम लेने का साहस दिखाया?

- **वह दीर्घकालिक दृष्टिकोण रखते हैं तथा बाज़ार के तात्कालिक उतार-चढ़ाव से अपने को अछूता रखते हैं।** इस कारोबार में मुझे 45 वर्ष हो चुके हैं। इतने वर्षों में मैंने निवेशकों के धैर्य की सीमा को उत्तरोत्तर कम होते देखा है। इसके फलस्वरूप निवेशकों के अपने निवेश से अपक्षाएँ बढ़ी हैं तथा वे कम समय में ही अधिक से अधिक लाभ की अपेक्षा से निवेश करते हैं। कदाचित यह मीडिया की वार्षिक परिणामों में रुचि का प्रभाव है (साठ के दशक में मीडिया में निवेश के वार्षिक परिणामों के विषय में कुछ भी नहीं होता था)। अब मीडिया से यह बीमारी निवेशकों एवं उनके ग्राहकों को भी लग गयी है। हेज फ़ंड्ज़ (hedge funds) द्वारा अपने प्रबंधकों को वार्षिक वित्तीय परिणाम से सम्बंधित वार्षिक प्रोत्साहन शुल्क दिए जाने की शुरुआत होने से भी निवेशकों व ग्राहकों की अपेक्षाओं में वृद्धि व धैर्य में कमी आयी है। ऐसे माहौल में वॉरन अभी भी कहते हैं कि वे जब भी कहीं निवेश करते हैं, तो यह अनुमान नहीं लगाते कि कितने समय तक उन्हें उस निवेश में बने रहना है।

  वॉरन का प्रसिद्ध कथन है कि उनका निवेश सदा के लिए होता है। वॉरन कहते हैं कि वह अल्पावधि के नियमित 12 प्रतिशत मुनाफ़े से दीर्घकालिक एक मुश्त 15 प्रतिशत लाभ को अधिक तरजीह देते हैं। इस पद्धति से वह बड़े व्यापारिक विचारों के साथ लम्बे समय तक जुड़े रह सकते हैं, हर वर्ष अपनी निवेश की कमाई पर टैक्स देने से भी बच जाते हैं, तथा उनका मुनाफ़ा चक्रवृद्धि ब्याज की दरों से बढ़ता चला जाता है। वॉरन ऐसे निवेश करते हैं, मानो वह अपने निवेश से कभी निकलना ही नहीं चाहते। वह कभी भी यह देख कर निवेश नहीं करते कि वे कितनी जल्दी उस निवेश से बाहर निकाल सकते हैं तथा निवेश करते समय कभी भी उसे नक़द रूप में भुनाने की कोई शर्तें नहीं रखते।

- **वह अपने बड़े विचारों पर बड़े दाँव लगाने से नहीं डरते।** निवेश में जोखिम को अलग-अलग प्रकार के निवेश वर्गों में वितरित करना लम्बे समय से तथाकथित

विवेकशील निवेश प्रबंधन का एक मुख्य अंग रहा है। संक्षेप में, इस पद्धति से निवेश में बड़ी हानियों की सम्भावना कम होती है (साथ ही बड़ी हानि के फलस्वरूप ग्राहकों व अन्य लेनदारों द्वारा क़ानूनी कार्यवाही से भी बचाव होता है)। पर जहाँ एक ओर इस पद्धति से निवेश में हुई हानि की पीड़ा से बचाव होता है, वहीं किसी एक बड़े मुनाफ़े वाले सौदे में अत्यधिक मुनाफ़ा कमाने की सम्भावना भी कम हो जाती है।

कई अन्य निवेश सिद्धांतों के जैसे, निवेश में जोखिम को वितिरित करने के सिद्धांत के प्रति भी वॉरन का मत धारा के उलट है। वह कहते हैं कि उनकी निवेश की रणनीति, जोखिम के वितरित करने के सामान्य सिद्धांत से अलग है तथा उनकी निवेश रणनीति में निहित जोखिम भी दूसरे सामान्य निवेशकों की निवेश रणनीतियों के सापेक्ष अधिक नहीं है। उनके अनुसार, वह तभी निवेश करते हैं जब उन्हें किसी व्यवसाय की सम्भावनाओं पर पूर्ण एवं अटूट विश्वास हो तथा वह उस व्यवसाय के औद्योगिक क्षेत्र के सभी आर्थिक पहलूओं से भली-भाँति परिचित हों व उनके प्रति आश्वस्त हों।

वॉरन समझते हैं कि बड़े व्यवसायिक विचार कुछ विलक्षण पलों में ही आते हैं, अतएव वे बड़े विचारों एवं इरादों पर ही दाँव लगाते हैं तथा जब भी उन्हें कोई ऐसा बड़ा विचार दिखायी देता है तो वे उस पर बड़ा दाँव लगाने से पीछे नहीं हटते। अतः, जिन कंपनियों एवं लोगों पर उन्हें विश्वास हो जाता है, वे उनके प्रति अत्यधिक समर्पित हो जाते हैं; यदि दूसरे निवेशक संभल कर निवेश कर रहे हों तब भी वे पीछे नहीं हटते क्योंकि उन्हें विश्वास हो चुका होता है कि यह कंपनी अथवा व्यक्ति कुछ बड़ा मुनाफ़ा कमा सकता है; वे अपने द्वारा सम्भावित त्रुटि होने के डर से जोखिम कम करने के लिए किसी दूसरे उपक्रम में पैसा भी नहीं लगाते। ज़ाहिर है कि यदि कोई बाज़ार से सामान्य से अधिक मुनाफ़ा कमाना चाहता है, तो उसे इस प्रकार की ही सोच रखनी होगी। फिर भी वॉरन की ऐसी सोच निवेश के जगत में अपवाद ही है।

- **वह ख़ाली बैठने से नहीं डरते।** कई निवेशक सदा ही व्यस्त रहते हैं और दर्शाते हैं कि जैसे बड़े मौक़े सदा ही उपलब्ध रहते हैं। या कदाचित उन्हें ऐसा लगता है कि, उन्हें दुनिया दिखाना चाहिए कि वे इतने सक्षम हैं कि उन्हें सदा ही निवेश के लिए असाधारण अवसर मिल जाते हैं। पर निवेश के असाधारण अवसर दुर्लभ होते हैं........यानि कि रोज़-रोज़ नहीं मिला करते।

  वॉरन लम्बी अवधि तक निष्क्रिय रहने के लिए प्रसिद्ध हैं। वह सही अवसर की प्रतीक्षा में सौदों को लगातार ठुकराते रहते हैं। वह अक्सर बेसबॉल के महान खिलाड़ी टेड विल्यम्ज़ का उदाहरण देते हैं; जिस प्रकार से विल्यम्ज़ धैर्यपूर्वक पिच पर अपना बल्ला कंधे पर डाले हुए सही गेंद की प्रतीक्षा करते थे तथा अनुकूल गेंद पर ज़ोर से वार करते थे; वैसे ही वॉरन भी सही मौक़े पर बड़ा निवेश करने के लिए प्रतीक्षा करते हैं। सभी जानते हैं कि

निवेश के बेहतरीन मौक़े नियमित रूप से नहीं मिलते हैं और निवेश करने के लिए सदा ही शुभ मुहूर्त नहीं होता।

- **उन्हें अपना काम बंद होने का बिलकुल भी भय नहीं है।** विरले ही निवेशक होंगे जो सदा ही अपने विचारों को कार्यान्वित कर पाते होंगे। कई निवेशक, ग़लती होने के भय वश अपनी अंतरात्मा की आवाज़ को न सुनते हुए भीड़ के साथ चलते रहते हैं। ऐसे निवेशकों को यदि लगता है कि कोई तेज़ी से बढ़ता हुआ शेयर कल नीचे आएगा, इसलिए उसे बेच देना चाहिए, फिर भी वे नहीं बेचते क्योंकि बाज़ार में अन्य सभी को यह लगता है कि वह शेयर और ऊपर चढ़ेगा; यदि उनको लगता है कि किसी ऐसे क्षेत्र अथवा शेयर में निवेश करना चाहिए जिसके विषय में बाक़ी बाज़ार की राय ठीक नहीं है, तो वे उसमें निवेश नहीं करते; यदि उनको लगता है कि इस समय बाज़ार में कुछ चुनिंदा क्षेत्र अथवा शेयर ही निवेश योग्य हैं तब भी चाह कर भी वह ऐसा नहीं कर पाते।

जो दूसरों का पैसा बाज़ार में निवेश करते हैं, वे डरते हैं कि कहीं ग़लती हो जाने पर उनके ग्राहक उन्हें काम देना बंद न कर दें अथवा उनकी फ़र्म के मालिक उन्हें नौकरी से न निकाल दें। ऐसी ही परिस्थितियों को देख कर प्रसिद्ध अर्थशास्त्री जॉन मेनर्ड केंज़ ने कहा था कि, समाज हमें लगातार यही सिखाता है कि सामान्य रूप से विफल होना अप्रत्याशित रूप से सफल होने से कहीं अधिक बेहतर है। परंतु समाज की इस सीख के साथ यह समस्या है कि यदि हम विफल होने के भय से बहुत बड़ा जोखिम नहीं उठा सकते तो हम उस बड़े जोखिम की सफलता से होने वाले लाभ का आनंद भी नहीं ले सकते। महान निवेशक सदा ही अपने महान से महान विचारों को कार्यान्वित करने का साहस रखते हैं। ज़ाहिर है कि वॉरन को नौकरी खोने का कोई डर नहीं है। उनकी अपनी स्थिति तथा उनकी पूँजी, दोनों सुरक्षित एवं लगभग स्थायी हैं। बाज़ार में गिरावट के समय अक्सर एक सामान्य वित्तीय प्रबंधक के ग्राहक अपना पैसा आनन-फानन में वहाँ से बाहर निकाल लेते हैं। पर वॉरन के पास ऐसे कोई ग्राहक नहीं हैं, चूँकि उन्होंने बहुत पहले ही बर्कशायर हैथअवे को एक हेज फ़ंड से कंपनी में परिवर्तित कर लिया था। यह साधारण सा लगने वाला तथ्य किसी भी महान निवेशक की सफलता में अति महत्वपूर्ण भूमिका निभाता है, और मुझे विश्वास है कि वॉरन ने बहुत सोच-समझ कर ही अपने लिए ऐसी व्यवस्था बनायी है।

निस्सन्देह, वॉरन बफ़े में अन्य विलक्षण निवेशकों में पाये जाने वाले बहुत से गुण हैं। वह एकाग्रचित्त, अनुशासित एवं दृढ़ संकल्पित हैं। वह कठिन परिश्रम करते हैं; वह गणित तथा लेखा-शास्त्र के अच्छे ज्ञाता हैं तथा तार्किक हैं; वह निरंतर अध्ययन करते रहते हैं तथा ज्ञानी व्यक्तियों से सम्पर्क में रहते हैं जिससे कि उनके पास जानकारी का कभी भी

अभाव न रहे; तथा, आज के समय में उनका निवेश करने का ध्येय, निवेश की प्रक्रिया में निहित जटिल बौद्धिक समस्याओं का हल निकालना होता है न कि केवल पैसा और नाम कमाना। धन एवं ख्याति उनके लिए मुख्य ध्येय नहीं बल्कि गौण-उत्पाद हैं।

सैद्धांतिक रूप से देखा जाए तो, वॉरन बफ़े ने पिछले साठ वर्षों में जो उपलब्धियाँ प्राप्त की हैं, वह कई अन्य लोग भी कर सकते थे। उपर्युक्त सूचीबद्ध गुण असाधारण हैं किंतु अद्वितीय नहीं। और यह सभी गुण बड़े ही तार्किक व उचित लगते हैं; कौन ऐसा होगा जो इस सूची में दिए गए गुणों से उलट गुणों को सफलता के लिए आवश्यक मानेगा? बात बस इतनी सी ही है कि बहुत ही कम लोग इन सभी गुणों को एक साथ कार्यान्वित कर पाते हैं। यह इन्हीं सभी गुणों का समुच्चय है-और उसके साथ वह एक अप्रत्यक्ष 'कुछ' जो कि सभी विशेष व्यक्तियों में होता है- जिसके कारण वॉरन को, 'द वॉरन बफ़े वे' का प्रयोग कर के इतनी असाधारण सफलता मिली है।

हॉवर्ड मार्क्स
जुलाई 2013

द्वितीय संस्करण के लिए प्राक्कथन

जब 1994 में प्रथम बार रॉबर्ट हैगस्ट्रोम ने 'द वॉरन बफ़े वे' प्रकाशित की थी, तब अति अल्प अवधि में ही इस पुस्तक को अपार सफलता मिली थी। आज तक (2004 तक), इस पुस्तक की बारह लाख से भी अधिक प्रतियाँ बिक चुकी हैं। इस पुस्तक की लोकप्रियता, इसमें लिए गए विश्लेषण की सटीकता व इसमें दी गयी सलाह के मूल्य का प्रमाण है।

वॉरन बफ़े का नाम आते ही, उनकी सफलता के स्तर तथा उनके निवेश की मात्रा को देख कर विस्मय में पड़ जाना स्वाभाविक है। जहाँ अधिकतर निवेशक सौ या हज़ार में सोचते हैं, बफ़े करोड़ों व अरबों का निवेश करते हैं एवं मुनाफ़ा कमाते हैं। इसका अर्थ यह नहीं कि हम साधारण मनुष्य उनसे कुछ सीख नहीं सकते। यदि हम उनकी कार्यप्रणाली का अध्ययन करके उसकी आधारभूत सोच को समझ सकें, तो हम अपने स्वयं के निवेश संबंधी निर्णयों को इसके अनुरूप बना सकते हैं।

यही रॉबर्ट की पुस्तक का सबसे बड़ा योगदान है। उन्होंने कई वर्षों तक वॉरन बफ़े के क्रियाकलापों, वचनों व निर्णयों का बारीकी से अध्ययन किया तथा उनमें से कुछ आधारभूत सूत्र पहचानने के लिए उनका गहरा विश्लेषण किया। इस पुस्तक में उन्होंने उन सूत्रों को 12 कालातीत सिद्धांतों के रूप में प्रस्तुत किया है जो कि उनके अनुसार बफ़े सभी प्रकार की परिस्थितियों तथा बाज़ारों में अपनाते हैं। उनके अनुसार, जैसे यह सिद्धांत बफ़े का मार्गदर्शन करते हैं, वैसे ही कोई भी सामान्य निवेशक इन सिद्धांतों को अपना कर लाभ उठा सकता है।

हालाँकि यह पुस्तक निवेश की विभिन्न पद्धतियों व तकनीकों की बात करती है, पर मूलतः, यह पुस्तक निवेश के सिद्धांतों के विषय में है। यही रॉबर्ट की इस पुस्तक का चिरस्थायी योगदान है। सिद्धांत कालजयी होते हैं। मैं वॉरन को अपनी व्यंग्यपूर्ण मुस्कान के साथ यह कहते हुए सुन सकता हूँ कि "इसीलिए तो उन्हें सिद्धांत कहते हैं।"

पिछले दस वर्षों में हमें वॉरन के इन सिद्धांतों का सजीव प्रदर्शन देखने को मिला है। पिछले दस वर्षों में कई बार शेयर बाज़ार में उतार-चढ़ाव हुए। हमंत शेयर बाज़ार में सर्वथा असत्य एवं झूठे विश्लेषणों पर आधारित ऐसा असाधारण चढ़ाव देखने को मिला, जिसके फलस्वरूप कई लोग रातों-रात अमीर हो गए, लेकिन फिर उतनी ही तीव्रता से बाज़ार गिरा और गिरते-गिरते अंततोगत्वा सन 2003 की बसंत में अपने निम्नतम स्तर तक पहुँचकर फिर चढ़ना आरम्भ हुआ।

इस पूरे घटनाचक्र के दौरान, वॉरन बफ़े की निवेश पद्धति में कोई बदलाव नहीं हुआ। वह इस पुस्तक में निम्न वर्णित सिद्धांतों के अनुसार ही निवेश करते गए और अभी भी कर रहे हैं:

- किसी कंपनी के शेयरों को ख़रीदते समय यह सोचिए कि आप उसके कारोबार में हिस्सेदारी ख़रीद रहे हैं।
- एक केंद्रित शेयर समूह बना लें।
- जो आप समझ पाएँ व जिसका विश्लेषण कर पाएँ, उसी में निवेश करें।
- किसी कंपनी के शेयरों को तब ख़रीदने का प्रयास करें जब वे आपकी दृष्टि में कंपनी की दूरगामी प्रगति के अनुरूप भाव से कम में उपलब्ध हों।

हमेशा से, बर्कशायर हैथअवे के निवेशक, इस धीर निवेश पद्धति का लाभ पाते रहे है। सन 2003 से जब अर्थव्यवस्था की हालत में सुधार आरम्भ हुआ है, तब से बर्कशायर हैथअवे के शेयरों में तीस फ़ीसदी से भी अधिक का उछाल आया है, जो पूरे बाज़ार के इस अवधि में दिए गए औसत परिणाम से भी अधिक है।

मूल्य निवेश की रणनीति के प्रणेताओं की एक लम्बी शृंखला है, जो बेंजामिन ग्राहम के साथ आरम्भ होती है, तथा वॉरन बफ़े एवं उनके समकालीनों से होते हुए आज की पीढ़ी के निवेशक, यथा रॉबर्ट हैग्स्ट्रम, तक जाती है। बफ़े, जो ग्राहम के प्रमुख शिष्य हैं, अक्सर निवेशकों को ग्राहम की पुस्तक ‘द इंटेलिजेंट इन्वेस्टर’ पढ़ने की सलाह देते हैं। मैं भी अक्सर लोगों को यह पुस्तक पढ़ने की सलाह देता हूँ। और मैं समझता हूँ कि रॉबर्ट की इस पुस्तक में एक ऐसा गुण है जो ग्राहम कि उस कालजयी पुस्तक से मिलता है: वह यह है कि हो सकता है कि इस पुस्तक में दी गयी सलाह से आप बहुत अमीर न बन पाएँ, पर यह होना लगभग असम्भव है कि इस पुस्तक में दी गयी बातें मान कर आप ग़रीब हो जाएँ। यदि आप इस पुस्तक में सिखायी गयी तकनीकों तथा बताए गए सिद्धांतों को सही प्रकार से समझेंगे और बुद्धिमत्तापूर्वक उन पर अमल करेंगे, तो आप निश्चित ही एक बेहतर निवेशक बनेंगे।

बिल मिलर

अध्यक्ष एवं मुख्य निवेश अधिकारी, LMM, LLC

अक्टूबर 2004

प्रथम संस्करण के लिए प्राक्कथन

सन 1989 के आरम्भ में एक शाम को, मैं घर पर था जब टेलीफ़ोन की घंटी बजी मेरी मंझली बेटी ऐनी, जो उस समय 11 वर्ष की थी, ने फ़ोन उठाया। उसने मुझे बताया कि वॉरन बफ़े का फ़ोन है। मुझे पक्का विश्वास था कि कोई मुझसे मज़ाक़ कर रहा है। फ़ोन करने वाले ने बात की शुरुआत यह कहते हुए की, "मैं ओमाहा से वॉरन बफ़े बोल रहा हूँ (जैसे कि मैं किसी और वॉरन बफ़े नाम के व्यक्ति को जानता हूँ)। मैंने तुम्हारी पुस्तक अभी समाप्त की, मुझे बहुत अच्छी लगी, और मैं उस पुस्तक से एक वाक्य बर्कशायर की वार्षिक रिपोर्ट में उद्धृत करना चाहूँगा। मैं हमेशा से एक पुस्तक लिखना चाहता था, पर कभी लिख न पाया।"वह बड़े उत्साह के साथ बहुत तेज़ी से बोल रहे थे और सम्भवतः 15 से 20 सेकंड में हँसी के साथ 40 शब्द बोल गए होंगे। मैंने तुरंत ही उनकी बात मान ली और हमने फिर 5-10 मिनट और बातें कीं। मुझे याद है कि बात समाप्त करने से पहले वे बोले, "यदि तुम कभी ओमाहा आए और मुझसे नहीं मिले, तो पूरे नेब्रास्का राज्य में तुम्हारी बड़ी बदनामी हो जाएगी।"

मैं पूरे नेब्रास्का राज्य में अपनी बदनामी नहीं करवाना चाहता था, इसलिए इस वार्ता के लगभग छह महीने के बाद मैं उनसे मिलने ओमाहा गया। वॉरन बफ़े ने मुझे स्वयं अपने कार्यालय का चप्पा-चप्पा दिखाया (जो कि बहुत बड़ा नहीं था, एक टेनिस कोर्ट के आधे से भी कम क्षेत्रफल होगा उनके कार्यालय का), और मैं उनके सभी 11 कर्मचारियों से मिला। पूरे कार्यालय में एक भी कम्प्यूटर अथवा स्टॉक क्वोटेशन मशीन नहीं थी।

लगभग एक घंटे के बाद हम एक स्थानीय रेस्तराँ में गए जहाँ मैंने बेहद लजीज़ मटन टिक्का खाया तथा 30 साल बाद चेरी कोक पिया। हमने अपने बचपन के दिनों में की गयी नौकरियों को स्मरण किया, बेसबॉल तथा ब्रिज के विषय में चर्चा की, तथा हमने पूर्व में जिन कंपनियों में निवेश किया था, उनके विषय में जानकारी का आदान-प्रदान किया। वॉरन ने मुझे बर्कशायर

(हमारी बातचीत में उन्होंने अपनी कंपनी का पूरा नाम नहीं लिया) द्वारा निवेश की गयी प्रत्येक कंपनी अथवा व्यवसाय के विषय में बताया एवं प्रश्नों के उत्तर दिए।

क्यों वॉरन बफ़े इतिहास के महानतम निवेशक हैं? वह कैसे व्यक्ति हैं, कैसे शेयरधारक हैं, कैसे प्रबंधक हैं, तथा कैसे मालिक हैं? बर्कशायर हैथअवे की वार्षिक रिपोर्ट में ऐसी क्या ख़ास बात है, क्यों वह उसे लिखने में अपना इतना समय देते हैं, और इससे अन्य लोग क्या सीख सकते हैं? इन प्रश्नों का उत्तर जानने के लिए मैंने उनसे सीधे बात की तथा पिछले पाँच साल की वार्षिक रिपोर्ट्स को पढ़ा और चेयरमैन बनने के बाद उनकी सबसे प्रारम्भिक रिपोर्ट्स को भी (सन 1971 एवं 1972 की रिपोर्ट्स में केवल दो ही पन्ने भर शब्द थे)। इसके अतिरिक्त मैंने नौ ऐसे व्यक्तियों से चर्चाएँ कीं जो कि वॉरन बफ़े के साथ सक्रिय रूप से पिछले 4 से 30 साल से जुड़े रहे थे: जिनमें जैक बर्न, रॉबर्ट डेनहम, डॉन क़ेओघ, कैरल लूमिस, टॉम मर्फ़ी, चार्ली मंगर, कार्ल राइख़हार्ड, फ़्रैंक रूनी, तथा सेथ सकोफ़ील्ड शामिल थे।

उनके व्यक्तिगत गुणों के विषय में सबका मत समान ही था। वॉरन बफ़े बहुत ही संतुष्ट व्यक्ति हैं। वह जो भी करते हैं, चाहे लोगों से मिलना अथवा अत्यधिक मात्रा में वार्षिक एवं त्रैमासिक रिपोर्ट्स पढ़ना एवं बहुत से समाचार पत्र एवं पत्रिकाएँ पढ़ना, सब कुछ बड़े प्रेम से करते हैं। एक निवेशक के तौर पर उनमें अनुशासन, धैर्य, समय के अनुरूप कार्य करना, साहस, आत्मविश्वास तथा निर्णायक क्षमता जैसे गुण हैं। वह सदा ही निवेश के ऐसे अवसर खोजते रहते हैं जिनमें जोखिम न हो अथवा न के बराबर हो। इसके अतिरिक्त वह गणितीय प्रयिकता में भी अत्यधिक निपुण हैं। मुझे लगता है कि उनका सरल गणित के प्रति प्रेम, उनका ताश के खेल 'ब्रिज' की ओर गहरा रुझान तथा उसे खेलने का शौक़, एवं बीमा के क्षेत्र में अर्जित उनका लम्बा अनुभव उनकी इस क्षमता का स्रोत हैं। वह सदा ही ऐसे निवेश में जोखिम उठाने तो तत्पर रहते हैं जहाँ कुल हानि की सम्भावना कम हो एवं सम्भावित लाभ काफ़ी अधिक हो। वह अपनी असफलताओं एवं त्रुटियों की सूची बना कर रखते हैं तथा उनके लिए क्षमा नहीं माँगते हैं। उन्हें अपने ऊपर मज़ाक़ करना पसंद है तथा वह निष्पक्ष रूप से अपने सहियोगियों की प्रशंसा करने की क्षमता रखते हैं।

वॉरन बफ़े व्यवसाय शास्त्र के बहुत अच्छे विद्यार्थी हैं तथा बहुत अच्छे श्रोता भी, एवं किसी भी कंपनी अथवा जटिल मसले के प्रमुख बिंदुओं को बड़ी ही तेज़ी एवं सटीकता से पहचान लेते हैं। किसी जगह निवेश न करने का निर्णय वह दो मिनट में ले लेते हैं एवं कुछ ही दिनों के शोध के उपरांत वह कोई बड़ी ख़रीद करने का निर्णय भी ले लेते हैं। वह सदा ही तैयार रहते हैं, जैसा कि उन्होंने एक वार्षिक रिपोर्ट में कहा भी है कि "नूह ने बारिश शुरू होने के बाद बड़ी नाव का निर्माण कार्य आरंभ नहीं किया था।"

एक प्रबंधक के तौर पर वह स्वयं लगभग कभी भी किसी कंपनी के विभाग अध्यक्ष अथवा मुख्य कार्यकारी अधिकारी को फ़ोन नहीं करते, पर यदि वे लोग चाहें तो उन्हें कुछ जानकारी देने

अथवा उनसे परामर्श लेने के लिए किसी भी समय उन्हें फ़ोन कर सकते हैं। किसी शेयर अथवा व्यवसाय को क्रय करने के उपरांत वह प्रशंसक तथा सलाहकार की भूमिका निभाते हैं: बेसबॉल के खेल का उदाहरण देते हुए वह अक्सर कहते हैं कि "हम बड़े खिलाड़ियों को खेलना नहीं सिखाते हैं।"

वॉरन बफ़े की सीखने व समय के अनुरूप स्वयं को ढालने के दो प्रमुख उदाहरण हैं, पहला, उनका अपना जन सम्बोधन का भय दूर करना और दूसरा, उनका कम्प्यूटर का प्रयोग सीखना। पचास के दशक में, वॉरन ने $100 देकर डेल कार्नेगी का एक कोर्स किया, जो उनके अनुसार "इसलिए नहीं किया था कि बोलते समय मैं अपने पाँव काँपने से रोक सकूँ, बल्कि इसलिए किया था कि मैं जब मेरे पाँव काँप रहे हों तब बोल सकूँ।" हर वर्ष बर्कशायर के वार्षिक सम्मेलन में वॉरन बफ़े लगभग 2000 से भी अधिक लोगों के समक्ष चार्ली मंगर के साथ एक मंच पर बैठते हैं और बिना किसी पूर्व लिखित सामग्री के सभी प्रश्नों के उत्तर देते हैं। उनके उत्तर एवं सम्बोधन इतने सरल, सटीक व मनमोहक होते हैं, कि सुलझे हुए गम्भीर निवेशकों तथा वित्त शास्त्र के महान विचारकों से लेकर पेशेवर अभिनेताओं व वक्ताओं तक, सभी उनकी वाक् प्रतिभा का लोहा मान लें। सन 1994 में वॉरन ने कम्प्यूटर का प्रयोग करना सीखा, जिससे कि वह देश भर के दूसरे खिलाड़ियों के साथ ब्रिज ऑनलाइन खेल सकें। हो सकता है कि भविष्य में वह कम्प्यूटर का प्रयोग अपने निवेश के लिए विश्लेषण एवं शोध करने के लिए भी प्रयोग करें।

वॉरन बफ़े का कहना है कि किसी भी व्यवसाय के अंतर्निहित मूल्य (intrinsic value) का अनुमान लगाना तथा उसको उसके उचित अथवा थोड़े कम दाम पर क्रय करना निवेश के प्रमुख घटक हैं। वह इस बात की परवाह नहीं करते हैं कि इस समय शेयर बाज़ार में क्या चल रहा है तथा आगे क्या होने की सम्भावना है। सन 1988 एवं 1989 में उन्होंने कोका कोला के लगभग $1 बिलियन से अधिक के शेयर क्रय किए। यह उन्होंने तब किया जब कि कोका कोला के शेयरों का दाम पिछले छह वर्षों से लगातार बढ़ता ही जा रहा था तथा उसके दाम में लगभग पाँच गुना से अधिक की वृद्धि हो चुके थी। अपनी इस ख़रीद के तीन वर्ष के भीतर वॉरन ने कोका कोला में किए अपने निवेश से चार गुना कमायी की तथा अगले 5, 10, तथा 20 वर्षों में कोका कोला कंपनी के साथ और भी अधिक पैसा कमाने की आशा रखते हैं। सन 1976 में उन्होंने GEICO में ऐसे समय निवेश किया, जब उसके शेयर का दाम $61 से लुढ़क कर $2 तक पहुँच गया था तथा अधिकतर जानकारों के मत के अनुसार बहुत शीघ्र ही शून्य पर पहुँचने वाला था।

एक साधारण निवेशक कैसे वॉरन बफ़े की निवेश पद्धति अपना सकता है? वॉरन बफ़े कभी ऐसे व्यवसाय में पैसा नहीं लगाते जो या तो उनको समझ में नहीं आते या फिर जो उनके शब्दों

में उनकी "क्षमता के दायरे" से बाहर हैं। सभी निवेशक, समय के साथ, अपनी रुचि अथवा व्यवसायिक सम्बंध के अनुसार किसी एक औद्योगिक क्षेत्र में अपनी समझ की क्षमता का दायरा बढ़ा सकते हैं। किसी हो हर बार सही होने की आवश्यकता नहीं है, जैसा कि वॉरन कहते हैं कि उनके 40 वर्ष लम्बे करियर में निवेश के केवल 12 ही निर्णय ऐसे थे जिन्होंने उनकी सफलता में सर्वाधिक योगदान दिया।

यदि सावधानी एवं गहराई से शोध करके केवल कुछ ही शेयरों पर अपना ध्यान केंद्रित किया जाए, तो निवेश के जोखिम को बहुत हद तक कम किया जा सकता है। सामान्यतः एक समय में बर्कशायर का 75 प्रतिशत निवेश केवल लगभग पाँच ही प्रतिभूतियों में रहता है। इस पुस्तक में उल्लिखित सिद्धांतों में एक है अच्छी कंपनियों के शेयर तब ख़रीदना, जब वे किसी अल्पावधि समस्या से गुज़र रही हों अथवा जब शेयर बाज़ार में मंदी/गिरावट आयी हुई हो और अच्छी कंपनियों के शेयर भी कम दाम पर उपलब्ध हों। शेयर बाज़ार की भविष्य की दिशा एवं दशा, अर्थव्यवस्था की भविष्य की स्थिति, ब्याज दरों की भविष्य की गति, तथा चुनावों के परिणाम इत्यादि की भविष्यवाणी करने के चक्कर में न पड़ें तथा जो लोग पेशेवर/व्यवसायिक रूप से ऐसी भविष्यवाणी करते हैं, पर अपना पैसा बर्बाद न करें। किसी भी कंपनी के विषय में उपलब्ध तथ्यों तथा वित्तीय जानकारियों का अध्ययन करें, कंपनी के भविष्य की सम्भावनाओं का अनुमान लगाएँ, तथा जब सब कुछ ठीक लगे, तब उसमें निवेश करें। कई लोग ऐसे निवेश करते हैं जैसे अपने पत्ते बिना देखे ही जुए में दाँव लगा रहे हों।

यह सत्य है कि GEICO को $2 प्रति शेयर पर ख़रीदने तथा वेल्ज़ फ़ार्गो एवं जनरल डायनामिक्स को उनके बुरे दिनों में ख़रीदने का ज्ञान एवं साहस, वह भी बड़े-बड़े विशेषज्ञों के मत के विरुद्ध, हर निवेशक नहीं कर सकता। परंतु, वॉरन बफ़े ने कैपिटल सिटीज़/ABC, जिलेट, वॉशिंगटन पोस्ट, अफ़िलीएटेड पब्लिकेशंस, फ्रेडी मैक, तथा कोका कोला के शेयर भी ख़रीदे हैं (जिन्होंने बर्कशायर हैथअवे को $6 बिलियन से अधिक का मुनाफ़ा दिया है, जो कि उसकी $10 बिलियन की कुल शेयरहोल्डर इक्विटी का 60 फ़ीसदी है); यह सभी बड़ी एवं उत्कृष्ट कंपनियाँ हैं जिनके पास अच्छा प्रबंधन एवं मुनाफ़ा कमाने का सुदृढ़ इतिहास भी है तथा यह सभी अपने औद्योगिक क्षेत्रों की अग्रणी कंपनियाँ हैं।

वॉरन बफ़े, बर्कशायर की वार्षिक रिपोर्ट का प्रयोग, केवल अपने शेयरधारकों को ही नहीं, बल्कि आम जनता को भी बेहतर निवेशक बनने में सहायता देने में करते हैं। अपने माता एवं पिता, दोनों की ओर से वॉरन के पूर्वज समाचार पत्रों के सम्पादक रहे हैं और उनकी बुआ ऐलिस तीस वर्ष से भी अधिक समय तक एक सरकारी स्कूल में अध्यापिका रह चुकी थीं। वॉरन बफ़े को व्यापार एवं निवेश के विषय में लिखना एवं पढ़ाना, दोनों ही बहुत पसंद है। जब वह इक्कीस वर्ष के थे तब वह यूनिवर्सिटी ऑफ़ नेब्रास्का में स्वयंसेवी अध्यापक के रूप में कार्य कर चुके

थे। सन 1955 में जब वह न्यू यॉर्क शहर में कार्य कर रहे थे, तब वह काम के बाद स्कार्सडेल हाई स्कूल में शेयर बाज़ार पर एक वयस्क शिक्षा का कोर्स पढ़ाते थे। 60 के दशक के अंत एवं 70 के दशक के आरम्भ में वे क्रेटॉन यूनिवर्सिटी में एक कोर्स नि:शुल्क पढ़ाते थे। सन 1977 में, अमेरिकी प्रतिभूति और विनिमय आयोग (SEC) ने कंपनियों के द्वारा घोषित सूचनाओं के नियामन का परामर्श देने के लिए एक समिति का गठन किया था; इस समिति के अध्यक्ष ऐल सॉमर जूनियर थे तथा वॉरन इसके सदस्य थे। इसके बाद ही से बर्कशायर की वार्षिक रिपोर्ट्स के स्वरूप एवं स्तर में अत्यधिक बदलाव आया और वह सन 1956 से 1969 के बीच लिखी गयीं उनकी साझेदारी रिपोर्ट्स के समान स्वरूप एवं विस्तृत जानकारी के साथ प्रकाशित होने लगीं।

अस्सी के दशक के आरम्भ से, बर्कशायर की वार्षिक रिपोर्ट्स उसके शेयरधारकों के समक्ष कंपनी द्वारा निवेश किए गए शेयरों, पुराने शेयरों, बीमा उद्योग का हाल, की जानकारी प्रस्तुत करती हैं। सन 1982 से बर्कशायर की वार्षिक रिपोर्ट्स में यह जानकारी भी दी जाती है कि किसी कंपनी में निवेश के लिए उनके क्या मानदंड हैं। एक सामान्य बर्कशायर वार्षिक रिपोर्ट में कई प्रकार के उदाहरण, उपमाएँ, कहानियाँ, तथा अन्योक्तियों के प्रयोग से शेयर बाज़ार में निवेश में ध्यान देने योग्य बातों को समझाया जाता है।

वॉरन बफ़े ने बर्कशायर के निहित मूल्य की दूरगामी वृद्धि दर को 15 प्रतिशत प्रति वर्ष तक पहुँचाने का महत्वाकांक्षी लक्ष्य रखा है, एक ऐसा लक्ष्य जो बहुत ही कम व्यक्ति, और उनके अलावा 1956 से 1993 के मध्य, कोई अन्य नहीं कर पाया है। उन्होंने कहा है कि कंपनी के बड़े आकार को देखते हुए ऐसी वृद्धि दर को बनाए रखना अत्यंत कठिन कार्य होगा, परंतु अच्छे निवेश के अवसर समय-समय पर मिलते रहते हैं तथा बर्कशायर सदा ही अपने पास निवेश के लिए भारी मात्रा में नक़दी रखती है और यह कंपनी हर वर्ष वृद्धि भी कर रही है। उनका अपनी इस सोच पर विश्वास, बर्कशायर की जून 1993 की वार्षिक रिपोर्ट की पृष्ठ संख्या 60 पर छपे इन शब्दों में देखा जा सकता है: "बर्कशायर ने सन 1967 से कोई नक़द लाभांश नहीं दिया है।"

वॉरन बफ़े सदा ही कहते हैं कि वह निवेश पर एक पुस्तक लिखना चाहते हैं पर आज तक ऐसा हो नहीं पाया। मैं आशा करता हूँ कि भविष्य में कभी यह सम्भव हो पाएगा। तब तक, उनकी वार्षिक रिपोर्ट्स उनकी पुस्तक की कमी को पूरा कर रही हैं। उनकी वार्षिक रिपोर्ट्स, उन्नीसवीं शताब्दी के लेखकों, जैसे एड्गर ऐलन पो, विलियम मेकपीस ठैकरे तथा चार्ल्ज़ डिकेंज़ के धारावाहिक अंक के रूप में छपने वाले उपन्यास की तरह ही हैं। 1977 से 1993 की बर्कशायर की वार्षिक रिपोर्ट्स बफ़े की अप्रकाशित पुस्तक के 17 अध्याय हैं। और अंतरिम कल में अब हमारे पास 'द वॉरन बफ़े वे' भी है, जिसमें रॉबर्ट हैग्स्ट्रम ने बफ़े के करियर का वर्णन किया है एवं उनके जीवन के भाग रहे महत्वपूर्ण व्यक्तियों, व उनकी निवेश पद्धति के क्रमिक विकास का भी

उल्लेख किया है। इस पुस्तक में उन महत्वपूर्ण निवेश के निर्णयों का भी वर्णन है जो बफ़े की अद्वितीय सफलता का रहस्य हैं। अंत में, इस पुस्तक में एक ऐसे निवेशक की सोच एवं फ़लसफ़े का वर्णन है, जिसने सामान्य जनता को उपलब्ध तरीक़ों से ही लगातार अत्यधिक पैसा कमाया है।

पीटर एस. लिंच

अक्टूबर 1994

भूमिका

मेरे पिता, फ़िलिप ए. फ़िशर को वॉरन बफ़े के साथ अपने कई वर्षों लम्बे मित्रतापूर्ण सम्बन्धों पर गर्व था। उन्हें इस बात का अभिमान था कि बफ़े ने निवेश के संदर्भ में उनके कुछ विचारों को अपने निवेश संबंधी निर्णयों में अपनाया है। यदि आज मेरे पिताजी जीवित होते तथा मेरे स्थान पर उन्हें यह भूमिका लिखने का अवसर प्राप्त होता, तो वह इसमें अवश्य ही वॉरन बफ़े के साथ अपने कई दशकों के मधुर सम्बन्धों की जीवंत चर्चा करते। बफ़े उन चुनिंदा व्यक्तियों में से हैं, जो मेरे पिताजी से निवेश की दुनिया में अधिक सफल रहे हैं। मेरे पिताजी वॉरन को सच्चे दिल से पसंद करते थे। वह अपने आप को सौभाग्यशाली समझते थे कि बफ़े ने अपने लम्बे करियर में उनके कुछ विचारों को अपने जीवन में अपनाया। मेरे पिताजी 96 वर्ष तक जीवित रहे। उनके देहांत से ठीक तीन महीने पूर्व ही मुझे एक अनपेक्षित पत्र मिला, जिसमें मुझसे पूछा गया कि क्या मैं अपने पिताजी और वॉरन बफ़े के बारे में लिखना चाहूँगा? इस भूमिका ने मुझे अपने दिवंगत पिताजी तथा श्री बफ़े के प्रति सम्मान प्रकट करने का अवसर दिया है। मैं आशा करता हूँ कि मैं 'द वॉरन बफ़े वे' के पाठकों के समक्ष, वित्तीय निवेश के इतिहास के एक महत्त्वपूर्ण अंश का व्यक्तिगत वृत्तांत तथा इस पुस्तक के सदुपयोग के विषय में अपने कुछ विचार, प्रस्तुत करने में सफल रहूँगा।

श्री बफ़े के बारे में अधिक नहीं कहूँगा, क्योंकि वह इस पुस्तक के मुख्य विषय हैं तथा रॉबर्ट हैग्स्ट्रम ने बड़ी शालीनता एवं गहराई से इस विषय को प्रस्तुत किया है। मेरे पिताजी का वॉरन बफ़े के जीवन पर गहरा प्रभाव था यह अधिकतर व्यक्ति जानते हैं, तथा जैसा कि श्री हैग्स्ट्रम ने लिखा है, बफ़े के विचारों पर मेरे पिताजी का प्रभाव पिछले कुछ सालों में और भी प्रबल दिखायी देता है। मेरे पिताजी ने वॉरन बफ़े में कुछ ऐसे गुण देखे थे, जो उनके अनुसार निवेश में सफलता के लिए आवश्यक हैं पर निवेश प्रबंधकों में बहुत दुर्लभ हैं।

जब 40 वर्ष पूर्व वॉरन बफ़े मेरे पिताजी से मिले थे, उस समय सूचना एकत्र करने के तरीक़े आज की तुलना में सीमित थे तथा मेरे पिताजी ने सूचना एकत्र करने के लिए अपने रास्ते बना

रखे थे। धीरे-धीरे, कई दशकों के समय में उन्होंने अपने परिचितों का एक ऐसा समूह बनाया जिसमें ऐसे व्यवसायिक निवेशक थे जिनका वे सम्मान करते थे, जो यह जानते थे कि मेरे पिताजी किस तरह के निवेश के अवसरों में रुचि लेते हैं, और जो मेरे पिताजी को निवेश के लिए उपलब्ध अवसरों के विषय में उपयोगी जानकारी दे सकते थे। इस समूह के निर्माण एवं संवर्धन के लिए मेरे पिताजी ने निर्णय किया कि वह किसी भी युवा व्यावसायिक निवेशक से एक बार मिल कर देखेंगे। यदि उन्हें लगा कि उस युवा व्यवसायिक वित्तीय निवेशक में कुछ सम्भावना है तो वे उससे अपने सम्बंध आगे बढ़ाएँगे अथवा नहीं। वह अधिकतर लोगों से दूसरी बार नहीं मिलते थे। वह लोगों से व्यवसायिक सम्बंध बनाने के विषय में बहुत ही उच्च मानदंड रखते थे। उनके दृष्टिकोण में, जिस भी व्यक्ति से वे मिलते थे, वह या तो काम का होता था अथवा नहीं। बीच की कोई सम्भावना रखने में वे विश्वास नहीं रखते थे। और यदि एक बार उन्होंने निर्णय कर लिया कि कोई उनके काम का नहीं है, तो फिर वह सदा के लिए उसे अपने जीवन से बाहर कर देते थे। यदि कोई उनसे व्यवसायिक सम्बंध बनाना चाहता था तो वे उसे केवल एक ही अवसर देते थे। उनके पास फ़ालतू बातों के लिए बिलकुल भी समय नहीं था और वे अपने काम के प्रति पूर्णतया प्रतिबद्ध रहते थे।

अपनी युवावस्था में वॉरन बफ़े, उन चुनिंदा व्यक्तियों में से थे जिन्होंने पहली ही मुलाक़ात में मेरे पिता के मनस पटल पर अपना प्रभाव डाला। एक बार पिताजी को लगा कि यह लड़का काम का है तो फिर दोनों के बीच मुलाक़ातों का सिलसिला चल पड़ा। मेरे पिताजी में किसी व्यक्ति के चरित्र एवं कौशल को पहचानने की असाधारण क्षमता थी। उनका पूरा करियर उनकी लोगों को पहचानने की इसी असाधारण क्षमता पर टिका हुआ था। इसीलिए वे अपनी निवेश पद्धति में किसी शेयर का विश्लेषण करते समय उसके परिमाणात्मक मूल्यांकन की बजाय उसके प्रबंधन का गुणात्मक मूल्यांकन करने पर अधिक बल देते थे। जब तक वे जीवित रहे, उन्हें सदा ही यह गर्व रहा कि उन्होंने वॉरन बफ़े की विलक्षण प्रतिभा को वॉरन के करियर के आरम्भ में ही पहचान लिया था।

मेरे पिताजी कभी-कभी श्री बफ़े का नाम भूल जाते थे और उन्हें ग़लती से 'हावर्ड' (जो कि उनके पिताजी का नाम है) नाम से सम्बोधित कर देते थे, पर वॉरन ने कभी इसका बुरा नहीं माना। यह मेरे पिताजी और वॉरन के घनिष्ठ सम्बंध का एक अनजाना तथ्य है जो दोनों के चरित्र के बारे में बहुत कुछ बयान करता है।

मेरे पिताजी का मन विचारों से भरा रहता था। वे एक भले व्यक्ति थे पर उसके साथ ही वे मानसिक रूप से अशांत, आशंकित व उत्तेजित भी रहते थे। इसी कारण से वे अपने नित्य दिनचर्या का कड़ाई से पालन करते थे क्योंकि उसमें उन्हें सुरक्षा की अनुभूति होती थी। उन्हें सोना भी बहुत पसंद था क्योंकि नींद में वे आशंका व असुरक्षा की भावनाओं से अछूते रहते थे।

इसलिए जब वे अपने अति वेग से भागने वाले मन तथा उसमें आने वाले विचारों को रोक नहीं पाते थे तब, वे सोने के लिए भेड़ें गिनने की बजाय स्मृति पर आधारित खेल खेलते थे। उनका एक पसंदीदा खेल था अमरीकी संसद के सभी सदस्यों व उनके चुनाव क्षेत्रों का स्मरण करना। वे अक्सर सोने के लिए यह खेल खेलते थे जब तक कि उनको नींद नहीं आ जाती थी।

सन 1942 में, उन्होंने हावर्ड बफ़े और उनके चुनाव क्षेत्र ओमाहा का नाम याद किया था और फिर एक दशक से अधिक, रात में सोने के लिए अपने खेल में उस नाम को जपते रहे। उनके मस्तिष्क में 'ओमाहा', 'हावर्ड', और 'बफ़े', वॉरन से उनकी पहली मुलाक़ात से कई वर्ष पहले ही छप चुके थे। जब वॉरन के करियर का आरम्भ हुआ और उनकी ख्याति धीरे-धीरे बढ़ने लगी, तब भी मेरे पिताजी को बफ़े और ओमाहा के साथ 'हावर्ड' शब्द को पृथक करने में और बीस वर्ष लग गए। मेरे पिताजी अक्सर इस बात से खीजते थे कि उनकी जिव्हा पर वॉरन की बजाय उनके पिता का नाम यंत्रिक रूप से आ जाता था क्योंकि वे अपने मन पर उतना नियंत्रण नहीं कर पाते थे जितना कि वे चाहते थे। उन्हें वॉरन बफ़े से बहुत लगाव था और वे उनके साथ अपने सम्बंध को बहुत महत्त्व देते थे, इसीलिए अपने ज़बान का ऐसे फिसलना उन्हें परेशान करता था। ऐसा नहीं था कि वॉरन बफ़े के विषय में बोलते समय वे उनको भूल कर उनके पिता की छवि को स्मरण करते थे, पर, सहज बात-चीत में, उनके मुँह से सदा ही "वह मेधावी युवा हावर्ड बफ़े, ओमाहा वाला" ही निकलता था। और जितना अधिक वे वॉरन को स्मरण करते थे, उनके मुख से हावर्ड ही निकलता था तथा उनके मनस पटल पर वॉरन की जगह उनके पिता का नाम और गहराई से छपता चला जाता था जिसके फलस्वरूप उनकी लाख कोशिशों के बावजूद भी वे वॉरन को हावर्ड बोलने से अपने को नहीं रोक पाते थे और अपनी आदत के स्वयं ही शिकार बन जाते थे।

एक दिन बड़े सवेरे जब दोनों की मुलाक़ात होने वाली थी, मेरे पिताजी बड़ा अभ्यास करके गए कि आज तो एक बार भी वॉरन को हावर्ड नहीं कहूँगा। फिर भी, उनके बहुत सम्भालने के बावजूद, एक बार उनके मुख से वॉरन का नाम 'हावर्ड' निकल गया। वॉरन ने इस पर कोई ध्यान नहीं दिया और मेरे पिताजी को सही करने की कोई चेष्टा नहीं की। सत्तर के दशक भर, बीच-बीच में मेरे पिताजी से वॉरन का नाम बोलने में त्रुटियाँ होती रहीं। अस्सी के दशक के आते-आते, मेरे पिताजी ने वॉरन को 'हावर्ड' नाम से सम्बोधित करने की अपनी आदत से छुटकारा पा लिया। जब वे अपनी इस आदत से मुक्त हो गए तो बड़े प्रसन्न हुए तथा अपने ऊपर गर्व का अनुभव भी करने लगे। कई वर्ष के बाद, जब मैंने उनसे पूछा कि आप वॉरन को हावर्ड क्यों बोलते थे यह आपने कभी उन्हें समझाने का प्रयास किया? तो वे बोले कि वे अपनी इस त्रुटि के कारण इतना शर्मिंदा महसूस करते थे कि वे वॉरन को कभी उसका कारण समझा नहीं पाए।

मेरे पिता और वॉरन का सम्बंध इतने समय तक इसलिए चला क्योंकि दोनों, छोटी-छोटी बातों में न उलझकर, गहरी बातों में अपना ध्यान लगाते थे। मुझे लगता है कि उन दोनों के सम्बंध

का आधार था दोनों का सत्यनिष्ठ एवं कुशल व्यक्तियों के साथ सम्बंध बनाना और बनाए रखने का सतत प्रयास। जब श्री बफ़े बर्कशायर हैथअवे में उनके द्वारा रखे गए प्रबंधकों पर नियंत्रण रखने के विषय में यह कहते हैं कि "हम श्रेष्ठ बल्लेबाज़ों को बल्ला घुमाना नहीं सिखाते", तो यह मेरे पिताजी फ़िलिप फ़िशर की विचारधारा से अक्षरश: मिलता है। सर्वश्रेष्ठ व्यक्तियों का चुनाव करें, उनसे सम्बंध बनाएँ, तथा उन पर नियंत्रण करने तथा उनको क्या करना चाहिए, यह बताने, की चेष्टा न करें।

मेरे पिताजी इस बात से बड़े प्रभावित थे कि श्री बफ़े ने बिना अपने मूलभूत सिद्धांतों से समझौता किए हुए वित्तीय निवेश के क्षेत्र में सफलता प्राप्त की। हर दशक में, श्री बफ़े ने अपनी पूर्व की कार्यप्रणाली से हट कर, कुछ नया किया है एवं उसमें सफल भी रहे हैं। जबकि व्यवसायिक वित्तीय निवेश के क्षेत्र में, अधिकतर ऐसा होता है कि, लोग निवेश की कोई एक पद्धति सीख लेते हैं और फिर जीवन पर्यन्त उसी पद्धति का प्रयोग करके निवेश करते रहते हैं। उदाहरण के तौर पर, कुछ लोग सदा ही कम मूल्य-आय अनुपात वाले शेयरों में निवेश करते हैं, कुछ लोग प्रौद्योगिकी क्षेत्र की बड़ी कम्पनियों के शेयरों में ही निवेश करते हैं, इत्यादि। कहने का अर्थ है कि अधिकतर व्यक्ति निवेश की अपनी एक परिपाटी बना लेते हैं और फिर या तो जीवन भर उसे बदलते नहीं अथवा बहुत थोड़ा ही बदलाव करते हैं। इसके विपरीत, वॉरन बफ़े ने हर दशक में अपने निवेश में नए प्रयोग किए हैं, जिसके फलस्वरूप निवेश के क्षेत्र में उनके अगले क़दम की भविष्यवाणी करना असम्भव है। सत्तर के दशक में उनकी निवेश नीति का अनुमान उसके पहले की उनकी रणनीति से नहीं लगाया जा सकता था और यही बात उनकी अस्सी के दशक की निवेश नीति पर भी लागू होती थी। उनकी समय के साथ अपने को सफलतापूर्वक बदलने की कला पर एक पूरी पुस्तक लिखी जा सकती है। अधिकतर व्यक्ति जब अपने आप को इस तरह बदलने का प्रयास करते हैं तब वे असफल ही होते हैं। मेरे पिताजी को लगता था कि श्री बफ़े इसलिए असफल नहीं हुए क्योंकि उन्होंने कभी भी अपनी जड़ों को नहीं भुलाया और सदा ही स्वयं के प्रति सत्यनिष्ठ रहे।

मेरे पिताजी, प्रसिद्ध कवि रड्यार्ड किप्लिंग की कविता 'इफ़' को बहुत पसंद करते थे। वे इस कविता की प्रति हर स्थान पर रखते थे, अपने काम करने की मेज़ पर, अपने पलंग के बग़ल में रखी दराज़ पर, अपने मनोरंजन कक्ष में- जिससे कि जब उनका मन करे वे इस कविता को पढ़ सकें। मैं भी इस कविता को अपनी मेज़ पर रखता था जिससे कि पिताजी मेरे पास आएँ। वे सदा ही किप्लिंग के लहजे में मुझे अपने करियर एवं निवेश किए हुए पैसे के प्रति पूरी गम्भीरता बरतने पर अपने ऊपर अत्यधिक घमंड न करने तथा स्वयं को बहुत गम्भीरता से न लेने की सलाह देते थे। वे कहते थे कि सबकी आलोचना सुनो पर उसे अपने विषय में अटल सत्य मत मान बैठो। वे कहते थे कि सदा ही नयी चुनौतियों का सामना करो, पर यदि कभी असफल हो जाओ तो स्वयं

को क्षमा कर के फिर से प्रयास में लग जाओ। और वे कहते थे कि सदा ही अनजानी चुनौतियों का सामना करने के लिए तत्पर रहो।

श्री बफ़े की अपने आधारभूत मूल्यों को ताक पर रखे बिना समय के साथ के साथ बदलने की क्षमता, तथा उनका सदा ही अनजानी चुनौतियों का सामना करने के लिए तत्पर रहना, उनके यह दो गुण मेरे पिताजी को सर्वाधिक पसंद थे। बफ़े, अतीत की परिपाटी, कृत्यों एवं कथनों, तथा अतीत की उपलब्धियों के अहंकार, में न बंध कर सदा ही आगे बढ़ते रहते हैं। मेरे पिताजी के अनुसार बफ़े, किप्लिंग की कविता में प्रतिपादित मुख्य आदर्शों का मूर्त रूप हैं।

दुर्भाग्यवश, समाज में सदा से ही ईर्ष्यालु व्यक्ति रहे हैं जो स्वयं तो कुछ नहीं कर पाते पर दूसरों के मार्ग पर कीचड़ फेंकते रहते हैं। ऐसे व्यक्तियों का लक्ष्य होता है दूसरों को नीचा दिखाना। हर सफल व महान व्यक्ति के साथ ऐसा होता है। उसके जीवन की हर एक उपलब्धि पर प्रश्न खड़े किए जाते हैं तथा उन पर कीचड़ उछाली जाती है, इस आशा से कि कहीं तो जा कर लगेगी और उन्हें नीचा देखना पड़ेगा। मेरे पिताजी को सदा ही दूसरों द्वारा अपने ऊपर कीचड़ उछाले जाने की अपेक्षा रहती थी और वे यह भी जानते थे कि उनके प्रियजनों पर भी ऐसा किया जाएगा। स्वयं की उन्हें कोई चिंता नहीं रहती थी पर अपने प्रियजनों पर कीचड़ उछाले जाने एवं उससे उनकी हानि होने के प्रति वे बड़े आशंकित रहते थे। पर साथ ही, वे यह अपेक्षा भी रखते थे कि जब भी उनके प्रियजनों पर कीचड़ उछाली जाएगी, तब वे किप्लिंग के अपनी कविता में बताए आदर्शों के अनुरूप, हर एक निंदा व आरोप पर गम्भीरता से विचार करेंगे पर उसे अपने आप को परिभाषित नहीं करेंगे।

अपने बहुत लम्बे करियर में, वॉरन बफ़े पर अपेक्षाकृत कम कीचड़ उछाली गयी है, और अब तक कोई भी उन पर लगा एक भी आरोप प्रमाणित नहीं किया जा सका है। मुझे विश्वास है कि इस बात से मेरे पिताजी जितने प्रसन्न थे, किप्लिंग भी उतने ही प्रसन्न होते। यह श्री बफ़े के जीवन के दृढ़ आधारभूत मूल्यों का ही परिणाम है। वे जानते हैं कि वे कौन हैं एवं क्या हैं। उनके पास स्वयं के प्रति शर्मिंदा होने के लिए कुछ नहीं है। कोई उन पर यह आरोप नहीं लगा सकता कि उनकी कथनी एवं करनी में अंतर है। और वॉरन बफ़े का यह एक ऐसा गुण है जिसका आपको भी अनुकरण करना चाहिए। आप कौन हैं, यह कभी न भूलें।

इस भूमिका को लिखने के पीछे मेरा एक उद्देश्य है आप पाठकों को सलाह देना कि कैसे आप इस पुस्तक का प्रयोग अपने जीवन में कर सकते हैं। मुझसे सदा से ही पूछा जाता रहा है कि क्यों मैं अपने पिताजी तथा श्री बफ़े की तरह काम नहीं करता। बहुत सरल उत्तर है। मैं इन दोनों से अलग हूँ। मैं अपने व्यक्तित्व के सबसे प्रबल गुणों का लाभ लेकर ही जीवन में आगे बढ़ सकता हूँ। मैं अपने पिताजी की भाँति लोगों को पहचानने में अति कुशल नहीं हूँ और मैं बफ़े जैसा विलक्षण प्रतिभाशाली नहीं हूँ।

अतः मेरा आपसे आग्रह है कि इस पुस्तक से सीखिए, पर इसका प्रयोग, वॉरन बफ़े की नक़ल करने में मत करिएगा। आप वॉरन बफ़े नहीं बन सकते और यदि आप ऐसा प्रयास करेंगे, तो बहुत दुःख प्राप्त करेंगे। इस पुस्तक में बताए गए बफ़े के विचारों को समझिए तथा फिर उन विचारों को स्वयं के निवेश करने की पद्धति में ढालिए। स्वयं के विचारों से ही आप महान बनेंगे, उधार के विचारों से नहीं। आप इस पुस्तक में प्रतिपादित विचारों का लाभ तभी ले सकते हैं जब आप उन्हें अपने जीवन के अनुसार ढालें न कि अपने जीवन को इन विचारों के अनुसार ढालने का प्रयास करें। फिर भी, मैं गारंटी देता हूँ कि आप कभी भी वॉरन बफ़े नहीं बन सकते चाहे आप जितना भी प्रयास कर लें एवं कुछ भी पढ़ लें। आप को स्वयं के व्यक्तित्व को ही निखारना होगा। स्वयं का ही विकास करके आप जीवन में सफल हो सकते हैं, किसी और का अक्षरशः अनुकरण कर के नहीं।

मैंने अपने पिताजी से जीवन की यही सबसे बड़ी सीख ली है। मेरे पिताजी स्वयं एक महान गुरु थे। पर उन्होंने कभी भी मुझे उनके जैसा अथवा किसी और के जैसा बनने की शिक्षा नहीं दी। उन्होंने सदा ही मुझे सिखाया कि मैं अपने व्यक्तित्व का विकास करूँ और सदा ही करता रहूँ, किसी अन्य का अनुकरण करने की चेष्टा न करूँ। आप वॉरन बफ़े के जीवन से कौन सी सर्वाधिक महत्त्वपूर्ण बात सीख सकते हैं? वह है, वॉरन बफ़े के जीवन से सीखिए पर उनके जैसा बनने की इच्छा न रखिए। यदि आप एक युवा पाठक हैं, तो मैं आपसे कहना चाहूँगा कि जीवन का सबसे बड़ा निवेश होता है यह जानना कि आप कौन हैं? यदि आप थोड़ी बड़ी आयु के व्यक्ति हैं तो मैं कहूँगा कि जीवन की सबसे बड़ी सीख यह है कि आप जितना सोचते हैं, उससे कहीं अधिक जवान हैं और आपको वैसे ही बर्ताव करना चाहिए- जो कि आज के समय में दुर्लभ हो चला है। पर यदि ऐसा न होता तो आज इतनी अधिक आयु में भी श्री बफ़े इतने सफल न होते। जिस आयु में साधारण व्यक्ति रिटायर हो कर घर में बैठा होता है, उस आयु में श्री बफ़े स्वयं को निरंतर समय के अनुसार बिना अपने मूल्यों से समझौता किए हुए बदलते रहते हैं, सीखते रहते हैं, और आज भी विश्व के अग्रणी निवेशक बने हुए हैं। आप वॉरन बफ़े को एक शिक्षक मानें, अनुकरणीय व्यक्ति नहीं। और इस पुस्तक को उनकी शिक्षाओं का सर्वश्रेष्ठ संकलन एवं उनकी सर्वश्रेष्ठ टीका मानें, जिसमें सारी बातें सरल भाषा में समझायी गयीं हैं। आप इस पुस्तक से बहुत कुछ सीख सकते हैं, और यह आपकी स्वयं की निवेश पद्धति विकसित करने की दिशा में नींव का पत्थर सिद्ध हो सकती है।

केनेथ एल. फ़िशर

जुलाई 2013

प्रस्तावना

जून 1984 में मैंने बॉल्टिमोर, मेरीलैंड में 'लेग मेसन वुड वॉकर' कंपनी द्वारा आयोजित एक प्रशिक्षण शिविर में अपना नाम लिखाया। अगले दो हफ़्ते तक मैंने निवेश, बाज़ार विश्लेषण, निवेश संबंधी क़ानूनों का पालन किया तथा बिक्री की तकनीकों इत्यादि विषयों पर कई व्याख्यान सुने। मैं शीघ्र ही एक स्टॉक ब्रोकर के रूप में अपनी नौकरी का आरम्भ करने वाला था और पता नहीं क्यों मेरे भीतर लगातार यह भावना उठ रही थी कि, मैंने इस व्यवसाय का चयन करके बहुत बड़ी ग़लती कर दी है।

लेग मेसन भी मूल्य आधारित निवेश में विश्वास रखने वाली कंपनी थी और उसके प्रशिक्षण कार्यक्रम में मूल्य आधारित निवेश के प्रणेताओं द्वारा लिखी गयीं कालजयी पुस्तकों, जैसे कि बेंजामिन ग्राहम एवं डेविड डॉड द्वारा रचित पुस्तक 'सिक्योरिटी एनलिसिस' तथा ग्राहम द्वारा रचित 'द इंटेलिजेंट इन्वेस्टर' के अध्ययन पर काफ़ी बल दिया जाता था। प्रतिदिन, कंपनी के वरिष्ठ ब्रोकर शेयर एवं शेयर बाज़ार के विषय में अपना वर्षों के अनुभव से अर्जित ज्ञान बाँटते थे। वे प्रतिदिन हम लोगों को उनके एक पसंदीदा शेयर का एक विश्लेषण सौंप देते थे, जिसको उस शेयर का 'मूल्य आधारित निवेश सर्वेक्षण'' कहा जाता था। सभी शेयरों में एक से ही गुण होते थे: उनका मूल्य-आय अनुपात बहुत कम था, उनका मूल्य-बही अनुपात बहुत कम था, तथा लाभांश पर प्रतिफल अनुपात बहुत अधिक था। इसके साथ ही, प्रत्येक कंपनी के शेयर किसी न किसी कारण से बाज़ार में अपनी सही क़ीमत से कम में उपलब्ध थे। बार-बार, हमें ऐसी कम्पनियों को खोज कर उनमें निवेश करने तथा तात्कालिक रूप से चढ़े हुए शेयरों में निवेश करने से बचने की नसीहत दी जाती थी।

मुझे मूल्य आधारित निवेश की पद्धति का तर्क समझ आ गया था। उस पद्धति में प्रयुक्त गणित कठिन नहीं थी। मूल्य आधारित सर्वे से हमें एक कंपनी के पिछले बीस वर्षों के खातों व आय विवरण के संबंध में सूचना मिल जाती थी। उसमें पिछले बीस वर्षों में, कंपनी के वार्षिक

नतीजों के साथ उसके शेयरों के दामों में हुए बदलाव को ग्राफ़ के माध्यम से प्रदर्शित किया जाता था। पर जब भी मैं किसी कंपनी के इन आँकड़ों का अवलोकन करता था, मुझे महसूस होता था कि वहाँ कुछ कमी है।

हमारे प्रशिक्षण शिविर के समाप्त होने के एक दिन पहले गुरुवार था। उस गुरुवार की दोपहर में, हमारे प्रशिक्षक ने मुझे बर्कशायर हैथअवे नाम की एक कंपनी की 1983 की वार्षिक रिपोर्ट की फ़ोटोकॉपी सौंपी। मैंने उस समय तक बर्कशायर हैथअवे का नाम भी नहीं सुना था। उस वार्षिक रिपोर्ट के लेखक एक वॉरन बफ़े नाम के व्यक्ति थे, जिनके बारे में मैंने पहले कभी कुछ भी नहीं सुना था। हम लोगों से कहा गया कि हम उस वार्षिक रिपोर्ट में दिया गया अध्यक्ष का शेयरधारकों के नाम पत्र पढ़ें और अगली सुबह उस पर चर्चा के लिए तैयारी करें।

उस रात अपने होटल के कमरे में मैंने जल्दी-जल्दी वह वार्षिक रिपोर्ट पढ़ी। मुझे देख कर बड़ा अजीब लगा और निराशा भी हुई कि उस रिपोर्ट में कहीं भी कोई चित्र अथवा ग्राफ़ नहीं था। अध्यक्ष का शेयरधारकों के नाम पत्र ही लगभग बीस पन्नों का था। मैं भारी मन से कुर्सी पर बैठा और उस पत्र को पढ़ने लगा। पत्र पढ़ते-पढ़ते मेरे भीतर क्या हुआ, यह बताना कठिन है, पर इतना कह सकता हूँ, कि उस एक शाम में, वित्तीय निवेश के विषय में मेरी धारणा सदा के लिए बदल गयी।

पिछले दो हफ़्ते से तो मैं अपने प्रशिक्षण शिविर में केवल संख्याओं, अनुपातों, गणितीय सूत्रों तथा सांख्यिकीय गणनाओं को ही पढ़ रहा था। पर उस रिपोर्ट में ऐसा कुछ भी नहीं था। उस रिपोर्ट में कम्पनियों एवं उनको चलने वाले व्यक्तियों के विषय में जानकारी दी हुई थी। बफ़े ने उस रिपोर्ट में, अस्सी वर्षीया रोज़ ब्लुमकिन का वर्णन किया था, जो रूस से आयी एक प्रवासी नागरिक थीं। रोज़ ब्लुमकिन अपने 'नेब्रास्का फ़र्नीचर मार्ट' नामक फ़र्नीचर की दुकानें चलाने वाली कंपनी द्वारा सालाना $100 मिलियन का फ़र्नीचर बेच रही थीं। बफ़े ने उस रिपोर्ट के माध्यम से मेरा परिचय 'बफ़लो न्यूज़' के प्रकाशक स्टैन लिप्सी, तथा 'सीज़ कैंडल्ज़' के चक हिगिंज़ से कराया। मैंने उस रिपोर्ट से समाचार पत्र छापने के आर्थिक पहलू तथा मिठाई का सफल व्यवसाय करने के लिए आवश्यक रणनीतियाँ सीखीं। उसके बाद बफ़े ने बर्कशायर के स्वामित्व वाली बीमा कम्पनियों के नतीजों का वर्णन किया, जिसमें उन्होंने नेशनल इंडेम्निटी कंपनी तथा GEICO के विषय में भी बताया, जिन्हें बर्कशायर ने हाल में क्रय किया था। पर उन्होंने केवल संख्याओं में परिणाम का वर्णन न करके, अपने पत्र द्वारा बीमा के पूरे उद्योग व व्यवसाय से मुझे अवगत कराया तथा उसके आधार पर अपनी कम्पनियों के परिणामों का प्रस्तुतीकरण किया। उन्होंने अपनी बीमा कंपनियो के ग्राहकों द्वारा दिए गए कुल वार्षिक प्रीमियम, घाटा सहने के लिए कम्पनियों द्वारा स्थापित निधि, तथा बीमा राशि के संरचित तरीके से भुगतान के माध्यम से कर में लाभ का वर्णन किया। इतना ही नहीं, अपने शेयरधारकों को

लिखे पत्र में बफ़े ने बड़े ही विस्तार से समझाया था कि कैसे, बाज़ार में अपनी साख के बल पर एक कंपनी का निहित मूल्य, उसकी सम्पत्ति के कुल मूल्य से अधिक हो सकता है।

उस रिपोर्ट को पढ़ कर अगले दिन जब मैं अपने प्रशिक्षण कार्यक्रम में गया तो मैं पूरी तरह से बदल चुका था। अब मुझे मेरे प्रशिक्षण शिविर में बाँटे गए मूल्य आधारित सर्वे का सही अर्थ समझ में आ रहा था। उन पन्नों में दिए गए आंकड़े अब मेरे लिए जीवंत हो चुके थे। मैं उन आंकड़ों के मूल में स्थित, कंपनी, कंपनी को चलाने वाले तथा उसमें काम करने वाले लोगों, तथा उन कम्पनियों के उत्पाद एवं सेवाओं को, संख्याओं में व्यक्त किए गए उन कंपनियों के परिणामों से जोड़ पा रहा था।

अगले हफ़्ते जब मैं अपने काम पर गया तो मेरे मन में एक ही उद्देश्य था। मैंने निर्णय कर लिया था कि मैं अपने ग्राहकों का पैसा बर्कशायर में तथा बर्कशायर ने जिन कम्पनियों में निवेश कर रखा है उनमें लगाऊँगा। जब भी बफ़े कोई शेयर ख़रीदते, तो मैं उस कंपनी को फ़ोन करता और उसकी वार्षिक रिपोर्ट अपने कार्यालय में मँगवा लेता। फिर उस कंपनी की रिपोर्ट पढ़कर यह समझने का प्रयास करता कि बफ़े ने क्या सोचकर उसमें निवेश किया होगा। उस समय जब इंटरनेट नहीं था, कोई भी व्यक्ति प्रतिभूति और विनिमय आयोग को $25 की राशि का चेक भेजकर किसी भी कंपनी की वार्षिक रिपोर्ट की प्रति मँगवा सकता था। मैंने आवश्यक धनराशि का चेक भेजकर बर्कशायर हैथअवे की समस्त वार्षिक रिपोर्ट्स मँगवा लीं। मैंने बफ़े के विषय में समाचार पत्रों व पत्रिकाओं में लिखे गए सभी लेखों का संकलन आरम्भ कर दिया। बफ़े व बर्कशायर के विषय में प्रकाशित हर लेख की एक प्रति प्राप्त कर पढ़ता था और फिर उसे अपनी फ़ाइल में लगा देता था।

कुछ वर्ष बाद, कैरल लूमिस ने *फ़ॉर्च्यून* पत्रिका के लिए एक लेख लिखा, जिसका शीर्षक 'द इन्साइड स्टोरी ऑफ़ वॉरन बफ़े' (11 अप्रैल, 1988) था। *फ़ॉर्च्यून* पत्रिका के उस समय के प्रबंध सम्पादक, मार्शल लोएब को लगा कि बफ़े के जीवनचरित्र को एक लेख के तौर पर पत्रिका में छापा जाए। वह जानते थे कि इस विषय पर कैरल से अच्छा कोई लेखक नहीं हो सकता। उस लेख के प्रकाशित होने से पूर्व, एक आम व्यक्ति के लिए बफ़े से साक्षात्कार केवल उनके अध्यक्षीय पत्रों तथा बर्कशायर के ओमाहा में होने वाली वार्षिक सम्मेलन में उनकी उपस्थिति के माध्यम से ही सम्भव था। पर जो लोग जानते थे कि कैरल, बर्कशायर की वार्षिक रिपोर्ट्स का सम्पादन भी करती हैं, वे समझते थे कि वे ही बफ़े की भीतरी दुनिया के विषय में सही लिख सकती हैं। जब यह लेख *फ़ॉर्च्यून* पत्रिका में छपा, तो मैंने भाग कर अख़बार की दुकान से उस अंक को ख़रीदा, क्योंकि मुझे डर था कि कहीं सारी प्रतियाँ बिक न जाएँ।

कैरल का कहना था कि वे चाहतीं थीं कि उनके लेख में बफ़े के सफल निवेशक होने के साथ ही उनके एक असाधारण व्यापारी होने के गुणों को भी जनता के समक्ष प्रस्तुत किया जाए। और

ऐसा ही हुआ। उनके 7000 शब्दों के लेख ने आम जनता व बफ़े के प्रशंसकों के समक्ष, बफ़े का अंतरंग चरित्र चित्रण किया। कैरल के लेख में कई प्रभावशाली बिंदु उजागर हुए थे, पर उसमें बफ़े के तीन कथनों ने मुझ पर अत्यधिक गहरा प्रभाव डाला।

बफ़े का पहला कथन यह था कि "हम बर्कशायर में ऐसा कुछ भी नहीं करते जो कि किसी भी सामान्य व्यक्ति की क्षमता से परे हो।" आगे उन्होंने कहा कि "प्रबंधन के विषय में मेरे विचार निवेश की तरह ही हैं: अर्थात् असाधारण परिणाम पाने के लिए असाधारण कृत्य करने की आवश्यकता नहीं होती है।"

मुझे विश्वास है कि अधिकतर लोग जिन्होंने इसे पढ़ा होगा, उन्होंने सोचा होगा कि बफ़े मध्य-पश्चिमी अमेरिका के निवासी होने के नाते उसकी संस्कृति के अनुरूप विनम्रतापूर्वक आचरण कर रहे हैं। यह सच है कि बफ़े बड़बोले नहीं हैं। पर यह भी सच है कि वे गोल-मोल बात नहीं करते। मुझे विश्वास था कि उन्होंने अपने विषय में यह कथन इसलिए कहे क्योंकि यह सत्य हैं, न कि सिर्फ़ मध्य-पश्चिमी अमेरिका की विनम्रता की संस्कृति का पालन करने के लिए। अपने इसी विश्वास के परिणामस्वरूप मेरे मन में बफ़े के निवेश तथा निवेश के लिए शेयरों का चयन संबंधी सोच का अनावरण करने का भाव जागा। मुझे लगा कि यदि बफ़े स्वयं कह रहे हैं कि वे कोई असाधारण कृत्य नहीं कर रहे हैं, तो उनके विचारों से सामान्य व्यक्तियों के लिए एक मानचित्र बनाया जा सकता है, जो उन्हें स्वयं के लिए निवेश करने में सहायक सिद्ध हो। यही 'द वॉरन बफ़े वे' लिखने के पीछे मेरा उद्देश्य था।

बर्कशायर हैथअवे की बीस साल की वार्षिक रिपोर्ट्स, बर्कशायर द्वारा निवेश की गयी सभी कंपनियों की वार्षिक रिपोर्ट्स, तथा बफ़े के बारे में लिखे गए लेखों को पढ़ कर मैंने यह समझा कि शेयर बाज़ार में निवेश के विषय में बफ़े की क्या सोच है। मेरे इस शोध से सबसे महत्वपूर्ण ज्ञान जो मुझे मिला वह था कि बफ़े, शेयर बाज़ार में सूचीबद्ध तथा पूर्णतया निजी, दोनों प्रकार की कम्पनियों में निवेश के प्रति एक ही सोच रखते हैं। शेयर बाज़ार में सूचीबद्ध तथा पूर्णतया निजी कंपनियों में निवेश का उनका निर्णय, सोच की एक जैसी ही प्रक्रिया का परिणाम होता है जिसमें विचारों का अनुक्रम भी लगभग एक सा ही रहता है। इस विचारों के अनुक्रम में वे कंपनी के व्यवसाय के विषय में सोचते हैं, कंपनी चलाने वाले लोगों के बारे में सोचते हैं, कंपनी के व्यवसाय के आर्थिक पक्ष का विचार करते हैं, तथा उसके बाद कंपनी के उचित मूल्य का विचार करते हैं। फिर वे अपने इस विश्लेषण की अपने द्वारा बनाए मानदंडों से तुलना कर के देखते हैं। इन मानदंडों को मैंने निवेश सिद्धांतों का नाम दिया है और उनको जिन चार श्रेणियों में विभाजित किया है, वे हैं: व्यापारिक सिद्धांत, प्रबंधन सिद्धांत, वित्तीय सिद्धांत, तथा बाज़ार सिद्धांत। 'द वॉरन बफ़े' पुस्तक का ध्येय था बर्कशायर हैथअवे की ओर से बफ़े द्वारा निवेशित मुख्य कम्पनियों का विश्लेषण करना और यह परखना कि क्या वे मेरे द्वारा पहचाने गए बफ़े के निवेश

मानदंडों पर खरी उतरती हैं अथवा नहीं। मुझे लगा कि इस तरह से बफ़े की निवेश के प्रति सोच को उनके द्वारा किए गए शेयरों तथा कंपनियों में निवेश से मिलान करके एक ही पुस्तक में संकलित करने से सामान्य निवेशकों को अत्यंत लाभ होगा। मुझे लगता है कि इस प्रयास में मैं सफल हुआ हूँ।

जब मैंने पहली बार इस पुस्तक को लिखना आरम्भ किया था, तब तक वॉरन बफ़े से मेरी एक भी मुलाक़ात नहीं हुई थी। पुस्तक के प्रथम संस्करण की रूप-रेखा बनते समय मैंने उनकी कोई सलाह नहीं ली थी। यद्यपि इस प्रकार सलाह लेने से मुझे लाभ ही होता, पर सौभाग्यवश मेरे पास उनके स्वयं के निवेश के विषय पर कथित वचनों का भंडार था, इसलिए उसकी कमी उतनी नहीं खली। पूरी पुस्तक में मैंने बर्कशायर हैथअवे की वार्षिक रिपोर्ट्स, विशेषकर अध्यक्ष के पत्र वाले खंड से कई उद्धरणों को शामिल किया है। श्री बफ़े ने पुस्तक की पांडुलिपि की समीक्षा करने के बाद मुझे अपने कॉपीराइट की हुई सामग्री को प्रयोग करने की अनुमति दी। परंतु इसका अर्थ यह नहीं कि उन्होंने इस पुस्तक को लिखने में मेरा सहयोग किया अथवा मुझे कुछ ऐसे गुप्त रहस्य बताए, जो उनके सार्वजनिक किए गए कथनों तथा रचनाओं में उपलब्ध नहीं है। सत्य तो यह था कि, हालाँकि बफ़े के सभी कथन तथा कृत्यों का ब्यौरा सार्वजनिक है परंतु उनका गहन विश्लेषण नहीं हुआ था।

बफ़े का कथन कि वह जो कुछ भी करते हैं वह एक आम व्यक्ति की कुशलता एवं कार्यक्षमता की सीमा के भीतर है, मेरे लिए इस पुस्तक को लिखने में सबसे बड़ी चुनौती सिद्ध हुआ। मैंने पाया कि उनके इस कथन को सिद्ध अथवा असिद्ध करना, मेरी पुस्तक का मुख्य लक्ष्य बन गया। ऐसा इसलिए था क्योंकि बफ़े के कई आलोचकों का यह मानना है कि भले ही उन्होंने साधारण सी दिखने वाली पद्धतियों का प्रयोग कर के सफलता प्राप्त की हो, परंतु उनका स्वभावगत अनोखापन तथा विशेष स्वभाव एवं उनका व्यवहार, उनकी पद्धति को अन्य सामान्य व्यक्तियों द्वारा अपनाए जाने से रोकता है। यही कारण है कि उनकी निवेश पद्धति सफल होने के बावजूद भी उतनी लोकप्रिय नहीं है। मैं इस विषय पर उनके आलोचकों से कभी सहमत नहीं रहा। मैं मानता हूँ कि एक व्यक्ति के रूप में बफ़े विशेष स्वभाव के व्यक्ति हैं, परंतु, उनकी निवेश पद्धति उनके व्यक्तित्व के गुणों से परे है तथा न केवल सामान्य मनुष्य, बल्कि वित्तीय संस्थाएँ एवं संस्थागत निवेशक भी उनकी निवेश पद्धति को अपनाकर लाभ कमा सकते हैं, बशर्ते कि वे उसे भली प्रकार से समझ जाएँ। वॉरन बफ़े की निवेश रणनीतियों एवं पद्धतियों को सरल भाषा में सभी प्रकार के निवेशकों को समझना एवं उन्हें स्वयं की परिस्थिति में अपनाने व लागू करने में निवेशकों की सहायता करना, यही इस पुस्तक के माध्यम से मेरा प्रयास है।

इस पुस्तक की अपार सफलता के बावजूद अभी भी कई संशयवादी कहते हैं कि वॉरन बफ़े पर लिखित पुस्तक पढ़कर कोई वॉरन बफ़े जैसा लाभ नहीं कमा सकता या वॉरन बफ़े नहीं बन

सकता। उनको मेरा विनम्र उत्तर है कि, प्रथमत: तो मैंने स्वयं यह कभी नहीं कहा न ही मेरी किसी बात से किसी ऐसा संकेत मिलना चाहिए कि इस पुस्तक को पढ़कर कोई वॉरन बफ़े बन जाएगा अथवा उनके जैसा लाभ कमाने लगेगा। दूसरा, मैं स्वयं हैरान हूँ कि कोई ऐसा सोच भी कैसे सकता है? मुझे तो यह स्वाभाविक लगता है कि यदि आप प्रसिद्ध गॉल्फ़ खिलाड़ी टाइगर वुड्ज़ के ऊपर लिखी गयी कोई पुस्तक पढ़ते हैं, तो आप टाइगर के जैसे महान गॉल्फ़ खिलाड़ी नहीं बन जाएँगे और न ही आपको ऐसी उम्मीद रखनी चाहिए। कोई भी यदि टाइगर वुड्ज़ के बारे में लिखी हुई पुस्तक पढ़ता है तो वह यह आशा अवश्य कर सकता है कि कदाचित उस पुस्तक में कुछ ऐसी बातें पता चलें जिससे कि वह आज जैसा है, कल को उससे बेहतर गॉल्फ़ खिलाड़ी बन सकता है। अधिकतर गॉल्फ़ खिलाड़ी, टाइगर के ऊपर लिखी हुई पुस्तक को इसी मंशा से पढ़ेंगे। वैसे ही मेरी पुस्तक 'द वॉरन बफ़े वे' भी है। यदि इस पुस्तक में वर्णित कुछ बातों से सीखकर आप अपने स्वयं के निवेश में कल, आज अपना जितना कमा रहे हैं, उससे अधिक लाभ कमा लें, तो मैं समझूँगा कि मेरी पुस्तक सफल हो गयी। आम तौर पर अधिकतर व्यक्ति, शेयर बाज़ार में मुँह की खाते हैं। कुछ लोग तो अपना सर्वस्व गँवा बैठते हैं। ऐसी परिस्थिति में यदि किसी को इस पुस्तक को पढ़कर निजी निवेश में पहले से थोड़ा सा भी अधिक लाभ हो जाए, तो बहुत होगा और मेरे विचार से यह कठिन भी नहीं है।

एक बार बफ़े एवं उनके मित्र चार्ली मंगर, जो बर्कशायर के उपाध्यक्ष हैं और बफ़े के आलोचक भी हैं, से पूछा गया था कि, क्या वे कभी ऐसी सम्भावना देखते हैं कि वे दोनों भविष्य के सफल निवेशकों को प्रशिक्षण देने के लिए किसी पाठ्यक्रम का निर्माण करेंगे। मेरे मत के अनुसार, बर्कशायर की वार्षिक रिपोर्ट्स के माध्यम से वे दोनों यह काम पिछले 40 वर्षों से कर रहे हैं। बर्कशायर की वार्षिक रिपोर्ट्स, सभी के लिए शिक्षाप्रद होती हैं तथा अपनी स्पष्टता, सहजता, एवं सरलता के लिए प्रसिद्ध हैं। जिस भी व्यक्ति ने अपने जीवन में कभी भी यदि बर्कशायर हैथअवे की एक भी वार्षिक बैठक में हिस्सा लिया है तो वह मेरी बात से सहमत होगा कि उस बैठक में ही निवेशकों के कई संशयों का समाधान हो जाता है।

ज्ञान प्राप्ति एक यात्रा है। स्वयं की ज्ञान प्राप्ति की यात्रा में वॉरन बफ़े ने बेंजामिन ग्राहम एवं फ़िल फ़िशर समेत कई व्यक्तियों के ज्ञान से सीखा व उसे अपनाया। उसमें उन्होंने अपने मित्र तथा साझेदार, चार्ली मंगर द्वारा सिखाए गए पाठों का समावेश किया। अपने इस विविध एवं गहरे ज्ञान के भण्डार को बफ़े, दूसरों के साथ बाँटने को सदैव तत्पर रहते हैं, यह उनकी उदारता का परिचायक है। उन्हें बस तलाश रहती है ऐसे व्यक्तियों की जो कि उनकी बातों को खुले मन से सुनें, सीखने के प्रति उत्साही हों, तथा केवल उनके दिए हुए ज्ञान पर पूर्णतया निर्भर न होकर स्वयं भी अन्य स्रोतों से सीखने की चेष्टा करें तथा इन सभी स्रोतों से मिले ज्ञान को भी अपने निजी जीवन में समावेश कर के अपने लिए उचित एवं उपयुक्त निवेश पद्धति का निर्माण करें।

बर्कशायर हैथवे की सन 1995 की वार्षिक बैठक में चार्ली मंगर ने कहा था कि, "कितनी अद्भुत बात है कि कुछ लोगों में कुछ भी नया सीखने के प्रति अत्यधिक आंतरिक प्रतिरोध होता है।" फिर बफ़े ने कहा था कि, "इससे भी अद्भुत बात यह है कि यदि कोई बात सीखने से ऐसे व्यक्तियों के जीवन में सकारात्मक बदलाव आ सकता हो, तब भी वे उसे सीखने के प्रति अपना आंतरिक प्रतिरोध बनाए रहते हैं।" फिर, विचारमग्न हो कर बफ़े बोले, "सामान्यत:, समाज तथा व्यक्तियों में किसी भी प्रकार के बदलाव तथा स्वयं की बुद्धि से चिंतन-मनन करने के प्रति ज़बरदस्त आंतरिक प्रतिरोध होता है। मुझे बरट्रांड रसल का एक कथन अक्सर याद आता है कि, 'अधिकतर व्यक्ति स्वयं की बुद्धि से सोचने की बजाय मरना पसंद करेंगे। बहुत लोगों ने यह किया भी है।' और वित्तीय निवेश के क्षेत्र में तो यह कथन और भी सत्य है।

आज से 20 वर्ष पूर्व मैंने 'द वॉरन बफ़े वे' लिखी थी। तब से लेकर आज तक परिस्थिति यह है कि शेयर बाज़ार के विषय में भ्रांतियाँ बढ़ती ही जा रही हैं। टेलिविज़न पर प्रसारित समालोचकों के व्याख्यान, वित्तीय लेखक, विश्लेषक तथा तथाकथित बाज़ार के रणनीतिकार, सभी के पास बाज़ार को लेकर कोई न कोई मत है, और एक साधारण निवेशक के लिए सत्य एवं भ्रांति में अंतर करना अति कठिन हो गया है। इंटरनेट तो सूचना का अथाह भंडार है, इस बात से किसी को मतभेद नहीं होगा। परंतु, इंटरनेट के कारण, किसी को भी वित्तीय मामलों के संबंध में अपना मत रखने का अवसर प्राप्त हो गया है जिसके फलस्वरूप, हम सभी, अत्यधिक एवं विरोधाभासी वित्तीय सलाहों में डूब से गए हैं।

इतनी अधिक जानकारी के बावजूद भी, अधिकतर निवेशक अभी भी शेयर बाज़ार से मुनाफ़ा कमाने के लिए संघर्ष कर रहे हैं। कई लोग बाज़ार में असफल होने के फलस्वरूप हतशावश निवेश ही करना बंद कर देते हैं। कभी किसी छोटे से कारण से शेयरों के दाम अचानक बढ़ जाते हैं, और फिर उतनी ही जल्दी गिर भी जाते हैं। जो लोग अपने बच्चों की शिक्षा अथवा अपनी सेवनिवृत्ति के लिए शेयर बाज़ार में निवेश करते हैं, उनके लिए स्वाभाविक रूप से यह बड़े ही विस्मय के क्षण होते हैं। ऐसा लगता है कि मानो शेयर बाज़ार का मिज़ाज किसी अज्ञात सनक पर आधारित होता है और इसमें पैसा लगाना बहुत बड़ी भूल है।

बाज़ार के इस पागलपन से अछूते वॉरन बफ़े का ज्ञान एवं उनकी सलाह, करोड़ों निवेशकों के लिए बार-बार रामबाण सिद्ध हुए हैं। शेयर बाज़ार के एक ऐसे दौर में, जहाँ निवेशकों से अधिक सट्टेबाज़ों को लाभ होता प्रतीत होता है, वॉरन बफ़े की निवेश के बारे में सलाह से करोड़ों हताश एवं पथ से भटके हुए निवेशक आश्वस्त होकर निवेश करने की हिम्मत जुटा पाए हैं। कई बार अति उत्साही एवं यथार्थ से अनजान निवेशक ऐसा कहते हैं कि, "इस बार बात कुछ और है!" और कभी-कभी वे सही भी होते हैं। इसके कई कारण होते हैं, जैसे कि राजनीति का प्रभाव, अर्थव्यवस्था का प्रभाव अथवा कभी-कभी बाज़ार ही नई दिशा की ओर अग्रसर हो जाता है।

नयी कंपनियों का जन्म होता है तथा थोड़ी पुरानी कंपनियाँ, प्रौढ़ अवस्था में पहुँचती हैं। उद्योगों में भी बदलाव होते रहते हैं। परिवर्तन सृष्टि का नियम है, पर इस पुस्तक में वर्णित वित्तीय निवेश के सिद्धांत, अपने स्थान पर अटल हैं। बफ़े ने स्वयं कहा था, "इसी अटलता के कारण उन्हें सिद्धांत कहा जाता है।"

बर्कशायर की 1996 की वार्षिक रिपोर्ट से एक संक्षिप्त परंतु अत्यंत प्रभावशाली सीख को यहां उद्धृत किया जा रहा है: "एक निवेशक के तौर पर आपका लक्ष्य केवल इतना ही होना चाहिए कि आप एक उचित मूल्य पर एक ऐसी कंपनी के शेयर ख़रीदें, जिसका व्यवसाय सरलता से आपकी समझ में आता हो तथा जिसकी कमाई में आज से अगले पाँच, दस तथा बीस सालों तक बढ़ोतरी की पूरी संभावना मौजूद हो। आप पाएँगे कि बहुत ही कम कंपनियाँ इन मानदंडों पर खरी उतरती हैं— इसलिए जैसी ही आपको कोई ऐसी सर्वगुण सम्पन्न कंपनी मिले, आप पर्याप्त मात्रा में उसके शेयर ख़रीद लें।"

आपके पास निवेश के लिए जितना भी पैसा उपलब्ध हो और चाहे जिस भी क्षेत्र की जिस किसी भी कंपनी में आप निवेश करना चाहते हों, अपने निवेश को परखने के लिए इससे बेहतर कसौटी आपको नहीं मिलेगी।

रॉबर्ट जी. हैग्स्ट्रम
विलानोवा, पेंसिल्वेनिया
अक्टूबर 2013

अध्याय 1
पाँच सिग्मा (Five-Sigma) कार्यक्रम
विश्व का महानतम निवेशक

"तैयार हो जाओ", बफ़े ने एक शरारती मुस्कान के साथ कहा। वह मैनहटन के बैठक कक्ष में वसंत की एक सुबह अपनी सबसे पुरानी एवं प्रिय मित्रों में से एक, कैरल लूमिस के साथ बैठे थे। सन 1954 से ही कैरल फ़ॉर्च्यून पत्रिका में वरिष्ठ परामर्शदाता सम्पादक हैं। कैरल द्वारा लिखित पुस्तकें न्यू यॉर्क टाइम्ज़ की सर्वाधिक बिक्री वाली पुस्तकों की सूची में शामिल रही हैं और उन्हें पुरस्कृत भी किया जा चुका है, साथ ही उन्हें वॉरेन बफ़े की पत्रिका का विशेषज्ञ माना जाता है। बफ़े के अधिकतर विश्वासपात्र जानते हैं कि कैरल सन 1977 से बर्कशायर हैथअवे की वार्षिक रिपोर्ट की सम्पादक भी हैं।

2006 में उस वसंत की सुबह बफ़े ने कैरल को बताया कि उन्होंने बर्कशायर हैथअवे में निहित अपनी सम्पत्ति को दान करने की योजना में कुछ बदलाव किए हैं। अधिकतर लोगों की तरह कैरल भी जानती थीं कि अपनी सम्पत्ति के एक छोटे से हिस्से को अपने तीन बच्चों के नाम करने के बाद बफ़े अपनी बाक़ी 99% सम्पत्ति धर्मार्थ संगठन को दान करने वाले हैं। उन्हें मालूम था कि बफ़े की यह शेष सम्पत्ति उनकी दिवंगत पत्नी सूसन द्वारा स्थापित बफ़े फ़ाउंडेशन को जाने वाली थी। पर अब बफ़े कैरल से यह कह रहे थे कि उन्होंने अपना मन बदल दिया था। उन्होंने कहा कि "अब मुझे पता चल गया है कि मैं क्या करना चाहता हूँ जिसके लिए अभी से शुरुआत करने में ही समझदारी है।"[1]

26 जून, 2006 को दोपहर के भोजन से कुछ समय पहले वॉरन बफ़े, जो उस समय विश्व के दूसरे सबसे धनी व्यक्ति थे, न्यू यॉर्क पब्लिक लाइब्रेरी में एकत्रित जनसमूह को सम्बोधित

करने के लिए माइक्रफ़ोन की ओर बढ़े। नगर के सैकड़ों धनाढ्य श्रोताओं की भीड़ ने उनका खड़े होकर उनका अभिवादन किया। थोड़ी देर बोलने के बाद बफ़े ने अपनी जैकेट की जेब में हाथ डाला और उसमें से पाँच पत्र निकाले। प्रत्येक पत्र में उनकी सम्पत्ति के एक हिस्से के दान की प्रक्रिया का वर्णन था। पहले तीन पत्र बिल्कुल सरल थे; जिसपर उन्होंने लिखा "डैड", तथा अपने बच्चों बेटी सूज़, बड़े बेटे हॉवर्ड तथा छोटे बेटे पीटर को सौंप दिए। चौथे पत्र को उन्होंने अपनी दिवंगत पत्नी द्वारा स्थापित परोपकारी संस्था के एक प्रतिनिधि को दिया। इन चारों पत्रों के जरिए संयुक्त रूप से कुल $6 बिलियन की धनराशि देने का वादा किया गया था।[2]

परंतु उनका पाँचवाँ पत्र सबके आश्चर्य का स्रोत बना। बफ़े ने उसपर हस्ताक्षर किए और उसे दुनिया के सबसे धनी व्यक्ति, बिल गेट्स की पत्नी को सौंप दिया। उस अंतिम पत्र के द्वारा बफ़े ने बर्कशायर हैथअवे में अपने $30 बिलियन से भी अधिक के मूल्य के शेयर विश्व के सबसे बड़े परोपकारी संगठन, बिल एंड मेलिंडा गेट्स फ़ाउंडेशन को दान कर दिए। वह इतिहास का सबसे बड़ा दान था। यह ऐंड्रू कार्नेगी (आज की राशि में $7.2 बिलियन), जॉन डी. रॉकफ़ेलर ($7.1 बिलियन) अथवा जॉन डी. रॉकफ़ेलर जूनियर ($5.5 बिलियन) द्वारा दिए गए दान से कहीं अधिक था।

इस कार्यक्रम के उपरांत अगले कई दिनों तक अनगिनत प्रश्न पूछे गए। क्या बफ़े बीमार हैं, क्या वह मृत्यु शय्या पर हैं? "नहीं, बिलकुल नहीं", उन्होंने कहा। "मैं पूर्णतया स्वस्थ हूँ।" क्या उनकी पत्नी के निधन की उनके इस निर्णय में कोई भूमिका है? "हाँ", बफ़े ने स्वीकार किया। यह सर्वविदित था कि वह अपनी सारी सम्पत्ति अपनी पत्नी सूज़ी द्वारा स्थापित बफ़े फ़ाउंडेशन के नाम करने वाले थे। बफ़े ने कहा, "सूज़ी को बहुत अच्छा लगता। वह अपने काम के बढ़ने को लेकर थोड़ा सा घबरायी हुई थीं। पर उन्हें ऐसा करना बहुत अच्छा लगता और वह बहुत अच्छे से काम करतीं भी।"[3]

पर अपनी पत्नी के निधन के बाद बफ़े ने अपनी सोच बदल दी। उन्होंने महसूस किया कि 'बिल एंड मेलिंडा गेट्स फ़ाउंडेशन' बहुत बड़ा परोपकारी संगठन है जो उनकी दान की गयी सारी सम्पत्ति को परोपकार के कार्यों में लगाने में सक्षम है और इसके लिए उसे अपने संगठन में विस्तार करने की भी आवश्यकता नहीं है। बफ़े ने कहा कि "उन लोगों को मेरे पैसे का सदुपयोग करने के लिए अपने संगठन में कोई बड़ा बदलाव करने की आवश्यकता नहीं थी जो बफ़े फ़ाउंडेशन को करना पड़ता वे अभी और इसी वक़्त मेरे दान किए हुए पैसे का प्रयोग करना आरम्भ करने में पूर्णतया सक्षम थे। यदि आप कोई कार्य होते देखना चाहते हैं, तो अपने से अधिक सक्षम व्यक्ति से वह कार्य करवाना तर्कसंगत है।"[4]

बफ़े ने सदा की तरह तर्कसंगत निर्णय लिया। बर्कशायर हैथअवे में बफ़े सदा ही सबको याद दिलाते रहते हैं कि, व्यवसायों को चलाने वाले ऐसे प्रबंधक बड़ी संख्या में मौजूद है जो

अपने कार्यों का संचालन उनसे कहीं अधिक बेहतर ढंग से कर सकते हैं। इसी प्रकार से 'बिल एंड मेलिंडा गेट्स फ़ाउंडेशन' लोकोपकारी कार्यों का प्रबंधन उनसे बेहतर तरीके से करने में सक्षम है।

बिल गेट्स ने अपने मित्र वॉरन बफ़े के विषय में कहा है, "वॉरन को केवल महानतम निवेशक की हैसियत से ही नहीं, बल्कि विश्व के महानतम परोपकारी निवेशक के तौर पर याद रखा जाएगा।"[5] यह बिलकुल सच बात है। पर हमें यह नहीं भूलना चाहिए कि परोपकार के लिए अपनी सम्पत्ति का अधिकतर हिस्सा दान में दे देना उनके अद्वितीय निवेश कौशल का परिणाम है। जब उन्होंने मेलिंडा गेट्स को पत्र एवं $30 बिलियन का चेक सौंपा, तब तुरंत ही मुझे 50 वर्ष पहले उनके द्वारा हस्ताक्षरित $100 के उस चेक की याद आई, जिसे उन्होंने बफ़े पार्ट्नर्शिप लिमिटेड में प्रारम्भिक पूँजी निवेश के तौर पर दिया था।

बफ़े सदा से ही यह कहते आ रहे हैं कि वह अपने भाग्य के कारण ही इतनी सफलता प्राप्त कर पाए हैं। वह कहते हैं कि सन 1930 में उनके संयुक्त राज्य अमेरिका में जन्म लेने की सम्भावना लगभग 30:1 थी। वह स्वीकार करते हैं कि, तेज़ धावक नहीं होने के कारण वह फ़ुट्बॉल खिलाड़ी नहीं बन पाए। उनमें संगीत वाद्य-यंत्र बजाने की अल्प ही प्रतिभा थी, अतः वह संगीत कार्यक्रमों के वायलिन वादक नहीं बन पाए। पर उनकी बुद्धि में आरम्भ से ही ऐसे गुण थे, जो उन्हें एक पूँजीवादी देश में अपार सफल बना सकते थे।[6]

बफ़े के अनुसार, "अमेरिका में मेरा पैदा होना और रहना, पूर्वजों का आशीर्वाद एवं चक्रवृद्धि ब्याज (compound interest) मेरी अपार सम्पत्ति का रहस्य हैं।" वह कहते हैं कि, "एक ऐसे देश में रहना मेरे भाग्य में वृद्धि का कारण है, जिसकी बाज़ार व्यवस्था कभी-कभार कुछ विकृत परिणाम तो देती है परंतु समग्रतः यह देश के हित में कार्य करती है।" अपने विनम्र स्वभाव का परिचय देते हुए बफ़े अक्सर हमें स्मरण कराते हैं कि, वह "एक ऐसी आर्थिक व्यवस्था में रहते हैं जिसमें एक सैनिक को मेडल द्वारा, शिक्षक को बच्चों के अभिभावकों की ओर से लिखे गए धन्यवाद पत्रों द्वारा तथा अपने सही मूल्य से कम मूल्यांकित किए गए शेयरों में निवेश करने वाले को अरबों डॉलर द्वारा पुरस्कृत किया जाता है। वह इसे भाग्य का खेल मानते हैं।[7]

हालाँकि यह बात सही हो सकती है। परंतु, मेरे विचार से बफ़े ने अपना भाग्य स्वयं बनाया है। और बफ़े की इसी कहानी को मैंने इस पुस्तक में प्रस्तुत करने का प्रयास किया है।

व्यक्तिगत इतिहास एवं निवेशक के तौर पर शुरुआत

वॉरन एडवर्ड बफ़े का जन्म 30 अगस्त, 1930 को ओमाहा, नेब्रास्का में हुआ था। उनका परिवार सात पीढ़ियों से ओमाहा में बसा हुआ था। नेब्रास्का में उनके एक पूर्वज ने सन 1869 में किराने की एक दुकान खोली थी। बफ़े के दादाजी भी किराने की एक दुकान चलाते थे

जहाँ आज के बर्कशायर हैथअवे के उपाध्यक्ष, चार्ली मंगर ने युवावस्था में कुछ समय तक नौकरी की थी। वॉरन बफ़े के पिता, हॉवर्ड बफ़े एक स्थानीय शेयर दलाल एवं बैंकर थे जो बाद में रिपब्लिकन पार्टी से अमेरिकी संसद के सदस्य बने।

कहा जाता है कि बाल्यावस्था से ही वॉरन बफ़े को अंकों की गणना में असाधारण रुचि थी। यह अतिशयोक्ति हो सकती है, परंतु इस संदर्भ में लिखित विवरण उपलब्ध हैं कि स्कूल जाने से पहले ही वॉरन एक मशीन की तरह गणना करने में सक्षम थे। बाल्यावस्था में वह अपने सर्वश्रेष्ठ मित्र, बॉब रसल के साथ उनके घर के बरामदे में बैठकर सड़क से गुज़रती हुई कारों के नम्बर याद करते थे। अंधेरा होने के बाद दोनों घर के अंदर जाकर यह गिनते थे कि 'ओमाहा वर्ल्ड हेरल्ड' अख़बार में वर्णमाला के हर एक अक्षर की कितनी बार आवृत्ति होती है। उसके बाद दोनों अपनी-अपनी गणनाओं का ऐसे मिलान करते थे जैसे कि वह कोई अति-गोपनीय जानकारी हो।

बफ़े के सबसे पसंदीदा खिलौनों में से एक थी उनकी आंटी ऐलिस द्वारा उनको भेंट की गयी विराम घड़ी (स्टॉपवॉच)। उनकी आंटी ऐलिस उन्हें बहुत पसंद करती थीं यद्यपि उन्हें लगता था कि वॉरन कुछ विचित्र बालक हैं। उन्होंने वॉरन से कहा कि यदि वह ऐस्परैगस (शतावरी का साग) खाना आरम्भ कर दें तो वे उन्हें एक स्टॉपवॉच भेंट करेंगी। बफ़े उस स्टॉपवॉच से मुग्ध थे और कंचे की दौड़ जैसे बचपन के कई खेलों में उसका प्रयोग करते थे। वह अपनी दोनों बहनों को बाथरूम में बुलाते थे, टब को पानी से भरते थे और फिर उन दोनों से कहते थे कि अपने-अपने कंचे एक ओर से पानी में डालें। जिसका कंचा टब के स्टॉपर तक पहले पहुँचता था उसकी जीत होती थी। बफ़े अपनी स्टॉपवॉच से हर दौड़ में समय को विधिवत तरीके से दर्ज करते थे।

आंटी ऐलिस के दूसरे उपहार ने छह साल के बफ़े को एक नयी दिशा दी जिसने संख्याओं के प्रति उनके आकर्षण को धन की ओर मोड़ दिया। क्रिसमस पर बफ़े को आंटी ऐलिस से बेल्ट में बाँधने वाला मुद्रा परिवर्तक उपकरण (money changer) उपहार स्वरूप मिला। यह उपकरण बालक बफ़े की सबसे मूल्यवान सम्पत्ति बन गया। जल्दी ही उन्होंने इसके इस्तेमाल के कई तरीके ढूंढ लिए। उन्होंने अपने घर के बाहर एक मेज़ लगाकर रास्ते से गुज़रने वाले लोगों को चिकलेट्स (Chiclets) बेचना शुरू किया। वह घर-घर जाकर च्यूइंग-गम के पैकेट और शीतल पेय बेचने लगे। वह अपने दादाजी की दुकान से 25 सेंट में कोक के छह बोतल का पैक ख़रीदते और एक बोतल को पाँच सेंट में बेचते, जिसमें उन्हें अपनी लागत पर बीस फ़ीसदी का मुनाफ़ा होता। वह घर-घर जाकर 'सैटर्डे ईव्निंग पोस्ट' तथा 'लिबर्टी' नामक पत्रिकाएँ भी बेचते थे। हर सप्ताहांत वह स्थानीय फ़ुट्बॉल के मैचों में जाकर पॉप्कॉर्न और मूँगफली बेचा करते थे। इन सभी व्यवसायों में उनका मुद्रा परिवर्तक उपकरण सदा ही उनके साथ रहता था, जिसकी मदद से वह अपने ग्राहकों को शेष पैसे वापस करते थे।[8]

बफ़े के आदर्श बचपन में तब एक गहरा झटका लगा जब एक रात उनके पिता ने अपने काम से घर आकर पूरे परिवार को सूचना दी कि, जिस बैंक में वे नौकरी करते हैं वह बंद हो रहा है और इस कारण से उनकी नौकरी एवं जमा पूँजी, दोनों चले गए हैं। यह अमेरिका की सन 1929 से 1939 तक की व्यापक आर्थिक मंदी के ओमाहा तक पहुँचने का संकेत था। बफ़े के दादाजी, जो अपनी किराने की दुकान चलाते थे, ने हॉवर्ड को अपना परिवार चलाने के लिए पैसा देना आरम्भ किया।

सौभाग्य से निराशा का यह माहौल बफ़े के परिवार में बहुत दिन तक नहीं रहा। हॉवर्ड बफ़े शीघ्र ही पुनः अपने पैरों पर खड़े हो गए। उन्होंने अपनी कम्पनी बनायी जिसका नाम था 'बफ़े, स्कलेनिका एंड कम्पनी'। इस कम्पनी का कार्यालय फ़ार्नम स्ट्रीट की यूनियन स्टेट बिल्डिंग में था। फ़ार्नम स्ट्रीट पर ही बाद में वॉरन बफ़े ने स्वयं का घर ख़रीदा एवं अपनी वित्तीय निवेश की कम्पनी की नींव रखी।

अमेरिका की सन 1929 से 1939 की व्यापक आर्थिक मंदी का दुष्प्रभाव बफ़े परिवार पर भी पड़ा। यद्यपि उनके परिवार पर यह दुष्प्रभाव अधिक समय तक नहीं रहा, फिर भी इसका बालक वॉरन के मन पर बहुत गहरा प्रभाव पड़ा। 'बफ़े: द मेकिंग ऑफ़ एन अमेरिकन कैपिटलिस्ट' पुस्तक के लेखक, रॉजर लोवेन्स्टायन लिखते हैं कि "उन बेहद कठिन वर्षों को झेलने के बाद, उन्होंने स्वयं को अत्यंत धनी बनाने का दृढ़ संकल्प कर लिया।" रॉजर लिखते हैं कि "पाँच वर्ष के होने से पूर्व ही उन्होंने यह संकल्प कर लिया था और उसके बाद से वे निरंतर इस संकल्प को पूर्ण करने में लगे रहे।"[9]

जब बफ़े दस वर्ष के थे तो उनके पिताजी उन्हें न्यू यॉर्क ले गए। यह उनका जन्मदिन का उपहार था। बफ़े के पिता अपने सभी बच्चों के जन्मदिन पर उनके मन की अभिलाषा को पूरा करने की चेष्टा करते थे। वॉरन बफ़े कहते हैं, "उस बार अपने जन्मदिन पर मैंने अपने पिताजी से कहा कि मुझे न्यू यॉर्क जाकर तीन स्थान देखने हैं, और वे हैं स्कॉट स्टैम्प एंड कॉइन कम्पनी, लायनेल ट्रेन कम्पनी एवं न्यू यॉर्क स्टॉक एक्सचेंज।"[10] रात भर की ट्रेन यात्रा के उपरांत बफ़े और उनके पिता न्यू यॉर्क पहुँचे। वहाँ सबसे पहले वे वॉल स्ट्रीट गए और ऐट मॉल से मिले, जो न्यू यॉर्क स्टॉक एक्सचेंज के सदस्य थे। बफ़े याद करते हैं, "दोपहर के खाने के बाद एक व्यक्ति ट्रे लेकर आया जिसमें नाना प्रकार के तम्बाकू के पत्ते थे। श्री मॉल ने उसमें से कुछ प्रकार के पत्ते छाँटे और उस व्यक्ति ने उन पत्तों से श्री मॉल के लिए एक सिगार बनाकर दिया। मैंने सोचा कि इससे बेहतर जीवन नहीं हो सकता जिसमें आप अपने लिए ख़ास बने सिगार का सेवन कर पाएँ।"[11]

इसके बाद हॉवर्ड बफ़े ने अपने पुत्र का परिचय सिड्नी वाइन्बर्ग से करवाया, जो गोल्ड्मन साक्स में वरिष्ठ सहभागी थे और उस समय वॉल स्ट्रीट के सबसे प्रसिद्ध व्यक्ति माने जाते थे। वाइन्बर्ग के कार्यालय में बालक बफ़े दीवारों पर लगे फ्रेम किए गए चित्रों व दस्तावेज़ों को देख कर चकित रह गए। वाइन्बर्ग को उस समय के अन्य प्रतिष्ठित व्यक्तियों द्वारा लिखे

गए प्रशंसा-पत्रों की मूल प्रतियाँ भी फ्रेम करवा कर उस कार्यालय की दीवारों पर लगायी गयीं थीं जिन्हें देखकर बालक बफ़े अत्यधिक प्रभावित हुए। जब हॉवर्ड और सिड्नी आपस में समकालीन मुद्दों पर चर्चा कर रहे थे, तो बालक वॉरन बफ़े उनकी बातों से बेख़बर वाइन्बर्ग के कार्यालय में रखे विभिन्न प्रकार की वस्तुओं को निहारने में अपना समय व्यतीत कर रहे थे। जब वहाँ से चलने का समय आया, तो वाइन्बर्ग ने प्यार से बालक बफ़े के कंधे पर हाथ रखा और मज़ाक में पूछा कि किस कम्पनी का शेयर उन्हें पसंद है। बफ़े याद करते हैं कि, "वाइन्बर्ग तो अगले दिन ही वह मुलाक़ात भूल गए होंगे पर मुझे वह दिन सदा याद रहेगा।"[12]

न्यू यॉर्क की यात्रा करने से पहले ही से बफ़े के मन में शेयर बाज़ार एवं शेयरों के प्रति जिज्ञासा जाग चुकी थी। वह अक्सर अपने पिता, जो शेयर दलाली का कारोबार करते थे, के कार्यालय जाते और वहाँ सिड्नी वाइन्बर्ग के कार्यालय की तरह दीवारों पर लगे हुए शेयर एवं बॉंड के प्रमाणपत्रों को एकटक निहारते रहते। वहाँ से वह कई बार दो मंज़िल नीचे स्थित हैरिस अपहम के ब्रोकेरेज ऑफ़िस चले जाते। कई शेयर दलालों को उस नन्हें जिज्ञासु बच्चे से प्यार हो गया जो हमेशा प्रश्न पूछता रहता था। वे समय-समय पर उस नन्हें बच्चे से शेयरों के दाम अपने कार्यालय के श्यामपट्ट (blackboard) पर भी लिखवाते थे।

शनिवार की सुबह, जब स्टॉक एक्सचेंज केवल दो घंटे के लिए ही खुलता था, तब नन्हें वॉरन अपने दादा के भाई फ्रैंक बफ़े तथा अपने नाना के भाई जॉन बार्बर के साथ ब्रोकेरेज ऑफ़िस में समय बिताते। फ्रैंक मंदड़िया (bear) थे और जॉन हमेशा आशान्वित रहने वाले तेजड़िया (bull) थे। दोनों बुज़ुर्ग व्यक्ति वॉरन को अपने जीवन की कहानियाँ सुनाते तथा भविष्य में बाज़ार और विश्व की दशा एवं दिशा की भविष्यवाणी करते। इस दौरान बफ़े अपनी दृष्टि को शेयरों के लगातार बदलते दामों पर केंद्रित रखते और उस प्रक्रिया को समझने का प्रयास करते। हर सप्ताहांत वह 'बैरन्ज़' पत्रिका में 'ट्रेडर' नाम का स्थायी स्तम्भ अवश्य पढ़ते थे। अपने पिता के पुस्तकों की अलमारी में रखी सभी पुस्तकें पढ़ने के बाद बफ़े ने स्थानीय जन पुस्तकालय में रखी हुई वित्तीय निवेश सम्बंधी सभी पुस्तकें पढ़ डालीं। शीघ्र ही वह स्वयं शेयरों के दामों में उतार-चढ़ाव की सारणी बनाकर उसमें निहित चलन को समझने का प्रयास करने लगे।

जब मात्र 11 वर्ष की आयु में नन्हें बफ़े ने घोषणा की कि वह अब शेयरों में निवेश करना आरम्भ करना चाहते हैं, तो किसी को आश्चर्य नहीं हुआ। पर जब उन्होंने अपने परिवार को सूचित किया कि वह अपने द्वारा शीतल पेय, मूँगफली और पत्रिकाएँ बेचकर कमाए गए धन में से बचाई हुई $120 की धनराशि को शेयरों में निवेश करना चाहते हैं तो सभी आश्चर्य में पड़ गए। उन्होंने सबसे पहले; अपनी बहन डोरिस के साथ मिलकर 'सिटीज़ सर्विस प्रिफ़र्ड', जो उनके पिता के पसंदीदा शेयरों में से था, को ख़रीदा। दोनों ने अपने-अपने $114.75 के निवेश से तीन-तीन शेयर ख़रीदे। बफ़े को विश्वास था कि उस कम्पनी के शेयर के दामों में

वृद्धि होगी, क्योंकि उन्होंने उसके दामों में पूर्व में हुए उतार-चढ़ाव का अच्छे से अध्ययन किया था।

परंतु उस वर्ष गर्मियों के मौसम में शेयर बाज़ार लुढ़क गया और जून माह में अपने न्यूनतम स्तर पर पहुँच गया। दोनों बफ़े भाई-बहन के ख़रीदे हुए शेयर के दाम में 30 फ़ीसदी की गिरावट आयी। डोरिस प्रतिदिन वॉरन को इस नुक़सान के लिए तंग करती रहती थीं इसलिए जब 'सिटीज़ सर्विस प्रिफ़र्ड' के शेयर का दाम बढ़कर $40 पर आया तो वॉरन ने अपने और अपनी बहन के स्वामित्व वाले शेयर $5 के लाभ पर बेच दिए।

परंतु शीघ्र ही 'सिटीज़ सर्विस प्रिफ़र्ड' के शेयरों का दाम छलाँग मार कर $202 प्रति शेयर तक जा पहुँचा और वॉरन को बड़ी खीज हुई। बफ़े ने गणना की कि कमीशन काटने के बाद उन्हें कुल $492 के लाभ को त्यागना पड़ा। चूँकि उन्हें $120 की बचत करने में पाँच वर्ष का समय लगा था, इसलिए उन्हें लगा कि उनको बीस वर्ष के बराबर के मुनाफ़े को त्यागना पड़ा। यह उनके लिए बड़ी कष्टदायी परंतु अंत में बड़ी ही मूल्यवान सीख साबित हुई। बफ़े ने संकल्प किया कि, सर्वप्रथम वह कभी भी शेयरों के लिए भुगतान की गई राशि के बारे में सोचकर विचलित नहीं होंगे तथा दूसरी बात यह कि छोटे-छोटे लाभ के पीछे नहीं भागेंगे। 11 वर्ष की आयु में ही बफ़े ने वित्तीय निवेश का सबसे महत्वपूर्ण पाठ सीख लिया था धैर्य। (सातवें अध्याय में इस आवश्यक गुण के विषय में विस्तार से चर्चा की जाएगी।)

1942 में जब बफ़े 12 वर्ष के थे तब उनके पिताजी अमेरिकी संसद के सदस्य चुने गए और वह अपने परिवार को वॉशिंगटन ले गए। वहाँ पर बालक वॉरन का मन नहीं लगा और उन्हें अपने घर की बहुत याद सताने लगी। वह जल्द ही अपने दादाजी और आंटी ऐलिस के साथ रहने के लिए वापस ओमाहा चले गए। एक वर्ष के बाद, सन 1943 में वॉरन फिर से वॉशिंगटन चले गए।

वॉशिंगटन में मनोनुकूल ब्रोकरेज कम्पनियाँ न होने के कारण बफ़े की रुचि दूसरे व्यवसायों में होने लगी। 13 वर्ष की आयु में उन्होंने वॉशिंगटन में अख़बार बेचने का काम आरम्भ कर दिया था। वह घूम-घूम कर 'वॉशिंगटन पोस्ट' तथा 'वॉशिंगटन टाइम्ज़ हेरल्ड' समाचार पत्रों को बेचते थे। वुडरो विल्सन हाई स्कूल में डॉन डैनली से उनकी मित्रता हो गयी। दोनों ने अपनी बचत की हुई धनराशि मिलाकर $25 में पुरानी मरम्मत की हुई पिन-बॉल मशीनें ख़रीदीं। बफ़े ने एक स्थानीय नाई को उसकी दुकान में मुनाफ़े को आधा-आधा बाँटने की शर्त पर मशीन लगाने के लिए तैयार कर लिया। पहले ही दिन उन्हें $4 की कमाई हुई। शीघ्र ही इस व्यवसाय से बफ़े की सप्ताह की कमाई $50 तक बढ़ गयी। उनकी 'विल्सन कॉइन ऑपरेटेड मशीन कम्पनी' के पास दो से बढ़कर सात पिन-बॉल मशीनें हो गयीं।

हाई स्कूल पास करने के समय, अपने विभिन्न उद्यमों के फलस्वरूप बफ़े के पास कुल $9000 की जमा-पूँजी थी। उन्होंने घोषणा की कि वह कॉलेज नहीं जाएंगे क्योंकि वह पढ़ाई

के साथ-साथ अपने व्यवसायों पर पूरा ध्यान नहीं दे सकते थे। परंतु उनके पिता ने उन्हें ऐसा करने से मना कर दिया। अपने पिता की बात मानकर वॉरन बफ़े ने यूनिवर्सिटी ऑफ़ पेन्सिलवेनिया के व्हार्टन स्कूल ऑफ़ बिजनस एंड फाइनेंस में दाखिला ले लिया। बफ़े को यूनिवर्सिटी का वातावरण पसंद नहीं आया। वह कहते हैं "मुझे वहाँ अच्छा नहीं लगता था। मुझे लगता था कि वहाँ मैं कुछ ख़ास सीख नहीं रहा था।"[13] व्हार्टन का पाठ्यक्रम व्यवसाय के सैद्धांतिक पक्ष की ओर केंद्रित था; जबकि बफ़े को व्यवसाय के व्यावहारिक पक्ष में अधिक रुचि थी इस बात में कि पैसा कैसे कमाया जाए। व्हार्टन में दो वर्ष (1947-1949) बिताने के बाद उन्होंने यूनिवर्सिटी ऑफ़ नेब्रास्का में स्थानांतरण ले लिया। वहाँ उन्होंने एक वर्ष में 14 विषय पढ़कर सन 1950 में; बीस वर्ष की आयु के पूर्व स्नातक की उपाधि प्राप्त कर ली।

ओमाहा लौटने के बाद बफ़े पुनः शेयर बाज़ार की गतिविधियों से जुड़ गए। वह दलालों से शेयरों के विषय में सूचना एकत्र करने लगे और शेयर बाज़ार से सम्बंधित पत्रिकाएँ पढ़ने लगे। उन्होंने शेयरों के दामों के चार्ट पुनः बनाने आरम्भ किए और तकनीकी विश्लेषण (Technical Analysis) पर उपलब्ध पुस्तकों का अध्ययन किया। उन्होंने मैक गी पॉइंट-एंड-फ़िगर पद्धति तथा अन्य सभी पद्धतियों का प्रयोग करके देखा। फिर एक दिन, स्थानीय पुस्तकालय में उन्हें बेंजामिन ग्राहम द्वारा लिखित पुस्तक 'द इंटेलिजेंट इन्वेस्टर' मिली, जो हाल ही में प्रकाशित हुई थी। बफ़े के शब्दों में "यह पुस्तक मानो अंधेरे में उजाले की किरण के समान थी।"[14]

वित्तीय निवेश पर ग्राहम द्वारा रचित ग्रंथों, जैसे कि डेविड डॉड के साथ लिखी गयी उनकी पुस्तक 'सिक्युरिटी अनालिसिस' (1934) ने बफ़े पर इतना गहरा प्रभाव डाला कि वह ओमाहा छोड़कर ग्राहम से ज्ञान अर्जित करने के लिए न्यू यॉर्क स्थित कोलम्बिया यूनिवर्सिटी के ग्रैजूएट स्कूल ऑफ़ बिज़नस पहुँच गए। ग्राहम सदा ही एक कम्पनी के निहित मूल्य (Intrinsic Value) को समझने की शिक्षा देते थे। उन्हें विश्वास था कि जो निवेशक किसी कम्पनी के सही निहित मूल्य की गणना करके उससे कम दाम पर उस कम्पनी के शेयर ख़रीदते हैं, वे सदा ही शेयर बाज़ार में लाभ कमाते हैं। शेयर में कारोबार करने की यह गणितीय पद्धति वॉरन को बहुत भा गयी।

ग्राहम की कक्षा में 20 छात्र थे। उनमें से ज्यादातर की आयु बफ़े से अधिक थी और इनमें से कई वॉल स्ट्रीट में काम करते थे। संध्या के समय वॉल स्ट्रीट के ये पेशेवर लोग ग्राहम की कक्षा में आपसी चर्चा के जरिए अधोमूल्यित शेयरों की पहचान करते थे तथा अगले दिन प्रातः अपने-अपने कार्यालयों में जाकर उन शेयरों में पैसा लगाते थे और मुनाफ़ा कमाते थे।

जल्द ही सभी को यह मालूम हो गया कि बफ़े ही सर्वश्रेष्ठ छात्र थे। वह अक्सर कक्षा में ग्राहम के सवाल ख़त्म होने से पहले ही हाथ उठाकर प्रश्न का उत्तर दे देते थे। बिल रूऐन,

जिन्होंने बाद में रिक कूनिफ़्फ़ के साथ साझेदारी कर 'सेकोया फ़ंड' की स्थापना की थी, भी ग्राहम की उसी कक्षा में थे। उनके अनुसार, उस कक्षा में ग्राहम एवं बफ़े में तत्काल ही तदात्मय स्थापित हो गया था तथा बाक़ी छात्र केवल श्रोताओं की भूमिका में थे।[15] बफ़े को ग्राहम ने कक्षा में उनके प्रदर्शन के लिए A+ ग्रेड दिया था जो उनके 22 वर्षों के अध्यापन में उनके द्वारा दिया गया पहला A+ ग्रेड था।

कोलम्बिया विश्वविद्यालय से स्नातक की उपाधि प्राप्त करने के बाद बफ़े ने ग्राहम से नौकरी माँगी, पर ग्राहम ने मना कर दिया। बफ़े को इस बात का बहुत बुरा लगा पर बाद में उन्हें बताया गया कि ग्राहम की फ़र्म यहूदी विश्लेषकों को नौकरी में तरजीह देती है। ऐसा इसलिए था, क्योंकि ग्राहम को लगता था कि वॉल स्ट्रीट में यहूदी विश्लेषकों के साथ भेद-भाव किया जाता है। बफ़े इस बात से निराश न हो कर अपने गृह-नगर ओमाहा लौट गए और अपने पिता के ब्रोकरेज फ़र्म, 'बफ़े-फ़ॉकि कम्पनी' में काम करने लगे। आरम्भ से ही वह पूरे जोश से अपने काम में लग गए और ग्राहम के मानदंडों के आधार पर शेयरों का चुनाव करके अपने पिता की फ़र्म को उनमें निवेश करने की सलाह देने लगे। इस दौरान वह सदैव ग्राहम के सम्पर्क में रहे और उन्हें अपने द्वारा चुने गए शेयरों की जानकारी लगातार भेजते रहे। सन 1954 में ग्राहम ने बफ़े से सम्पर्क किया और सूचित किया कि यदि बफ़े को रुचि हो तो उनकी फ़र्म, 'ग्राहम-न्यूमैन' में एक पद रिक्त है। बफ़े तुरंत पहली फ़्लाइट से न्यू यॉर्क के लिए रवाना हो गए।

ग्राहम-न्यूमैन में बफ़े पूर्ण रूप से अपने मार्गदर्शक ग्राहम की निवेश पद्धति के कार्यान्वयन में रम गए। बफ़े के अलावा ग्राहम ने वॉल्टर श्लॉस, टॉम नैप तथा बिल रूऐन को भी अपनी फ़र्म में काम दिया। बाद में श्लॉस ने स्वयं की फ़र्म, 'WJS लिमिटेड पार्ट्नर्ज़' की स्थापना की और 28 वर्षों तक सक्रिय रूप से अपने ग्राहकों के निवेश का प्रबंधन करते रहे। नैप, प्रिंसटन यूनिवर्सिटी से रसायन शास्त्र के स्नातक थे और उन्होंने 'ट्वीडी, ब्राउन पार्ट्नर्ज़' के नाम की फ़र्म की स्थापना की। रूऐन ने 'सेखोया फ़ंड' फ़ंड की स्थापना की।

बफ़े के लिए ग्राहम मात्र एक शिक्षक ही नहीं थे। रॉजर लोवेन्स्टायन लिखते हैं कि, "ग्राहम ने शेयर बाज़ार नाम के चमत्कारी किंतु निषिद्ध नगर तक पहुँचने का पहला विश्वसनीय मानचित्र बनाया था। उन्होंने निवेश हेतु शेयरों का चुनाव करने के लिए एक तर्कसंगत पद्धति का आविष्कार किया था। उनके इस आविष्कार के पूर्व निवेश के लिए शेयरों का चुनाव जुआ खेलने जैसा था।"[16] 11 वर्ष की आयु में 'सिटीज़ सर्विस प्रिफ़र्ड' में अपने पहले निवेश के बाद से ही बफ़े शेयर बाज़ार के रहस्यों का अध्ययन करने में लगे थे। अब उनके पास उन रहस्यों का अनावरण करने की एक पद्धति थी। 'द स्नोबॉल: वॉरन बफ़े एंड द बिज़नस ऑफ़ लाइफ़' की लेखिका ऐलिस श्रोडर लिखती हैं कि, "बफ़े की अवस्था उस मनुष्य की तरह थी जिसने जीवन भर एक अंधेरी गुफा में रहने के बाद पहली बार सूर्य

का प्रकाश देख लिया हो और उसकी आँखें चौंधिया गयी हों।" श्रोडर लिखती हैं कि, इससे पहले बफ़े की "शेयरों के विषय में धारणा का आधार था, बाज़ार में उन काग़ज़ के टुकड़ों के दामों का उतार-चढ़ाव। पर अब वे उन काग़ज़ के टुकड़ों के दामों में निहित सत्य को भी देख सकते थे।"[17]

बफ़े को नौकरी पर रखने के दो वर्ष उपरांत, सन 1956 में 61 वर्ष की आयु में ग्राहम ने सक्रिय निवेश से अवकाश लेने का निर्णय लिया और उनकी फ़र्म, 'ग्राहम-न्यूमैन', बंद हो गयी। बफ़े एक बार फिर अपने गृह नगर ओमाहा लौट आए। 25 वर्ष की आयु में ग्राहम द्वारा दिए गए ज्ञान तथा अपने परिवार एवं मित्रों के वित्तीय समर्थन के बल पर बफ़े ने स्वयं की वित्तीय निवेश की सीमित साझेदारी (limited partnership) फ़र्म का शुभारंभ किया।

द बफ़े पार्ट्नर्शिप लिमिटेड

द बफ़े पार्ट्नर्शिप की स्थापना के समय उसमें सात सीमित साझेदार (limited partners) थे जिन्होंने साथ मिलकर कुल $105,000 की आरम्भिक पूँजी का निवेश किया था। बफ़े इसमें सामान्य साझेदार (general partner) थे और उन्होंने $100 का योगदान दिया था। फ़र्म के सीमित साझेदारों को अपने निवेश पर सालाना 6% की दर से ब्याज और इसके ऊपर निवेश में हुए लाभ का 75% हिस्सा मिलता था। बफ़े को बचा हुआ 25% लाभ मिलता था। परंतु, बफ़े इसी से संतुष्ट नहीं थे। उन्होंने अपने साझेदारों को बताया कि 'डाओ जोंज़ इंडस्ट्रियल एवरेज' से दस प्रतिशत अंकों से अधिक मूल्य का औसत व्यापार करना उनका लक्ष्य था।

बफ़े ने अपने साझेदारों को वचन दिया कि "निवेश के लिए चुने गए शेयरों का आधार उनका निहित मूल्य होगा न कि उनकी लोकप्रियता" तथा उनकी फ़र्म "पूँजी की हानि को स्थायी रूप से न्यूनतम स्तर पर लाने का प्रयास करेगी।"[18] प्रारम्भ में बफ़े की फ़र्म ने ग्राहम के मानदंडों पर खरे उतरने वाले शेयरों में ही निवेश किया। बाद में, इस रणनीति के साथ-साथ बफ़े ने 'विलय अंतरपणन' (merger arbitrage) की रणनीति भी अपनायी। विलय अंतरपणन कि रणनीति में, विलय से पूर्व, विलय होने वाली कम्पनियों के शेयरों को परिस्थिति अनुसार ख़रीद अथवा बेच कर लाभ कमाया जाता है। बफ़े को इस रणनीति से बहुत लाभ हुआ और उन्होंने इसे अपनाकर लगभग जोखिम रहित लाभ कमाया।

बफ़े की साझेदारी फ़र्म ने आरम्भ से ही ज़बरदस्त लाभ कमाना आरम्भ किया। पहले पाँच वर्षों में (1957-1961), जहाँ डाओ सूचकांक में 75% की बढ़ोतरी हुई वहीं बफ़े पार्ट्नर्शिप लिमिटेड के व्यापार में 251% (सीमित साझेदारों के लिए 181%) की वृद्धि हुई। बफ़े अपने लक्ष्य से कहीं आगे निकल गए थे। उन्होंने डाओ सूचकांक को 10 प्रतिशत की बजाय पूरे 35 प्रतिशत अंकों के औसत से पछाड़ दिया था।

जैसे-जैसे बफ़े की ख्याति बढ़ी, उनके ग्राहक बढ़ते गए। उन्होंने नए ग्राहकों के साथ अलग-अलग साझेदारियाँ आरम्भ कर दीं। 1962 में बफ़े ने अपनी सभी साझेदारियों को एक में विलय करने का निर्णय लिया। उसी वर्ष बफ़े ने अपना कार्यालय अपने घर से ओमाहा के कीविट प्लाज़ा में स्थानांतरित कर दिया, जहाँ वह आज भी स्थित है। इसके अगले वर्ष बफ़े ने एक ऐसा निवेश किया, जिसने उनकी ख्याति और भी बढ़ा दी और जो आज भी उनके करियर के सबसे प्रसिद्ध निवेशों में से एक माना जाता है।

1960 के दशक में एक बड़ा कॉरपोरेट घोटाला सामने आया। टीनो दे ऐंजेलिस की अध्यक्षता वाली 'ऐलाइड क्रूड वेजिटेबल ऑयल कम्पनी' ने कई बैंकों से करोड़ों डॉलर का उधार लिया। उधार लेने के लिए कम्पनी ने अपने वनस्पति तेल के भंडार को गिरवी रखा। उसमें फ़र्ज़ीवाड़ा यह था कि वनस्पति तेल के भंडार को यथार्थ से अधिक दिखाया गया था। उसके लिए दे ऐंजेलिस ने न्यू जर्सी में एक कारख़ाना स्थापित किया और उसमें पाँच मंज़िल ऊँचे 139 तेल रखने के टैंक बनवाए। उन टैंकों में पानी भरवा दिया गया और कुछ फ़ुट तक सोयाबीन का तेल। चूँकि तेल पानी पर तैरता है, इसलिए ऊपर से देखने पर लगता था कि सभी टैंकों में पूरी तरह तेल ही भरा है। जब बैंकों की ओर से भेजे गए इन्स्पेक्टर कम्पनी द्वारा उधार लेने के लिए घोषित अपने तेल भंडार की सत्यता की जाँच करने के लिए जाते, तो कम्पनी के कर्मचारी उन्हें वे टैंक दिखा कर तेल की ग़लत मात्रा बता देते थे। जब इस घोटाले का पर्दाफ़ाश हुआ, तब पता चला कि बैंक ऑफ़ अमेरिका, बैंक लेमी, अमेरिकन एक्सप्रेस तथा अन्य अन्तर्राष्ट्रीय बैंकों व व्यापारिक प्रतिष्ठानों ने 'ऐलाइड क्रूड वेजिटेबल ऑयल कम्पनी' को कुल मिलाकर लगभग $150 मिलियन उधार दिए थे।

इस घोटाले को अमेरिका में 'सैलेड ऑयल स्कैंडल' के नाम से जाना जाता है। इसमें अमेरिकन एक्सप्रेस कम्पनी को बहुत बड़ा झटका लगा था। इस घोटाले से अमेरिकन एक्सप्रेस को कुल मिला कर $58 मिलियन का नुक़सान हुआ और उसके शेयरों के दाम 50% से भी अधिक गिर गए। बेन ग्राहम से बफ़े ने यही सीखा था कि जब भी किसी मज़बूत कम्पनी के शेयर उसके निहित मूल्य से कम पर उपलब्ध हों तो मौक़ा गँवाना नहीं चाहिए।

बफ़े जानते थे कि अमेरिकन एक्सप्रेस को इस घोटाले के कारण $58 मिलियन का नुक़सान हुआ है। परंतु वे यह नहीं जानते थे कि कम्पनी के ग्राहकों की इसके प्रति क्या प्रतिक्रिया थी। इसे जानने के लिए वह ओमाहा नगर के विभिन्न रेस्तराँ में गए। वहाँ उन्होंने पाया कि ग्राहक अमेरिकन एक्सप्रेस के प्रसिद्ध 'ग्रीन कार्ड' से तब भी अपने बिल का भुगतान कर रहे थे और उसके प्रयोग में कोई गिरावट नहीं आयी थी। वे कई स्थानीय बैंकों में भी गए और पाया कि उस घोटाले का अमेरिकन एक्सप्रेस के ट्रैव्लर्ज़ चेक की बिक्री पर भी कोई दुष्प्रभाव नहीं पड़ा था।

यह सब देख कर बफ़े अपने कार्यालय लौटे और उन्होंने तुरंत ही $13 मिलियन मूल्य के अमेरिकन एक्सप्रेस के शेयर ख़रीद डाले। यह उनकी फ़र्म की कुल सम्पत्ति का 25% भाग था। अगले दो वर्षों में उन शेयरों का दाम बढ़कर तिगुना हो गया और बफ़े की फ़र्म के सभी साझेदारों को कुल $20 मिलियन का मुनाफ़ा हुआ। यह था ग्राहम और बफ़े का जादू।

आरम्भ में बफ़े ने अपनी साझेदारी फ़र्म की निवेश गतिविधियों को निहित मूल्य से कम बिकने वाले शेयर एवं 'विलय अंतरपणन' की रणनीति से निवेश तक ही सीमित रखा था। परंतु पाँचवें वर्ष में उन्होंने पहली बार किसी कम्पनी में नियंत्रण अधिकार (controlling interest) ख़रीदा। इसका नाम 'डेंपस्टर मिल मैन्युफ़ैक्चरिंग कम्पनी' था जो कृषि उपकरणों का निर्माण करती थी। इसके उपरांत उन्होंने न्यू इंग्लैंड की एक अत्यंत रुग्ण कपड़ा बनाने वाली कम्पनी, बर्कशायर हैथअवे के शेयर ख़रीदने आरम्भ किए और सन 1965 तक उन्होंने उस पर नियंत्रण प्राप्त कर लिया।

■ ■ ■

अवकलन गणित (Differential calculus) में विभक्ति बिंदु (inflection point) एक वक्र पर ऐसा बिंदु होता है जहाँ पर वक्रता धनात्मक से ऋणात्मक अथवा ऋणात्मक से धनात्मक में परिवर्तित होती है। इस प्रकार के विभक्ति बिंदु कम्पनियों, उद्योगों, अर्थव्यवस्थाओं, भू-राजनैतिक परिस्थितियों तथा व्यक्तियों के जीवन में भी पाए जाते हैं। मैं मानता हूँ कि साठ का दशक बफ़े के जीवन में एक विभक्ति बिंदु था जहाँ बफ़े एक निवेशक से एक व्यवसायी के रूप में परिवर्तित हुए। वह एक ऐसा समय भी था जब शेयर बाज़ार भी एक विभक्ति बिंदु पर पहुँच गया था। सन 1956 से ग्राहम द्वारा प्रतिपादित एवं बफ़े द्वारा प्रयुक्त निहित मूल्य की रणनीति शेयर बाज़ार पर हावी थी। परंतु, साठ के दशक के मध्य में एक नया परिवर्तन देखने को मिल रहा था। उस समय को 'गो-गो' वर्ष कह कर सम्बोधित किया जाता है। 'गो-गो' का अर्थ है बढ़त वाले शेयर (growth stocks)। वह एक ऐसा समय था जब शेयर बाज़ार लोभ द्वारा संचालित था तथा यथाशीघ्र एवं अधिकाधिक पैसा कमाने के लिए निवेशक बड़े प्रचार एवं नाम वाले शेयरों में निवेश कर रहे थे।[19]

बाज़ार की मानसिकता में आए इस बदलाव के बावजूद बफ़े पार्ट्नर्शिप के परिणाम उत्कृष्ट ही रहे। सन 1966 के अंत तक बफ़े पार्ट्नर्शिप के व्यापार में 1,156% (सीमित साझेदारों के लिए 704%) की वृद्धि हुई थी, जबकि इसी अवधि में डाओ सूचकांक में 123% की वृद्धि हुई थी। पर बफ़े का मन व्याकुल हो रहा था। यद्यपि तब तक शेयर बाज़ार ग्राहम के सिद्धांतों के अनुरूप चल रहा था, परंतु बाज़ार का नया उभरता हुआ चलन बफ़े की समझ के परे था।

सन 1969 में बफ़े ने अपनी साझेदारी फ़र्म को बंद करने का निर्णय लिया। उन्हें लग रहा था कि बाज़ार में सट्टा ही अधिक लग रहा है और वहाँ उनकी निवेश पद्धति के उपयुक्त वातावरण नहीं है। 1960 के दशक के अंत तक बाज़ार में ऊँचे दामों वाले शेयरों का बोलबाला हो गया था। लगभग सभी निवेशक, निफ़्टी के पहले पचास शेयरों में ही निवेश करना पसंद कर रहे थे। एवन, पोलारॉइड एवं ज़ेरॉक्स अपने प्रति शेयर लाभ दर से पचास से सौ गुना अधिक दामों पर चल रहे थे। बफ़े ने अपने सभी साझेदारों को पत्र लिखा और स्वीकार किया कि बाज़ार की मौजूदा परिस्थिति उनकी समझ से परे है। उन्होंने कहा, "हालाँकि, एक बिंदु पर मेरा मत बिलकुल स्पष्ट है और वह यह कि जिस निवेश पद्धति से मैं अभी तक निवेश करता आया हूँ वही मुझे तार्किक लगती है और उसको ही मैं समझता हूँ। इसलिए, भले ही मैं उस पद्धति का वर्तमान वातावरण में उपयोग न कर पाऊँ, फिर भी मैं एक ऐसी पद्धति को अपनाकर निवेश नहीं कर सकता जो मेरी समझ में नहीं आती, जिसको मैंने सफलतापूर्वक कभी प्रयोग नहीं किया और जिसको अपनाने से मुझे लगता है कि दीर्घकाल में पूँजी की अपरिवर्तनीय एवं स्थायी हानि हो सकती है। भले ही इसके कारण मैं सुगमता से बड़े लाभ कमाने से वंचित रह जाऊँ।"[20]

साझेदारी के आरम्भ में, बफ़े डाओ सूचकांक को सालाना औसतन 10 प्रतिशत अंकों से पछाड़ने का लक्ष्य लेकर चले थे। सन 1957 से 1969 के बीच, उन्होंने डाओ को सालाना औसतन 22 प्रतिशत अंकों से पछाड़ा! जब उनकी साझेदारी फ़र्म बंद हो गयी तो सभी निवेशकों को उनका हिस्सा मिल गया। उनमें से कुछ को नगरपालिकाओं द्वारा जारी किए गए बांड्ज़ में निवेश की सलाह दी गयी और कुछ को दूसरे निवेश प्रबंधक के पास भेज दिया गया। वह निवेश प्रबंधक बफ़े के कोलम्बिया यूनिवर्सिटी के पुराने सहपाठी, बिल रूऐन थे। बफ़े केवल रूऐन पर ही अपने भूतपूर्व ग्राहकों के पैसे का सही प्रबंधन करने का भरोसा रखते थे। रूऐन, बफ़े के कुछ साझेदारों का पैसा निवेश करने के लिए तत्पर हो गए और वहीं से 'सेकोआ फ़ंड' का आरम्भ हुआ। बफ़े समेत अन्य साझेदारों ने अपना-अपना हिस्सा बर्कशायर हैथअवे के शेयरों में निवेश कर दिया। इससे बफ़े की बर्कशायर में शेयर पूँजी बढ़कर कुल $25 मिलियन हो गयी। इसके फलस्वरूप बफ़े को बर्कशायर हैथअवे पर नियंत्रण मिल गया।

जब बफ़े ने अपनी साझेदारी फ़र्म बंद की, तो कई लोगों को लगा कि उनके अच्छे दिन अब पूरे हो गए हैं। लेकिन वास्तव में बफ़े अपने काम को और आगे बढ़ाने की तैयारी कर रहे थे।

बर्कशायर हैथअवे

बर्कशायर की मूल कम्पनी का नाम था 'बर्कशायर कॉटन मैन्युफ़ैक्चरिंग', जिसका निगमन (incorporation) सन 1889 में हुआ था। समय के साथ बर्कशायर ने कई कपड़ा मिलें

ख़रीद लीं और न्यू इंग्लैंड की सबसे बड़ी औद्योगिक कम्पनियों में से एक बन गयी। इस पूरी अवधि में बर्कशायर ने अपने देश की कुल सूती कपड़े की माँग का 25% उत्पादन किया और इसके लिए न्यू इंग्लैंड की कुल बिजली क्षमता का 1% उपभोग किया। सन 1955 में बर्कशायर का हैथअवे मैन्युफ़ैक्चरिंग में विलय हो गया जिसके फलस्वरूप नयी कम्पनी का नाम 'बर्कशायर हैथअवे' रख दिया गया।

दुर्भाग्यवश, विलय के उपरांत कम्पनी का प्रदर्शन ख़राब हो गया। दस से भी कम वर्षों में शेयरधारकों की इक्विटी (shareholders' equity) आधी हो गयी तथा परिचालन हानि (operating losses) $10 मिलियन से भी अधिक हो गयी। अगले बीस वर्षों तक बफ़े इस समूह के प्रबंधक केन चेस के साथ न्यू इंग्लैंड के कपड़े की मिलों को लाभ में लाने का प्रयास करते रहे, परंतु यह सम्भव न हो सका। इसके परिणाम बेहद निराशाजनक थे। इक्विटी पर प्रतिलाभ को दोहरे अंकों तक पहुंचाने के लिए काफ़ी संघर्ष करना पड़ा।

1970 के दशक में, बर्कशायर हैथअवे के शेयरधारक कपड़ा निर्माण उद्योग में निवेश को बरकरार रखने की तर्किकता पर प्रश्न करने लगे। बफ़े ने स्वीकार किया कि यह अत्यधिक कठिन कार्य था परंतु उन्होंने कई बार इसके पीछे की अपनी सोच को अपने शेयरधारकों के समक्ष रखा और समझाने का प्रयास किया। बफ़े के अनुसार कपड़ा मिलें अपने-अपने क्षेत्रों में रोज़गार का सबसे बड़ा स्रोत थीं; उनमें काम करने वाले अधिकतर कामगार अधिक आयु के थे तथा उनको नया काम सीखने अथवा मिलने में बहुत कठिनाई का सामना करना पड़ता; मिलों के प्रबंधक अपने काम को लेकर अत्यधिक गम्भीर थे; मिलों की यूनियनें भी प्रबंधन से कोई अनुचित माँग नहीं कर रही थीं और न ही कार्य में कोई बाधा उत्पन्न कर रही थीं; तथा बफ़े को लगता था कि कपड़ा उद्योग से लाभ कमाया जा सकता था।

फिर भी बफ़े ने यह स्पष्ट कर दिया था कि वे अपेक्षा करते हैं कि कम्पनी का कपड़ा उत्पादन विभाग न्यूनतम लागत पर ही लाभ कमाए। बफ़े ने कहा, "मैं अपनी कम्पनी की कमाई को थोड़ा बढ़ाने के लिए औसत से कम लाभ कमाने वाले विभाग को बंद नहीं करूँगा। साथ ही मैं किसी अत्यधिक लाभ कमाने वाली कम्पनी की कमाई से किसी सतत घाटे में चल रही व्यापारिक अथवा औद्योगिक गतिविधि को वित्त पोषित करते रहने के भी विरुद्ध हूँ। मेरे पहले वाक्य से ऐडम स्मिथ असहमत होंगे और दूसरे वाक्य से कार्ल मार्क्स। इस विषय में मेरी सोच मध्यमार्गी है।"[21]

1980 के दशक तक बफ़े को समझ में आने लगा कि कपड़ा उद्योग से अधिक लाभ नहीं कमाया जा सकता। कपड़ा व्यापारिक वस्तुओं (commodity) की श्रेणी में आता है। इसका अर्थ यह हुआ कि, एक उत्पादक के माल को उसके प्रतिद्वंदी के माल से भेद कर पाना कठिन

कार्य है। कम श्रमिक लागत वाले विदेशी प्रतिद्वंदियों के कारण बर्कशायर का लाभ कम हो रहा था। इसके साथ ही बफ़े को समझ आया कि बाज़ार में बने रहने के लिए कम्पनी की कपड़ा मिलों में अत्यधिक पूँजी निवेश करने की आवश्यकता पड़ेगी, परंतु उसके अनुकूल लाभ मिलने की सम्भावना बहुत ही कम है।

बफ़े को एक कठिन निर्णय लेना था। यदि वह कपड़ा मिलों में पूँजी निवेश करते तो बर्कशायर के लाभ में काफ़ी कमी आ जाती और यदि वह पुनर्निवेश नहीं करते तो बर्कशायर की कपड़ा मिलें घरेलू कपड़ा निर्माताओं के समक्ष टिक नहीं पाती। इसके अतिरिक्त, विदेशी प्रतिद्वंदी कम्पनियों द्वारा कम लागत पर उत्पादन का उनके पास कोई तोड़ नहीं था। बर्कशायर पुनर्निवेश करने अथवा नहीं करने से कोई फ़र्क नहीं पड़ने वाला था, क्योंकि सस्ते श्रमिकों के नियोजन के कारण प्रतिस्पर्धा में विदेशी कम्पनियों को फ़ायदा मिलना तय था।

1980 में, वार्षिक रिपोर्ट से वस्त्र उत्पादक समूह के भविष्य पर संकट का आभास होने लगा था। सदा से ही शेयरधारकों के नाम अध्यक्ष के पत्र में इस समूह का स्थान सबसे ऊपर होता था, पर उस वर्ष ऐसा नहीं हुआ। अगले वर्ष शेयरधारकों के नाम अध्यक्ष के पत्र में इस वस्त्र उत्पादक समूह की चर्चा भी नहीं की गयी थी। जुलाई 1985 में बफ़े ने इस वस्त्र उत्पादक समूह को पूर्णतया बंद कर दिया। इस प्रकार सौ वर्ष पूर्व प्रारम्भ हुए व्यवसाय का अंत हो गया।

बर्कशायर वस्त्र उत्पादक समूह के दुर्भाग्यपूर्ण अनुभव के दो महत्वपूर्ण परिणाम हुए। पहला, बफ़े ने सबक़ सीखा कि किसी कम्पनी के मूल व्यवसाय को पुनर्जीवित करने के प्रयास सदा सफल नहीं होते। दूसरा, वस्त्र उत्पादक समूह द्वारा आरम्भ के वर्षों में कमाए गए लाभ से बर्कशायर ने एक बीमा कम्पनी का क्रय किया जो आगे चल कर एक सफल निवेश साबित हुआ।

बीमा कारोबार

मार्च 1967 में बर्कशायर हैथअवे ने $8.6 मिलियन देकर दो बीमा कम्पनियों को ख़रीदा जिनके मुख्यालय ओमाहा में स्थित थे। ये कम्पनियाँ थीं: नेशनल इंडेम्निटी कम्पनी (National Indemnity Company) और नेशनल फ़ायर एंड मैरीन इंश्योरेंस कम्पनी(National Fire and Marine Insurance Company)। यह बर्कशायर हैथअवे की अद्भुत सफलता की शुरुआत थी।

इस अद्भुत सफलता को समझने के लिए, एक बीमा कम्पनी के स्वामित्व से होने वाले लाभ को समझना होगा। बीमा कम्पनियों में निवेश कभी-कभी लाभप्रद होता है और कभी-कभी नहीं। तथापि, बीमा कम्पनियाँ निवेश करने का एक बेहतरीन *माध्यम* होती हैं। ऐसा

इसलिए होता है क्योंकि बीमा कम्पनियों के पॉलिसीधारक (policyholders), अपनी बीमा-किस्त देकर कम्पनी में चलनिधि (liquidity) की सतत आपूर्ति बनाए रखते हैं। बीमा कम्पनियाँ इस नक़दी को पॉलिसीधारक द्वारा दावा किए जाने तक निवेश करके रखते हैं। कम्पनियों को दावा किए जाने के निश्चित समय की जानकारी नहीं होती है, इसलिए बीमा कम्पनियाँ अर्थसुलभ प्रतिभूतियों (liquid securities) में निवेश करती हैं जिनमें अल्पावधि नियत आय प्रतिभूतियाँ (short-term fixed income securities), दीर्घावधि वाले बांड्ज़ (long-dated bonds) और शेयर प्रमुख होते हैं। अतैव, वॉरन बफ़े ने इन दो कम्पनियों की ख़रीद से न केवल दो स्वस्थ कम्पनियों, बल्कि निवेशों का प्रबंधन करने के सशक्त साधन का भी अधिग्रहण किया।

सन 1967 में दोनों कम्पनियों का बॉड पोर्टफोलियो (bond portfolio) \$24.7 मिलियन से अधिक था तथा शेयरों का पोर्टफोलियो \$7.2 मिलियन था। अगले दो वर्षों में दोनों कम्पनियों का संयुक्त पोर्टफोलियो बढ़कर \$42 मिलियन हो गया। यह बफ़े जैसे अनुभवी शेयर निवेशक के लिए निवेश प्रबंधन के दृष्टिकोण से एक बहुत ही अच्छा पोर्टफोलियो था। उन्हें पूर्व में कपड़ा उत्पादन कम्पनी द्वारा निवेशित प्रतिभूतियों के प्रबंधन में सीमित सफलता मिल चुकी थी। जब 1965 में बफ़े ने बर्कशायर पर नियंत्रण प्राप्त किया, तब कम्पनी के पास \$2.9 मिलियन मूल्य की विक्रेय प्रतिभूतियाँ (marketable securities) थीं। एक वर्ष के भीतर ही बफ़े ने इस प्रतिभूति भंडार को बढ़ा कर \$5.4 मिलियन तक पहुँचा दिया। सन 1967 में निवेश के माध्यम से कम्पनी को अपने कपड़ा उत्पादन व्यापार से तीन गुना अधिक कमाई हुई, जबकि कपड़ा उत्पादन विभाग का कुल इक्विटी में हिस्सा सामान्य शेयरों के पोर्टफोलियो के मूल्य से दस गुना अधिक था।

अक्सर कहा जाता है कि जब बफ़े ने कपड़ा व्यापार को बंद करके बीमा व्यापार में क़दम रखा, तो असल में उन्होंने बस एक व्यापारिक वस्तु (commodity) से दूसरी को बदल दिया। कपड़े की तरह ही बीमा भी एक ऐसा उत्पाद है जिसमें परस्पर प्रतिद्वंदियों के उत्पादों के मध्य भेद कर पाना कठिन है। बीमा उत्पादों में कोई विशिष्ट गुण नहीं होता जैसे कि ट्रेडमार्क, पेटेंट (patent), स्थान की विशेषता अथवा कच्चा माल, जिससे बाज़ार में मौजूद दूसरी कम्पनियों के उत्पादों से भेद किया जा सके। बीमा व्यापार का लाइसेन्स लेना भी आसान है और बीमा की दरें भी सर्वविदित हैं। किसी भी बीमा कम्पनी के सबसे विशिष्ट गुणों में से एक होता है उसके कर्मचारियों की गुणवत्ता। कम्पनी के प्रबंधकों द्वारा किए गए परिश्रम का किसी भी बीमा कम्पनी पर सीधा प्रभाव पड़ता है। दो बीमा कम्पनियों को ख़रीदने के बाद, बफ़े ने कई और बीमा कम्पनियों को ख़रीदकर बर्कशायर के बीमा व्यवसाय को आगे बढ़ाया। इनमें से एक है GEICO, जिसके विषय में अब कई लोग जानते हैं। सन 1991 तक बर्कशायर हैथअवे के पास GEICO के लगभग आधे बक़ाया शेयरों का

स्वामित्व था। अगले तीन वर्ष तक GEICO के मुनाफ़े में वृद्धि होती रही, साथ ही बफ़े का उसमें हिस्सा भी बढ़ता रहा। सन 1994 में बर्कशायर ने घोषणा की कि उसके पास कम्पनी के 51% शेयरों का स्वामित्व है। इसके साथ ही GEICO के बर्कशायर में विलय के विषय पर गम्भीर चर्चा आरम्भ हुई। दो वर्ष बाद बफ़े ने $2.3 बिलियन देकर GEICO को ख़रीद लिया।

बफ़े यहीं नहीं रुके। सन 1998 में उन्होंने GEICO के शेष शेयरों की ख़रीद के लिए खर्च की गई राशि का सात गुना अर्थात् बर्कशायर हैथअवे स्टॉक में लगभग $16 बिलियन का भुगतान कर पुनर्बीमा करने वाली कम्पनी 'जनरल रे' (General Re) का अधिग्रहण किया। यह उस वक़्त तक का उनका सबसे बड़ा अधिग्रहण था।

यद्यपि बफ़े ने पिछले कई वर्षों से बीमा कम्पनियों को ख़रीदना जारी रखा हुआ है, परंतु इसमें कोई शंका नहीं कि उनके जीवन का सबसे बुद्धिमानी भरा अधिग्रहण निर्णय है, अजीत जैन को नौकरी पर रखना। बफ़े ने अजीत जैन को 'बर्कशायर हैथअवे रीइंश्योरेंस ग्रुप' के संचालन हेतु रखा था। सन 1951 में जन्मे अजीत ने प्रतिष्ठित भारतीय प्रौद्योगिकी संस्थान, खड़गपुर (IIT, Kharagpur) से इंजीनियरिंग की डिग्री ली। तत्पश्चात उन्होंने IBM के लिए तीन वर्षों तक कार्य करने के उपरांत हार्वर्ड यूनिवर्सिटी से MBA किया।

यद्यपि अजीत को बीमा कारोबार का बिल्कुल भी अनुभव नहीं था फिर भी बफ़े ने शीघ्र ही उनकी प्रतिभा को पहचान लिया। सन 1985 से आरम्भ करते हुए, लगभग बीस वर्षों में अजीत ने बर्कशायर के पुनर्बीमा विभाग की फ़्लोट (float) राशि (प्रीमियम बढ़ाना और हानि घटाना) को $34 बिलियन के स्तर तक पहुँचा दिया। बफ़े कहते हैं कि, "अजीत ऐसे जोखिमों का भी बीमा करने को तत्पर रहते हैं जो कोई अन्य कम्पनी नहीं करना चाहती अथवा उसके पास उसके लिए इतनी पूँजी नहीं होती। उनकी कार्यशैली में क्षमता, वेग, निर्णयता एवं सबसे महत्वपूर्ण गुण, बुद्धिमत्ता का ऐसा समावेश है, जो बीमा उद्योग में अद्वितीय है।[22] बफ़े अजीत से लगभग प्रतिदिन ही चर्चा करते हैं। बफ़े अजीत को कितना मानते हैं, इसका अंदाज़ा 2009 कि बर्कशायर की वार्षिक रिपोर्ट से मिलता है जिसमें बफ़े ने लिखा था, "यदि चार्ली, मैं और अजीत एक डूबती हुई नाव पर सवार हों और आपके पास केवल एक को ही बचाने का समय हो, तो अजीत को ही बचाइएगा।"

बफ़े और उनकी कम्पनी

वॉरन बफ़े का वर्णन करना आसान नहीं है। उनका रंग-रूप बेहद सामान्य है। वह आम बूढ़े दादाजी जैसे दिखते हैं, न कि उद्योग जगत के दिग्गज की तरह। बौद्धिक रूप से वह अत्यंत प्रतिभाशाली व्यक्ति हैं, पर लोगों से उनका व्यवहार अत्यंत सहज, सरल और विनम्र है। वह सरल, सहज, निष्कपट और ईमानदार हैं। वह विनोदप्रिय हैं और विशिष्ट एवं सामान्य, दोनों

प्रकार के समाज के लोगों के अनुरूप हास्य-विनोद कर लेते हैं। वे बुद्धिमत्ता एवं तर्किकता का सम्मान एवं मूर्खता से घृणा करते हैं। वे सरलता को अपनाते हैं और जटिलता से दूर रहने का प्रयास करते हैं।

उनकी वार्षिक रिपोर्ट पढ़ने पर आश्चर्य होता है कि कितनी सहजता से वह उनमें बाइबल (धर्म), जॉन मेनार्ड केन्स (अर्थशास्त्र), अथवा मे वेस्ट (मनोरंजन जगत) के उद्धरणों का समावेश करते हैं। उनकी वार्षिक रिपोर्ट, पढ़ने के शौकीनों के लिए जानकारी की खान होती हैं। हर एक रिपोर्ट में 60-70 पन्नों में केवल लिखित जानकारी ही होती है, कोई चित्र या चार्ट नहीं होते। जो पाठक हिम्मत करके उनकी रिपोर्ट को आरम्भ से अंत तक पढ़ लेते हैं, उन्हें अपने प्रयास के पुरस्कार स्वरूप, सरल एवं विनोदी भाषा में, पूरी ईमानदारी के साथ, वित्तीय जगत एवं बर्कशायर की बेजोड़ जानकारी मिलती है। वह अपनी रिपोर्ट में बर्कशायर के व्यवसायों के सकारात्मक एवं नकारात्मक, दोनों पहलुओं से अपने पाठकों को अवगत कराते हैं। उनका विश्वास है कि बर्कशायर के शेयरधारक कम्पनी के स्वामी हैं। वे रिपोर्ट लिखने से पहले सोचते हैं कि यदि वे बर्कशायर के एक सामान्य शेयरधारक होते तो उसकी वार्षिक रिपोर्ट में किस जानकारी की अपेक्षा करते? वह इस बात को ध्यान में रखकर बर्कशायर के रिपोर्ट की जानकारी देते हैं जो उनके सामान्य शेयरधारकों को अभीष्ट है तथा जिससे उन्हें बेहतर निवेश निर्णय लेने में आसानी हो।

बफ़े की कम्पनी, उनके व्यक्तित्व, व्यापार एवं निवेश के उनके सिद्धांतों एवं उनकी विशिष्ट कार्यशैली का मूर्त रूप है। बर्कशायर हैथअवे एक बड़ा औद्योगिक समूह है पर जटिल नहीं है। इसके केवल दो ही अंग हैं; एक उसका व्यवसायिक अंग और दूसरा उसके स्वामित्व वाले शेयरों का पोर्टफोलियो। बर्कशायर के बीमा एवं ग़ैर-बीमा व्यवसायों की कमाई से इस सबका वित्त-पोषण होता है। इसका प्रबंधन ढाँचा भी जटिल नहीं है। पूरी प्रक्रिया बफ़े के जीवन को सरल एवं सहज दृष्टि से देखने के स्वभाव से ओत-प्रोत है।

वर्तमान में बर्कशायर हैथअवे तीन बड़े समूहों में बँटा हुआ है। पहला है उसका बीमा व्यवसाय; दूसरे समूह का अंग हैं उसके अधिक पूँजी निवेश वाले विनियमित व्यवसाय, जिसमें मिड-अमेरिकन एनर्जी (MidAmerican Energy) तथा रेलमार्ग की कम्पनी बर्लिंगटन नॉर्दर्न सेंटा फ़े (Burlington Northern Santa Fe) शामिल हैं; तथा विनिर्माण, सेवा एवं खुदरा व्यापार तीसरा अंग है, जिसमें लॉलीपॉप से लेकर हवाई जहाज़ बनाने तक की कम्पनियाँ शामिल हैं। सामूहिक रूप से, इन तीनों समूहों ने सन 1988 में एक व्यवसायी के तौर पर बफ़े द्वारा अर्जित $399 मिलियन की तुलना में सन 2012 में बर्कशायर हैथअवे के लिए $10.8 बिलियन की कमाई की। सन 2012 के अंत में, बर्कशायर हैथअवे द्वारा किए गए वित्तीय निवेश का कुल बाज़ार मूल्य $87.6 बिलियन और ख़रीद मूल्य $49.8 बिलियन था। पच्चीस वर्ष पूर्व, सन 1988 में यही आँकड़े $3 बिलियन तथा $1.3 बिलियन थे।

सन 1965 में जब बफ़े ने बर्कशायर का अधिग्रहण किया था, तबसे लेकर अगले 48 वर्षों में कम्पनी का बही मूल्य (book value) 19.7 प्रतिशत संयोजित वार्षिक लाभ (compounded annual gain) के साथ $19 प्रति शेयर से बढ़कर $114,214 प्रति शेयर हो चुका है। इसी अवधि में लाभांश के साथ, स्टैंडर्ड एंड पूअर्स (S&P) का 500 सूचकांक 9.4 प्रतिशत की दर से बढ़ा है। इसका अर्थ है कि, लगभग पाँच दशक से बफ़े बाज़ार को पूरे 10.3 प्रतिशत से पछाड़ते आ रहे हैं। जैसा कि मैंने पहले भी कहा था, जब 'मनी चेंजर' (money changer), अर्थात् बफ़े ने 'बफ़े पार्ट्नर्शिप' बंद की थी तो वह एक नयी शुरुआत कर रहे थे।

पाँच सिग्मा कार्यक्रम (Five Sigma Event)

वर्षों से शिक्षाविद् एवं निवेश से जुड़े पेशेवर लोग दक्ष बाज़ार के सिद्धांत (efficient markets theory) की वैधता पर बहस करते आ रहे हैं। इस विवादास्पद सिद्धांत के अनुसार, किसी भी शेयर के दाम उसके सही मूल्य को दर्शाते हैं, अतः शेयरों का विश्लेषण करना समय की बर्बादी है। इस सिद्धांत के समर्थक अक्सर परिहास करते हैं कि, यदि एक व्यवसायिक वित्तीय निवेशक दीवार पर चिपके शेयरों के दामों को दर्शाने वाले एक पृष्ठ पर डार्ट (darts) फेंके, तो उसके लाभकारी शेयर चुनने की प्रायिकता (probability) उतनी ही होगी जितनी कि नवीनतम वार्षिक रिपोर्ट या त्रैमासिक विवरणों के अध्ययन में प्रतिदिन घंटों मेहनत करके कोई अनुभवी वित्तीय निवेशक, निवेश के लिए अच्छे शेयरों का चुनाव करता है।

परंतु, बफ़े जैसे निवेशकों कि सफलता यह दर्शाती है कि 'दक्ष बाज़ार का सिद्धांत', दोषपूर्ण है। इस पर दक्ष बाज़ार के सिद्धांत के सिद्धांतवादी एवं समर्थक कहते हैं कि, उनके सिद्धांत में कोई दोष नहीं है बल्कि बफ़े ही अद्वितीय एवं विलक्षण व्यक्ति हैं। उन लोगों के अनुसार, बफ़े और उनके जैसे अन्य निवेशक 'फ़ाइव सिग्मा कार्यक्रम' के समरूप हैं। सांख्यिकी (statistics) के सिद्धांत के अनुसार इसका तात्पर्य एक ऐसी घटना से है जिसके होने की सम्भावना न के बराबर हो।[23] यह मानना बहुत ही आसान है कि बफ़े एक अपवाद हैं। क्योंकि बात चाहे द बफ़े पार्ट्नर्शिप के 13 वर्षों के परिणाम की हो या फिर बर्कशायर हैथअवे में लगभग पांच दशक का प्रदर्शन रिकॉर्ड की, आज तक कोई भी वित्तीय निवेश की उनकी उपलब्धियों के क़रीब नहीं पहुँच पाया है। परंतु जब हम लगभग हर निवेश पेशेवर के परिणामों को सारणीबद्ध करते हैं तथा समय के साथ प्रमुख सूचकांक पर जीत हासिल करने में उनकी असमर्थता पर विचार करते हैं, तो यह सवाल सामने आता है कि क्या दूसरे निवेशकों की निवेश पद्धति में दोष होने के कारण वे बफ़े जैसी सफलता नहीं हासिल नहीं कर पाए?

अंत में, हमें बफ़े के शब्दों को पुनः स्मरण करना चाहिए। "हम जो भी करते हैं वह किसी भी सामान्य व्यक्ति की क्षमताओं के परे नहीं है। विलक्षण उपलब्धि पाने के लिए विलक्षण कृत्य करना आवश्यक नहीं है: यही निवेश एवं प्रबंधन, दोनों के विषय में मेरी सोच है।"[24] बफ़े के इस प्रसिद्ध कथन को कई लोग मध्य-पश्चिमी अमेरिका में उनके जन्म एवं लालन-पालन से मिले हुए संस्कारों का फल मानकर ख़ारिज कर देते हैं। परंतु मैंने उनके इस कथन को सदा से ही सत्य माना है। यही इस पुस्तक को लिखने के पीछे मेरी प्रेरणा और इस पुस्तक की विषय-वस्तु है।

अध्याय 2
वॉरन बफ़े की शिक्षा

असाधारण रूप से प्रतिभावान व बुद्धिमत्तायुक्त फ़ाइव सिग्मा (five-sigma) परिघटना को भी अपने से पूर्व रहे लोगों के ज्ञान पर निर्भर रहना पड़ता है, क्योंकि ऐसे विलक्षण व्यक्ति को भी अपना काम सीखने के लिए किसी न किसी प्रक्रिया से गुज़रना तो पड़ता ही है। वॉरन बफ़े की शिक्षा तीन प्रभावशाली व्यक्तियों की परस्पर पृथक विचारधाराओं का सम्मिश्रण है। वे तीन प्रभावशाली व्यक्ति हैं: बेंजामिन ग्राहम, फ़िलिप फ़िशर और चार्ली मंगर।

ग्राहम का बफ़े पर प्रभाव तो सर्व-विदित है। कुछ लोग तो ग्राहम को बफ़े का एकमात्र गुरु मानते हैं। इस सोच में कोई आश्चर्य नहीं है क्योंकि दोनों व्यक्तियों का जीवन एक-दूसरे से काफ़ी जुड़ा रहा है। बफ़े पहले ग्राहम के द्वारा रचित ग्रंथों के पाठक रहे, फिर उनके छात्र बने, उसके बाद उनके कर्मचारी रहे, तदोपरांत उनके सहयोगी बने और फिर अंततः उनके समकक्ष हो गए। ग्राहम ने बफ़े की कच्ची बुद्धि को परिष्कृत किया। यद्यपि, जो लोग ग्राहम को बफ़े के करियर में एकमात्र प्रभावशाली व्यक्ति मानते हैं वे अर्थशास्त्र के दो अन्य महान चिंतकों के उन पर प्रभाव को अनदेखा कर रहे हैं। वे हैं फ़िलिप फ़िशर एवं चार्ली मंगर। इस अध्याय में हम इन दोनों के विषय में जानेंगे।

बेंजामिन ग्राहम

ग्राहम को वित्तीय विश्लेषण का अधिष्ठाता माना जाता है। जैसा कि ऐडम स्मिथ ने कहा है, "उनके पहले ऐसा कोई (वित्तीय विश्लेषक का) पेशा नहीं था और उनके बादही इस पेशे को यह नाम मिला।"[1] आज वे अपनी दो प्रसिद्ध पुस्तकों के लिए जाने जाते हैं; 'सिक्योरिटी एनालिसिस', जो उन्होंने डेविड डॉड के साथ लिखी थी एवं जिसका प्रथम संस्करण सन 1934 में छपा था तथा 'द इंटेलिजेंट इन्वेस्टर', जो कि सन 1949 में पहली बार प्रकाशित हुई थी। 'सिक्योरिटी

एनालिसिस' के चिरस्थायी महत्त्व का एक कारण है उसके प्रकाशन का समय: वित्तीय विश्लेषण के इस बीज-ग्रंथ का प्रकाशन सन 1929 की बड़ी मंदी के बाद हुआ था। सन 1929 में अमेरिका तथा विश्व के अन्य शेयर बाज़ारों में आयी भारी गिरावट तथा उसके फलस्वरूप अमेरिकी अर्थव्यवस्था में आयी कमर तोड़ मंदी विश्व को हिला देने वाली एक घटना थी जिसका प्रभाव ग्राहम एवं उनके विचारों पर भी पड़ा था।एक ओर जहाँ दूसरे विद्वान अपना समय इस भयंकर मंदी के कारणों को तलाशने में बिता रहे थे, वहीं दूसरी ओर ग्राहम उस आर्थिक विपदा से त्रस्त जनता को बाहर निकलने एवं वित्तीय समृद्धि पुनः पाने में सहायता कर रहे थे।

बेन ग्राहम ने सन 1914 में 20 वर्ष की आयु में कोलम्बिया यूनिवर्सिटी से विज्ञान में स्नातक डिग्री प्राप्त की थी। वे ग्रीक एवं लैटिन भाषाओं में पारंगत थे तथा गणित एवं दर्शनशास्त्र में रुचि रखते थे। यद्यपि व्यावसायिक शिक्षा प्राप्त नहीं करने के बावजूद उन्होंने अपने करियर का आरम्भ वॉल स्ट्रीट में किया। उनकी पहली नौकरी शेयर ब्रोकरेज फ़र्म 'न्यूबर्गर, हेनडरसन, एंड लोएब' में एक संदेशवाहक के रूप में थी, जहाँ वे ब्लैकबोर्ड पर बॉंड एवं शेयरों के दाम लिखा करते थे और इसके लिए उन्हें हर हफ़्ते $12 मिलते थे। संदेशवाहक से वे शोधकर्ता बने और फ़र्म के लिए रिपोर्ट्स लिखने का काम करने लगे। शीघ्र ही वे फ़र्म में साझेदार हो गए। सन 1919 तक, मात्र 25 वर्ष की आयु में उनका वार्षिक वेतन $600,000 था—जो 2012 के डॉलर मूल्य के अनुसार लगभग $8 मिलियन के बराबर है

सन 1926 में ग्राहम ने जेरोम न्यूमैन के साथ एक साझेदारी फ़र्म आरम्भ की। इसी साझेदारी फ़र्म ने 30 वर्ष बाद बफ़े को नौकरी दी। 1929 में शेयर बाज़ारों में गिरावट,उसके बाद की बड़ी आर्थिक मंदी, द्वितीय विश्व युद्ध तथा कोरियाई युद्ध के दौरान अपने अस्तित्व की रक्षा करने वाला ग्राहम-न्यूमैन फ़र्म सन 1956 में सदा के लिए बंद हो गया।

बहुत कम लोग यह जानते हैं कि सन 1929 में शेयर बाज़ार में आयी भारी गिरावट के कारण ग्राहम दिवालिया हो गए थे। अपने जीवन में दूसरी बार आर्थिक दिवालियापन झेलने के बाद (पहली बार उन्हें दिवालियापन तब झेलना पड़ा था जब उनके पिता की मृत्यु हो गयी थी, जिसके फलस्वरूप उनके परिवार पर आर्थिक संकट आन पड़ा था) ग्राहम अपने आप को पुनः स्थापित करने के संकल्प के साथ कार्यरत हो गए। उन्होंने कोलम्बिया यूनिवर्सिटी, जहाँ उनकी स्नातक शिक्षा पूर्ण हुई थी, में सायंकाल की कक्षाओं में अर्थशास्त्र के विभिन्न विषयों को पढ़ाना आरम्भ किया। यहां के शैक्षणिक समुदाय के बीच ग्राहम को सोच-विचार एवं पुनर्मूल्यांकन का अवसर प्राप्त हुआ। डेविड डॉड, जो कोलम्बिया यूनिवर्सिटी में प्रोफ़ेसर थे, की सलाह पर ग्राहम ने परिमित निवेश (conservative investing) पर अपना कालजयी ग्रंथ लिखा था।

ग्राहम और डॉड का संयुक्त निवेश अनुभव लगभग 15 वर्षों से अधिक का था। 'सिक्योरिटी एनालिसिस' पुस्तक को लिखने में दोनों को चार वर्ष लगे। जब सन 1934 में पुस्तक प्रकाशित

हुई तो 'न्यू यॉर्क टाइम्ज़' के पुस्तक समीक्षक, लुई रिच ने लिखा: "यह एक सम्पूर्ण, गम्भीर, शोधपरक एवं गहन ज्ञान देने वाला ग्रंथ है जिसकी रचना विद्वत शोध एवं व्यावहारिक दूरदर्शिता के मेल से हुई है। यदि कोई इस पुस्तक का सही प्रयोग करे, तो वह बाज़ार की अवस्था की बजाय निवेश के योग्य शेयरों का चुनाव करने में अपना ध्यान केंद्रित रखेगा।"[2]

पुस्तक के प्रथम संस्करण में ग्राहम और डॉड ने कम्पनियों द्वारा किए जाने वाले छलपूर्ण व्यवहारों पर अधिक ध्यान दिया था। उनके पास ऐसे कई उदाहरण थे। सन 1933 के प्रतिभूति अधिनियम तथा सन 1934 के प्रतिभूति विनिमय अधिनियम के पारित होने के पूर्व, कम्पनियों द्वारा जनता को दी जाने वाले वाली जानकारी न केवल अपूर्ण होती थी, बल्कि कई बार तो कम्पनियाँ भ्रामक सूचनाएँ भी देती थीं। अधिकतर कम्पनियाँ निवेशकों एवं आम जनता को अपनी बिक्री के आँकड़े नहीं उपलब्ध करवाती थीं तथा उनकी सम्पत्ति का मूल्यांकन भी यथार्थ से अधिक होता था। ऐसी भ्रामक जानकारियों द्वारा कंपनियों के शेयरों के दामों को कृत्रिम रूप से बढ़ाने या घटाने में प्रयोग किया जाता था। इन दोनों क़ानूनों के पारित होने के बाद कंपनियों द्वारा जारी सूचनाओं की गुणवत्ता में धीरे-धीरे सुधार होना शुरू हुआ। पुस्तक के तीसरे संस्करण में, जो सन 1951 में प्रकाशित हुआ था, कंपनियों द्वारा भ्रामक सूचनाएँ देने से संबंधित अध्याय पूरी तरह से हटा लिया गया था। उसके स्थान पर ग्राहम और डॉड ने शेयरधारकों एवं प्रबंधकों के सम्बन्धों में आने वाले समस्याओं, लाभांश नीति (dividend policy) एवं मुख्य प्रबंधन की योग्यता जैसे मुद्दों पर चर्चा को पुस्तक में शामिल किया।

'सिक्योरिटी एनालिसिस' ग्रंथ का सार है कि सावधानी से चुनाव करने के बाद, सही दामों पर विभिन्न औद्योगिक क्षेत्रों की विभिन्न कम्पनियों के शेयरों में निवेश करने से लाभ होता है। इस ग्रंथ में, ग्राहम निवेशकों का हाथ थाम कर उन्हें ऐसा करने की प्रक्रिया से अवगत कराते हैं तथा आरम्भ से अंत तक उन्हें इस प्रक्रिया के पीछे के तर्क को भी समझाते हैं।

ग्रंथ की रचना करने में ग्राहम को सर्वप्रथम एक बड़ी बौद्धिक चुनौती का सामना करना पड़ा। वह थी, 'निवेश' शब्द की सर्वमान्य परिभाषा का अभाव। ग्राहम ने न्यायाधीश जस्टिस लुई ब्रैंडेस के शब्दों को उद्धृत करते हुए लिखा कि,"निवेश, कई अर्थों वाला शब्द है।"ग्राहम ने कहा कि शेयर को जुआ और बॉण्ड को निवेश के विशेषण से जोड़ना ठीक नहीं है। यदि बॉण्ड को जारी एवं प्रत्याभूत करने वाली संस्था भरोसेमंद नहीं है, तो ऐसी सूरत में उस बॉण्ड को अच्छा निवेश नहीं माना जा सकता। उसी प्रकार, यदि कोई शेयर अपनी वर्तमान निवल सम्पत्तियों के मूल्यांकन से काम प्रति शेयर दाम पर बाज़ार में उपलब्ध हो, तो ऐसी दशा में महज एक शेयर होने के कारण उसमें निवेश पर विचार नहीं किया जा सकता है। ग्राहम के अनुसार निवेश पैसा लगाने के पीछे के प्रयोजन पर निर्भर है। उधार के पैसे से एवं जल्दी लाभ कमाने की मंशा से किसी भी प्रतिभूति में पैसा लगाना सट्टेबाज़ी है। विषय की जटिलता को समझते हुए ग्राहम ने

अपनी परिभाषा कुछ इस प्रकार दी: "एक ऐसा कार्य, जो विस्तृत एवं सम्पूर्ण विश्लेषण के उपरांत पूँजी के संरक्षण व पर्याप्त लाभ का विश्वास दिलाता है, निवेश कार्य कहलाता है। कोई भी कार्य जो इन आवश्यकताओं पर खरा नहीं उतरता, वह सट्टा/जुआ कहलाता है।"[3] इस सरल से दिखने वाले वाक्य में ऐसे गूढ़ सिद्धांत भरे हैं, जिन्हें बहुत ध्यान से समझने की आवश्यकता है।

सबसे पहले, 'विस्तृत एवं सम्पूर्ण विश्लेषण' से ग्राहम का क्या अर्थ है? सबसे पहले तो ग्राहम ने इसकी एक संक्षिप्त परिभाषा दी: "उपलब्ध तथ्यों का सावधानी से किया गया अध्ययन तथा उसके उपरांत सर्वसिद्ध सिद्धांतों एवं सही तर्क का प्रयोग कर के निष्कर्षों तक पहुँचने का प्रयास करना।"[4]उसके बाद उन्होंने विस्तार से समझाते हुए, विश्लेषण की प्रक्रिया को तीन चरणों में विभक्त किया: (1) वर्णनात्मक (2) आलोचनात्मक, तथा (3) चयनात्मक। प्रथम चरण में सभी तथ्यों को एकत्रित करना तथा उन्हें बुद्धिमत्तापूर्ण तरीके से प्रस्तुत करना शामिल है। दूसरे चरण में सूचना को प्रसारित करने के मानदंडों की समीक्षा की जाती है: क्या तथ्यों को सही से उजागर किया गया है? अंतिम चरण में विश्लेषक, विश्लेषण की गयी प्रतिभूति की वांछनीयता पर टिप्पणी करता है।

उसके बाद,ग्राहम इस बात पर बल देते हैं कि किसी भी प्रतिभूति को निवेश के तौर पर वर्गीकृत करने के लिए दो शर्तों का मौजूद होना अनिवार्य है: असल पूँजी की सुरक्षा की सम्भावना एवं पर्याप्त लाभ दर। पहली शर्त के लिए ग्राहम ने चेताया है कि असल पूँजी की सुरक्षा को पूर्णतया सुनिश्चित करना असम्भव है; कोई अति असाधारण अथवा विचित्र घटना किसी अति सुरक्षित बॉण्ड से मिलने वाले प्रतिलाभ (return) को भी संकट में डाल सकती है। इसलिए, ग्राहम के मत के अनुसार, किसी भी निवेश की सुरक्षा का परिमापन यथोचित अवस्थाओं में ही किया जा सकता है।

पर्याप्त लाभ—जो कि दूसरी शर्त है— को भी इसी तरह सावधानीपूर्वक देखना चाहिए, क्योंकि 'पर्याप्त' शब्द का अर्थ, जैसा कि ग्राहम ने अवलोकन किया है, भिन्न-भिन्न निवेशकों एवं परिस्थितियों के अनुसार बदल जाता है। ग्राहम ने कहा कि प्रतिलाभ की कोई अधिकतम अथवा न्यूनतम सीमा नहीं है। बस निवेशक को चाहिए कि वे अपनी बुद्धि एवं विवेक का प्रयोग करके, निवेश की परिभाषा की शर्तों का पूर्ण रूप से पालन करें। ग्राहम की दृष्टि में, ऐसा कोई भी व्यक्ति जो सही तर्क के अनुसार विस्तृत एवं सम्पूर्ण वित्तीय विश्लेषण कर, असल पूँजी की सुरक्षा को सुनिश्चित करके पर्याप्त लाभ दर का चुनाव करता है, वह निवेशक कहलाने का अधिकारी है और उसे सट्टेबाज़ नहीं कहा जाना चाहिए।

अपने पूरे करियर में ग्राहम, निवेश एवं सट्टेबाज़ी के बीच के भेद तथा इन दोनों से जुड़े आयामों पर चिंतन करते रहे। अपने जीवन के अंतिम वर्षों में, ग्राहम संस्थागत निवेशकों द्वारा बाज़ार में खुले तौर पर सट्टेबाज़ी को देख कर बहुत दुखी थे। बाज़ार में 1973-74 की मंदी के उपरांत ग्राहम को 'डॉनल्ड्सन, लफ़्किन व जेनरेट' द्वारा आयोजित मुद्रा प्रबंधकों की एक गोष्ठी में आमंत्रित किया

गया था। ग्राहम के अनुसार वे वहाँ हुई चर्चा को सुन कर स्तब्ध रह गए। उन्होंने कहा, "मैं समझ नहीं पाया कि कैसे और कब संस्थानों द्वारा मुद्रा प्रबंधन, सही निवेश की नीति से अपभ्रष्ट हो कर न्यूनतम समय में अधिकतम लाभ कमाने हेतु प्रतिस्पर्धात्मक संघर्ष में परिणत हो गया।"[5]

निवेश एवं सट्टेबाज़ी में स्पष्ट भेद की कालजयी परिभाषा देने के बाद, ग्राहम का दूसरा योगदान था शेयरों में निवेश करने की पद्धति का प्रतिपादन। 'मार्जिन ऑफ़ सेफ़्टी' (margin of safety) का सिद्धांत उनकी इस पद्धति का मूलाधार था। इस सिद्धांत को प्रतिपादित करने में भी उनकी सोच सन 1929 की बड़ी आर्थिक मंदी से ही प्रेरित थी।

निवेश के नाम पर सट्टेबाज़ी के बजाय निवेश का सट्टेबाज़ी के एक स्वरूप के तौर पर परिणत होना सन 1929 में बाज़ार में आयी भारी गिरावट का कारण था। ग्राहम के अनुसार अतीत पर आधारित आशावाद अनियंत्रित एवं ख़तरनाक था।निवेशकोंने अतीत की समृद्धि के आधार पर यथार्थ से अधिक आशावादी होकर बाज़ार में पैसा लगाया गया। निवेशकों ने सोचा कि जिस प्रकार पिछले वर्षों में आर्थिक समृद्धि एवं विकास हो रहा था, वैसे ही आगे भी होता रहेगा। इस कारण से निवेशकों ने प्रतिभूतियों के यथार्थ दामों से कहीं अधिक पर उनका मूल्यांकन कर दिया। ग्राहम का मत था कि उस समय लोग बिना किसी ठोस वैज्ञानिक विश्लेषण अथवा गणना के, जितना मांगा जाए, उतना दाम देने को तैयार थे। इस उन्माद के वातावरण में निवेश एवं सट्टेबाज़ी में भेद मिट गया था।

ऐसे उन्मादवश उठाए गए जोखिम से बचने के लिए ग्राहम ने शेयरों के चुनाव की एक पद्धति का प्रतिपादन किया,जिसके आधार सिद्धांत को उन्होंने 'मार्जिन ऑफ़ सेफ़्टी' (margin of safety) का नाम दिया। ग्राहम की पद्धति के अनुसार, निवेशक, निवेश के लिए शेयरों का अधिग्रहण दो तरीकों से कर सकते हैं: (1) पूरे बाज़ार में मंदी के दौर में शेयरों को ख़रीदकर, अथवा (2) शेयर को तब ख़रीदकर जब वह अपने निहित मूल्य से कम दाम पर उपलब्ध हो। ग्राहम के अनुसार,दोनों तरीकों में क्रय मूल्य में एक मार्जिन ऑफ़ सेफ़्टी होता है।

पहली तकनीक, अर्थात् मंदी के दौर में ख़रीद में कुछ अंतर्निहित कठिनाइयाँ हैं। यह निवेशकों को एक ऐसे सूत्र को विकसित करने हेतु प्रेरित करता है जिससे बाज़ार में तेज़ी या गिरावट का संकेत मिल सके। इसके लिए निवेशक को बाज़ार का सतत अवलोकन करना पड़ता है और उस आधार पर बाज़ार में आने वाले उतार-चढ़ाव का पूर्वानुमान लगाना पड़ता है, जो एक जोखिम भरा काम है। इसके अतिरिक्त, जब बाज़ार में सही मूल्यांकन हो रहा होता है, तब निवेशकों को शेयरों की ख़रीद में लाभ होना कठिन होता है। साथ ही, शेयर क्रय करने से पूर्व बाज़ार में संशोधन की प्रतीक्षा करना उबाऊ होने के साथ-साथ आत्मघाती भी हो सकता है।

ग्राहम ने सुझावदिया कि निवेशकों को दूसरी तकनीक अपनाने से अधिक लाभ मिल सकता है: जिसमें बाज़ार के उतार-चढ़ाव के विषय में ध्यान न देकर केवल अपने निहित मूल्य से कम

पर उपलब्ध प्रतिभूतियों को पहचान कर उनमें निवेश करना होता है। ग्राहम के अनुसार,इस तकनीक के सफल प्रयोग के लिए निवेशकों को अपने निहित मूल्य से कम पर उपलब्ध शेयरों की पहचान करने के लिए किसी पद्धति की आवश्यकता होगी। ऐसी पद्धति का प्रतिपादन करना एवं परिमाणात्मक दृष्टिकोण को विकसित करना उनका एक प्रमुख लक्ष्य था,जोउनकी पुस्तक 'सिक्योरिटी एनालिसिस' के प्रकाशन से पूर्वअविदित था।

ग्राहम ने तार्किक निवेश के सिद्धांत के निचोड़ को मार्जिन ऑफ़ सेफ़्टी के सिद्धांत के रूप में प्रतिपादित किया। इस प्रक्रिया द्वारा उनका प्रयास था कि केवल शेयर ही नहीं, बल्कि सभी प्रकार की प्रतिभूतियों- शेयर तथा बॉण्ड- में निवेश के लिए उस सिद्धांत का प्रयोग हो पाए।

बॉण्ड के संदर्भमें मार्जिन ऑफ़ सेफ़्टी के सिद्धांत की स्थापना अत्यंत कठिन कार्य नहीं था। उदाहरण के लिए, यदि किसी विश्लेषक ने किसी कंपनी के इतिहास की समीक्षा करके यह पता लगाया कि,कंपनी ने पिछले पाँच वर्षों में अपने वार्षिक निर्धारित प्रभार (fixed charge) से औसतन पाँच गुना कमाई की, तो इसका अर्थ है कि कंपनी के बॉण्ड में मार्जिन ऑफ़ सेफ़्टी है। ग्राहम को पता था कि निवेशकों के लिए किसी कंपनी की भविष्य की आमदनी का आकलन करना सम्भव नहीं है। इसलिए उनको लगा कि यदि किसी कंपनी की कमाई एवं उसके निर्धारित प्रभार के बीच एक बड़ा अंतर होगा, तो निवेशकों को कंपनी की आय में संभावित अप्रत्याशित गिरावट से सुरक्षा मिलेगी।

ग्राहम द्वारा इस सिद्धांत को शेयर बाज़ार के अनुकूल बनाना ही इस सिद्धांत की असली परीक्षा थी। उन्होंने तर्क दिया कि यदि कोई शेयर अपने निहित मूल्य से कम दाम पर उपलब्ध है, तो उसमें मार्जिन ऑफ़ सेफ़्टी विद्यमान है। इससे प्रश्न उठता है कि किसी शेयर के निहित मूल्य का निर्धारण किस प्रकार किया जाए? ग्राहम पुनः एक संक्षिप्त परिभाषा के साथ इस प्रश्न का उत्तर देते हैं: "निहित मूल्य वह मूल्य है जो कि तथ्यों द्वारा निर्धारित किया जाता है।"इन तथ्यों में, कंपनी की सम्पत्ति, उसकी कमाई, उसके द्वारा घोषित लाभांश तथा भविष्य की सम्भावनाएँ, शामिल हैं।

ग्राहम मानते थे कि भविष्य में कंपनी द्वारा कमाई की सम्भावनाएँ इन सभी तथ्यों में सबसे महत्त्वपूर्ण है।इस विचार से उन्होंने एक सरल सूत्र का प्रतिपादन किया:किसी भी कंपनी के निहित मूल्य का निर्धारण उसकी भविष्य की कमाई का अनुमान लगाकर उसे एक यथोचित पूँजीकरण घटक से गुणा कर के किया जा सकता है। इस पूँजीकरण घटक का निर्धारण कंपनी की आमदनी के स्थायित्व, कंपनी की सम्पत्ति, उसकी लाभांश नीति तथा वित्तीय स्वास्थ्य पर निर्भर है।

इस पद्धति के प्रयोग के साथ ग्राहम ने एक कड़ी चेतावनी जोड़ी: इस पद्धति की सफलता, किसी कंपनी के आर्थिक भविष्य के सही आकलन करने की हमारी क्षमता पर निर्भर है और यह एक ऐसी गणना है जो कभी भी पूर्णतया सटीक नहीं होती। कंपनी के भविष्य के आँकड़े जैसे कि बिक्री के परिमाण, मूल्य निर्धारण तथा व्यय इत्यादि का अनुमान लगाना अत्यधिक कठिन होता है, जिसके कारण किसी गुणक की गणना करना जटिल कार्य है।

इसके बावजूद ग्राहम को विश्वास था कि मार्जिन ऑफ़ सेफ़्टी का सिद्धांत तीन क्षेत्रों में उपयोगी सिद्ध हो सकता है: (1) तुलनात्मक रूप से स्थिर प्रतिभूतियों, जैसे कि बॉण्ड तथा अधिमान्य शेयरों (preferred stock) में; (2) तुलनात्मक विश्लेषण में; तथा (3) यदि शेयर के दाम एवं निहित मूल्य में अंतर अधिक हो, तो उस दशा में शेयरों के चयन में। ग्राहम आग्रह करते हैं कि हम स्वीकारें कि निहित मूल्य एक दुर्ग्राह्य सिद्धांत है। यह बाज़ार के द्वारा लगाए गए भाव से भिन्न है। मूलतः, कंपनी की कुल सम्पत्ति के मूल्य को ही निहित मूल्य माना जाता था। इस धारणा से यह आरम्भिक विश्वास उत्पन्न हुआ कि निहित मूल्य एक नियत संख्या है। परंतु, विश्लेषकों को यह समझ आ गया कि किसी कंपनी के मूल्यांकन में न केवल उसकी सम्पत्ति, बल्कि उस सम्पत्ति द्वारा जनित कमाई का भी योगदान है। ग्राहम ने कहा कि कंपनी के सटीक निहित मूल्य को निर्धारित करना आवश्यक नहीं है; इसके लिए केवल विक्रयमूल्य के संदर्भ में तुलनात्मक रूपसे अनुमानित संख्या के जरिए भी मार्जिन ऑफ़ सेफ़्टी का अनुमान लगाया जा सकता है।

ग्राहम के अनुसार वित्तीय विश्लेषण सटीक विज्ञान नहीं है। यह सही है कि कुछ परिमाणात्मक कारकों का विस्तार से गहन विश्लेषण किया जा सकता है: जैसे कि तुलन पत्र, आय विवरण, सम्पत्ति एवं देयताएँ, आमदनी तथा लाभांश। इसके साथ ही, हमें उन कुछ परिमाणात्मक कारकों को नज़रअन्दाज़ नहीं करना चाहिए जिनके विश्लेषण तो कठिन हैं, पर वे किसी भी कंपनी के निहित मूल्य की गणना हेतु आवश्यक घटक हैं। इनमें से दो कारक हैं प्रबंधन की क्षमता एवं व्यवसाय कि प्रकृति। ग्राहम के सामने जो समस्या थी वह यह कि: इन कारकों को कितना महत्त्व दिया जाए?

उनको गुणात्मक कारकों पर बल दिया जाना अविश्वासपूर्ण लगता था। किसी कंपनी के प्रबंधन तथा उसके व्यवसाय के बारे में अन्य लोगों के मत को मापना कठिन है, और जिस कारक को मापना कठिन होता है उसे ग़लत भी मापा जा सकता है। गुणात्मक कारकों के प्रति उत्साह का परिणाम अक्सर अधिक मान के गुणक के प्रयोग के रूप में प्रकट होता था। ग्राहम ने अपने अनुभव से जाना कि निवेशक, कंपनी की मूर्त सम्पत्ति की अपेक्षा अमूर्त सम्पत्तिको जितना अधिक महत्त्व देते हैं, उतना ही निवेश में उनका जोखिम बढ़ता जाता है। ग्राहम के अनुसार जब कंपनी का निहित मूल्य परिमेय एवं परिमाणात्मक कारकों के योग द्वारा निकाला जाता है, तो उस अवस्था में निवेशकों का निवेश सम्बंधी जोखिम कम होता है। अचल परिसंपत्तियां परिमेय हो जाती हैं। लाभांश परिमेय हो जाते हैं। वर्तमान एवं भूतकाल की आय भी परिमेय हो जाती हैं। ये सभी कारक संख्याओं के रूप में अभिव्यक्त किए जा सकते हैं और इनके आधार पर तार्किक विश्लेषण किया जा सकता है।

ग्राहम कहते हैं कि बुनियाद को मज़बूत रखना चाहिए। उनके अनुसार, विश्लेषण का आरम्भ निवलके सम्पत्ति मूल्य के अवलोकन से करना चाहिए। यदि आपने कोई सम्पत्ति का क्रय किया है तो आपका जोखिम उन परिसंपत्तियों के परिशोधन मूल्य तक ही सीमित है। ग्राहम तर्क देते हैं

कि यदि किसी कंपनी की भविष्य में होने वाली आय के अनुमान ग़लत निकलते हैं, तो फिर किसी भी विश्लेषण का कोई लाभ नहीं। यदि किसी कंपनी को एक आकर्षक निवेश विकल्प के रूप में देखा जाए और उसके प्रबंधन द्वारा भविष्य में ऊँची आय की भविष्यवाणी की जाए, तो निस्सन्देह, बाज़ार में उसके शेयर ख़रीदने वालों की भीड़ लग जाएगी। ग्राहम कहते हैं, "ऐसी अवस्था में वे [निवेशक] उस कंपनी के शेयर ख़रीदेंगे तथा इस प्रक्रिया में उस कंपनी के शेयरों का भाव बढ़ जाएगा जिसके परिणामस्वरूप भाव एवं आय का अनुपात बढ़ेगा। जैसे-जैसे अधिक से अधिक निवेशक कंपनी की भविष्य में सम्भावित ऊँची आय से आकर्षित होकर उसके शेयरों को ख़रीदते जाएँगे, उसके शेयरों के दाम, उसके निहित मूल्य से कहीं ऊपर उठ जाएँगे और एक बुलबुले की तरह आकाश में तब तक फैलते रहेंगे जब तक कि वह बुलबुल फट नहीं जाता।"[6]

ग्राहम का कहना था कि उनकी अच्छी याददाश्त उनके लिए एक बोझ की तरह थी। अपने जीवन में दो बार दिवालियापन झेलने के बाद उन्होंने एक ऐसी निवेश पद्धति अपनायी, जो भविष्य में दाम बढ़ने की सम्भावना की बजाय भविष्य में दाम गिरने की सम्भावना पर अधिक बल देकर निवेश करने की सलाह देती थी।

ग्राहम के अनुसार निवेश के दो नियम हैं। पहला नियम है: कुछ खोना मत। दूसरा नियम है: पहले नियम को भूलना नहीं। ग्राहम ने 'कुछ खोना मत' की विचारधारा को दो विशिष्ट, मूर्त दिशानिर्देशों के रूप में सुदृढ़ किया, जिससे कि किसी भी निवेश में उनका मार्जिन ऑफ़ सेफ़्टी बना रहे: (1) किसी भी कंपनी के शेयर उसकी निवल सम्पत्ति मूल्य से दो-तिहाई कम दाम पर ख़रीदें, एवं (2) कम भाव-आय अनुपात वाले शेयरों को ख़रीदने पर ध्यान दें।

पहला दिशानिर्देश, अर्थात् किसी भी कंपनी के शेयरों को उसकी निवल सम्पत्ति मूल्य से दो-तिहाई कम दाम पर ख़रीदना, ग्राहम के वर्तमान पर ध्यान देने के मत पर पूर्णतया खरा उतरता है, साथ ही उनकी किसी प्रकार की गणितीय प्रत्याशाकी गणना की इच्छा को भी तुष्ट करता है। इसके अतिरिक्त, वह उसमें से कंपनी की सभी अल्प एवं दीर्घकालिक देयताओं को घटा देते थे। इसके अंत में केवल कंपनी की वर्तमान सम्पत्ति का मूल्य ही बचता था। यदि इस प्रति-शेयर मूल्य से कंपनी के शेयर का दाम काम होता था, तो ग्राहम उसे निवेशकाविश्वसनीयतरीका मानते थे। यद्यपि वे स्पष्ट कहते थे कि ये परिणाम विशिष्ट नतीजों के बजाय शेयरों के एक समूह के सम्भावित परिणामों (विविधिकरण) पर आधारित थे।

इस पद्धति में एक ही समस्या है: इन मानदंडों के अनुरूप शेयर अधिकतर उपलब्ध नहीं होते, विशेषकर तब जब कि बाज़ार में क़ीमतोंमें तेज़ी का दौर चल रहा हो। ग्राहम ने माना कि बाज़ार में भाव को सही स्तर पर आने की प्रतीक्षा करना तार्किक मार्ग नहीं है, इसलिए उन्होंने अपने दूसरे दिशानिर्देश का सहारा लिया: उन शेयरों को क्रय करना जिनके भाव गिरे हुए हों और वे

कम भाव-आय अनुपात पर उपलब्ध हों। उन्होंने कहा कि इस दिशानिर्देश की पूर्ति के अतिरिक्त, कंपनी का कुछ निवल सम्पत्ति मूल्य भी होना चाहिए; दूसरे शब्दों में, कंपनी को देय ऋण उसकी निवल सम्पत्ति से कम होना चाहिए।

अपने पूरे करियर में ग्राहम ने इस पद्धति के विविध रूपांतरण प्रस्तुत किए। सन 1976 में अपनी मृत्यु के पूर्व वह सिडनी कॉटल के साथ 'सिक्योरिटी एनालिसिस' पुस्तक के पाँचवें संस्करण पर कार्य कर रहे थे। उस समय, ग्राहम ऐसी कंपनियों के वित्तीय परिणामों का विश्लेषण कर रहे थे जिनके शेयर इन मानदंडों के अनुसार क्रय किए गए थे: दस वर्ष तक लगातार कम भाव-आय अनुपात, शेयर का भाव जो बाज़ार में अपने पिछले उच्चतम भाव से आधे भाव पर उपलब्ध हो, तथा कंपनी का कुल सम्पत्ति मूल्य घनात्मक हो। ग्राहम ने सन 1961 तक ऐसे शेयरों का परीक्षण किया और उन्हें उनके परिणाम निवेश की दृष्टि से अति आकर्षक लगे।

पिछले कई वर्षों से, कई दूसरे निवेशक उपर्युक्त पद्धति के समान निहित मूल्य की गणना करनेका लघु मार्ग तलाश रहे हैं। यद्यपि ग्राहम की न्यूनतम भाव-आय अनुपात वाली पद्धति अभी भी लोकप्रिय है, फिर भी हमने सीखा है कि केवल लेखा अनुपातों के आधार पर निवेश के निर्णय लेने से लाभ सुनिश्चित नहीं किया जा सकता। आज अधिकतर निवेशक, जॉन बर विलियम द्वारा अपनी पुस्तक 'द थ्योरी ऑफ़ इन्वेस्टमेंट वैल्यू' (हार्वर्ड यूनिवर्सिटी प्रेस, 1938) में प्रतिपादित मूल्य की कालजयी परिभाषा पर निर्भर करते हैं: किसी भी निवेश का मूल्य, उससे जनित भविष्य के अनुमानित नक़द प्रवाह का बट्टागत वर्तमान मूल्य होता है।हम लाभांश छूट मॉडल के विषय में अध्याय 3 में जानेंगे।

अभी के लिए हमें ध्यान रखना होगा कि ग्राहम की दोनों पद्धतियाँ—निवल सम्पत्ति मूल्य से दो-तिहाई से कम मूल्य पर शेयर का क्रय एवं काम भाव-आय अनुपात वाली कंपनियों के शेयरों का क्रय—में एक समान विशिष्टता थी। वह यह कि इन दोनों पद्धतियों के आधार पर ग्राहम ने जिन शेयरों का चयन किया था वे सभी बाज़ार में लोकप्रिय नहीं थे एवं किसी कारणवश, अपने सही मूल्य से कम दाम पर उपलब्ध थे। इन शेयरों को देखकर ग्राहम को दृढ़ आभास हुआ कि, इन शेयरों के दाम 'अनुचित रूप से कम' हैं और इनमें निवेश की बड़ी ही आकर्षक सम्भावना है।

ग्राहम के इस दृढ़ विश्वास के पीछे कुछ धारणाएँ थीं। पहली यहकि वे मानते थे कि बाज़ार में अक्सर भय तथा लोभ की मानवीय भावनाओं कारण शेयरों के सही दाम नहीं लगाए जाते हैं। अत्यधिक आशावादिता तथा लोभ के कारण शेयरों के भाव उनके निहित मूल्य से अधिक हो जाते हैं। अन्य परिस्थितियों में भय के कारण शेयरों के दाम निहित मूल्य से नीचे गिर जाते हैं। उनकी दूसरी धारणा एक सांख्यिकीय तथ्य पर आधारित थी, जिसे 'रिवर्ज़न टू द मीन' (reversion to the mean) कहते हैं, यद्यपि उन्होंने कभी उसे इस नाम का प्रयोग नहीं किया। उन्होंने यह बात साहित्यिक अन्दाज़ में, प्राचीन ग्रीक कवि होरेस के शब्दों में कही: "आज के बहुत से पदच्युत

व्यक्ति कल फिर से अपने पद प्राप्त कर लेंगे और आज जो सम्मानित हैं वे कल अपमानित होंगे।''इस तथ्य को चाहे कोई सांख्यिकी शास्त्र का विशेषज्ञ कहे अथवा कोई कवि, ग्राहम का मानना था कि अदक्ष बाज़ार की दोषनिवारक शक्तियों द्वारा एक निवेशक लाभ कमा सकता है।

फ़िलिप फ़िशर

जब ग्राहम 'सिक्योरिटी एनालिसिस' लिख रहे थे, तब फ़िलिप फ़िशर बतौर निवेश सलाहकार अपने करियर की शुरुआत कर रहे थे। स्टैनफ़ोर्ड यूनिवर्सिटी के ग्रैज़ुएट स्कूल ऑफ़ बिज़नस एडमिनिस्ट्रेशन से स्ना तक की उपाधि प्राप्त करने के बाद फ़िशर ने सैन फ्रैन्सिस्को में ऐंग्लो लंदन एंड पेरिस नैशनल बैंक में विश्लेषक के तौर पर कार्य करना आरम्भ किया। दो साल के भीतर ही उन्हें बैंक के सांख्यिकी विभाग का अध्यक्ष नियुक्त कर दिया गया। उस पद पर रहते हुए उन्होंने सन 1929 में शेयर बाज़ार में आयी भारी गिरावट देखी। तत्पश्चात, एक स्थानीय शेयर ब्रोकरेज फ़र्म में कुछ समय तक कार्य करने के उपरांत उन्होंने अपनी सलाहकार फ़र्म आरम्भ करने का निर्णय लिया। 31 मार्च, 1931 में फ़िशर एंड कंपनी ने अपने द्वार ग्राहकों के लिए खोल दिए।

तीस के दशक के आरम्भ में निवेश सलाहकार फ़र्म की शुरुआत करना मूर्खतापूर्ण निर्णय लग सकता था पर फ़िशर को लगा कि उनके पास इस काम को शुरू करने के दो फ़ायदे हैं। पहला, जिस किसी भी निवेशक के पास शेयर बाज़ार में आयी भारी गिरावट के बाद कुछ भी पैसे बचे होंगे, वह सम्भवतः अपने वर्तमान शेयर ब्रोकर से काफ़ी असंतुष्ट होगा। दूसरा, आर्थिक मंदी के उस दौर में, व्यवसायियों के पास फ़िशर के साथ बैठकर बातें करने के लिए काफ़ी समय उपलब्ध था।

स्टैनफ़ोर्ड में, फ़िशर के पाठ्यक्रम में एक विषय ऐसा था जिसमें उनको अपने प्रोफ़ेसर के साथ समय-समय पर सैन फ्रैन्सिस्को क्षेत्र की कंपनियों का दौर करना होता था। उनके प्रोफ़ेसर कंपनियों के प्रबंधकों से बात करके उनकी समस्याओं का समाधान करने में सहायता करते थे। बाद में, स्टैनफ़ोर्ड वापस लौटते समय, फ़िशर और उनके प्रोफ़ेसर उनके द्वारा दौरा की गयी कंपनियों एवं उनके प्रबंधकों के बारे में अवलोकन किए गए तथ्यों पर चर्चा करते थे। फ़िशर ने बाद में कहा "प्रत्येकहफ़्ते का वह एक घंटा, मेरा द्वारा सीखा गया सबसे उपयोगी प्रशिक्षण होता था।"[7]

अपने इन अनुभवों से फ़िशर को समझ आ गया कि (1) औसत से अधिक सम्भावना वाली कंपनियों में निवेश करना, तथा (2) सबसे क़ाबिल प्रबंधन के साथ अपने आप को जोड़ना बेहतर लाभ कमाने के तरीक़े हैं। ऐसी कंपनियों को पृथक करने के लिए फ़िशर ने अंकप्रणाली को विकसित किया, जिसमें कंपनियों का उनके व्यवसाय एवं प्रबंधन के लक्षणों के अनुसार अंकों के आधार पर मूल्यांकन करने के बाद चयन किया जाता था।

किसी भी कंपनी के औद्योगिक क्षेत्र की दूसरी कंपनियों के औसत की तुलना में, उसकी अपनी बिक्री एवं आय की दर बढ़ाने की क्षमता से फ़िशर सबसे अधिक प्रभावित होते थे।[8]

फ़िशर का मत था कि ऐसा करने के लिए एक कंपनी के पास "ऐसी सेवाएँ तथा ऐसे उत्पाद होने चाहिए, जिनकी बाज़ार में इतनी माँग हो कि उस कंपनी की बिक्री में कई वर्ष तक काफ़ी वृद्धि होती रहे।"[9] फ़िशर के लिए किसी कंपनी की वार्षिक बिक्री दर में लगातार वृद्धि का उतना महत्त्व नहीं था। वे किसी कंपनी की सफलता का आकलन, कई वर्षों के उसके परिणामों के विश्लेषण के आधारपर करते थे। उन्हें पता था कि व्यवसाय-चक्र में बदलाव से किसी कंपनी की बिक्री एवं आय पर प्रभाव पड़ता है। तथापि, उनका विश्वास था कि दो प्रकार की कंपनियों में दशक दर दशक औसत से अधिक वृद्धि की सम्भावना होती है: (1) जो कंपनियाँ "भाग्यशाली एवं दक्ष" हैं, तथा (2) जो "अपनी दक्षता के कारण भाग्यशाली हैं।"

एल्यूमीनियम कंपनी ऑफ़ अमेरिका (Alcoa) को वह पहले प्रकार की कंपनी का उदाहरण मानते थे। वह कंपनी "दक्ष" थी क्योंकि उसके संस्थापक अत्यंत प्रवीण व्यक्ति थे। Alcoa के प्रबंधन ने अपने उत्पाद के व्यवसायिक प्रयोग का सही अनुमान लगाया तथा बाज़ार में मौजूद एल्यूमीनियम की माँग का लाभ उठाने के लिए अपनी बिक्री बढ़ाने के लिए सशक्त प्रयास किए। फ़िशर के अनुसार यह कंपनी "भाग्यशाली" भी थी, क्योंकि प्रबंधन के नियंत्रण के बाहर की घटनाएँ भी कंपनी एवं उसके उत्पादों के बाज़ार पर सकारात्मक प्रभाव डाल रही थीं। वायु परिवहन में तेज़ी से वृद्धि होने के कारण एल्यूमीनियम की बिक्री भी काफ़ी तेज़ी से बढ़ी। विमानन उद्योग के कारण, Alcoa को प्रबंधन की अपेक्षा से अधिक लाभ मिला।

फ़िशर के अनुसार, डूपांट (DuPont) अपनी "दक्षता के कारण भाग्यशाली"कंपनी का अच्छा उदाहरण थी। यदि DuPont अपने मूल उत्पाद, विस्फोटक पाउडर, पर ही अपना ध्यान केंद्रित रखती तो वहभी दूसरी खनन कंपनियों जैसी ही रहती। परंतु कंपनी के प्रबंधन ने विस्फोटक का उत्पादन करने के अनुभव से लाभ उठाने का निर्णय लिया, जिसके परिणामस्वरूप DuPont नए उत्पादों का अविष्कार करने में सफल हुई— जिसमें नाइलॉन, सेलोफ़ेन तथा लूसाइट भी शामिल थे—जिन्होंने अपना स्वयं का बाज़ार बनाया और DuPont को अरबों डॉलर की कमाई करवाई।

फ़िशर के अनुसार किसी भी कंपनी के शोध एवं विकास के प्रयास उसकी बिक्री की औसत से अधिक वृद्धि दर को बनाए रखने में अति महत्त्वपूर्ण भूमिका निभाते हैं। फ़िशर ने कहा कि शोध एवं विकास के प्रति कटिबद्धता के बिना DuPont एवं Alcoa की सफलता को लंबे समय तक बरकरार रखना सम्भव नहीं था। ग़ैर-तकनीकी व्यवसायों को भी बेहतर उत्पाद एवं अधिक दक्ष सेवाएँ देने के लिए समर्पित शोध प्रयासों की आवश्यकता होती है

शोध एवं विकास के अलावा, किसी कंपनी में निवेश करने के पूर्व फ़िशर कंपनी के विक्रय विभाग की संरचना पर भी विचार करते थे।उनके अनुसार भले ही कोई कंपनी उत्कृष्ट उत्पाद तथा सेवाएँ विकसित कर ले, परंतु जब तक उनको "दक्षता से प्रचार" करके बेचा नहीं जाएगा तब तक शोध एवं विकास की दिशा में किए गए प्रयासों को आय में परिवर्तित नहीं किया जा सकता। फ़िशर के अनुसार, ग्राहकों को कंपनी के उत्पाद एवं सेवाओं के लाभ समझाने का दायित्व

उसके बिक्री विभाग के संगठन का है। उन्होंने आगे कहा कि विक्रय विभाग को ग्राहकों की क्रय की आदतों का अवलोकन करते रहना चाहिए और उसमें ग्राहकों की आवश्यकताओं में होने वाले बदलावों को पहचानने की क्षमता होनी चाहिए। फ़िशर के अनुसार विक्रय विभाग, बाज़ार तथा शोध एवं विकास इकाई के बीच की अमूल्य कड़ी है।

परंतु केवल बाज़ार में कंपनी की अच्छी सम्भावनाएँ होना ही पर्याप्त नहीं है। फ़िशर का मानना था कि, यदि कोई कंपनी अपने शेयरधारकों को लाभ नहीं कमा कर देती तो उसकी बिक्री में औसत से अधिक वृद्धि के बावजूद उसमें निवेश करना ठीक नहीं होता। उन्होंने कहा, "यदि साल दर साल कंपनी के लाभ में वृद्धि, उसकी बिक्री की वृद्धि दर के अनुरूप नहीं होती तो उसमें निवेश को सही नहीं ठहराया जा सकता।"[10] तदनुसार फ़िशर सदा ऐसी कंपनियों की खोज में रहते थे जो न केवल सबसे कम लागत पर उत्पादन करती थी, बल्कि ऐसा करने के लिए पूर्णतया समर्पित भी थी। एक न्यूनतम लाभ-अलाभ बिंदु अथवा अधिक लाभ मार्जिन वाली कंपनी, आर्थिक मंदी को अधिक कुशलता से झेल सकती है। अंततः वह कंपनी अपने से कमज़ोर प्रतिद्वंदियों को पछाड़कर बाज़ार में अपनी स्थिति को मज़बूत बना सकती है।

फ़िशर के अनुसार, कोई भी कंपनी तब तक अपनी लाभप्रदता को बनाए नहीं रख सकती जब तक कि वह व्यवसाय करने की लागत के विश्लेषण के साथ-साथ विनिर्माण प्रक्रिया में प्रत्येक चरण की लागत को समझ नहीं लेती। उनके अनुसार, इसके लिए उस कंपनी को अपने भीतर पर्याप्त लेखा-नियंत्रण एवं लागत विश्लेषण व्यवस्था की स्थापना करनी होगी। फ़िशर के अनुसार, लागत सम्बंधी यह जानकारी एक कंपनी को अपने संसाधन, सर्वाधिक आर्थिक सम्भावनाओं वाले उत्पादों अथवा सेवाओं पर केंद्रित करने में सक्षम बनती है। इसके अतिरिक्त, लेखा नियंत्रणों से कंपनी की प्रक्रियाओं में आने वाली बाधाओं को पहचानने में सहायता मिलेगी। इसका उद्देश्य कंपनी की समग्रलाभ प्रदता की रक्षा करना है। फ़िशर की किसी कंपनी की लाभप्रदता के प्रति संवेदनशीलता का संबंध उनकी एक दूसरी चिंता से था: वह थी भविष्य में बिना नए शेयर जारी किए हुए कंपनी की वृद्धि करने की क्षमता। उन्होंने कहा कि, यदि कोई कंपनी केवल शेयर बेच कर ही वृद्धि कर सकती है, तब ऐसी परिस्थिति में कंपनी के जितने अधिक संख्या में शेयर जारी किए गए होंगे, उतना ही उसके शेयरधारकों के लिए कंपनी में होने वाली वृद्धि से लाभ उठाना कठिन होता जाएगा। फ़िशर के अनुसार, अधिक लाभ मार्जिन वाली कंपनी आंतरिक रूप से धन केसृजन में अधिक सफल होती है और इस प्रकार सृजित धन को, बिना शेयरधारकों का स्वामित्व स्तर कम किए, कंपनी की वृद्धि दर को बनाए रखने में प्रयोग किया जा सकता है। इसके अतिरिक्त, जो कंपनी अपनी अचल सम्पत्ति तथा कार्यशील पूँजी पर होने वाले ख़र्चों पर पर्याप्त नियंत्रण रखती है, उसे शेयर जारी करके पैसा कमाने की आवश्यकता नहीं पड़ती।

फ़िशर जानते थे कि श्रेष्ठ कंपनियों के पास असाधारण व्यवसायिक गुण तो होते ही हैं, साथ ही उनके प्रबंधक भी असाधारण रूप से कुशल होते हैं और यह बात भी समानरूप से महत्त्वपूर्ण

है। ऐसे प्रबंधक, कंपनी द्वारा बेचे गए वर्तमान उत्पादों एवं सेवाओं की मांग समाप्त होने से पहले ही, कंपनी द्वारा बिक्री में वृद्धि की गति को तीव्र करने के लिए नए उत्पाद एवं सेवाओं के विकास के लिए कृत संकल्प होते हैं। फ़िशर ने पाया कि यद्यपि कई कंपनियों की वृद्धि दर में क्षय इसलिए नहीं होता क्योंकि उनके उत्पाद अथवा सेवाओं की मांग कई वर्षों तक बनी रहती है, परंतु बहुत कम कंपनियाँ अगले 10 से 20 वर्षों तक अपनी वृद्धि दर को बढ़ाने अथवा बनाए रखने की नीतियाँ बनाती हैं। उन्होंने कहा कि, "प्रबंधन के पास इनलक्ष्यों को हासिल करने के लिए दूरगामी नीतियाँ होनी चाहिए भले ही इसके लिए तात्कालिक लाभ की तुलना में दूरगामी लाभ की प्राप्ति को अधिक महत्त्व देना पड़े।"[11] परंतु फ़िशर सावधान करते हैं कि तात्कालिक लाभ को कम महत्त्व देने का मतलब यह नहीं कि प्रबंधन द्वारा कंपनी के तात्कालिक लाभ की बलि ही चढ़ा दी जाए। एक असाधारण प्रबंधक में कंपनी की दूरगामी नीतियों का कार्यान्वयन करने के साथ-साथ दैनिक संक्रियाओं पर ध्यान देने की क्षमता होनी चाहिए।

इसके साथ-साथ फ़िशर एक और गुण को अत्यावश्यक मानते थे: क्या कंपनी का प्रबंधन, निर्विवाद रूप से सत्यनिष्ठ तथा ईमानदार है? क्या कंपनी के प्रबंधक, कंपनी के शेयरधारकों के हितों के संरक्षक की तरह बर्ताव करते हैं अथवा वे केवल निज कल्याण की ही सोचते एवं करते हैं?

फ़िशर के अनुसार, प्रबंधकों के कृत्यों के पीछे की मंशा जानने का एक उपाय यह देखना है कि प्रबंधक कंपनी के शेयरधारकों के साथ किस प्रकार संपर्क रखते हैं। सभी प्रकार के अच्छे एवं बुरे व्यवसायों को कभी न कभी अप्रत्याशित मुश्किलों का सामना करना ही पड़ता है। सामान्यतः, जब व्यापार अच्छा चल रहा होता है, तब प्रबंधन खुलकर बात करता है परंतु जब व्यापार में मंदी आती है तो कुछ प्रबंधक कंपनी की समस्याओं के विषय में खुलकर बात करने की बजाय मौन व्रत धारण कर लेते हैं। फ़िशर कहते हैं कि किसी कंपनी के भविष्य के प्रभारी कैसे हैं, इसका अनुमान इस बात से लगाया जा सकता है कि कंपनी का प्रबंधन, व्यापार में आने वाली मुश्किलों के प्रति किस प्रकार प्रतिक्रिया करता है।

वह तर्क प्रस्तुत करते हैं कि, किसी भी व्यवसाय की सफलता के लिए कर्मचारियों के साथ प्रबंधन के संबंध अच्छे होने चाहिए। कर्मचारियों को सचमुच में विश्वास होना चाहिए कि उनकी कंपनी, काम करने के लिए अच्छी जगह है। श्रमिकों को लगना चाहिए कि उनके साथ आदर एवं शालीनता से व्यवहार किया जाता है। अधिकारियों को लगना चाहिए कि पदोन्नति, पक्षपात के आधार पर नहींबल्कि स्वयं की क्षमता व कौशल के आधार पर होती है।

फ़िशर, प्रबंधन की क्षमता की गहराई पर भी ध्यान देते थे। वह देखते थे कि क्या मुख्य कार्यकारी अधिकारी के पास प्रतिभावान व्यक्तियों की टीम है तथा क्या मुख्य कार्यकारी अधिकारी व्यवसाय के विभिन्न खंडों के संचालन के लिए अपने अधीन अधिकारियों को कार्यभार सौंपने में सक्षम है?

अंत में, फ़िशर कंपनी के विशिष्ट गुणों का गहन अध्ययन करते थे: उसके व्यवसायिक एवं प्रबंधन पक्षों का विश्लेषण करते थे तथा उसी उद्योग क्षेत्र की दूसरी कंपनियों से इन गुणों की तुलना करते थे। ऐसे विश्लेषणों में किसी कंपनी का उसके प्रतिद्वंदियों से आगे होने के कारणों को समझना फ़िशर का ध्येय होता था। उनका कहना था कि केवल वित्तीय रिपोर्ट्स पढ़कर किसी कंपनी में निवेश नहीं किया जाना चाहिए। उनके अनुसार, किसी भी कंपनी में समझदारी से निवेश करने के लिए आवश्यक है कि कंपनी के बारे में जानकारी रखने वाले लोगोंसे ज़्यादा से ज़्यादा जानकारी हासिल करना। फ़िशर स्वीकार करते थे कि जानकारी एकत्र करने की इस प्रक्रिया में कंपनी के बारे में "अफ़वाहें" भी सुनाई पड़ेंगी। फ़िशर का दावा था कि यदि सावधानी से उन अफ़वाहों का विश्लेषण किया जाए तो निवेश करने के असाधारण लाभप्रद अवसरों का पता लगाया जा सकता है।

फ़िशर किसी कंपनी के बारे में जानकारी एकत्र करने के लिए यथा संभव अधिकाधिक स्रोतों से वार्तालाप करते थे। वह ग्राहकों तथा आपूर्तिकर्ताओं से बात करते थे। वह कंपनी के भूतपूर्व कर्मचारियों तथा परामर्शदाताओं -से बात करते थे। वह विश्वविद्यालयों में कार्य कर रहे शोध वैज्ञानिकों, सरकारी कर्मचारियों तथा व्यापार संघों के अधिकारियों से संपर्क करते थे। वह कंपनी के प्रतिद्वंदियों की राय भी लेते थे। फ़िशर ने पाया कि अपनी प्रतिद्वंदी कंपनी के विषय में बात करने के लिए अधिकारी सदैव तत्पर रहते थे, भले ही वे अपनी कंपनी के विषय में बात करने में झिझकते हों। फ़िशर ने कहा, "बड़ी ही अद्भुत बात है कि किसी भी कंपनी की ताक़त तथा कमज़ोरियों का सटीक अनुमान, दूसरी कंपनियों में काम कर रहे लोगों के मतों को सुनकर लगाया जा सकता है।"[12]

अधिकतर निवेशक किसी भी कंपनी को समझने के लिए उतना समय तथा ऊर्जा का व्यय नहीं करते जितना कि फ़िशर आवश्यक मानते थे। किसी कंपनी के बारे में अनौपचारिक सूचना प्राप्त करने के लिए सूचना देने वालों का जाल बनाने तथा उनसे मिलने का समय निकालने की प्रक्रिया में काफ़ी समय लगता है और हर एक कंपनी के लिए यह करना अत्यधिक कठिन कार्य है। फ़िशर ने स्वयं पर इस प्रक्रिया का कार्यभार कम करने का एक सरल तरीक़ा निकाला- उन्होंने अपने द्वारा निवेश की गयी कंपनियों की संख्या घटा दी। वहसदैव कहते थे कि वह औसत दर्जे की बहुत सारी कंपनियों में निवेश करने की बजाय उत्कृष्ट कोटि की बहुत कम कंपनियों में निवेश करना ज़्यादा पसंद करेंगे। सामान्यतः वे एक बार में दस से कम कंपनियों में निवेश करते थे और केवल तीन या चार कंपनियों में ही अपना 75% निवेश करते थे।

फ़िशर मानते थे कि सफल होने के लिए निवेशकों को कुछ ही बातों को ध्यान में रखने की ज़रूरत होती है। उनमें से पहली थी, केवल उन्हीं कंपनियों में निवेश करना जिसके बारे में निवेशक को पूरी जानकारी हो और जिसमें निवेश करने पर निवेशक को सहजता का अनुभव हो। फ़िशर के अनुसार, "अपने अनुभव व क्षमता के परे कार्य करने का प्रयास करना निवेश में

मेरी शुरुआती ग़लती थी। मैंने उन कंपनियों में निवेश करना आरम्भ कर दिया जिनके व्यवसाय के विषय में मुझे ठीक से पता नहीं था।"[13]

चार्ली मंगर

जब वॉरन बफ़े ने सन 1956 में अपनी निवेश साझेदारी का आरम्भ किया, तब उनकी प्रारम्भिक पूँजी$1,00,000 से थोड़ीही अधिक थी। अतः नए निवेशकों को आकर्षित करना उनके सामने पहला कार्य था। एक दिन बफ़े अपने पड़ोसियों, डॉ० एडविन डेविस और उनकी पत्नी को अपनी निवेश साझेदारी में पैसा लगाने के लिए मना रहे थे, तभी अचानक डॉ० डेविस ने उनको रोकते हुए घोषणा की कि वे उन्हें $1,00,000 देंगे। जब बफ़े ने उनसे इस अचानक की गयी घोषणा का कारण पूछा तो डेविस बोले, "क्योंकि तुम्हें देख कर मुझे चार्ली मंगर की याद आती है।"[14]

ओमाहा में ही पले-बढ़े होने और एक-दूसरे के कई परिचितों से जान-पहचान होने के बावजूद, बफ़े और चार्ली की भेंट 1959 में ही हुई। उस समय तक चार्ली दक्षिण कैलिफ़ोर्निया में बस चुके थे। जब वह अपने पिता की मृत्यु के उपरांत एक बार ओमाहा आए थे तब डॉ० डेविस को लगा कि दोनों युवा लड़कों की भेंट करवानी चाहिए, और वह दोनों को एक स्थानीय रेस्तराँ में डिनर पर ले गए। वह एक असाधारण साझेदारी का आरम्भ था।

चार्ली के पिता एक सफल वक़ील थे और उनके दादाजी संघीय न्यायाधीश थे। चार्ली स्वयं एक सफल वक़ील थे औरलॉस एंजेलिस नगर में उनका कार्यालय था। परंतु चार्ली की शेयर बाज़ार में गहरी रुचि थी। डिनर पर पहली ही मुलाक़ात में दोनों नौजवानों ने शेयर बाज़ार तथा कई अन्य मुद्दों पर चर्चा की। उसके बाद से वे अक्सर एक-दूसरे से बात करते थे, तथा बफ़े कई बार उनसे वकालत छोड़ कर निवेश पर ध्यान देने को कहते थे। कुछ समय तक चार्ली ने दोनों काम किए। सन 1962 में, बफ़े की तरह उन्होंने भी एक निवेश साझेदारी का आरम्भ किया, परंतु वकालत के पेशे को भी बरक़रार रखा। वह साझेदारी इतनी सफल हुई कि तीन वर्ष बाद उन्होंने वकालत पूरी तरह छोड़ दी। यद्यपि उनकी पुरानी क़ानूनी फ़र्म में आज भी उनके नाम से ऑफ़िस की जगह सुरक्षित है।

हम चार्ली के निवेश के इतिहास को संक्षिप्त रूप से अध्याय 5 में देखेंगे।इस समय के लिए इतनी ही जानकारी काफ़ी है कि लॉस एंजेलिस में उनकी साझेदारी एवं ओमाहा में बफ़े की साझेदारी के दृष्टिकोण में समानता थी; दोनों ही ऐसे शेयरों में निवेश करते थे जो अपने निहित मूल्य से कम दाम पर उपलब्ध हों तथा दोनों ही साझेदारियों के परिणाम असाधारण थे। इसमें कोई आश्चर्य नहीं कि दोनों अक्सर समान कंपनियों के शेयरों में निवेश करते थे। बफ़े की तरह ही, चार्ली ने भी साठ के दशक के अंत में 'ब्लू चिप स्टैम्प्स' कंपनी के शेयर ख़रीदने शुरू किए और बाद में वह उसके बोर्ड के अध्यक्ष बन गए। जब सन 1978 में ब्लू चिप स्टैम्प्स का बर्कशायर में विलय हो गया तब चार्ली बर्कशायर हैथअवे के उपाध्यक्ष बन गए।

बफ़े और चार्ली के बीच साथ काम करने के लिए कभी कोई औपचारिक समझौता नहीं हुआ था, परंतु दोनों के बीच की साझेदारी समय के साथ इतनी प्रगाढ़ हो गयी जो एक सामान्य साझेदारी से कहीं गहरी थी। चार्ली के बर्कशायर के बोर्ड में शामिल होने से पहले से ही दोनों ने निवेश के कई निर्णय साथ मंए लिए थे। कई बार तो वे प्रतिदिन मंत्रणा करते थे; धीरे-धीरे उनके व्यवसायिक मामले एक-दूसरे से और अधिक जुड़ते गए।

आज भी चार्ली बर्कशायर हैथअवे के उपाध्यक्ष हैं। हर प्रकार से वह बफ़े के सह-प्रबंधक साझेदार एवं अंतरंग मित्र हैं। दोनों कितने क़रीब हैं, इसका अंदाज़ा लगाने के लिए आपको यह गिनना है कि कितनी बार बफ़े ने कहा है कि "चार्ली और मैंने" यह किया, अथवा यह निर्णय लिया, अथवा इस मामले को देखा है, अथवा यह सोचा है, अथवा यह विश्वास किया है कि—मानो"चार्ली और मैं" किसी व्यक्ति का नाम हो।

बफ़े के साथ व्यवसायिक संबंध में चार्ली अपनी व्यवसायिक क़ानून की समझ एवं वित्तीय कुशलता द्वारा योगदान देते हैं। उनका स्वयं का बौद्धिक दृष्टिकोण बफ़े से बहुत अलग है। चार्ली कई विषयों में रुचि रखते हैं—विज्ञान,गणित, इतिहास, दर्शन शास्त्र, मनोविज्ञान— और मानते हैं कि इन सभी विषयों से ऐसे महत्त्वपूर्ण सिद्धांत मिलते हैं जिनका प्रयोग किसी भी विचारशील मनुष्य को निवेश समेत अपने जीवन के सभी कार्यकलापों में करना चाहिए। चार्ली ने कहा है कि "संसार का ज्ञान पाने के लिए आपको विचारों का एक ऐसा ताना-बाना बुनना होगा जिसमें विश्व के सभी महान विचार एक सूत्र में बंध जाएँ।"[15] जो लोग चार्ली के ज्ञान की गहराई एवं विस्तार को सही मायनों में जानना चाहते हैं उन्हें उनकी पुस्तक 'पूअर चार्लीज़ अल्मनैक: द विट एंड विज़्डम ऑफ़ चार्ली टी. मंगर' (डॉनिंग को. पब्लिशर्स, 2005) पढ़नी चाहिए।

इन सभी गुणों—अर्थात् वित्तीय ज्ञान, वकालत तथा विविध विषयों में रुचि—के कारण चार्ली का निवेश के प्रति दृष्टिकोण बफ़े से कुछ अलग है। जहाँ बफ़े, ग्राहम के बताए मार्ग पर दृढ़ता से चलते हुए कम दाम पर अच्छे शेयरों की खोज में लगे रहे, वहीं चार्ली फ़िल फ़िशर द्वारा प्रतिपादित सिद्धांतों के अनुरूप निवेश कर रहे थे। चार्ली के विचार में, किसी आम कंपनी के शेयरों के लिए कम दाम देने से अच्छा है किसी अच्छी कंपनी के लिए सही दाम देना।

बर्कशायर द्वारा 'सीज़ कैंडल्ज़' नामक कंपनी का अधिग्रहण इस बात का एक उदाहरण है कि किस प्रकार चार्ली ने बफ़े को ग्राहम से प्रेरित निवेश विचारधारा की सीमाओं को पार कर उच्च कोटि की कंपनियों के शेयर ख़रीदने के लिए प्रेरित किया।

सन 1921 में, मैरी सी नामकी एक 71 वर्षीय वृद्ध महिला ने लॉस एंजेलिस के एक मोहल्ले में एक छोटी सी मिठाई की दुकान खोली। उस दुकान में वह स्वयं तैयार किए गए चॉकलेट बेचती थीं। अपने पुत्र और उसके साझेदार की सहायता से मैरी का व्यवसाय धीरे-धीरे विकसित हुआ तथा यह दक्षिण एवं उत्तरी कैलिफ़ोर्निया में मिठाई की दुकानों की एक शृंखला में परिवर्तित

हो गया। उस कंपनी ने आर्थिक मंदी, द्वितीय विश्वयुद्ध के समय चीनी की कमी तथा अत्यंत प्रतिस्पर्धा जैसी सभी कठिन समस्याओं का सामना केवल एक अपरिवर्ती रणनीति से किया और वह थी: अपने उत्पादों की गुणवत्ता को सदैव बरक़रार रखना।

लगभग 50 वर्ष बाद, सीज़ अमेरिका के पश्चिमी तट की सर्वश्रेष्ठ मिठाई की कंपनी माने जाने लगी थी और मैरी सी के उत्तराधिकारी उसे बेच कर अन्य व्यवसायों में निवेश करना चाहते थे। चक हगिंज़, जिन्होंने तीस वर्ष पूर्व कंपनी में कार्य करना प्रारंभ किया था, को कंपनी के लिए ख़रीददार खोजने का दायित्य सौंपा गया। कई ख़रीददार आए पर सौदा पक्का न हो सका।

सन 1971 के अंत में ब्लू चिप स्टैंप्स, जो बर्कशायर की एक अधीनस्थ कंपनी थी तथा जिसमें बर्कशायर का बहुमत था, के एक निवेश सलाहकार ने प्रस्तावदिया कि ब्लू चिप को सीज़ को क्रय कर लेना चाहिए। सीज़ के मालिक $40 मिलियन की मांग कर रहे थे, परंतु सीज़ का नक़द भंडार $10 मिलियन होने के कारण इसका वास्तविक निवलमूल्य $30 मिलियन ही था। फिर भी, बफ़े इस सौदे को लेकर आशंकित थे। सीज़ अपनी कुल संपत्ति के मूल्य से पूरे तीन गुना अधिक के मूल्यांकन पर बिक रही थी जो कि ग्राहम के निवेश सिद्धांतों के बिल्कुल विरुद्ध था।

चार्ली ने बफ़े को समझाया कि जिसे वे महंगा सौदा समझ रहे हैं, दरअसल वह एक बहुत ही अच्छा सौदा है। बफ़े ने सीज़ के मालिकों को $25 मिलियन के क्रय मूल्य का प्रस्ताव दिया जिसे उन लोगों ने स्वीकार कर लिया। बफ़े के लिए यह पहला बड़ा सौदा था जिसमें उन्होंने ग्राहम के सिद्धांतों का पालन नहीं किया था। यह बफ़े की निवेश के प्रति सोच में एक बड़े बदलाव का आरंभ था और उन्होंने इसमें चार्ली की भूमिका की सराहना करते हुए माना कि उनके कारण ही वे निवेश में एक नयी दिशा की ओर बढ़ पाए। चार्ली ने बाद में कहा, "वह पहली बार था जब हम लोगों ने किसी कंपनी की उत्कृष्टता के लिए पैसे दिए थे।"[16] इस सौदे के दस वर्ष बाद, बफ़े को सीज़ के लिए $125 मिलियन का प्रस्ताव मिला जिसे उन्होंने ठुकरा दिया

बफ़े और चार्ली के इतनी लंबी चलने वाली साझेदारी का एक कारण है कि दोनों,व्यापार करने के आधारभूत सिद्धांतों के प्रति दृढ़ संकल्पित हैं। दोनों में उत्कृष्ट कोटि के व्यवसायों का प्रबंधन करने के गुण विद्यमान हैं।बर्कशायर हैथअवे के शेयरधारक, सौभाग्यशाली हैं कि कंपनी के प्रधान प्रबंध साझेदार उन्हें हर आर्थिक परिस्थिति में लाभ देने के लिए कृतसंकल्प हैं। अनिवार्य सेवानिवृत्ति पर बफ़े की नीति से चार्ली सहमत नहीं हैं, फिर भी विगत पैंतीस वर्षों से अधिक समय से बर्कशायर के शेयरधारकों को एक नहीं, बल्कि दो महान मनस्वियों से लाभ मिला है।

बौद्धिक प्रभावों का मिश्रण

सन 1976 में ग्राहम के निधन के उपरांत, शीघ्र ही बफ़े ग्राहम के मूल्य पर आधारित निवेश सिद्धांत के प्रमुख उत्तराधिकारी बन गए। बफ़े का नाम मूल्य पर आधारित निवेश सिद्धांत का

पर्याय बन गया।[17] इसका कारण सहज है। वह ग्राहम के सबसे प्रसिद्ध शिष्य थे और उन्होंने सदैव ग्राहम सेप्राप्त ज्ञान के प्रति कृतज्ञता प्रकट की। आज भी, बफ़े ग्राहम को अपने पिता के बाद निवेशक के तौर पर अपने करियर में सबसे प्रभावशाली व्यक्ति मानते हैं।[18] उन्होंने अपने ज्येष्ठ पुत्र का नाम भी अपने गुरु के नाम पर हॉवर्ड ग्राहम बफ़े रखा।

फिर कैसे बफ़े ने ग्राहम के बौद्धिक ऋण को पार कर वॉशिंगटन पोस्ट कंपनी(1973), कैपिटल सिटीज़/ABC(1986), कोका कोला कंपनी(1988) तथा IBM(2011) में निवेश किया? इनमें से कोई भी कंपनी ग्राहम के निवेश के मानदंडों पर खरी नहीं उतरती थी, फिर भी बफ़े ने इन सभी कंपनियों में काफ़ी निवेश किया।

सन 1965 में ही बफ़े को यह एहसास हो गया था कि ग्राहम की सस्ते शेयरों को खरीदने की निवेश रणनीति की भी सीमाएँ हैं। [19] उन्होंने कहा कि ग्राहम इतने कम दामों पर शेयर ख़रीदते थे कि कंपनी के व्यवसाय में ”रत्तीभर“ के उछाल से भी उसके शेयरों के दामों में बढ़ोतरी हो और निवेशक उसे बेचकर लाभ कमा सकें। बफ़े ने इस रणनीति को “सिगार का बचा हुआ टुकड़ा” वाली रणनीति का नाम दिया। सड़क पर टहलते हुए, एक निवेशक को जले हुए सिगार का बचा हुआ टुकड़ा दिखायी देता है जिसे वह उठा लेता है और आख़री कश लगा लेता है। यद्यपि उस कश से उस निवेशक को कोई विशेष आनंद की अनुभूति नहीं होती, परंतु इतने सस्ते सौदे में जितना भी लाभ मिल जाए उतना ही अच्छा समझना चाहिए।बफ़े के अनुसार, ग्राहम की रणनीति को सतत सफल बनाए रखने के लिए, किसी न किसी को परिसमापक (liquidator) की भूमिका निभानी पड़ती है।यदि परिसमापक (liquidator) न हो तो भी कोई न कोई निवेशक ऐसा होना चाहिए जो कि आपके द्वारा ख़रीदे गए शेयरों को आपसे ख़रीदने के लिए तैयार हो, जिससे कि शेयरों की मांग बढ़े और उनके दाम चढ़ें।

बफ़े इसे कुछ इस प्रकार समझाते हैं: यदि आपने किसी $10 मिलियन की संपत्ति वाली कंपनी को $8 मिलियन देकर ख़रीदा, तो उसकी संपत्ति की समय से बिक्री होने से आपको बढ़िया लाभ मिलेगा। परंतु यदि व्यवसाय की आर्थिक स्थिति ख़राब है और उसे बेचने में 10 साल का समय लगता है तो आपको औसत से कम लाभ मिलेगा। बफ़े ने कहा, “समय अच्छी कंपनियों का दोस्त है और औसत कंपनियों का दुश्मन।”[20] यदि वे अपनी ख़राब प्रदर्शन करने वाली कंपनियों की बिक्री सुनिश्चित नहीं कर पाते और उसकी बिक्री के दाम एवं उसके क्रय मूल्य के अंतर से लाभ नहीं कमा पाते, तो उनका स्वयं का प्रदर्शन, कंपनी के ख़राब प्रदर्शन को प्रतिबिम्बित करने लगेगा।

निवेश में अपनी प्रारंभिक ग़लतियों से सीखकर बफ़े, ग्राहम की शिक्षा से दूरजाने लगे। बफ़े ने एक बार कहा था, “हाँ, मुझमें बदलाव आया परंतु जिस सीधी तरह से बंदर से इंसान का विकास हुआ उस प्रकार से नहीं।”[21] वह कंपनियों के गुणों के प्रति अधिक सजग हो रहे थे और केवल संख्याओं के आधार पर उनका मूल्यांकन नहीं कर रहे थे, फिर भी उन्होंने अपने आप को

सस्ते सौदों की खोज करता हुआ पाया। उन्होंने कहा, “मेरी सज़ा थी खेती के उपकरण (डेंपस्टर मिल मैन्युफ़ैक्चरिंग), डिपार्टमेंट स्टोर (हॉक्सचाइल्ड-कोन) तथा न्यू इंग्लैंड के कपड़ा उत्पादकों (बर्कशायर हैथअवे) के उद्योगों के आर्थिक पक्ष के विषय में शिक्षा प्राप्त करना।”[22] अपनी दुविधाको स्पष्ट तौर पर बताने के क्रम में बफ़े ने केंज़ को उद्धृत किया “कठिनाई नए विचारों को अपनाने में नहीं बल्कि पुराने विचारों से पीछा छुड़ाने में है।” बफ़े मानते है कि उनमें काफ़ी विलंब से बदलाव आया क्योंकि ग्राहम ने उन्हें जो ज्ञान दिया वह उनके लिए अत्यंत बहुमूल्य था।

सन 1984 में, कोलंबिया यूनिवर्सिटी में ‘सिक्योरिटी एनालिसिस’ पुस्तक के प्रकाशन की पचासवीं वर्षगाँठ के उपलक्ष में आयोजित समारोह में छात्रों को संबोधित करते हुए बफ़े ने बताया कि सफल निवेशकों का एक ऐसा समूह है, जो कि बेन ग्राहम को अपना बौद्धिक पितामह मानता है।[23] ग्राहम के प्रत्येक छात्र ने उनके द्वारा प्रतिपादित मार्जिन ऑफ़ सेफ़्टी के सिद्धांत को अपनी आवश्यकता के अनुसार ढाला है और कंपनियों का मूल्यांकन करने में प्रयोग किया है। परंतु इन सभी परस्पर भिन्न तरीक़ों में एक बात समान है और वह यह कि इन सभी में किसी कंपनी के निहित मूल्य तथा उसके शेयरों के दामों के बीच के अंतर को खोज जाता है। जो लोग बफ़े के कोका कोला और IBM में निवेश को नहीं समझ पाते, वे ऐसे लोग हैं जो सिद्धांत एवं व्यावहारिक पद्धति में भेद नहीं कर पाते हैं। बफ़े ने ग्राहम के मार्जिन ऑफ़ सेफ़्टी के सिद्धांत को अपनाया है पर ग्राहम की विश्लेषण पद्धति से वे दूर होते गए हैं। बफ़े के अनुसार, 1973-74 में बाज़ार में आई गिरावट के दौर में अंतिम बार ग्राहम की पद्धति द्वारा लाभ कमाया जा सका था।

याद रहे कि शेयरों का विश्लेषण करते समय, ग्राहम कंपनी के व्यापार की बारीकियों तथा उसके प्रबंधन की कुशलता के विषय में नहीं सोचते थे। वे अपने शोध को कंपनी की वार्षिक रिपोर्ट्स एवं विनियामक संस्थानों में उसके द्वारा दाख़िल दस्तावेज़ों तक ही सीमित रखते थे। यदि उन्हें लगता था कि किसी कंपनी की संपत्ति के अनुपात में उसके शेयरों के दाम कम हैं तथा इस कारण से उसमें निवेश से भविष्य में लाभ कमाने की संभावना है, तो वे उस कंपनी के शेयर ख़रीद लेते थे। लाभ कमाने की संभावना बढ़ाने के लिए वह यथा संभव अधिकाधिक संख्यामें ऐसी कंपनियों के शेयर ख़रीद लेते थे।

यदि ग्राहम की शिक्षा केवल इन्हीं सिद्धांतों तक सीमित होती तो शायद बफ़ेआजतक उनकी इतनी इज़्ज़त नहींकरते।मार्जिन ऑफ़ सेफ़्टी का सिद्धांत बफ़े के लिए इतना महत्त्वपूर्ण था कि उन्होंने ग्राहम की पद्धति की सभी कमज़ोरियों को नज़रअन्दाज़ कर दिया। आज भी, बफ़े ग्राहम के मुख्य सिद्धांत, मार्जिन ऑफ़ सेफ़्टी को अपनाए हुए हैं। बफ़े ने लगभग 65 वर्ष पूर्व बेन ग्राहम की रचना को पहली बारपढ़ा था। आज भी बफ़े सभी को याद दिलाते रहते हैं कि, “मैं अभी भी सोचता हूँ कि वे तीन शब्द(मार्जिन ऑफ़ सेफ़्टी) सर्वाधिक उपयुक्त हैं।”[24] ग्राहम से बफ़े ने जो

मुख्य सीख ली, वह है: सफल निवेश के लिए शेयरों को तब क्रय करना चाहिए जब उनका बाज़ार भाव उनके निहित मूल्य से काफ़ी कम हो।

मार्जिन ऑफ़ सेफ़्टी, जिससे बफ़े की सोच की बौद्धिक संरचना बनी है, के अतिरिक्त, ग्राहम ने बफ़े को शेयर बाज़ार के उतार-चढ़ावों पर ज़्यादा ध्यान न देने कि शिक्षा दी। ग्राहम मानते थे कि किसी भी शेयर में निवेश संबंधी गुण के साथ-साथ सट्टेबाज़ी संबंधी गुण भीमौजूद होता है। उनके अनुसार, सट्टेबाज़ी वाले गुण मानवीय भय एवं लोभ की भावनाओं के परिणाम हैं। अधिकतर निवेशकों में उपस्थित इन भावनाओं के कारण शेयरों के दाम, कंपनी के निहित मूल्य से अधिक अथवा कम हो जाते हैं। ग्राहम ने बफ़े को सिखाया कि यदि वह शेयर बाज़ार के उतार-चढ़ाव के भावनात्मक प्रभाव से अपने आप को दूर कर लें, तो वह दूसरे निवेशकों, जो कि शेयर तर्क के आधार पर नहीं बल्कि भावनाओं के आधार पर ख़रीदते हैं, के इस अतार्किक व्यवहार से लाभ कमा सकते हैं।

ग्राहम से बफ़े ने स्वतंत्र रूप से सोचना सीखा। उन्होंने बफ़े को सलाह दी कि यदि वह तर्क के आधार पर किसी ऐसे निष्कर्ष पर पहुँचें जिससे दूसरे व्यक्ति सहमत न हों, तो हतोत्साहित न हों। ग्राहम लिखते हैं, “भीड़ के मत के आधार पर आप सही या ग़लत साबित नहीं होते। आप इसलिए सही होते हैं क्योंकि आपके आँकड़े एवं तर्क सही हैं।”[25]

कई मायने में फ़िल फ़िशर के विचार ग्राहम के विचारों से बिल्कुल विपरीत थे। फ़िशर का मानना था कि किसी कंपनी में निवेश का सही निर्णय लेने के लिए निवेशक को उसके बारे में पूरी जानकारी होनी चाहिए। अर्थात्, उसके सभी पक्षों के विषय में जानना चाहिए। इसके लिए निवेशकों को कंपनी के आँकड़ों के परे जाकर उसके व्यवसाय के बारे में सीखना चाहिए क्योंकि व्यवसाय के प्रकार से बहुत अंतर पड़ता है। इसी प्रकार से निवेशकों को कंपनी के प्रबंधकों के विषय में भी जानकारी प्राप्तकरनी चाहिए क्योंकि प्रबंधन की क्षमता से कंपनी के आधारभूत मूल्य पर प्रभाव पड़ता है। निवेशकों को कंपनी के औद्योगिक क्षेत्र तथा उसके प्रतिद्वंदियों के बारे में भी जानकारी होना चाहिए। कंपनी के विषय में सूचना के सभी स्रोतों का उपयोग करना चाहिए। फ़िशर से बफ़े ने अफ़वाहों और आम चर्चाओं का महत्त्व सीखा। इसके फलस्वरूप, बफ़े ने अपने लंबे करियर में संपर्क सूत्रों का एक विस्तृत जाल बनाया जो उन्हें विभिन्न कंपनियों और उद्योगों के विषय में जानकारी एकत्र करने में सहायक रहा है।

अंत में, फ़िशर से बफ़े ने एक साथ कई जगह निवेश न करना सीखा। वे मानते थे कि निवेशकों को एक साथ कई जगह अपना पैसा निवेश करके जोखिम को कम करने की सलाह देना सही नहीं है। उनके अनुसार एक साथ कई शेयरों में निवेश करने से सभी पर नज़र रखना मुश्किल हो जाता है। इसके फलस्वरूप यह भी हो सकता है कि किसी अनजानी कंपनी में निवेशक आवश्यकता से अधिक अथवा अनावश्यक रूप से निवेश कर ले। उनके

मत के अनुसार, किसी कंपनी में बिना जानकारी के अथवा कम जानकारी के साथ निवेश करना, कम कंपनियों में भली प्रकार से जानकारी लेकर किए गए निवेश से अधिक जोखिम भरा है।

ग्राहम एवं फ़िशर के बीच भेद बिल्कुल स्पष्ट हैं। ग्राहम, एक आँकड़ों के विश्लेषक थे जो मापनीय कारकों के विश्लेषण पर बल देते थे: अचल संपत्ति, चालू आय तथा लाभांश। उनका कंपनियों के बारे में किया गया शोध, कंपनियों द्वारा विनियामक संस्थाओं में दाख़िल किए गए दस्तावेज़ तथा उनकी वार्षिक रिपोर्ट्स तक ही सीमित था। वह कंपनी के ग्राहकों, प्रतिद्वंदियों अथवा प्रबंधकों से मिलने में समय का व्यय नहीं करते थे।

फ़िशर का तरीक़ा ग्राहम से बिल्कुल ही विपरीत था। फ़िशर कंपनी के गुणों का विश्लेषण करते थे। वहऐसे कारकों पर बल देते थे जो उनके अनुसार कंपनी के मूल्य में वृद्धि करते हैं: मुख्यतः, भविष्य की संभावनाएँ तथा प्रबंधन की कार्यदक्षता एवं क्षमता। जहाँ ग्राहम केवल सस्ते शेयर ख़रीदने में ही विश्वास रखते थे, वहीं दूसरी ओर फ़िशर उन कंपनियों के शेयर ख़रीदते थे जो कि उनकी समझ में अगले कई वर्षों तक अपने निहित मूल्य में लगातार वृद्धि कर सकने में सक्षम थीं। वे किसी भी कंपनी के बारे में निवेश के दृष्टिकोण से उपयोगी जानकारी प्राप्त करने के लिए अथक प्रयास करते रहते थे और कई बार तो कंपनी के बारे में जानकार व्यक्तियों से लंबे साक्षात्कार भी करते थे, ताकि चयन की प्रक्रिया को बेहतर बनाया जा सके।

जब बफ़े ने फ़िशर की पुस्तक 'कॉमन स्टॉक्स एंड अनकॉमन प्रॉफ़िट्स' पढ़ी, तो वह उनसे मिलने पहुँचे। बफ़े ने कहा, "जब मैं उनसे मिला, तो उनके व्यक्तित्व ने मुझे उतना ही प्रभावित किया जितना कि उनके विचारों ने पहले ही कर दिया था। बेन ग्राहम की तरह ही, फ़िशर भी सहज एवं उदार व्यक्तित्व के धनी थे और एक असाधारण शिक्षक भी थे।"बफ़े के अनुसार,ग्राहम और फ़िशर के निवेश के प्रति दृष्टिकोण एक-दूसरे से भिन्न हैं परंतु दोनों के दृष्टिकोण "निवेश की दुनिया में एक-दूसरे के समानांतर चलते हैं।"[26] मैं इस वाक्य को अपनी समझ के अनुसार व्यक्त करने की धृष्टता करते हुए यह कहूँगा कि इन दो समानांतर विचारों का मिलन वॉरन बफ़े में होता है: उनकी निवेश रणनीति एवं निवेश के प्रति उनका दृष्टिकोण, फ़िशर की गुणात्मक और ग्राहम की संख्यात्मक पद्धतियों का मेल है।

वॉरन बफ़े ने एक बार कहा था कि "मैं 15% फ़िशर और 85% बेंजामिन ग्राहम हूँ।"[27] इस वाक्य का सर्वत्र उद्धरण दिया जाता है पर ध्यान रहे कि यह उक्ति सन 1969 की है। बीच के वर्षों में, बफ़े का झुकाव ग्राहम से हटकर फ़िशर की ओर अधिक दिखायी पड़ता है, विशेषकर उनकी कुछ चुनिंदा अच्छी कंपनियों में निवेश कर कई वर्षों तक उनमें निवेशित रहने की रणनीति में यह बात स्पष्ट तौर पर दिखाई देती है। मेरे विचार से यदि आज बफ़े पुनः इस वक्तव्य को दें तो वह स्वयं को दोनों के विचारोंसे 50/50 प्रतिशत प्रेरित मानेंगे।

चार्ली वास्तविक अर्थों में फ़िशर के गुणात्मक सिद्धांतों की प्रतिमूर्ति हैं। आरंभ से ही चार्ली में अच्छी कंपनियों को पहचानने एवं उनके शेयरों के लिए सही दाम देने की अच्छी समझ रही है। तथापि, एक महत्त्वपूर्ण गुण में वह ग्राहम के भी मूर्त रूप हैं। कई वर्ष पूर्व ग्राहम ने बफ़े को निवेश में भावनाओं के द्विपक्षीय महत्त्व के विषय में बताया था: भावनाओं में बहकर निवेश के निर्णय लेने से होने वाली ग़लतियों का लाभ अन्य निवेशक ले सकते हैं तथावे भावनाओं में बहकर निवेश करने के जाल में फंसने से बच सकतेहैं। चार्ली ने मनोविज्ञान का अध्ययन करके ग्राहम की इस शिक्षा का विस्तार करना जारी रखा है। वे इसे "अशुद्ध अनुमान का मनोविज्ञान" कहते हैं, जिसे हम अध्याय 6 में विस्तार से जानेंगे। उन्होंने इस सिद्धांत को बर्कशायर के निवेश निर्णय की प्रक्रिया के अभिन्न अंग के तौर पर बरक़रार रखा है। यह चार्ली के सबसे महत्त्वपूर्ण योगदानों में से एक है।

बफ़े का बेन ग्राहम, फ़िल, फ़िशर, एवं चार्ली मंगर के प्रति समर्पण स्वाभाविक है। ग्राहम ने बफ़े को निवेश के लिए एक बौद्धिक आधार दिया—जिसे मार्जिन ऑफ़ सेफ़्टी का सिद्धांत कहते हैं—और उन्हें अपनी भावनाओं पर नियंत्रण रखने की शिक्षा दी,ताकि वह बाज़ार के उतार-चढ़ाव से जनित अवसरों का लाभ उठा पाएँ। फ़िशर ने ग्राहम को एक व्यवहरिक पद्धति दी, जिससे वह दीर्घकाल तक निवेश के योग्य अवसरों की पहचान करनेतथा उनमें निवेश को बरक़रार रखने में सफल रहे। चार्ली ने बफ़े को अच्छी कंपनियों को ख़रीदने और उनसे होने वाले लाभ के विषय में सजग करवाया। इसके अतिरिक्त, चार्ली ने बफ़े को निवेशकों द्वारा की गयी मनोवैज्ञानिक भूलों के विषय में भी शिक्षा दी। बफ़े द्वारा लिए गए निवेश के निर्णय अक्सर लोगों की समझ में नहीं आते। उनके निर्णयों के पीछे की सोच की प्रक्रिया को समझना और आसान हो जाएगा, यदि हम समझें कि वे इन तीन व्यक्तियों के विचारों का मेल हैं।

प्रसिद्ध फ्रेंच दर्शनशास्त्री डेकार्ट ने कहा है कि, "केवल अच्छी बुद्धि होना ही काफ़ी नहीं है, उसका सदुपयोग करना और भी अधिक महत्त्वपूर्ण है।"बुद्धि का सदुपयोग ही बफ़े को दूसरे निवेश प्रबंधकों से अलग बनाता है। उनके कई समकालीन व्यक्ति हैं जो कि बहुत बुद्धिमान, अनुशासित एवं समर्पित हैं। बफ़े उन सब से ऊँचे स्थान पर इसलिए विद्यमान हैं क्योंकि उनके भीतर इन तीन ज्ञानी व्यक्तियों के सिद्धांतों को एक सूत्र में पिरोकर एक सशक्त रणनीति बनाने की अद्भुत क्षमता है।

अध्याय 3

व्यवसाय का अधिग्रहण

बारह सनातन नियम

वॉरन बफ़े के अनुसार, किसी भी व्यवसाय के समग्रतःअधिग्रहण अथवा शेयरों के रूपमें उसी व्यवसाय के एक हिस्से के अधिग्रहण में मूलतः कोई भेद नहीं है। दोनों विकल्पों में से, बफ़े सदा ही पूरी कंपनी को सीधे ही ख़रीद कर उस पर अपना नियंत्रण स्थापित करना अधिक पसंद करते हैं क्योंकि उससे वे उस कंपनी के सबसे महत्त्वपूर्ण मुद्दे: अर्थात् पूँजीके आवंटन पर सीधा प्रभाव डाल सकते हैं। किसी कंपनी के कुछ ही शेयरोंको ख़रीदने में सबसे बड़ा नुक़सान यही है कि आप उस पर नियंत्रण नहीं कर सकते। परंतु इस नुक़सान की भरपाई दो फ़ायदों से हो जाती है: पहला, अपने नियंत्रण के बाहर की कंपनियों में निवेश का चुनाव एक बहुत बड़े बाज़ार में किया जाता है जिसे शेयर बाज़ार कहते हैं और जिसमें कई सारी कंपनियाँ निवेश के लिए उपलब्ध रहती हैं। दूसरा, शेयर बाज़ार में दाम के दृष्टिकोण से अच्छे सौदे मिलने की संभावना अधिक रहती है। दोनों ही सूरत में बफ़े एक ही रणनीति अपनाते हैं। वह ऐसी कंपनियोंकी तलाश करते हैं जिन्हें वह अच्छी तरह समझते हैं, जो उनके अनुसार दीर्घ काल में अच्छा प्रदर्शन करने की संभावना रखती हैं, जो ईमानदार एवं कुशल व्यक्तियों द्वारा संचालित हैं और आकर्षक दामों पर उपलब्ध हैं।

वह कहते हैं, "निवेश करते समय हम लोग स्वयं को व्यापारिक विश्लेषकों की भूमिका में देखते हैं, बाज़ार के विश्लेषकों की भूमिका में नहीं, समष्टि-अर्थशास्त्रके विश्लेषकों की भूमिका में नहीं तथा प्रतिभूति विश्लेषकों की भूमिका में भी नहीं।"[1] इसका अर्थ है कि बफ़े सर्वप्रथम एक व्यवसायी का दृष्टिकोण रखते हैं। वह कंपनी तथा उसके व्यवसाय को सर्वांगीण रूप से देखते हैं,

उसके प्रबंधन के सभी संख्यात्मक एवं गुणात्मक पक्षों का परीक्षण करते हैं, उसकी वित्तीय स्थिति तथा उसके क्रय मूल्य कोभी ध्यान में रखते हैं।

यदि हम अतीत पर नज़र डालें और बफ़े के सभी निवेशों में समानताओं का पुनरीक्षण करें तो हमें कुछ ऐसे सिद्धांत मिलते हैं जो उनके निवेश के निर्णयों के आधार हैं। यदि हम इन सिद्धांतों को बारीकी से देखें, तो हम पाते हैं कि ये चार समूहों में वर्गीकृत किए जा सकते हैं:

1. *व्यावसायिक सिद्धांत*- व्यवसाय/कंपनी के तीन आधारभूत गुण।
2. *प्रबंधन के सिद्धांत*- वरिष्ठ प्रबंधकों में तीन आवश्यक गुण।
3. *वित्तीय सिद्धांत*- चार अति महत्त्वपूर्ण वित्तीय निर्णय जो कि एक कंपनी को लेने चाहिए।
4. *बाज़ार के सिद्धांत*- लागत के संदर्भ में दो परस्पर संबंधित दिशानिर्देश।

यह ज़रूरी नहीं है किसी भी 12 सिद्धांत, बफ़े के प्रत्येक निवेश निर्णय में दिखायी पड़ें। परंतु, उनके सभी निवेश निर्णयों में सामूहिक रूप से ये 12 सिद्धांत झलकते हैं।

इन 12 सिद्धांतों का प्रयोग बफ़े बर्कशायर हैथअवे के संचालन में भी करते हैं। जिन गुणों की खोज वह किसी नए निवेश में करते हैं, उन्हीं गुणों की वह अपने कार्यालय में भी अपेक्षा रखते हैं।

व्यावसायिक सिद्धांत

बफ़े के लिए शेयर विचारोंके प्रतिनिधि होते हैं।[2] वह बाज़ार के अर्थशास्त्रीय सिद्धांतों, समष्टि-अर्थशास्त्र (macro economics) की अवधारणाओं तथा औद्योगिक क्षेत्र के चलन के अनुसार नहीं सोचते हैं। वह अपने निवेश के निर्णय, किसी व्यवसाय के व्यवहारिक पक्ष को देख कर ही करते हैं। उनका विश्वास है कि यदि लोग किसी कंपनी में कुछ सतही विचारों से प्रभावित होकर निवेश करते हैं, तब उस अवस्था में वे किसी भी संकट के आने पर घबरा जाएँगे और सम्भवतः पूरी प्रक्रिया के अंत में उनको हानि ही होगी। इसके विपरीत, बफ़े निवेश करने से पूर्व किसी भी कंपनी एवं उसके व्यवसाय के विषय में यथा संभव अधिकाधिक जानकारी हासिल करने का प्रयास करते हैं। वह तीन प्रमुख क्षेत्रों पर ध्यान केंद्रित करते हैं:

1. कोई भी व्यवसाय, सरल एवं बोधगम्य होना चाहिए।
2. किसी भी व्यवसाय अथवा कंपनी के परिचालन का इतिहास अविरत होना चाहिए।
3. किसी भी व्यवसाय की सफलता की अनुकूल दूरगामी संभावनाएं होनी चाहिए।

वॉरन बफ़े की शैली पर आधारित सिद्धांत

व्यावसायिक सिद्धांत

क्या व्यवसाय सरल एवं बोधगम्य है?

क्या व्यवसाय के परिचालन का इतिहास अविरत है?

क्या व्यवसाय की दीर्घ-कालीन संभावनाएं अनुकूल हैं?

प्रबंधन के सिद्धांत

क्या प्रबंधन युक्तिसंगत है?

क्या प्रबंधन अपने शेयरधारकों से खुल कर बात करता है?

क्या प्रबंधन पूर्व से चली आ रही परिपाटी का ही पालन करते रहने का प्रतिरोध कर पाता है?

वित्तीय सिद्धांत

प्रति शेयर आय पर नहीं, इक्विटी पर प्रतिलाभ पर ध्यान दें।

'मालिक की आय' की गणना करें।

अधिक लाभ मार्जिन वाली कंपनियों की तलाश करें।

सुनिश्चित कर लें कि हर एक डॉलर बचाने के बदले कंपनी ने एक डॉलर का बाज़ार मूल्य उत्पन्न किया है।

बाज़ार से संबंधित सिद्धांत

व्यवसाय का मूल्य क्या है?

क्या व्यवसाय को उसके मूल्य से काफ़ी कम भाव में ख़रीदा जा सकता है?

सरल एवं बोधगम्य

बफ़े के मतानुसार निवेशक जितना अपने निवेश के बारे में जानकारी रखते हैं, उतनी ही उनको निवेश में सफलता मिलती है। यह एक ऐसा गुण है जो व्यावसायिक दृष्टिकोण रखने वाले निवेशकों को लगातार ख़रीद और बिक्री करने वाले निवेशकों से अलग करता है

अपने लंबे करियर में बफ़े ने विभिन्न उद्योग क्षेत्रों की विभिन्न कंपनियों में निवेश किया है। कुछ कंपनियाँ ऐसी हैं जिनमें वह अल्पांश शेयरधारक हैं जब कि कुछ कंपनियों पर उन्होंने नियंत्रण स्थापित किया है। इन सभी कंपनियों के विषय में वह गहरी जानकारी रखते हैं। वह

बर्कशायर की मिल्कियत वाली सभी कंपनियों की आय, व्यय, नक़द प्रवाह, कामगारों के मुद्दे, उत्पादों के दाम तथा पूँजी के आवंटन की सभी आवश्यकताओं से भली-भाँति परिचित हैं।

बफ़े इन कंपनियों के बारे में इतनी गहरी जानकारी इसलिए रखते हैं क्योंकि वह जानबूझकर ऐसी कंपनियों में ही निवेश करते हैं जो उनकी बौद्धिक एवं वित्तीय समझ के दायरे में आती हों। इसके पीछे उनका तर्क बहुत सशक्त है। यदि आप किसी ऐसी कंपनी में निवेश करते हैं (या तो एक मुश्तक्रय या एक शेयरधारक के रूपमें), जिसके उद्योग क्षेत्र अथवा व्यवसाय को आप भली प्रकार से नहीं समझते तो आप उसके संबंध में सही निर्णय नहीं ले पाएँगे।

निवेश में सफलता के लिए आवश्यक है कि आप इस बात को भली प्रकार समझ लें कि आपको क्या नहीं पता है और अपने आप को उसी दायरे में रखें जिसके बारे में आपको पता हो। बफ़े कहते हैं कि, "अपनी कुशलता एवं क्षमता के दायरे में रह कर ही निवेश करना चाहिए। इससे कोईफ़र्क नहीं पड़ता कि आपकी समझ का दायरा कितना छोटा या बड़ा है; फ़र्क इससे पड़ता है कि आप अपनी सीमाओं को कैसे परिभाषित करते हैं।"[3]

परिचालन का अविरत इतिहास

बफ़े जटिल कंपनियों में निवेश से बचते हैं। साथ ही, वह ऐसी कंपनियों में निवेश से भी बचते हैं जो या तो कठिन व्यावसायिक समस्याओं से जूझ रही हैं अथवा अपनी पिछली योजनाओं के विफल होने के कारण अपनी आधारभूत रणनीति की दिशा बदलने में लगी हैं। उनके अनुभव के अनुसार, जो कंपनियाँ पिछले कई वर्षों से एक ही उत्पाद अथवा सेवा की बाज़ार में सफलतापूर्वक आपूर्ति कर रही हैं, उनमें निवेश करने से सर्वश्रेष्ठ लाभ मिलते हैं। बड़े बदलाव के दौर से गुज़र रही कंपनियों में निवेश करने से बड़ी ग़लतियाँ होने की संभावना रहती है।

बफ़े के अनुसार, "भारी बदलाव और बड़ा लाभ अक्सर एक साथ नहीं पाए जाते।"[4] दुर्भाग्यवश अधिकतर लोग इसके बिल्कुलविपरीत सोचकर निवेश करते हैं। निवेशक अक्सर उन कंपनियों की ओर आकर्षित होते हैं, जो या तो तेज़ी से बदलने वाले उद्योग क्षेत्र में हैं अथवा किसी बड़े बदलाव से गुज़र रही हैं। बफ़े कहते हैं कि, पता नहीं क्यों निवेशक भविष्य की संभावनाओं से इतने मोहित जाते हैं कि वे वर्तमान के व्यावसायिक यथार्थ को नज़रअंदाज़ कर देते हैं।

बफ़े बाज़ार में क्षणिक रूप से प्रचलित शेयरों पर ध्यान नहीं देते। वह ऐसी कंपनियों में निवेश करना पसंद करते हैं जो कि उनके विचारानुसार दीर्घकाल में सफल एवं लाभदायक होंगी। यद्यपि भविष्य की सफलता का सटीक अनुमान लगाना सदा ही कठिन होता है, परंतु पिछले कई वर्षों की नियमित वृद्धि दर अधिकांशतः भविष्य में सफलता के जारी रहने का विश्वसनीय अनुमान देती है। यदि कोई कंपनी पिछले कई वर्षों एक ही प्रकार के उत्पादों अथवा सेवाओं की बिक्री

से लगातार अच्छे नतीजे देती आ रही है, तो उसकी भविष्य में उसकी सफलता के जारी रहने की अपेक्षा करना अक्सर ग़लत नहीं होता।

बफ़े ऐसी कंपनियों में भी निवेश करने से बचते हैं जो कठिन समस्याओं से जूझ रही हैं। अनुभव ने उन्हें सिखाया है कि जटिल समस्याओं से जूझती कंपनियाँ अक्सर उनसे बाहर नहीं निकल पातीं। सही दामों पर अच्छी कंपनियों के शेयर ख़रीदना, कठिन समस्याओं से जूझती कंपनियों के शेयर कम दामों पर ख़रीदने से अक्सर बेहतर होता है।बफ़े स्वीकार करते हैं कि "चार्ली और मैंने व्यापार की कठिन समस्याओं को हल करना नहीं सीखा है। हमने सीखा है ऐसी कठिन समस्याओं से बच कर रहना चाहिए। हम छोटी अड़चनों को पहचानकर उन्हें पार करने में निपुण हैं और यही हमारी सफलता का कारण है। बड़ी समस्याओं को हल करने की हमारे पास क्षमता नहीं है।"[5]

अनुकूल दूरगामी संभावनाएं

बफ़े आर्थिक जगत को दो असमान भागों में विभक्त करते हैं: उत्कृष्ट कंपनियों का एक छोटा समूह, जिसको वह फ्रैंचायज़ेज़ (franchises) का नाम देते हैं और ख़राब कंपनियों का एक बड़ा समूह, जिसमें अधिकतर के शेयर ख़रीदने लायक नहीं होते। उनके अनुसार, फ्रैंचायज़ एक ऐसी कंपनी होती है जो एक ऐसा उत्पाद अथवा सेवा उपलब्ध करवाती है (1) जिसकी बाज़ार में आवश्यकता है अथवा मांग है (2) जिसका कोई विकल्प नहीं है, एवं (3) जिस पर कोई वैधानिक नियंत्रण नहीं है। इन लक्षणों के कारण, कंपनी अपने दामों को स्थिर रख पाती है तथा बाज़ार में अपनी हिस्सेदारी खोने अथवा बिक्री की कमी होने के डर केबिना, कभी-कभी उन्हें बढ़ा भी देती है। मूल्य-निर्धारण का यह लचीलापन उत्कृष्ट कंपनी के लक्षणों में से एक है; इसके कारण एक कंपनी औसत से अधिक लाभ कमा सकती है।

बफ़े कहते हैं कि "हमें ऐसे शेयर बहुत पसंद हैं जो निवेशित पूँजी पर अधिक प्रतिलाभ उत्पन्न करते हैं और [जिनमें] ऐसा आगे भी करते रहने की प्रबल संभावना होती है।"[6] उन्होंने आगे कहा, "मैं दीर्घ-कालीन प्रतिस्पर्धिक लाभ देखता हूँ और यह भी कि [क्या] यह चिरस्थायी बनी रहेगी।"[7]

बफ़े के अनुसार,पृथक एवं सामूहिक रूप से ये उत्कृष्ट कंपनियाँ एक सुरक्षा दायरे का निर्माण करती है, जो उन्हें प्रतिद्वंदियों से बचाती है एवं दूसरों के सापेक्ष स्पष्ट लाभ भी देती है। सुरक्षादायरा जितना बड़ा एवं चिरस्थायी होगा, बफ़े को यह उतनाही पसंद आएगा। वह कहते हैं कि "किसी कंपनी को उसके प्रतिद्वंदियों के सापेक्ष लाभ तथा उस लाभ के स्थायित्व को पहचानना, निवेश की कुंजी है। जिन उत्पादों अथवा सेवाओं के चारों ओर बड़ा एवं चिरस्थायी सुरक्षा दायरा हो, वही निवेशकों को लाभ देती हैं। इस बात का पता लगाना मेरे लिए सबसे महत्त्वपूर्ण है कि, कंपनी के चारों ओर का सुरक्षा दायरा कितना बड़ा है। मुझे तो एक बड़े से क़िले के चारों ओर बड़ी खाई और उसमें तैरते मगरमच्छ तथा पिरान्हा मछली बहुत पसंद हैं।"[8]

अंत में, बफ़े हमें संक्षेप में बताते हैं कि "ऐसी कंपनी को उत्कृष्ट कंपनी के तौर पर परिभाषित किया जा सकता है जो अगले 25 से 30 वर्षों तक भी उत्कृष्ट ही बनी रहे।"[9]

इसके विपरीत, एक ख़राब कंपनी ऐसे उत्पादों का निर्माण करती है जिसे उसके प्रतिद्वंदियों द्वारा निर्मित उत्पाद से भेद नहीं किया जा सकता—अर्थात् यह व्यापारिक वस्तुओं का निर्माण करती है। वर्षों पूर्व तेल, गैस, रासायनिक पदार्थ, तांबा, लकड़ी, गेहूँ तथा संतरे के रस को मूलभूत व्यापारिक वस्तुओं की श्रेणी में रखा जाता था। आज कम्प्यूटर, वाहन, एयरलाइंज़, बैंक तथा बीमा जैसे उत्पाद व्यापारिक वस्तुओं की श्रेणी मेंआगए हैं। अत्यधिक विज्ञापन बजट के बावजूद अलग-अलग उत्पादों में भेद कर पाना मुश्किल है।

व्यापारिक वस्तुओं पर आधारित व्यवसाय, कम लाभ कमाने वाले व्यवसाय होते हैं और "लाभ में कमी होने के अग्रणी उम्मीदवार होते हैं।"[10] चूँकि उनके उत्पाद मूलभूत रूप से दूसरों जैसे ही होते हैं, इसलिए वे केवल भाव के आधार पर ही प्रतिस्पर्धा कर सकते हैं- जिसके कारण उनका लाभ कम होता है। व्यापारिक वस्तुओंसे लाभ कमाने का सबसे भरोसेमंद तरीक़ा है कि आप सबसे कम दाम पर उत्पादों की आपूर्ति करने वाले बन जाएँ। व्यापारिक वस्तुओं से आपूर्ति में कमी के समय में भी बेहतर लाभ अर्जित किया जा सकता है-परंतु ऐसे समय के आगमन का अनुमान लगाना अत्यंत कठिन होता है। बफ़े के अनुसार, व्यापारिक वस्तुओं पर आधारित व्यवसाय की दीर्घकालीन लाभ कमाने की संभावना का अनुमान उसके "बाज़ार में अधिक आपूर्ति तथा कम आपूर्ति" के समय के अनुपात द्वारा निकाला जा सकता है। परंतु यह अनुपात अक्सर पूर्ण संख्या नहीं होती। बफ़े कहते हैं, "मुझे ऐसे क्षेत्र में आर्थिक शक्ति पसंद है जिसे मैं समझता हूँ और जहाँ मुझे लगता है कि स्थायी रूप से लाभ कमाने की संभावना है।"[11]

प्रबंधन के सिद्धांत

किसी भी व्यवसाय में निवेश करते समय बफ़े उसके प्रबंधन की गुणवत्ता पर अत्याधिक ध्यान देते हैं। वह कहते हैं कि बर्कशायर द्वारा निवेशित कंपनियाँ, सत्यनिष्ठ एवं कुशल प्रबंधकों द्वारा संचालित होनी चाहिए,जो उनकी दृष्टिमें प्रशंसनीय एवं विश्वसनीय हो। वह कहते हैं, " ऐसे प्रबंधकों के साथ हम संबंध नहीं बनाना चाहते, जिनमें अच्छे गुण नहीं हैं। हमें कभी भी किसी बुरे व्यक्ति से अच्छा सौदा नहीं मिला।"[12]

जब उन्हें ऐसे प्रबंधक मिलते हैं जिनके गुणों कि वह सराहना करते हैं, तब वह मुक्त-कंठ से उनकी प्रशंसा करते हैं। साल दर साल बर्कशायर की वार्षिक रिपोर्ट्स में अध्यक्ष के संदेश-पत्र के पाठकों को बफ़े द्वारा बर्कशायरकी विभिन्न कंपनियों के प्रबंधकों के बारे में प्रशंसनीय वक्तव्योंको पढ़ने का अवसर मिलता है।

वह निवेश के लिए विचाराधीन कंपनियों के प्रबंधन के विषय में भी गहराई से अन्वेषण करते हैं। वह विशेषकर तीन गुणों को देखते हैं:

1. क्या कंपनी का प्रबंधन युक्तिसंगत है?
2. क्या प्रबंधन शेयरधारकों को स्पष्ट सूचना देता है?
3. क्या वे संस्थागत अनिवार्यता (institutional imperative) का प्रतिरोध कर पाते हैं?

बफ़े से किसी प्रबंधक को मिलने वाले प्रशंसा के सर्वश्रेष्ठ शब्द यह होते हैं कि, वह सदा ही कंपनी के मालिक की तरह सोचते एवं बर्ताव करते हैं।वे प्रबंधक जो कंपनी के मालिक की तरह बर्ताव करते हैं, वे अधिकांशतः कंपनी के मुख्य लक्ष्य—शेयरधारकों के शेयरों के मूल्य में वृद्धि—से अपना ध्यान नहीं हटाते और वे इस लक्ष्य की प्राप्ति के लिए तार्किक निर्णय लेते हैं। बफ़े ऐसे प्रबंधकों का भी बहुत सम्मान करते हैं जो शेयरधारकों को स्पष्ट रूप से सही जानकारी मुहैया करवाने के अपने दायित्व को गंभीरता से लेते हैं तथा जिनके पास संस्थागत अनिवार्यता—जो दूसरे कर रहे हैं अथवा करते आ रहे हैं, उसके अंध-अनुकरण— का प्रतिरोध करने का साहस है।

तर्किकता

कंपनी की पूँजी का आवंटन, कंपनी के प्रबंधन का सबसे महत्त्वपूर्ण कार्य है। यह इसलिए सबसे महत्त्वपूर्ण है क्योंकि पूँजी के आवंटन से ही दीर्घकाल में शेयरधारकों के शेयरों का मूल्य निर्धारित होता है। कंपनी की आय को कहाँ आवंटित करना है—व्यवसाय में लगा देना है कि शेयरधारकों में बाँट देना है— यह, बफ़े के मतानुसार एक तार्किक प्रक्रिया है। फ़ॉर्च्यून पत्रिका की कैरललूमिस ने लिखा था, “तर्किकता एक ऐसा गुण है जिसके आधार पर बफ़े बर्कशायर को चलाते हैं, तथा उनके मतानुसार यह ऐसा गुण है जिसे वे दूसरी कंपनियों के प्रबंधन में अल्प मात्रा में पाते हैं।”[13]

कंपनी की आय का आवंटन इस पर निर्भर करता है कि कंपनी अपने आर्थिक जीवन चक्र के किस चरण से गुज़र रही है। जैसे-जैसे कंपनी अपने आर्थिक जीवन चक्र से गुज़रती है, उसकी वृद्धि दर, बिक्री, आय तथा नक़द प्रवाह में भारी बदलाव देखने को मिलते हैं। विकास के चरण में, कंपनी अपना बाज़ार बनाने एवं विकसित करने की प्रक्रिया में धन की हानि करते हुए चलती है। अगले चरण, अर्थात्तीव्र वृद्धि के चरण में कंपनी लाभ तो कमाती है परंतु इतनी तीव्रता से वृद्धि करती है कि उसे बनाए नहीं रख पाती; कई बार ऐसा होता है कि कंपनी न केवल अपनी पूरी आय को व्यापार में पुनः लगा देती है, बल्कि इसके अतिरिक्त उधार लेकर अथवा नए शेयर जारी करके उस वृद्धि को वित्त पोषित करने हेतु पूँजी भी एकत्र करती है। तीसरे चरण, अर्थात् परिपक्वता के चरण में वृद्धि दर धीमी हो जाती है और कंपनी अपनी विकास एवं संचालन की आवश्यकता से अधिक नक़द उत्पन्न करने लगती है। अंतिम चरण, अर्थात् पतन के चरण में कंपनी की बिक्री एवं आय गिरने लगती है,लेकिन फिर भी आवश्यकता से अधिक नक़द प्राप्त होता रहता है। तीसरे एवं चौथे चरण में ही, विशेषकर तीसरे चरण में, यह प्रश्न उठता है कि आय का आवंटन कैसे किया जाए?

यदि अतिरिक्त नक़द को कंपनी के भीतर ही निवेश किए जाने से इक्विटी पर औसत से अधिक लाभ मिलता हो, जो पूँजीगतलागत से अधिक हो, तो कंपनी को अपनी सारी आय अपने पास रख कर पुनः कंपनी में ही निवेश कर देना चाहिए। यही सही तार्किक उपाय है। कंपनी की आय को औसत पूँजीगतलागत से कम पर पुनः निवेश करना पूर्णतया अतार्किक है। परंतु अक्सर कंपनियाँ ऐसा करती हैं।

अपनी आवश्यकता से अधिक नक़द कमाने वाली कंपनी पर औसत या औसत से कम निवेश लाभ देने वाली कंपनी के पास तीन विकल्प होते हैं:(1) समस्या को नज़रअंदाज़ कर औसत से कम दरों पर पुनः निवेश करते रहना, (2) विकास हेतु पूंजीनिवेश करना, अथवा (3) पैसे को शेयरधारकों को लौटा देना। ऐसी क्षणों में बफ़े प्रबंधन द्वारा लिए गए निर्णयों पर पैनी नज़र रखते हैं, क्योंकि यहीं पर प्रबंधन, तार्किक या अतार्किक रूप से बर्ताव करता है।

सामान्यतः, जो प्रबंधक औसत से कम लाभ के बावजूद भी पुनः निवेश करते रहते हैं, उन्हें विश्वास होता है कि यह परिस्थिति अस्थायी है। उन्हें विश्वास होता है कि अपने प्रबंधन कौशल द्वारा वे अपनी कंपनी के लाभ में सुधार ला सकते हैं। प्रबंधन द्वारा भविष्य में सुधार की भविष्यवाणी सुनकर शेयरधारक मंत्र-मुग्ध हो जाते हैं। यदि कोई कंपनी लगातार इस समस्या को अनदेखा करती है, तो उसका नक़द भंडार बड़ी तेजीसे निष्क्रिय संसाधन बन जाता है और उसके शेयर के दामों में गिरावट आ जाती है।

अधिक नक़द भंडार, कम लाभ एवं कम शेयर भाव वाली कंपनी क्रेताओं को आकर्षित करती है, जिसके कारण वर्तमान प्रबंधन के कार्यकाल के अंत का आरंभ होने लगता है। स्वयं को बचाने के लिए प्रबंधक अक्सर दूसरे विकल्प, : अर्थात् किसी अच्छी कंपनी को क्रय करके विकास हेतु पूंजीनिवेश काविकल्प चुनते हैं।

नए अधिग्रहण की घोषणा से शेयरधारकों में उत्साह उत्पन्न होता है और कंपनी को क्रय करने की इच्छा रखने वाले हतोत्साहित होते हैं। पर बफ़े, विकास हेतु पूंजीनिवेश करने वाली कंपनियों को संदेह की दृष्टि से देखते हैं।पहला कारण है कि ऐसी वृद्धि अक्सर महंगी होती है। दूसरा कारण है कि एक बिलकुल नयी कंपनी को अधिग्रहित करके चलाने में अधिग्रहण करने वाली कंपनी के प्रबंधन से ऐसी ग़लतियाँ होने की संभावनाएं रहती हैं, जो कि शेयरधारकों को महंगी पड़ें।

बफ़े के अनुसार, जिन कंपनियों के पास नक़द का ऐसा भंडार है जिसे वे पुनः निवेशित कर औसत से अधिक लाभ नहीं कमा सकतीं, उनके पास एक ही तार्किक विकल्प होता है, और वह है उस पैसे को शेयरधारकों को लौटा देना। उसके लिए दो तरीक़े उपलब्ध हैं: (1) लाभांश जारी करना,तथा (2) शेयरों को पुनः क्रय (buyback) करना।

लाभांश द्वारा मिले नक़द से, शेयरधारक उस पैसे को अधिक प्रतिलाभ हेतु कहीं और निवेश कर सकते हैं। सतह से देखने पर तो यह एक लाभकारी सौदा लगता है और इसलिए कई लोग

लाभांश में वृद्धि को कंपनियों के अच्छे प्रदर्शन का सूचक मानते हैं। बफ़े के मत में यह तभी सही होता है जब निवेशकों को अपने निवेश पर, कंपनी द्वारा पुनः निवेश की तुलना में अधिक लाभ मिले।

शेयरधारकों को कंपनी की आय लौटाने के दूसरे तरीक़े— शेयरों के पुनः क्रय— के विषय में लाभांश द्वारा मिले यथार्थ लाभ सेअधिक भ्रांतियाँ प्रचलित हैं। यह इसलिए है क्योंकि कई अर्थों में शेयरों के पुनः क्रय का लाभ, शेयरधारकों के लिए लाभांश की तुलना में उतना प्रत्यक्ष, उतना तात्कालिक एवं उतना सीधा प्रभाव नहीं डालता।

बफ़े मानते हैं कि जब कंपनी का प्रबंधन, कंपनी के शेयरों का पुनः क्रय करता है तो उसके दो लाभ होते हैं। यदि कंपनी के शेयर अपने निहित मूल्य से कम दाम पर उपलब्ध हों तो उन्हें क्रय करना एक अच्छा व्यावसायिक निर्णय होता है। यदि किसी कंपनी के शेयर $50 के मूल्य पर उपलब्ध हैं परंतु उनका निहित मूल्य $100 है, तब ऐसी परिस्थिति में जब भी प्रबंधन अपनी कंपनी के शेयरों का पुनः क्रय करता है तब उसे प्रत्येक $1 के व्यय पर $2 के मूल्य का शेयर मिलता है। अन्य शेयरधारकों के लिए ऐसे सौदे काफ़ी फ़ायदेमंद सिद्ध हो सकते हैं।

इसके अतिरिक्त, बफ़े के अनुसार जब कंपनी के अधिकारी सक्रिय रूप से बाज़ार में कंपनी के शेयरोंको ख़रीदते हैं, तो इससे शेयरधारकों में यह संदेश जाता है कि उनके हितों को सर्वोपरि रखकर यह कार्य किया जा रहा है, न कि किसी स्वार्थी महत्त्वाकांक्षा की पूर्ति के लिए। इससे बाज़ार में सही संदेश जाता है जिससे कई ऐसे निवेशक कंपनी में निवेश करने के लिए आकर्षित होते हैं, जो निवेश के लिए शेयरधारकों के धन को बढ़ाने हेतु प्रयासरत कंपनियोंकी तलाश कर रहे होते हैं। बहुधा शेयरधारकों को दो बार लाभ मिलता है-एक बार तो जब पुनः क्रय की प्रक्रिया का आरंभ होता है और दूसरी बार जब निवेशकों के कंपनी में निवेश के प्रति आकर्षित होने से कंपनी के शेयरों के भाव बढ़ते हैं।

स्पष्टवादिता

बफ़े ऐसे प्रबंधकों का बहुत सम्मान करते हैं जो अपनी कंपनी के वित्तीय प्रदर्शन को पूर्णता एवं सत्यता से जारी करते हैं, जो अपनी ग़लतियों को मानने का साहस रखते हैं तथा अपनी सफलताओं का श्रेय दूसरों के साथ बाँटते हैं, एवं अपने शेयरधारकों से सत्य बोलते हैं। वह ऐसे प्रबंधकों का विशेष तौरपर सम्मान करते हैं, जो सामान्यतया मान्य लेखाकरण सिद्धांतों (GAAP) की आड़ में अपनी कंपनी की यथार्थ परिस्थिति को छिपाते नहीं हैं और स्पष्ट रूप से कंपनी के प्रदर्शन की सूचना देते हैं।

बफ़े कहते हैं, "किसी भी कंपनी के विषय में आवश्यक जानकारी उपलब्ध होनी चाहिए चाहे वह लेखा क़ानूनों, नियमों एवं सिद्धांतों द्वारा जारी करना अपेक्षित हो अथवा न हो, या

उनकी विषय-वस्तु के बाहर हो। इससे वित्तीय रूप से साक्षर पाठकों को तीन आवश्यक प्रश्नों का उत्तर ढूँढने में सहायता मिलती है: (1) कंपनी का अनुमानित मूल्य कितना है? (2)क्या वह भविष्य की अपनी अनुमानित संभावनाओं पर खरी उतर पाएगी? (3) उसके प्रबंधक कंपनी एवं अन्य कारकों की सीमाओं के भीतर कितना और कितना अच्छा काम कर पा रहे हैं?"[14]

बफ़े ऐसे प्रबंधकों का भी बहुत सम्मान करते हैं जो अपनी असफलताओं के बारे में खुलकर चर्चा कर सकते हैं। समय के साथ, हर कंपनी कुछ बड़ी तथा कुछ छोटी ग़लतियाँ करती है। बफ़े का मानना है कि अधिकतर प्रबंधक ईमानदारी से जानकारी देने की बजाय अति आशापूर्ण जानकारी जारी करते हैं जिससे उनके करियर के अल्प-कालीन ध्येयों की पूर्ति तो हो जाती है पर दीर्घकाल में किसी का भी भला नहीं होता।

वह बड़े बेबाक तरीक़े से कहते हैं कि अधिकतर वार्षिक रिपोर्ट्स झूठी होती हैं। इसीलिए, वहबर्कशायर की वार्षिक रिपोर्ट्स में शेयरधारकों को सदा ही अपनी कंपनी के अच्छे व बुरे पक्ष की स्पष्ट जानकारी देने में विश्वास रखते हैं। अतीत में उन्होंने अपनी वार्षिक रिपोर्ट्स में बर्कशायर के कपड़ा एवं बीमा व्यापारोंकी समस्याओं को तथा अपने स्वयं की भूलों को स्वीकार किया है। सन 1989 की बर्कशायर की वार्षिक रिपोर्ट से उन्होंने एक नयी परिपाटी का आरंभ किया, जिसमें वह अपनी भूलों को औपचारिक रूप से सूचीबद्ध रूप में प्रस्तुत करते हैं। वार्षिक रिपोर्ट के उस खंड का नाम रखा गया 'प्रथम पच्चीस वर्षों की ग़लतियाँ (एक संक्षिप्त परिचय)'। दो वर्ष बाद, उस खंड का नाम बदल कर 'मिस्टेकडूज़ूर' (Mistake Du Jour) कर दिया गया। इस खंड में बफ़े न केवल अपनी भूलों की चर्चा करते थे, बल्कि ऐसे क्षणों के बारे में भी बताते थे जब उनके ठीक प्रकार से कार्य न करने के कारण उन्हें अवसरों को खोना पड़ा।

आलोचकों का कहना है कि बफ़े का अपनी ग़लतियों की खुले रूप से चर्चा करना बेमानी है, क्योंकि दूसरे प्रबंधकों की तरह उन्हें अपनी ग़लतियों के फलस्वरूप नौकरी से निकाले जाने का कोई भय नहीं है चूँकि सबसे अधिक शेयरों के स्वामित्व के कारण वे बर्कशायर में मालिकाना हक़ रखते हैं। यह बिलकुल सही बात है। पर स्पष्टता एवं सत्यनिष्ठा से अपनी उपलब्धियों तथा ग़लतियों की चर्चा करके वह कंपनियों द्वारा जारी सार्वजनिक सूचना की एक नयी परिपाटी की नींव डाल रहे हैं। बफ़े मानतेहैं कि स्पष्टवादिता से प्रबंधक के साथ-साथ शेयरधारकोंको भी समान रूपसे लाभ होता है। वह कहते हैं, "जो मुख्य कार्यकारी अधिकारी (CEO) सार्वजनिक रूप से दूसरों को गुमराह करता है, वह अंततः निजी जीवन में स्वयं को भी धोखा देने लगता है।"[15] बफ़े, चार्लीमंगर को श्रेय देते हैं कि उन्होंने उन्हें केवल अपनी उपलब्धियों पर ही नहीं बल्कि अपनी ग़लतियों के बारे में भी सोचने से होने वाले लाभ को समझने में मदद की।

संस्थागत अनिवार्यता

यदि स्वयं की भूलों की चर्चा करने से प्रबंधन को इतना लाभ मिलता है तो फिर अधिकांश वार्षिक रिपोर्ट्स केवल सफलताओं का ही बखान क्यों करती हैं? यदि पूँजी का आवंटन इतना सरल एवं तार्किक होता है, तो अधिकतर समय पूँजी का सही आवंटन क्यों नहीं होता? बफ़े ने पाया है कि इसका कारण है एक अदृश्य शक्ति, जिसे वह 'संस्थागत अनिवार्यता' कहते हैं— कंपनी के प्रबंधकों की दूसरों की क्रियाओं की नक़ल करने की प्रवृत्ति, चाहे वह कितनी भी मूर्खतापूर्ण अथवा अतार्किक हो।

यह उनके व्यावसायिककरियर की सबसे आश्चर्यजनक खोज थी। विद्यालय में उन्हें पढ़ाया गया था कि अनुभवी प्रबंधक ईमानदार एवं बुद्धिमान होते हैं तथा स्वतः ही तार्किक व्यावसायिक निर्णय लेते हैं। यथार्थ व्यावसायिक संसार में क़दम रखते ही उन्होंने जाना कि "संस्थागत अनिवार्यता के सामने अक्सर तर्किकता शिथिल हो जाती है।"[16]

बफ़े मानते हैं कि संस्थागत अनिवार्यता के कारण कंपनी में अक्सर कई गंभीर समस्याएँ उत्पन्न हो जाती हैं: "(1) [संगठन] अपनी मौजूदा स्थिति में किसी भी प्रकार के बदलाव का प्रतिरोध करता है; (2) जिस तरह समय के उपयोग हेतुकार्य के दायरे का विस्तार होता है उसी तरह कंपनी के पास उपलब्ध अतिरिक्त धन का प्रयोग नयी परियोजनाओं एवं अधिग्रहण के लिए किया जाताहै;(3)कंपनी के नेतृत्व की किसी भी व्यवसाय संबंधी महत्त्वाकांक्षा, चाहे वह कितनी भी मूर्खतापूर्ण हो, के समर्थन में विस्तृत रिपोर्ट्स तैयार कर दी जाती हैं;तथा (4) अन्य समक्ष कंपनियों की नीतियों की बिना कुछ सोचे-समझे, नक़ल होना शुरू हो जाती है।"[17]

बफ़े ने बहुत ही पहले यह सबक़ सीख लिया था। नैशनल इंडेम्निटी, जिसे बाद में बर्कशायर ने सन 1967 में अधिग्रहित कर लिया था, के अध्यक्ष जैकरिंगवॉल्ट ने कुछ अड़ियल सा लगने वाला कार्य किया। जहाँ अधिकतर बीमा कंपनियाँ, शर्तिया अपर्याप्त लाभ अथवा हानि देने वाली शर्तों पर बीमा की पॉलिसियाँ जारी कर रहीथी, वहीं रिंगवॉल्ट ने बाज़ार से अलग हटते हुए नयी पॉलिसियाँ जारी करने से मना कर दिया। बफ़े रिंगवॉल्ट द्वारा लिए गए निर्णय की तार्किकता को समझ गए और उनका अनुकरण किया। आज भी, बर्कशायर की बीमा कंपनियाँ इसी सिद्धांत पर कार्य करती हैं: जो सभी कर रहे हैं आवश्यक नहीं कि वह सही ही हो।

इतनी सारी कंपनियों व व्यवसायों पर अपना प्रभाव डालने वाली संस्थागत अनिवार्यता को कौनसी चीज़ प्रेरित करती है? इसका उत्त रहै मानवीय स्वभाव। अधिकतर प्रबंधक अपने औद्योगिक क्षेत्र की दूसरी कंपनियों से विपरीत परिणामों से घबराते हैं। जब दूसरी कंपनियाँ लाभ कमा रही हों और आपकी कंपनी को हानि हो रही हो, तो आप भी दूसरी कंपनियों का अनुकरण करना चाहेंगे, चाहे आपको यह जानकारी ही क्यों न हो कि दूसरी कंपनियों द्वारा कमाया जाने वाला लाभ क्षणिक है।

दूसरों से अलग करने का निर्णय अथवा अपनी दिशा बदलने का निर्णय लेना बहुत कठिन होता है। फिर भी, अच्छे संप्रेषण कौशल वाला प्रबंधक कंपनी के मालिकों को अल्पकालिक हानि उठाकर दीर्घकालिक तथा अधिक लाभ कमाने के लिए कंपनी की रणनीति बदलने के लिए अक्सर मना लेता है। बफ़े ने जाना है कि संस्थागत अनिवार्यता का प्रतिरोध करने में अक्षमता, कंपनी के मालिकों से अधिक कंपनी के प्रबंधकों में पायी जाती है, जो कंपनी की कार्यशैली में आधारभूत बदलावों के प्रति अक्सर आशंकित रहते हैं। और जब कभी प्रबंधक आधारभूत बदलाव की आवश्यकता को स्वीकार कर लेते हैं, तब अधिकांशतः ऐसे बदलाव का कार्यान्वयन उन प्रबंधकों के लिए अत्यंत कठिन कार्य होता है। इसलिए कई प्रबंधक इन समस्याओं से दूर होने के लिए नयी कंपनी का क्रय करना अधिक पसंद करते हैं।

वे ऐसा क्यों करते हैं? प्रबंधन के बर्ताव को समझने के लिए बफ़े ने तीन विशिष्ट कारकों की पहचान की है, जो प्रबंधन के निर्णयों पर सर्वाधिक प्रभाव डालते हैं।

1. अधिकांश प्रबंधक सदा ही कुछ न कुछ करने के लिए आतुर रहते हैं। यही अति क्रियाशीलता अक्सर नयी कंपनियों के अधिग्रहण में परिणत होती है।
2. अधिकांश प्रबंधक, निरंतर अपनी कंपनी के परिणामों की तुलना दूसरी कंपनियों के परिणामों से करते रहते हैं। यह गतिविधि भी अति क्रियाशीलता का कारण बनती है।
3. अधिकतर प्रबंधक अपनी क्षमताओं का यथार्थ से अधिक मूल्यांकन करते हैं।

एक और समस्या जिसके विषय में हमने जाना है, वह है संसाधनों के आवंटन में कुशलता का अभाव। कंपनियों के मुख्य कार्यकारी अधिकारी (CEOs) अक्सर कंपनी के किसी एक विभाग, जैसे कि प्रशासनिक, लेखा, अभियांत्रिकी, उत्पादन अथवा मार्केटिंग विभाग से पदोन्नत होकर आते हैं। इसलिए उनमें सभी विभागों की आवश्यकता का ख़याल रखते हुए संसाधनों के आवंटन करने का अनुभव नहीं होता। इस समस्या के निदान के लिए, वे अपने अधीनस्थ कर्मचारियों, सलाहकारों, अथवा बैंकों के अधिकारियों से परामर्श लेकर निर्णय लेते हैं। ऐसी परिस्थिति में, संस्थागत अनिवार्यता का निर्णय प्रक्रिया में समावेश होना अवश्यंभावी होता है। यदि कोई CEO उसके द्वारा वांछित कंपनी के अधिग्रहण को सही ठहराने के लिए कहता है कि मूल कंपनी को उसके द्वारा निवेशित पूँजी पर 15 प्रतिशत का लाभ मिलेगा, तो बफ़े के अनुसार लगभग तुरंत ही उस CEO के अधीनस्थ कर्मचारी उसे सूचित करते हैं कि लाभ का प्रतिशत, 15 की बजाय, 15.1 प्रतिशत होगा।

अंत में, दूसरी कंपनियों का हवाला देकर संस्थागत अनिवार्यता को सही ठहराया जाता है। कंपनी D का CEO स्वयं से कहता है कि, "यदि कंपनी A, B, व C, सभी एक ही तरह से काम कर रही हैं तो इसका अर्थ है कि हमारी कंपनी को भी वैसा ही करना चाहिए।"

बफ़े मानते हैं कि संस्थागत अनिवार्यता का प्रतिरोध न कर पाने के कारण प्रबंधक जानबूझ कर ऐसे निर्णय ले लेते हैं, जो उनकी असफलता का स्रोत बन जाते हैं। नोट्रेडेम के छात्रों को

संबोधित करते हुए बफ़े ने 37 निवेश बैंकिंग कंपनियों की एक सूची दिखायी। उन्होंने बताया कि उस सूची में शामिल हर एक कंपनी सफल होने की प्रबल संभावना होने के बावजूद असफल हो गयी। उन्होंने बताया किउस समय न्यूयॉर्क स्टॉक एक्सचेंज का कारोबार 15 गुना बढ़ चुका था और सभी कंपनियों के शीर्ष प्रबंधक बहुत ही परिश्रमी, बुद्धिमान एवं महत्वाकांक्षी व्यक्ति थे। फिर भी वह सभी कंपनियाँ डूब गयीं। बफ़े ने कुछ पलों के लिए अपनी बातोंको विराम दिया। उन्होंने अपनी नज़रें कमरे में दौड़ाते हुए कहा, "ज़रा सोचिए। ऐसा कैसे हो सकता है? मैं बताता हूँ कैसे- ऐसा समकक्ष कंपनियों के अंध-अनुकरण की वजह से हुआ।"[18]

प्रबंधन का आकलन

बफ़े मानते हैं कि प्रबंधकों का तीन पैमानों- तर्किकता, स्पष्टवादिता तथा स्वतंत्र विचार करने की क्षमता- पर परीक्षण करना कंपनी के वित्तीय प्रदर्शन के आकलन से अधिक कठिन है। ऐसा इसलिए है क्योंकि मनुष्य संख्याओं से अधिक जटिल होते हैं।

कई विश्लेषक तो यह भी मानते हैं कि मानवीय कार्यकलापों का स्पष्ट रूप से मापन संभव नहीं होता है, इसलिए प्रबंधन का स्पष्ट आकलन असंभव है,फलतः ऐसा करने का प्रयास करना भी निरर्थक है। अन्य व्यक्ति यह मानते हैं कि किसी कंपनी के प्रबंधन का मूल्यांकन, कंपनी के प्रदर्शन संबंधी आँकड़ों- जैसे बिक्री, लाभ के मार्जिन, तथा प्रति शेयर लाभ दर- से भी हो जाता है तथा इसके लिए किसी अन्य मापदंड के आकलन की आवश्यकता नहीं है।

ये दोनों ही मत अपने-अपने स्थान पर वैध हैं, परंतुमेरे मतानुसार इन दोनों में से कोई भी मूल धारणा से अधिक वैध नहीं है। प्रबंधन के मूल्यांकन के लिए समय निकालने का कारण है कि इससे कंपनी के भविष्य के वित्तीय प्रदर्शन का पूर्व में ही अंदेशा हो जाता है। यदि आप किसी कंपनी के प्रबंधकों के शब्दों एवं कृत्यों पर बारीकी से नज़र डालेंगे, तो आपको कंपनी के वित्तीय परिणामों की अधिकारिक घोषणा के पूर्व हीकंपनी प्रबंधन के कार्य के कंपनी के वित्तीय परिणामों पर होने वाले प्रभाव के विषय में अंदाज़ा हो जाएगा। ऐसा विश्लेषण करने के लिए अत्यधिक शोध की आवश्यकता होती है, जिससे आलसी एवं कमज़ोर दिल के व्यक्ति दूर भागते हैं। उनकी यह हानि आपका लाभ है।

आवश्यक सूचना जुटाने के लिए बफ़े कुछ सुझाव देते हैं। कुछ वर्ष पूर्व की वार्षिक रिपोर्ट्स का अध्ययन करें तथा उनमें प्रबंधकों द्वारा भविष्य की रणनीति के विषय में की गयी बातों का अध्ययन करें। फिर पुरानी वार्षिक रिपोर्ट्स में वर्णित भविष्य के विषय में उन योजनाओं को कंपनी के वर्तमान के प्रदर्शन से तुलना करें और देखें कि वे कितनी सफल हुई हैं? पूर्व की योजनाओं को आज की योजनाओं से तुलना कर के देखें कि प्रबंधन की सोच किस तरह से बदली है? बफ़े का मानना है कि जिस कंपनी का आप अध्ययन कर रहे हैं, उसी क्षेत्र की समकक्ष

कंपनियों की वार्षिक रिपोर्ट्स से उसकी तुलना करना भी कई मूल्यवान निष्कर्षों का स्रोत हो सकता है। किसी कंपनी के पूर्णतया समान दूसरी कंपनी खोजना हमेशा आसान नहीं होता, पर दो कंपनियों के प्रदर्शन के थोड़े से भी सापेक्ष तुलनात्मक अध्ययन से उपयोगी जानकारी मिल सकती है।

केवल प्रबंधन की गुणवत्ता ही, बफ़े का ध्यान किसी कंपनी की ओर आकर्षित करने के लिए पर्याप्त नहीं है। चाहे किसी कंपनी के प्रबंधक कितने भी कुशल हों, बफ़े कभी भी केवल व्यक्तियों में ही निवेश नहीं करते, क्योंकि वह जानते हैं कि एक सीमा के बाद सर्वश्रेष्ठ प्रबंधक भी किसी संकटग्रस्त कंपनी को नहीं बचा सकते। बफ़े का सौभाग्य है कि उन्हें अमेरिका के कॉर्पोरेट जगत के कुछ सर्वश्रेष्ठ प्रबंधकों के साथ काम करने का अवसर मिला है, जिनमें कैपिटल सिटीज़/ ABC के टॉममर्फ़ी एवं डैनबर्क, कोकाकोला के रॉबर्टोगोईज़ुएटा एवं डॉनल्डकियोग तथा वेल्ज़फ़ार्गो के कार्लराइक्हार्ट शामिल हैं। परंतुवह कहते हैंकि, "यदि आप इन सभी महान प्रबंधकों को किसी घोड़े के चाबुक बनाने वाली कंपनी में प्रबंधन करने के लिए भेज दें तो वहाँ ये लोग कुछ विशेष नहीं कर पायेंगे।"[19] वह आगे कहते हैं कि, "यदि किसी अत्यधिक कुशल प्रबंधक को किसी मूल रूप से कठिन व्यवसाय क्षेत्र की कंपनी का प्रबंधन करने के लिए लगाया जाता है, तो अंत में उस कंपनी के व्यावसायिक क्षेत्र की प्रतिष्ठा ही बनी रहती है।"[20]

वित्तीय सिद्धांत

जिन वित्तीय सिद्धांतों द्वारा बफ़े किसी कंपनी के प्रबंधन की उत्कृष्टता तथा उसके आर्थिक प्रदर्शन का मूल्यांकन करते हैं, वे सिद्धांत उनकी ही सोच पर आधारित हैं। सर्वप्रथम, वह किसी कंपनी के वार्षिक परिणामों पर अधिक ध्यान नहीं देते।इसके विपरीत वहपाँच वर्षों के औसत परिणामों पर ध्यान देते हैं। वहव्यंग्यपूर्वक कहते हैं कि कंपनी द्वारा कमाया गया लाभ, पृथ्वी की सूर्य की परिक्रमा करने में लगने वाले समय के अनुसार अक्सर नहीं चलता है।उन्हें कंपनियों के वार्षिक लेखा नतीजों में अक्सर की जानी वाली लीपा-पोती भी पसंद नहीं है जिससे किसी कंपनी के वित्तीय आँकड़े देखने में तो अच्छे लगते हैं पर यथार्थ में उनमें कोई मूल्य नहीं होता। कंपनियों का वित्तीय विश्लेषण करने के लिए वे निम्नलिखित चार सिद्धांतों का प्रयोग करते हैं:

1. कंपनी की प्रति शेयर आय की बजाय इक्विटी पर मिले प्रतिलाभ पर ध्यान केंद्रित करें।
2. कंपनी के मूल्य के सही आकलन के लिए 'कंपनी के स्वामी की आय' की गणना करें।
3. अधिक लाभ मार्जिन वाली कंपनियों कीतलाशकरें।
4. सुनिश्चित करें कि हर एक डॉलर बचाने के बदले कंपनी ने एक डॉलर का बाज़ारमूल्य उत्पन्न किया है।

इक्विटी पर प्रतिलाभ

परंपरागत रूप से, वित्तीय विश्लेषक किसी भी कंपनी के प्रदर्शन का आकलन उसकी प्रति शेयर आय (EPS) के आधार पर करते हैं। क्या पिछले वित्तीय वर्ष की तुलना में इस वर्ष EPS में बढ़ोतरी हुई? क्या कंपनी ने अपेक्षा से अधिक प्रदर्शन किया? क्या कंपनी की आय में स्वयं के औद्योगिक क्षेत्र की दूसरी कंपनियों की तुलना में अत्यधिक वृद्धि हुई?

बफ़े को प्रति शेयर आय पर विश्वास नहीं है। वह मानते हैं कि इस आँकड़े से कंपनी की सही तस्वीर नहीं मिलती है। चूँकि अधिकतर कंपनियाँ अपनी पिछले वित्तीय वर्ष में होने वाली आय का एक बड़ा भाग, अपनी पूँजी को अधिक दिखाने के लिए स्वयं के मुद्रा भंडार में जमा कर लेती हैं, इसलिए बफ़े को अत्यधिक EPS की मात्रा देख कर भी उत्साहित होने का कोई कारण नहीं दिखायी पड़ता। यदि किसी कंपनी की आय में सालाना 10% की दर से वृद्धि होती है, तो उसके EPS में 10% की वृद्धि दिखाए जाने का कोई मतलब नहीं है। ऐसी कंपनी अपनी सारी आय को अपने भंडार में जमा ही कर रही होती है और बफ़े के अनुसार यह ऐसा ही है जैसे कि अपनी सारी कमाई को किसी सेविंग्स बैंक अकाउंट में डाल कर उस पर मिले ब्याज से अपना ख़र्चा चलाना। इसी कारण से बफ़े, इक्विटी पर प्रतिलाभ कंपनी के प्रदर्शन का बेहतर मापदंड मानते हैं। इक्विटी पर प्रतिलाभ परिचालन आय तथा शेयरधारकों की पूँजी का अनुपात होता है।

इस अनुपात को प्रयोग करने के लिए सामान्यतः की जाने वाली गणनाओं में कई प्रकार के संशोधन करने पड़ते हैं। सर्वप्रथम तो सभी विक्रेय प्रतिभूतियों का मूल्यांकन उनके बाज़ार मूल्य के बजाय लागत के आधार पर करना होता है, क्योंकि शेयर बाज़ार में शेयरों के मूल्य के प्रभाव से शेयरधारकों की पूँजी पर प्रतिलाभ में भारी परिवर्तन आ सकता है, जो अक्सर यथार्थ परिस्थिति को परिलक्षित नहीं करताहै। उदाहरण के तौर पर, यदि शेयर बाज़ार किसी वित्तीय वर्ष में अप्रत्याशित रूप से ऊपर उठा, तो उसके परिणामस्वरूप किसी कंपनी की निवल संपत्ति में अप्रत्याशित वृद्धि दिखायी पड़ सकती है। फलतः EPS के अनुपात में कंपनी के परिचालन प्रदर्शन का योगदान केवल इसलिए कम हो जाएगा, क्योंकि विभाजक संख्या का मान अत्यधिक हो गया है। इसके विपरीत, किसी वित्तीय वर्ष में बाज़ार में आयी भारी गिरावट के परिणामस्वरूप कंपनी द्वारा साधारण सा परिचालन प्रदर्शन भी अपने यथार्थ मूल्य से अधिक दिखायी पड़ेगा।

दूसरी बात यह कि हमें इस अनुपात की गणक संख्या पर असामान्य कारकों के प्रभाव को भी नियंत्रित करना होता है। बफ़े सभी पूँजीगत लाभ एवं हानि तथा परिचालन आय को बढ़ाने अथवा घटाने वाले असामान्य कारकों को निकाल देते हैं। वह कंपनी के विशिष्ट वार्षिक प्रदर्शन को पृथक करना चाहते हैं। वह जानना चाहते हैं कि प्रबंधन पूँजी के निवेश पर प्रतिलाभ उत्पन्न करने के अपने कार्य को कैसे करता है। उनके अनुसार वह प्रबंधन के आर्थिक प्रदर्शन का एकमात्र सबसे महत्त्वपूर्ण मापदंड है।

इसके अतिरिक्त, बफ़े का मानना है कि एक कंपनी को ऋण न लेकर अथवा कम ऋण लेकर, इक्विटी पर अच्छा प्रतिलाभ कमाना चाहिए। बफ़े जानते हैं कि कंपनियाँ अपने इक्विटी के प्रतिलाभ को अपना ऋण-इक्विटी अनुपात बढ़ाकर प्राप्त कर सकती हैं, पर वह इस बात से प्रभावित नहीं होते। उनका कहना है कि, "बिना ऋण लिए ही अच्छे व्यावसायिक निर्णयों द्वारा बेहतर परिणाम प्राप्त किए जा सकते हैं।"[21] इसके अतिरिक्त, अधिक ऋण लेने वाली कंपनियाँ आर्थिक मंदी के समय में कमज़ोर हो जाती हैं। बफ़े बर्कशायर के शेयरधारकों के हितों को ध्यान रखते हुए अधिक ऋण लेने वाली कंपनियों में निवेश करने से दूर रहना पसंद करते हैं।

ऋण के प्रति अपने सतर्क रवैए का अर्थ यह नहीं कि बफ़े को ऋण से डर लगता है। दरअसल वह आवश्यकता पड़ने से पहले ही ऋण लेकर उसे बाद में आवश्यकता के अनुसार प्रयोग करना अधिक पसंद करते हैं। उनके अनुसार, आदर्श परिस्थिति में किसी कंपनी की ख़रीद के समय ही धन की उपलब्धता होनी चाहिए, परंतु उनके अनुभव में इसका उलटा ही होता है। जब धन सुगमता से उपलब्ध हो, तो संपत्ति के भाव बढ़ जाते हैं। धन की अल्प उपलब्धता एवं अधिक ब्याज दरों के कारण संपत्ति के दाम अक्सर गिर जाते हैं। जब कोई कंपनी कम दाम पर बिक रही हो, तो अक्सर बाज़ार में ब्याज दरें बढ़ी हुई होती हैं जिसके फलस्वरूप उस अवसर का लाभ कोई नहीं उठा पाता। इसी कारणवश बफ़े कहते हैं कि कंपनियों को अपनी आस्तियों एवं देयताओं का प्रबंधन एक-दूसरे से पृथक तौरपर करना चाहिए।

आज ऋण लेकर कल अच्छे परिणामों की अपेक्षा करते हुए निवेश करने से अल्पकालिक आय की हानि होती है। पर बफ़े ऐसा तभी करते हैं जब उन्हें विश्वास होता है कि निवेश की गयी कंपनी के भविष्य के नतीजे ऋण के व्यय की भरपाई कर देंगे। इसमें एक और बात का ध्यान रखना होता है: चूँकि अच्छे व्यावसायिक अवसर कम ही उपलब्ध होते हैं, इसलिए बफ़े चाहते हैं कि बर्कशायर ऐसे अवसरों का लाभ उठाने के लिए सदा ही तैयार रहे। बफ़े कहते हैं, "यदि आप दुर्लभ, तेज़ भागने वाले हाथियों का शिकार करना चाहते हैं तो आपको सदा ही अपने साथ बंदूक़ रखनी चाहिए।"[22]

बफ़े, किसी भी कंपनी के लिए उचित एवं अनुचित ऋण की मात्रा पर कोई टिप्पणी नहीं करतेहैं। यह स्वाभाविक है: विभिन्न कंपनियाँ अपने-अपने नक़द प्रवाह के अनुसार ऋण के विभिन्न स्तरों काप्रबंधनकरसकती हैं। बफ़े यह अवश्य कहते हैं कि एक अच्छी कंपनी में, बिना ऋण की सहायता के इक्विटी पर अच्छा प्रतिलाभ कमाने की क्षमता होनी चाहिए। जो कंपनियाँ इक्विटी पर अच्छे प्रतिलाभ के लिए ऋण पर निर्भर होती हैं उन्हें सदा ही संदेह की दृष्टि से देखना चाहिए।

स्वामी की आय

बफ़े कहते हैं कि, "सबसे पहले हमें यह समझना चाहिए कि सभी प्रकार की आय एक समान नहीं होतीहै।"[23] जिन कंपनियों के लाभ की तुलना में उनकी संपत्ति अधिक होती है, वे ग़लत

आय दिखाने की प्रवृत्ति रखती हैं। मुद्रास्फीति के कारण अधिक संपत्ति वाली कंपनियों की आय मृगमरीचिका जैसी होती है। अतः, कंपनी की लेखा के अनुसार आय किसी विश्लेषक के लिए तभी उपयोगी होती है जब वह कंपनी के अपेक्षित नक़द प्रवाह का अनुमान लगा सके।

पर बफ़े चेतावनी देते हैं कि नक़द प्रवाह भी कंपनी के मूल्य का मापन करने के लिए सटीक मापदंड नहीं है; यथार्थ में, इससे अक्सर निवेशक दिग-भ्रमित हो जाते हैं। जिन व्यावसायिक क्षेत्रों में आरंभ में अधिक तथा बाद में छोटे स्तर पर निवेश की आवश्यकता होती है, जैसे कि रियल एस्टेट का विकास, खनिज गैस तथा केबल तार बिछानेवाली कंपनियां इत्यादि, उनके मूल्यांकन के लिए नक़द प्रवाह का विश्लेषण सही पद्धति है। दूसरी ओर, उदाहरण के तौर पर उत्पादन क्षेत्र में निरंतर पूँजी निवेश की आवश्यकता पड़ती है, इसलिए इस क्षेत्र की कंपनियों का मूल्यांकन केवल नक़द प्रवाह के विश्लेषण के आधार पर नहीं किया जा सकता।

किसी कंपनी के नक़द प्रवाह को सामान्यतः, कर के उपरांत उसकी निवल आय में मूल्यह्रास, संसाधनों की कमी, ऋणशोधन एवं अन्य ग़ैर-नक़द प्रभार को जोड़कर परिभाषित किया जाता है। बफ़े कहते हैं कि इस परिभाषा में सबसे बड़ी समस्या यह है कि इसमें एक अति महत्त्वपूर्ण आर्थिक तथ्य छूट जाता है: वह है 'पूँजीगत व्यय'। इस वर्ष की आय में से कितना भाग कंपनी को नए उपकरण, संयंत्र के सुधार तथा अपनी आर्थिक स्थिति को बनाए रखने के लिए अन्य सुधारों के लिए व्यय करना चाहिए? बफ़े के अनुसार, अधिकतर अमेरिकी कंपनियों को अपने मूल्यह्रास की दर के लगभग बराबर मात्रा में पूँजीगत व्यय करने की आवश्यकता होती है। वह कहते हैं कि पूँजीगत व्यय को लगभग एक वर्ष तक तो टाला जा सकता है, पर यदि दीर्घकाल में आवश्यक पूँजीगत व्यय नहीं किया जाता है तो कंपनी को आर्थिक पतन का सामना करना पड़ता है। पूँजीगत निवेश भी श्रम एवं पानी, बिजली इत्यादि की लागत की तरह ही एक आवश्यक व्यय है।

नक़द प्रवाह के विश्लेषण द्वारा कंपनियों के मूल्यांकन की लोकप्रियता अधिग्रहण के काल में बढ़ी क्योंकि तब कंपनियों को ख़रीदने के लिए दिए गए ऊँचे दामों को उनके नक़द प्रवाह को देख कर सही ठहराया जा सकता था। बफ़े मानते हैं कि नक़द प्रवाह केआंकड़े"को अधिकतर, कंपनियों तथा शेयरों के विक्रेताओं द्वारा उनकी बिक्री के दामों तथा अयोग्य कंपनियों की बिक्री को सही ठहराने के लिए प्रयोग किया जाता है। जब किसी कंपनी की कम आय से उसके ऊँचे बिक्री भाव को उचित नहीं ठहराया जा सकता तो उसके नक़द प्रवाह के सहारे यह काम किया जाता है।"[24] बफ़े चेतावनी देते हैं कि आवश्यक पूँजीगत व्यय को कुल संख्या से घटाए बिना नक़द प्रवाह का विश्लेषण नहीं करना चाहिए।

नक़द प्रवाह के स्थान पर, बफ़े अपने विश्लेषण में एक ऐसे आंकड़े का प्रयोग करते हैं जिसे वे 'स्वामी आय' (owner earnings) कहते हैं- जो कि किसी कंपनी की निवल आय में

मूल्यह्रास, संसाधनों की कमी तथा ऋणशोधन जोड़कर, उस कुल संख्या में से पूँजीगत व्यय तथा अन्य किसी भी प्रकार की आवश्यक कार्यशील पूँजी को घटाने के बाद शेष संख्या के बराबर होती है। परंतु वह स्वीकार करते हैं कि स्वामी आय की गणना उतनी सटीक नहीं होती जितनी कि कई विश्लेषक अपेक्षा करते हैं। यह इसलिए है क्योंकि भविष्य में होने वाले पूँजीगत व्यय का कई बार अनुमान लगाना पड़ता है। वह प्रसिद्ध अर्थशास्त्री जॉन मेनार्ड केंस को उद्धृत करते हुए कहते हैं कि, "मैं एकदम ग़लत होने से थोड़ा सा सही होना ज़्यादा पसंद करता हूँ।"

लाभ मार्जिन

फ़िलिप फ़िशर की तरह ही बफ़े को पता है कि यदि कंपनियों का प्रबंधन, अपने उत्पादों अथवा सेवाओं की बिक्री द्वारा लाभ कमाने में असमर्थ है तो चाहे कंपनी कितनी भी बड़ी हो, उसमें निवेश करने से कोई लाभ नहीं मिलता। लाभ कमाने का कोई विशेष रहस्य नहीं है: यदि कंपनी अपनी लागत पर नियंत्रण रखे तो लाभ कमा सकती है। उनके अनुभव में, अधिक लागत वाली कंपनियों में प्रबंधक लागत के मूल्य में बढ़ोतरी करने के मार्ग खोज लेते हैं और कम लागत वाली कंपनियों के प्रबंधक अपनी लागत कम करने के रास्ते खोज लेते हैं।

बफ़े ऐसे प्रबंधकों को बिलकुल भी नहीं पसंद करते, जो लागत मूल्य पर नियंत्रण नहीं रख पाते। ऐसे ही प्रबंधक अक्सर कंपनी की उत्पादन लागत को बिक्री द्वारा होने वाली आय के बराबर लाने के लिए सुधार कार्यक्रमों का आरंभ करते हुए पाये जाते हैं। जब भी कोई कंपनी अपनी लागत घटाने के लिए किसी विशेष योजना की घोषणा करती है, तो बफ़े समझ जाते हैं कि उस कंपनी का प्रबंधन अपने व्यय पर नियंत्रण नहीं कर पाया है। बफ़े कहते हैं कि, "जिस प्रकार किसी भी व्यक्ति को साँस लेने के लिए अभ्यास नहीं करना पड़ता, वैसे ही किस श्रेष्ठ प्रबंधक को अपनी कंपनी की लागत को कम करने के लिए आनन-फानन में बनाए गए किसी विशेष कार्यक्रम की आवश्यकता नहीं पड़ती।"[25]

बफ़े वेल्ज़ फ़ार्गो के कार्ल राइक्हार्ट एवं पॉल हेज़ेन तथा कैप सिटीज़/ABC के टॉम मर्फ़ी एवं डैन बर्क जैसे कई सर्वश्रेष्ठ प्रबंधकों द्वारा अनावश्यक व्यय पर निरंतर प्रहार करने की प्रवृत्ति की प्रशंसा करते नहीं थकते हैं। उनके अनुसार ये सभी प्रबंधक "आवश्यकता से अधिक कर्मचारी नहीं रखते", तथा "कंपनी के अच्छे दिनों में भी लागत को कम करने के लिए वैसे ही सतत प्रयासरत रहते हैं जितना कि कंपनी के बुरे दिनों में।"[26]

बफ़े भी अपनी कंपनी में लागत तथा अनावश्यक व्यय के प्रति कड़ा रवैया अपनाते हैं। वह समझते हैं कि किसप्रकार के व्यवसाय को कुशलता से चलाने के लिए कितने कर्मचारियों की आवश्यकता होती है और वह मानते हैं कि बिक्री से आय करने के लिए भी कुछ उचित व्यय करना पड़ता है। वह बर्कशायर के लाभ मार्जिन के प्रति अत्यंत संवेदनशील हैं।

बर्कशायर हैथअवे एक अद्वितीय निगम है। इस निगम में कोई विधिक विभाग, जनसम्पर्क अथवा निवेशक संपर्क विभाग नहीं है। इसमें अन्य कंपनियों की तरह कोई युक्तिपूर्ण नियोजन विभाग भी नहीं है, जहाँ MBA की डिग्री धारण करने वाले कर्मचारी विलय एवं अधिग्रहण की योजनाएँ बनाते रहते हैं। करके भुगतान के उपरांत बर्कशायर का पूरा व्यय उसकी परिचालन आय (operating earnings) का मात्र 1 प्रतिशतही होता है। बर्कशायर की तरह बड़ी कंपनियों का व्यय अधिकतर इसका दस गुना अधिक होता है।

एक डॉलर का नियम

यदि मोटे तौर पर देखा जाए तो शेयर बाज़ार हमें इस मूलभूत प्रश्न का उत्तर देता है: इस कंपनी का मूल्य क्या है? जब बफ़े इस विश्वास के साथ निवेश हेतु किसी कंपनी का चयन करते हैं कि उस कंपनी के लंबे समय तक आर्थिक उन्नति की अच्छी संभावना है तथा उस कंपनी का संचालन कुशल प्रबंधकों के हाथ में है जो शेयरधारकों के हितों को ध्यान में रखकर ही निर्णय लेते हैं, तब उन्हें अपने इस विश्वास की पुष्टि उस कंपनी के बाज़ार भाव में होने वाली वृद्धि में मिलती है। बफ़े के अनुसार, कंपनी के प्रतिधारित उपार्जन (retained earnings) से भी यही संकेत मिलता है। यदि कोई कंपनी अपने प्रतिधारित उपार्जन का लंबे समय तक कोई उत्पादक प्रयोग नहीं करतीं तो अंततोगत्वा बाज़ार (न्याय संगत रूपसे)उसके शेयरों के कम दाम लगाएगा। इसके विपरीत, यदि कंपनी अपने संचित धन पर औसत से अधिक प्रतिलाभ प्राप्त करती है तो उसकी यह सफलता उसके शेयरों के बढ़े हुए दाम में प्रतिबिम्बित होगी।

यह तो हम सभी जानते हैं कि दीर्घकाल में शेयर बाज़ार किसी भी कंपनी का काफ़ी सटीक मूल्यांकन कर लेता है, परंतु किसी एक वर्ष में किसी भी कंपनी के शेयरों के दामों में अन्य कारणों से भारी उतार-चढ़ाव आ सकता है। इसलिए बफ़े ने किसी भी कंपनी के निवेश के लिए सही होने तथा प्रबंधन की शेयरधारकों के लिए समृद्धि उत्पन्न करने की कुशलता का मापन करने के लिए एक परीक्षण का अविष्कार किया है: एक डॉलर का नियम। कंपनी के मूल्य में प्रति डॉलर वृद्धि, कम से कम उसके प्रति डॉलर प्रतिधारित उपार्जन के बराबर होनी चाहिए। प्रतिधारित उपार्जन से कंपनी का मूल्य जितना अधिक होगा उतना ही अच्छा होगा। जैसा कि बफ़े समझाते हैं, "नीलामी के इस विशाल बाज़ार में, हमारा काम है एक ऐसी कंपनी खोजना जो एक डॉलर प्रतिधारित उपार्जन को कम से कम एक डॉलर के बाज़ार मूल्य में परिवर्तित कर सके।"[27]

बाज़ार के सिद्धांत

अभी तक वर्णित सभी सिद्धांत केवल एक ही निर्णय बिंदु की ओर ले जाते हैं: किसी कंपनी के शेयर ख़रीदने योग्य हैं अथवा नहीं।ऐसे समय पर किसी को भी दो कारकों पर ध्यान देना चाहिए:

क्या यह कंपनी सही में मूल्यवान है तथा क्या यह इसे क्रय करने का अच्छा समय है—अर्थात् क्या इसका दाम अनुकूल है?

सैद्धांतिक रूप से किसी निवेशक द्वारा लिए गए निवेश के निर्णय, लागत एवं मूल्य के मध्य होने वाले भेद से प्रेरित होते हैं। यदि किसी कंपनी की लागत उसके प्रति शेयरमूल्यसे कम है, तो एक तर्क प्रेरित निवेशक उस व्यवसाय के शेयर ख़रीदेगा। इसके विपरीत, यदि मूल्य लागतसे अधिक है तो इस प्रकार का निवेशक उन्हें नहीं ख़रीदेगा। जैसे-जैसे कंपनी अपने आर्थिक मूल्य के चक्र के विभिन्न चरणों से गुज़रती जाती है, वित्तीय विश्लेषक समय-समय पर उस कंपनी के निहित मूल्य एवं उसके शेयरों के बाज़ार भाव की तुलना तथा विश्लेषण करते रहते हैं और उसके अनुसार उस कंपनी के शेयरों को ख़रीदने, बेचने अथवा अपने पास रखने की सलाह जारी करते हैं।

कुल मिलाकर तर्कसंगत निवेश पद्धति के दो अंग हैं:

1. कंपनी का निहित मूल्य क्या है?
2. क्या किसी कंपनी को उसके निहित मूल्य से कम दाम पर ख़रीदा जा सकता है?

मूल्य-निर्धारण

पिछले कई वर्षों में वित्तीय विश्लेषकों ने किसी भी कंपनी के निहित मूल्य की गणना के लिए कई सूत्रों का प्रयोग किया है। कुछ विश्लेषक सरल सूत्रों से कंपनी के निहित मूल्य का अनुमान लगाते हैं: कम भाव-आय अनुपात, कम भाव-बही मूल्य तथा उच्च लाभांश प्रतिफल। पर वॉरन बफ़े के अनुसार, इस कार्य के लिए सर्वश्रेष्ठ पद्धति का अविष्कार जॉन बर विल्यम्ज़ ने सत्तर वर्ष पूर्व अपनी पुस्तक 'द थ्योरी ऑफ़ इन्वेस्टमेंट वैल्यू' में किया था। विल्यम्ज़ के सिद्धांत को अपने शब्दों में व्यक्त करते हुए बफ़े कहते हैं कि,किसी भी कंपनी के निहित मूल्य की गणना उसके जीवन काल में होने वाले अनुमानित अपेक्षित नक़द प्रवाह को एक उचित ब्याज दर को बट्टागत करके की जाती है। वह कहते हैं कि, "इस प्रकार से मूल्यांकन करने पर, घोड़ा गाड़ी का चाबुक बनाने वाली कंपनियों से लेकर मोबाइल कंपनियाँ आर्थिक दृष्टिकोण से बराबर हो जाती हैं।"[28]

बफ़े कहते हैं कि यह गणितीय गणना, बॉड के मूल्यांकन के समान है। एक बॉड में कूपन एवं परिपक्वता तिथि, दोनों होते हैं जो उसके भविष्य के नक़द प्रवाह का निर्णय करते हैं। यदि बॉड के कूपनों को जोड़कर उसके योग को उचित बट्टागत दर से भाग दे दिया जाए, तो बॉडका दाम पता चल जाता है। किसी कंपनी का मूल्य पता करने के लिए, विश्लेषक, कूपनों (स्वामी की आय का नक़द प्रवाह) का अनुमान लगाता है जो कि कंपनी भविष्य में कुछ समय तक उत्पन्न करेगी, और फिर इन सभी कूपनों को वर्तमान में बट्टागत कर देता है।

बफ़े के अनुसार, किसी कंपनी का मूल्यांकन तब तक सरल रहता है जब तक आप सही परिवर्ती कारकों (variables) का प्रयोग करते हैं: जो नक़द प्रवाह तथा उचित बट्टागत दर होते

हैं। उनके मत में, जिस प्रकार किसी बॉंड की कूपन दर लगभग स्थिर ही रहती है, उसी प्रकार किसी कंपनी का नक़द प्रवाह भी लगभग अपरिवर्तनशील रहना चाहिए। यदि किसी कंपनी का व्यवसाय सरल एवं सुगम है और उसकी आय लगातार बढ़ती रही है तो बफ़े को उसके भविष्य के नक़द प्रवाह के विषय में सही अनुमान लगाना काफ़ी आसान हो जाता है। यदि ऐसा नहीं होता है तो वे कंपनी का मूल्यांकन करने की चेष्टा भी नहीं करते हैं।यही दृष्टिकोण उन्हें दूसरों से अलग बनाती है।

किसी कंपनी के भविष्य के नक़द प्रवाह का अनुमान लगाने के बाद, बफ़े अपने अनुसार उचित बट्टागत दर का प्रयोग करते हैं। कई लोगों को आश्चर्य होगा कि बफ़े बट्टागत दर के लिए केवल दीर्घकालिक अमेरिकी सरकारी बॉंड की दर का प्रयोग करते हैं। यह लगभग जोखिम मुक्त दर होती है।

कई विद्वानों का मत है कि जोखिम-मुक्त दर (दीर्घकालिकबॉंडदर) तथा इक्विटी जोख़िम प्रीमियम का योग, अधिक उचित बट्टागत दर होती है। इक्विटी जोख़िम प्रीमियम, कंपनी के भविष्य के नक़द प्रवाह से जुड़ी अनिश्चितता कोद र्शाता है। पर जैसा कि हम बाद में पढ़ेंगे, बफ़े इक्विटी जोख़िम प्रीमियम की संकल्पना को नहीं मानते, क्योंकि वह पूंजीगत आस्तिमूल्य निर्धारण का परिणाम है जो भाव में होने वाले उतार-चढ़ाव को जोखिम के परिमाण के रूप में प्रयोग करता है। सरल शब्दों में, भाव में होने वाला उतार-चढ़ाव जितना अधिक होगा, इक्विटी जोख़िम प्रीमियम भी उतना ही अधिक होगा।

पर बफ़े सोचते हैं कि भाव में होने वाले उतार-चढ़ाव को जोखिम का परिमाण मानना ग़लत है। उनके मतानुसार लगातार स्थायी रूप से आमदनी करने वाली कंपनियों पर ध्यान रखने से ही व्यावसायिक जोखिम काफ़ी हद तक कम हो जाता है। वह कहते हैं कि, "मैं निश्चित आय को अत्यधिक महत्त्व देता हूँ। ऐसा करने के बाद मुझे जोखिम के कारक की परिकल्पना का कोई औचित्य दिखाई नहीं देता। जोखिम तब उत्पन्न होता है जब आप यह नहीं जानते कि आप क्या कर रहे हैं।"[29] यह बिलकुल सही है कि किसी बॉंड के कूपन की तरह, किसी कंपनी के भविष्य के नक़द प्रवाह का उतनी निश्चितता से अनुमान नहीं लगाया जा सकताहै। तथापि बफ़े जोखिम-मुक्त दर का अकेले ही प्रयोग करना, जोख़िम प्रीमियम में कई अन्य प्रतिशत अंकों को जोड़ने की बजाय अधिक पसंद करते हैं। उनके अनुसार, केवल किसी कंपनी के शेयर के दामों में बाज़ार से अधिक उतार-चढ़ाव के आधार पर जोख़िम प्रीमियम में कई प्रतिशत अंक जोड़कर उसके प्रयोग को सही नहीं ठहराया जा सकताहै। फिर भी, यदि आप इक्विटी जोख़िम को नज़रअंदाज़ किए जाने को सही नहीं मानते, तो आप क्रय मूल्य में अधिक सुरक्षा मार्जिन की माँग कर उसकी भरपाई कर सकते हैं।

अंत में, कई बार ऐसा होता है कि दीर्घकालिक ब्याज दरें असामान्य रूप से कम होती हैं। ऐसे समय में हम जानते हैं कि बफ़े अधिक सावधानी बरतते हैं और जोखिम-मुक्त दर में कुछ

प्रतिशत अंक और जोड़ देते हैं, जिनसे कि वह सामान्य ब्याजदरवाले परिवेशको प्रतिबिंबित करे।

बफ़े के दावों के बावजूद, उनके आलोचक कहते हैं कि भविष्य के नक़द प्रवाह का अनुमान लगाना अत्यंत कठिन कार्य है तथा उचित बट्टागत दर के चयन सहीमूल्य-निर्धारण में बड़ी ग़लतियाँ होने का ख़तरा होता है। इससे निपटने के लिए आलोचक, मूल्य-निर्धारण करने के कुछ छोटे तरीक़ों का सहारा लेते हैं।"मूल्य निवेशक"कहे जाने वाले लोग कम भाव-आय अनुपात, कम भाव-बही अनुपात तथा अधिक लाभांश प्रतिलाभ का प्रयोग करते हैं। उन्होंने इन सभी अनुपातों का कड़ा पूर्व-परीक्षण किया है और पाया कि इन्हीं लेखा अनुपातों को इसी प्रकार प्रयोग करके कंपनियों का चुनाव एवं उनमें निवेश कर सफलता प्राप्त की जा सकती है। अन्य निवेशकों का दावा है कि निवेश के लिए ऐसी कंपनियों का चुनाव, जिनकी आय में औसत से अधिक की वृद्धि होती है, करने से निवेश में सफलता मिलती है; ऐसे निवेशकों को सामान्यतः "उन्नतिशील निवेशक" कहा जाता है। सामान्यतः, औसत से अधिक आय वृद्धि वाली कंपनियों के भाव-आय अनुपात, औसत से अधिक होते हैं तथा उनके लाभांश पर प्रतिफल कम होते हैं- जो मूल्य निवेशकों द्वारा वांछित निवेश के लिए आदर्श मापदंडों के बिलकुल विपरीत होते हैं।

ख़रीदमूल्य पर ध्यान देने वाले निवेशकों को अक्सर "मूल्य" अथवा "वृद्धि" निवेश पद्धतियों के बीच चयन करने में दुविधा होती है। बफ़े स्वीकारते हैं कि, कई वर्ष पहले वह भी इस बौद्धिक दुविधा से गुज़र चुके हैं। आज उनका मानना है कि इन दोनों विचारधाराओं के बीच वाद-विवाद का कोई अर्थ नहीं है। उनका कहना है कि मूल्य एवं वृद्धि से संबंधित निवेश पद्धतियाँ आपस में जुड़ी हुई हैं। मूल्य, किसी भी निवेश से प्राप्त होने वाले भविष्य के नक़द प्रवाह का बट्टागत वर्तमान मूल्य है; वृद्धि, मूल्य को निर्धारित करने की गणना मात्र है।

बिक्री, आय, एवं संपत्ति में वृद्धि या तो किसी निवेश के मूल्य में वृद्धि करते हैं अथवा उसे घटाते हैं। वृद्धि के कारण मूल्य में बढ़ोतरी तब हो सकती है जब निवेशित पूँजी पर प्रतिलाभ औसत से अधिक हो। इस प्रकार यह अपेक्षा की जाती है कि कंपनी में प्रत्येक डॉलर के निवेश पर, न्यूनतम एक डॉलर के बाज़ार मूल्य की उत्पत्ति हो। तथापि, कम पूँजी पर प्रतिलाभ वाली कंपनी की वृद्धि भी निवेशकों को हानि पहुँचा सकती है। उदाहरणात, एयरलाइंस व्यवसाय में बहुत वृद्धि हुई परंतु वे कंपनियाँ समुचित पूँजी पर प्रतिलाभ कमाने में असफल रहीं, जिसके कारण इन कंपनियों के अधिकतर मालिक आज़ बुरी हालत में हैं।

सभी लघु पद्धतियाँ—ऊँचे अथवा कम भाव-आय अनुपात, भाव-बही अनुपात, तथा लाभांश पर प्रतिफल—पूर्णतया भरोसेमंद नहीं हैं। बफ़े कहते हैं कि: चाहे "कोई निवेशक वास्तव में किसी कंपनी के शेयर उनके उचित मूल्य पर क्रय कर रहा हो और वास्तव में अपने निवेश के मूल्य को प्राप्त करने में लगा हो... चाहे वह कंपनी वृद्धि करे अथवा नहीं, उसकी आय में उतार-

चढ़ाव हो अथवा स्थायित्व रहे और चाहे अपनी वर्तमान आय तथा बही मूल्य की तुलना में उसके दाम कम या ज़्यादा हों, फिर भी बट्टागतनक़द प्रवाह की गणना के अनुसार सबसे सस्ते मूल्य के निवेश को ही निवेशक को ख़रीदना चाहिए।"[30]

आकर्षक दामों पर ख़रीदें

बफ़े के अनुसार, अच्छी कंपनियों—जो सरलता से समझ में आ जाएँ, जो आर्थिक रूप से स्थिर हों, शेयरधारकों के हित को ध्यान में कार्य करने वाले प्रबंधकों द्वारा संचालित हों— पर ही ध्यान देने से सफलता की गारंटी नहीं मिल जाती। सर्वप्रथम, उस कंपनी को उचित दाम पर ख़रीदना होगा और फिर उस कंपनी को उनकी अपेक्षाओं के अनुरूप प्रदर्शन करना होगा। वह कहते हैं कि यदि हमसे ग़लती होती है तो उसके कारणोंमें(1) हमारे द्वारा चुकाया जाने वाला मूल्य(2) प्रबंधन, अथवा (3) कंपनी के व्यवसाय की भविष्य में आर्थिक स्थिति शामिलहैं। वह कहते हैं कि अधिकतर तीसरे कारण के ग़लत आकलन की संभावना होती है।

औसत से अधिक प्रतिलाभ देने वाली कंपनियों के क्रय के साथ-साथउ न्हें उनके सूचित दाम से कम पर ख़रीदना बफ़ेका उद्देश्यहै। ग्राहम की सीख के अनुसार, किसी कंपनी के शेयर को तभी ख़रीदना चाहिए जब उसके दाम और मूल्य के बीच का अंतर, सेफ़्टीमार्जिन का प्रतिबिम्ब न करे।

सेफ़्टी के मार्जिन का सिद्धांत बफ़े की दो तरह से सहायता करता है। पहला, वह उन्हें हानि से होने वाले जोखिम से बचाता है। यदि उनकी गणना के अनुसार किसी कंपनी के शेयर का मूल्य उसके प्रति-शेयर भाव से ज़रा सा ही अधिक होता है, तो वह उसे नहीं ख़रीदतेहैं: वह सोचते हैं कि यदि उनसे भविष्य के संभावित नक़द प्रवाह की गणना में थोड़ी सी भी ग़लती होने के कारण कंपनी के निहित मूल्य की अधिक गणना हो गयी, तो अंततोगत्वा उसके शेयर का भाव गिरने पर उनके द्वारा दिए गए क्रय मूल्य से भी नीचे गिर सकता है, जिससे बड़ी हानि हो सकती है। परंतु यदि किसी कंपनी के निहित मूल्य तथा उसके शेयर के दामों के बीच का मार्जिन पर्याप्त हो, तो निवेश के मूल्य में गिरावट आने का जोखिम कम हो जाता है। यदि बफ़े किसी कंपनी के शेयरों को उसके निहित मूल्य से 25 प्रतिशत कम पर ख़रीदते हैं और बाद में उसके दाम 10 प्रतिशत गिर जाते हैं, तब भी उनके निवेश पर उन्हें पर्याप्त प्रतिलाभ मिल जाएगा।

मार्जिन ऑफ़ सेफ़्टी का सिद्धांत अप्रत्याशित लाभ के अवसर भी प्रदान करता है। यदि बफ़े किसी औसत से अधिक प्रतिलाभ कमाने वाली कंपनी की सही पहचान कर लेते हैं, तो उसके शेयर के भाव में दीर्घकाल में स्थायी रूप वृद्धि होगी,क्योंकि ऐसी परिस्थिति में शेयर के दाम कंपनी के व्यवसाय में होने वाले लाभ को प्रतिबिंबित करेंगे। यदि कंपनी लगातार 15 प्रतिशत की दर से अपनी प्रति-शेयर आय में वृद्धि करती है, तब उसके शेयर के दाम एक ऐसी कंपनी के शेयर के दामों से अधिक दर से वृद्धि करेंगे जिसकी प्रति-शेयर आय में वृद्धि दर 10 प्रतिशत है। इसके अतिरिक्त, यदि बफ़े मार्जिन ऑफ़ सेफ़्टी के सिद्धांत का प्रयोग करके इस निवेश की दृष्टि से श्रेष्ठ कंपनी के शेयर, इसके निहित मूल्य से काफ़ी कम दाम पर ख़रीदते हैं, तो बर्कशायर को

बाज़ार द्वारा इस कंपनी के भाव संशोधन के काल में अतिरिक्त लाभ मिलेगा। बफ़े कहते हैं, "भगवान की तरह ही, शेयर बाज़ार उनकी सहायता करता है जो अपनी सहायता स्वयं करते हैं, परंतु, एक ओर जहाँ भगवान उन लोगों को क्षमा कर देते हैं जो कि यह नहीं जानते कि वे क्या कर रहे हैं, शेयर बाज़ार ऐसे लोगों को माफ़ नहीं करता।"[31]

दीर्घ-कालीन शेयर भाव की संरचना

जो पाठक चित्रों के माध्यम से जल्दी सीख लेते हैं, उनके लिए मैंने इसे चित्र सं. 3.1 के माध्यमसे दर्शाया है। यह, बफ़े की पद्धति के मुख्य घटकों को सघन रूप से दर्शाता है।

एक उत्कृष्ट कंपनी (बीच का स्तंभ), समय के साथ (x-अक्ष), शेयरधारकों के निवेश के मूल्य में वृद्धि करती जाती है (y- अक्ष), जब तक कि उसके शेयरों को सही दाम पर क्रय किया जाता है (बायाँ स्तंभ), तथा प्रबंधन निर्णय (दायाँ स्तंभ) बाज़ार में पतन से बचाते हैं, बाज़ार के भाव से बेहतर प्रदर्शन की ओर ले जाते हैं तथा कंपनी के मूल्य में वृद्धि करते हैं।

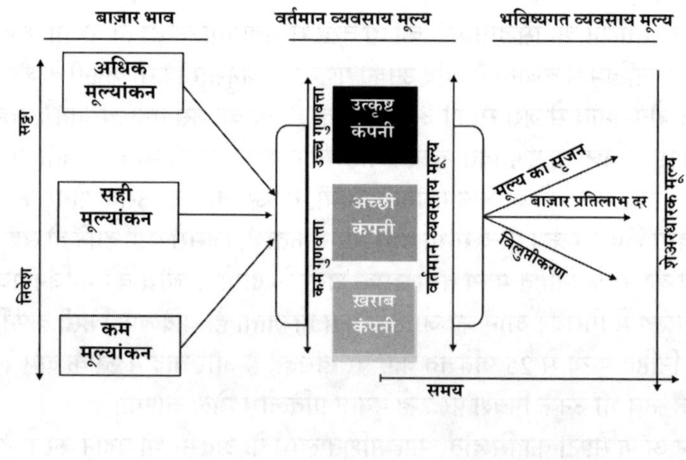

चित्र सं. 3.1 दीर्घ-कालीन शेयर भाव की संरचना

इन सिद्धांतों के प्रत्यक्ष प्रमाणों के लिए, अध्याय 4 में दिए गए प्रकरणों के अध्ययन को पढ़ें।

बुद्धिमान निवेशक

बफ़े इस बात को अच्छी तरह समझते हैं कि किसी कंपनी में शेयर ख़रीदने के बाद वह केवल कुछ काग़ज़ के टुकड़ों के धारक नहीं रहते हैं,बल्कि वह उस कंपनी में एक अंश के स्वामी बन

जाते हैं, और निवेश की यही पद्धति उन्हें दूसरों से अलग करती है। बफ़े कहते हैं कि, किसी कंपनी के संचालन पक्ष— उसके उत्पादों तथा सेवाओं, उसके विभिन्न भंडारों, उसकी कार्यशील पूँजी की आवश्यकताओं, पूँजी के पुनर्निवेश की आवश्यकताओं (यथा संयंत्र तथा उपकरण), कच्चे माल पर व्यय तथा श्रमिकों के साथ संबंधों—को समझे बिना उसमें निवेश करना अनुचित है। बेंजामिन ग्राहम ने अपनी पुस्तक'द इंटेलिजेंट इन्वेस्टर' के सारांश में लिखा था कि, "पेशेवर ढंग सेनिवेश करने में ही बुद्धिमानी है।"बफ़े अक्सर कहते हैं कि ये शब्द, "निवेश के विषय में लिखे गए नौ सबसे महत्त्वपूर्ण शब्द हैं।"

निवेशकों को चुनाव करना होता है: या तो वे कंपनी के एक अंश के स्वामी की तरह बर्ताव करें और उसके अनुसार सभी कार्य करें, अथवा केवल खेल में बने रहने के लिए ही प्रतिभूतियों की ख़रीद-फ़रोख़्त करें— अथवा किसी अन्य अव्यावसायिक कारण से शेयरों के व्यापार से जुड़े रहें।

जो शेयरधारक स्वयं को केवल चंद काग़ज़ के टुकड़ों का स्वामी मानते हैं, वे कंपनी के वित्तीय विवरणों से कोसों दूर रहते हैं। वे ऐसे बर्ताव करते हैं जैसे कि बाज़ार में कंपनी के शेयरों के उठते तथा गिरते हुए दाम कंपनी केतुलन-पत्रएवं आय विवरण के बजाए उस कंपनी के यथार्थ मूल्य का प्रतिबिम्बन करते हैं। वे ताश के पत्तों की तरह शेयरों का चुनाव करते हैं। बफ़े इसे उच्चकोटिकी मूर्खता मानते हैं।वह कंपनी के अंश के स्वामित्व तथा कंपनी में अधिकांश अथवा पूर्ण स्वामित्व को अलग नहीं मानते और उनके अनुसार इसमें कोई भेद नहीं करना चाहिए। बफ़े स्वीकार करते हैं कि, "मैं एक बेहतर निवेशक हूँ क्योंकि मैं एक व्यापारी हूँ, और मैं एक बेहतर व्यापारी हूँ क्योंकि मैं एक निवेशक हूँ।"[32]

बफ़े से अक्सर यह पूछा जाता है कि भविष्य में वह कैसी कंपनियों में निवेश करना पसंद करेंगे। सर्वप्रथम, वह कहते हैं कि वे व्यापारिक वस्तुओं का व्यवसाय करने वाली कंपनियों में निवेश करने से बचेंगे तथा जिन कंपनियों के प्रबंधकों पर उन्हें विश्वास नहीं है, उनमें भी निवेश करने से बचेंगे। वह ऐसी कंपनी में निवेश करना चाहेंगे जिनके बारे में उन्हें जानकारी है, जिनकी आर्थिक परिस्थिति अच्छी है और जो विश्वसनीय प्रबंधकों द्वारा संचालित हैं। वह कहते हैं कि, "यह ज़रूरी नहीं है कि एक अच्छी कंपनी सदा ही अच्छी ख़रीद साबित हो, परंतु अच्छी कंपनी की तलाश कर रहे निवेशकों के लिए उपयुक्त स्थान है।"[33]

अध्याय 4

सामान्य शेयरों की ख़रीद

नौ मामलों का अध्ययन

पिछले कुछ वर्षों में बफ़े के सामान्य शेयरों की ख़रीद बर्कशायर के लोक-साहित्य का एक भाग बन चुकी है| हर निवेश के पीछे एक अनोखी कहानी है| 1973 में वाशिंगटन पोस्ट कंपनी की ख़रीद 1980 में खरीदी गई GEICO से बहुत अलग थी| निश्चित तौरपर कैपिटल सिटीज़ में बफ़े के 50 करोड़ डॉलर का निवेश, जिसने टॉममर्फी को अमेरिकन ब्रॉडकास्टिंग कंपनी ख़रीदने में मदद की, कोका-कोला कंपनी में उनके 100 करोड़ के निवेश से भिन्न था| और इन हर एक शेयर की ख़रीद उन निवेशों से अलग थी जो उन्होंने सालों बाद वेल्सफ़ार्गो, जनरल डायनामिक्स, अमेरिकनएक्सप्रेस, IBMऔर हाइन्ज़ में किए थे| लेकिन हम सभी, जो बफ़े की सोच को पूर्णतया समझने की आशा रखते हैं, पातेहैंकि इन सभी सामान्य शेयरों की ख़रीद में एक साझा महत्त्वपूर्ण लक्षण है: वे हमें उनके व्यापार, प्रबंधन, वित्तीय और बाज़ार के सिद्धांतों को क्रियान्वित होते हुए देखने की अनुमति प्रदान करते हैं|

कैपिटल सिटीज़ के अलावा, बाकी की सभी कंपनियां बर्कशायर में ही रहीं और समृद्धि भी करती रही| केवल वॉशिंगटन पोस्ट कंपनी और जनरल डायनामिक्स ही बर्कशायर की शीर्ष सामान्य स्टॉक होल्डिंग्स की सूची में अपना स्थान नहीं बना पाई हैं|

इस अध्याय में हम प्रत्येक ख़रीद का उसके ऐतिहासिक संदर्भ में परीक्षण करेंगे| यह हमें निवेश के समय कंपनी, उद्योग और शेयर बाज़ार से संबंधित बफ़े की सोच का बेहतर विश्लेषण करने की अनुमति प्रदान करता है|

द वॉशिंगटन पोस्ट कंपनी

1931 में, *वॉशिंगटन पोस्ट* उन पांच दैनिक समाचार-पत्रों में से एक था जो देश की राजधानी में पाठकों के लिए प्रतिस्पर्धा कर रहा था| दो साल बाद अपने अखबारी कागज़ का भुगतान ना कर पाने की वजह से *पोस्ट* को अभिग्राही कंपनियों की श्रेणी में रखा गया| उन्ही गर्मियों में लेनदारों को संतुष्ट करने के लिए कंपनी को नीलामकर दिया गया| यूजीनमायर नामक एक लखपति वित्तदाता ने *वॉशिंगटन पोस्ट* को 825,000 डॉलर में ख़रीद लिया| अगले दो दशकों तक उसने अख़बार को तब तक सहारा दिया जब तक कि वह मुनाफ़े में नहीं चला गया| अख़बार का प्रबंधन हार्वर्ड से शिक्षित एक मेधावी वकील फ़िलिप ग्राहम के पास गया, जिसका विवाह मायर की बेटी कैथेरिन से हुआ था| 1954 में, फ़िलिपग्राहम ने यूजीन मायर को एक प्रतिद्वंद्वी अख़बार, *टाइम्स हेराल्ड* ख़रीदने के लिए राज़ी कर लिया| बाद में, 1963 मेंआत्महत्या की दुखद घटना से पूर्व ग्राहम ने *न्यूज़वीक* पत्रिका और दो टेलीविजन स्टेशन खरीदे| *वॉशिंगटन पोस्ट* को केवल एक अख़बार से एक मीडिया और संचार कंपनी में परिवर्तित करने का सारा श्रेय फ़िलिप ग्राहम को ही दिया जाता है|

ग्राहम की मृत्यु के बाद, *वॉशिंगटन पोस्ट* का नियंत्रण कैथेरिन ग्राहम के हाथ में चला गया| हालांकि उसे एक प्रमुख निगम के प्रबंधन का कोई अनुभव नहीं था, लेकिन उसने मुश्किल व्यावसायिक समस्याओं का मुकाबला करके जल्दी ही खुद की अलग पहचान स्थापित की| कैथेरिन ग्राहम की सफलता का श्रेय पोस्ट के लिए उनकी विशुद्ध प्रेम को जाता है| उन्होंने यह देखा था कि कैसे उनके पिता और पति ने कंपनी को व्यवहार्य बनाने के लिए संघर्ष किया था और उन्हें यह एहसास हुआ कि सफल होने के लिए कंपनी को एक रखवाले की नहीं, बल्कि एक निर्णयकर्ता की आवश्यकता है| उन्होंने कहा, “मैंने यह तुरंत सीख लिया कि चीज़ें वैसी ही नहीं रहेंगी, आपको निर्णय लेने पड़ेंगे|”[1] और फिर उन्होंने दो ऐसे निर्णय लिए जिनका स्पष्ट प्रभाव अख़बार पर पड़ा: बेन ब्रैडली को प्रबंध संपादक के रूप में नियुक्त करना और फिर वॉरेन बफ़े को कंपनी का निदेशक बनने के लिए आमंत्रित करना| ब्रैडली ने कैथेरिन ग्राहम को पेंटागन पेपर्स प्रकाशित करने के लिए और वॉटरगेट जांच को आगे बढ़ाने के लिए प्रोत्साहित किया, जिससे *वॉशिंगटन पोस्ट* को पुरस्कार-विजेता पत्रकारिता की प्रतिष्ठा प्राप्त हुई| अपनी तरफ से, बफ़े ने कैथेरिन ग्राहम को यह सिखाया कि एक सफल व्यापार को किस तरह चलाया जाए|

बफ़े सबसे पहले 1971 में कैथेरिन ग्राहम से मिले थे| उस समय, उनके पास *न्यूयॉर्कर* के स्टॉक थे| जब उन्होंने यह सुना कि शायद इस पत्रिका को बेचा जा सकता है, तो उन्होंने कैथेरिन ग्राहम से पूछा कि क्या वॉशिंगटन पोस्ट की इसे ख़रीदने में दिलचस्पी है| हालांकि वह सौदा नहीं हुआ, लेकिन बफ़े पोस्ट के प्रकाशक से काफी प्रभावित हुए|

उसी दौरान, *वॉशिंगटन* पोस्ट की वित्तीय संरचना गंभीर बदलावों की तरफ बढ़ रही थी| यूजीन और एग्नेसमायर द्वारा स्थापित ट्रस्ट की शर्तों के तहत, कैथेरिन और फ़िलिप ग्राहम पोस्ट के मताधिकार वाले शेयरों के मालिक थे| फिलग्राहम की मृत्यु के बाद कंपनी का नियंत्रण विरासत में कैथेरिन ग्राहम के पास आ गया| पिछले कुछ वर्षों में, यूजीनमायर ने सैंकड़ों कर्मचारियों को उनकी ईमानदारी और सेवा के लिए निजी *पोस्ट* स्टॉक के हज़ारों शेयर उपहार में दे दिए थे| उन्होंने कंपनी की लाभ-साझाकरण योजना को भी निजी स्टॉक से वित्तपोषित किया था| जैसे-जैसे कंपनी समृद्धि हुई, *वॉशिंगटन पोस्ट* के शेयरों की कीमत आसमान को छूने लगी, 1950 में एक शेयर की कीमत 50 डॉलर थी जो 1971 में बढ़कर 1,154 डॉलर हो गई| लाभ-साझाकरण योजना और कर्मचारियों के व्यक्तिगत स्वामित्व के कारण कंपनी को स्टॉक के लिए एक बाज़ार बनाए रखना आवश्यक था, यह एक ऐसी व्यवस्था थी जो कंपनी के नक़द के लिए एक अनुत्पादक उपयोग साबित हुआ| साथ ही, ग्राहम और मायर परिवार को कड़े विरासत करों का सामना भी करना पड़ रहा था|

1971 में, कैथेरिन ग्राहम ने *वॉशिंगटन पोस्ट* को सार्वजनिक करने का फैसला किया, ताकि बाज़ार में उनका खुद का स्टॉक बनाए रखने का बोझ कम हो और परिवार के उत्तराधिकारी अपनी संपत्ति अधिक लाभकारी तरीके से योजित करने के लिए सक्षम हो सकें| *वॉशिंगटन पोस्ट* कंपनी को शेयरों के दो वर्गों में विभाजित किया गया| वर्ग ए आम स्टॉक ने निदेशक मंडल के बहुमत को चुना और वर्ग बी ने अल्पसंख्यकों को चुना| कैथेरिन ग्राहम ने वर्ग ए के 50 प्रतिशत शेयर अपने पास रखकर कंपनी को प्रभावी ढंग से नियंत्रित किया| जून 1971 में *वॉशिंगटन पोस्ट* कंपनी ने वर्ग बीके शेयरों के 1,354,000 शेयर जारी किए| उल्लेखनीय रूप से, दो दिन बाद सरकार की धमकियों के बावजूद कैथरीन ग्राहम ने बेन ब्रैडली को पेंटागन पेपर्स प्रकाशित करने की अनुमति दे दी| 1972 में, ए और बी, दोनों ही वर्गों के शेयरों की क़ीमतों में व्यवस्थित रूप से उछाल आया जो जनवरी में 24.75 डॉलर से दिसंबर में 38 डॉलर तक पहुंच गई |

लेकिन *वॉलस्ट्रीट* पर मनोदशा कुछ उदास थी| 1973 की शुरुआत में, डॉवजोन्सके औद्योगिक औसत में गिरावट शुरू हो गई; वसंत तक यह 100 अंक नीचे फिसलकर 921 तक पहुंच गया| *वॉशिंगटन पोस्ट* कंपनी के शेयर की क़ीमत भी कमहो रही थी; मई तक यह नीचे गिरकर 23 डॉलर तक आ गया| *वॉलस्ट्रीट* के ब्रोकर IBM के बारे में चर्चा कर रहे थे शेयर अपने 200-दिन के औसत को पछाड़कर 69 अंक से अधिक नीचे गिर गया था; उन्होंने चेतावनी दी कि यह तकनीकी ख़राबी बाकी के बाज़ार के लिए एक अपशकुन है| उसी महीने, सोना 100 डॉलर प्रति औंस से बढ़ा, फेडेरल रिज़र्व ने छूट की दर को 6 प्रतिशत तक बढ़ाया और डॉव 18 अंक नीचे गिर गया, जो तीन साल में उसका सबसे बड़ा नुकसान था| जून तक छूट की दर को फिर से बढ़ाया गया और डॉव नीचे गिरकर 900 का स्तर पार कर गया|

इस अवधिमें बफ़े चुपचाप *वॉशिंगटन पोस्ट* के शेयर ख़रीद रहे थे| जून तक उन्होंने 22.75 डॉलर की औसत कीमत से 467,150 शेयर ख़रीद लिए थे तथा यह ख़रीद कुल 10,628,000 डॉलर की थी|

पहले-पहल तो कैथेरिन ग्राहम हतोत्साहित हो गयीं| परिवार से बाहर के एक व्यक्ति के पास पोस्ट के इतने अधिक शेयर होने का विचार ही बैचैन कर देने वाला था, हालांकि ये सभी शेयर नियंत्रणकारी नहीं थे| बफ़े ने श्रीमती ग्राहम को विश्वास दिलाया कि बर्कशायर की ख़रीद केवल निवेश के इरादे से की गई है| उन्हें फिर से आश्वस्त करने के लिए, बफ़े ने सुझाव दिया कि कैथेरिन के बेटे,डॉन ग्राहम को बर्कशायर के शेयरों के मतदान का प्रतिनिधित्व दिया जाए| यह बात पक्की हो गई| इस बात का जवाब देते हुए कैथेरिन ग्राहम ने 1974 में बफ़े को निदेशक मंडल में शामिल होने के लिए आमंत्रित किया और जल्दी ही उन्हें वित्त समिति का अध्यक्ष बना दिया गया|

वॉशिंगटन पोस्ट में बफ़े की भूमिका जगज़ाहिर है| उन्होंने 1970 के दशक में पत्रकारों की हड़तालों के दौरान कैथेरिन ग्राहम को दृढ़ रहने में मदद की और उन्होंने डॉन ग्राहम को व्यापार भी सिखाया, तथा उसे प्रबंधन की भूमिका एवं उसके मालिकों के प्रति उसकी ज़िम्मेदारी समझने में मदद की| दूसरी तरफ, डॉन भी एक उत्सुक विद्यार्थी था जो बफ़े द्वारा बताई गई हर बात सुनता था| सालों बाद लिखते हुए, डॉनग्राहम ने वादा किया कि वे "शेयरधारकों, विशेष रूप से दीर्घकालिक शेयरधारकों जिनका परिप्रेक्ष्य तिमाही या वार्षिक परिणामों के भी परे जाता है, के लाभ के लिए कंपनी का प्रबंधन करना जारी रखेंगे| हम अपनी सफलता को अपनी आमदनी के आकार या हमारे द्वारा नियंत्रित कंपनियों की संख्या से नहीं मापेंगे|" ग्राहम ने प्रतिज्ञा ली कि वह हमेशा "लागत का प्रबंधन सख्ती से करेंगे" और "अपने नक़द के उपभोग के बारे में अनुशासित रहेंगे|"[2]

सिद्धांत: सरल और बोधगम्य

बफ़े के दादाजी ने किसी समय वेस्टपॉइंट, नेब्रास्का में *कमिंग काउंटी* डेमोक्रेट नामक साप्ताहिक अख़बार का स्वामित्व और संपादन किया था| उनकी दादी अख़बार में मदद भी करती थीं और परिवार की छपाई की दुकान में अक्षर-योजन (टाइपसेटिंग) भी करती थीं| उनके पिताजी नेब्रास्का विश्वविद्यालय में शिक्षण प्राप्त करने के साथ-साथ *डेलीनेब्रास्कन* का संपादन भी करते थे| बफ़े खुद एक समय *लिंकनजर्नल* के संचलन प्रबंधक भी थे| ऐसा अक्सर कहा गया है कि अगर बफ़े व्यापार में निवेश के करियर में आगे नहीं बढ़ते, तो वे निश्चित ही पत्रकारिता में आगे बढ़े होते|

1969 में, बफ़े ने कुछ साप्ताहिक अख़बारों के साथ अपना पहला बड़ा अख़बार, *ओमाहा* सन खरीदा| हालांकि बफ़े उच्च कोटि की पत्रकारिता का सम्मान करते थे, लेकिन वह अख़बार को सबसे पहले और हमेशा ही एक व्यापार की तरह देखते थे| अख़बार के मालिकों के लिए इनाम के रूप में वे प्रभाव की नहीं, मुनाफे की उम्मीद रखते थे| *ओमाहा* सन के स्वामित्व ने उन्हें

एक अख़बार के व्यापार की गतिशीलता सिखाई| *वॉशिंगटन पोस्ट* कंपनी में अपना पहला शेयर ख़रीदने से पहले उनके पास अख़बार के स्वामित्व का चार साल का अनुभव था|

सिद्धांत: परिचालन का एकरूप इतिहास

बफ़े बर्कशायर के शेयरधारकों को बताते हैं कि *वॉशिंगटन पोस्ट* कंपनी के साथ उनका पहला वित्तीय संबंध 13 साल की उम्र में हुआ| जब उनके पिताजी कांग्रेस मो काम करते थे, तब वे *वॉशिंगटन पोस्ट* और *टाइम्स-हेराल्ड* दोनों अख़बारों के वितरण का कार्य करते थे| बफ़े सबको यह याद दिलाना पसंद करते हैं कि अपने इस दोहरे वितरण मार्ग के ज़रिए, उन्होंने इन दोनों अख़बारों का फिल ग्राहम द्वारा *टाइम्स-हेराल्ड* ख़रीदने के बहुत पहले ही विलयन कर दिया था|

ज़ाहिर है, बफ़े अख़बार के समृद्ध इतिहास से अवगत थे और वे *न्यूज़वीक* पत्रिका को एक पूर्वानुमेय व्यापार मानते थे| *वॉशिंगटन पोस्ट* कंपनी वर्षों तक अपने प्रसारण विभाग के बेहतरीन प्रदर्शन की रिपोर्टिंग कर रही थी और बफ़े ने जल्दी ही कंपनी के टेलीविजन स्टेशनों की कीमत समझ ली| कंपनी का खुद का सफल इतिहास और कंपनी के साथ बफ़े के व्यक्तिगत अनुभव ने उन्हें यह मानने पर मजबूर कर दिया कि कंपनी का व्यापार में प्रदर्शन सुसंगत और विश्वसनीय है|

सिद्धांत: अनुकूल दीर्घकालिक संभावनाएँ

1984 में बफ़े ने लिखा, "एक प्रभावी अख़बार की अर्थनीति उत्कृष्ट, विश्व में सबसे बेहतरीन होती है|"[3] याद रखिए कि बफ़े ने यह लगभग 30 साल पहले लिखा था, इंटरनेट का सामर्थ्य पहले-पहल महसूस होने से पूरे एक दशक पहले|

1980 की शुरुआत में, संयुक्त राज्य में 1,700 अख़बार थे और लगभग 1,600 किसी प्रत्यक्ष प्रतियोगिता के बिना संचालित थे| बफ़े ने यह महसूस किया कि अख़बारों के मालिक ऐसा मानते थे कि, हर साल वे जो असाधारण मुनाफा कमाते है उसका कारण उनके अख़बार की उच्चकोटि की पत्रकारिता है| सच्चाई यह है कि एक तृतीय श्रेणी का अख़बार भी पर्याप्त मुनाफा कमा सकता है, अगर वह उस शहर का इकलौता अख़बार हो तो| अब यह सच है कि एक उच्च दर्जे का अख़बार एक उच्च निवेश दर हासिल करेगा, लेकिन वे समझाते हैं कि एक समुदाय को अपनी रोज़मर्रा की ख़बरों के लिए एक मध्यम दर्जे का अख़बार भी आवश्यक है| शहर के प्रत्येक व्यापार, प्रत्येक घर बेचनेवाले और हर उस व्यक्ति के लिए जो समुदाय को संदेश भेजना चाहता है, उसे ऐसा करने के लिए एक अख़बार के प्रसार की आवश्यकता है| कनाडाके मीडिया उद्यमी,लॉर्ड थॉमसन की ही तरह, बफ़े का मानना था कि अख़बार का स्वामित्व प्राप्त करना अर्थात् सहर के हर उस व्यापार की रॉयल्टी प्राप्त करने जैसा था, जो विज्ञापन देना चाहता था|

अपनी राय देने के विशेषाधिकार की गुणवत्ता के साथ ही अखबारों के पास मूल्यवान आर्थिक साख भी होती है| जैसा कि बफ़े बताते हैं, अख़बारों की पूंजी की आवश्यकता कम होती है, इसलिए वे आसानी से बिक्री को मुनाफे में तब्दील कर सकते हैं| यहां तक कि जब एक अख़बार कंप्यूटर द्वारा संचालित महंगी छपाई की मशीनें और इलेक्ट्रॉनिक न्यूज़रूम सिस्टम स्थापित करता है, तो निश्चित मजदूरी की कम लागत के कारण उनका भुगतान जल्दी हो जाता है| 1970 और 1980 के दशक के दौरान, अख़बार अपेक्षाकृत रूप से कीमतें आसानी से बढ़ाने में सक्षम थे, जिससे निवेशित पूंजी पर औसत से अधिक प्रतिलाभ का उत्पादन होता है और मुद्रास्फीति के हानिकारक प्रभाव कम होते हैं|

सिद्धांत: मूल्य निर्धारित करना

1973 में, *वॉशिंगटन पोस्ट* कंपनी का कुल बाज़ार मूल्य 8 करोड़ डॉलर था| फिर भी बफ़े दावा करते हैं कि "अधिकांश सुरक्षा विश्लेषक, मीडिया ब्रोकर और मीडिया अधिकारियों ने वॉशिंगटन पोस्ट कंपनी के आंतरिक मूल्य का अनुमान 40 से 50 करोड़ डॉलर लगाया था|"[4] बफ़े ने यह अनुमान कैसे लगाया? चलिए बफ़े के तर्क का इस्तेमाल करते हुए आंकड़ों पर विचार करते हुए हैं

हम मालिक की सालभर की आय की गणना करते हुए शुरुआत करते हैं: निवल आय (1.33 करोड़ डॉलर) में मूल्यह्रास और ऋणशोधन (37 लाख डॉलर) जोड़कर, पूंजी व्यय (66 लाख डॉलर) घटाने से 1973 में मालिक की आय 1.04 करोड़ डॉलर प्राप्त होती है| अगर हम इस आय को अमेरिकी सरकार की दीर्घकालिक बॉड उपज (6.81 प्रतिशत) से विभाजित करते हैं, तो वॉशिंगटन पोस्ट कंपनी का मूल्य 15 करोड़ डॉलर हो जाता है, जो कंपनी के बाज़ार मूल्य से लगभग दोगुना है लेकिन बफ़े के अनुमान से काफी कम है|

बफ़े हमें बताते हैं कि, समय के साथ-साथ एक अख़बार का पूंजी गतव्यय मूल्यह्रास एवं ऋणशोधन शुल्क के बराबर हो जाएगा और इसलिए यह शुद्ध आय मालिक की आय के सन्निकट हो जाएगा| यह जानते हुए, हम सीधे-सीधे शुद्ध आय को जोखिम-मुक्त दर से विभाजित करके 19.6 करोड़ डॉलर के मूल्यांकन पर पहुंच सकते हैं|

अगर हम यहीं रुकते हैं, तो अनुमान यह है कि मालिक की आय में वृद्धि मुद्रास्फीति में वृद्धि के बराबर होगी| लेकिन हम जानते है कि अख़बारों के पास मूल्य-निर्धारण की असामान्य शक्ति होती है; क्योंकि अधिकांश का अपने समुदाय में एकाधिकार रहता है, वे अपनी कीमतों को मुद्रास्फीति के दरों से भी ज्यादा बढ़ा सकते हैं| अगर हम एक आखिरी अनुमान लगाएं—*वॉशिंगटन पोस्ट* के पास असली कीमतों को 3 प्रतिशत से बढ़ाने की क्षमता है—तो कंपनी का मूल्य तकरीबन 35 करोड़ डॉलर होगा| बफ़े भी जानते थे कि कंपनी का 10 प्रतिशत कर-पूर्व लाभ, उसके 15 प्रतिशत के ऐतिहासिक औसत लाभ से कम है और वह जानते थे कि

कैथेरिनग्राहम का दृढ़ संकल्प है कि पोस्ट एक बार फिर से इन लाभों को हासिल करे। अगर कर-पूर्व लाभ में 15 प्रतिशत तक सुधार हुआ, तो कंपनी का वर्तमान मूल्य 13.5 करोड़ डॉलर से बढ़ जाएगा, जिससे कुल आंतरिक मूल्य 48.5 करोड़ डॉलर हो जाएगा।

सिद्धांत: आकर्षक कीमतों पर खरीदें

यहां तक कि कंपनी के मूल्य की सबसे रूढ़िवादी गणना यह इंगित करती है कि बफ़े ने *वॉशिंगटन पोस्ट* कंपनी को उसके आंतरिक मूल्य से लगभग आधी कीमत में खरीदा था। वह कहते हैं कि उन्होंने कंपनी को उसके मूल्य के एक-चौथाई से भी कम कीमत में खरीदा। चाहे जो हो, यह तो स्पष्ट है कि उन्होंने कंपनी को उसके वर्तमान मूल्य पर बहुत ही बड़ी छूट में खरीदा। बफ़े ने बेन ग्राहम के इस आधार-वाक्य को संतुष्ट किया कि छूट पर ख़रीदने से सुरक्षा का मार्जिन निर्मित होता है।

सिद्धांत: लाभांश

जब बफ़े ने *वॉशिंगटन पोस्ट* में शेयर खरीदा, तब उसका लाभांश 15.7 प्रतिशत था। यह अधिकांश अख़बारों के लिए एक औसत लाभ था और स्टैण्डर्ड एंड पूअर्स (S&P) 500 की औद्योगिक प्रतिभूति निर्देशिका से केवल थोड़ा ही बेहतर था। लेकिन पांच सालों के अंदर ही, *पोस्ट* का लाभांश दोगुना हो गया। तब तक यह S&P औद्योगिक प्रतिभूति से दोगुना था और औसत अख़बार से 50 प्रतिशत ज़्यादा था। अगले 10 सालों में, पोस्ट ने अपना वर्चस्व बनाए रखा और 1988 में 36 प्रतिशत लाभांश की ऊंचाई तक पहुंचा।

यह औसत से अधिक लाभ तब अधिक प्रभावशाली हो जाते हैं, जब हम यह निरीक्षण करते हैं कि कंपनी ने समय के साथ अपने ऋण को जानबूझकर कम किया है। 1973 में, शेयरधारकों की इक्विटी में दीर्घकालिक ऋण का अनुपात 37 प्रतिशत था, अख़बार समूह में यह अनुपात दूसरा सबसे बड़ा अनुपात था। आश्चर्यजनक रूप से, 1978 तक कैथेरिन ग्राहम ने कंपनी के ऋण को 70 प्रतिशत तक कम कर दिया था। 1983 में, इक्विटी के लिए दीर्घकालिक ऋण 2.7 प्रतिशत था—अख़बार समूह के औसत का दसवां हिस्सा—फिर भी पोस्ट ने इन कंपनियों से 10 प्रतिशत अधिक लाभांश उत्पन्न किया था। 1986 में, सेलुलर टेलीफोन सिस्टम में निवेश करने और कैपिटल सिटी के 53 केबल सिस्टम ख़रीदने के बाद, कंपनी का ऋण असामान्य ऊंचाई पर जाकर 33.6 करोड़ डॉलर हो गया था। एक साल के भीतर ही, यह घटकर 15.5 करोड़ डॉलर हो गया था। 1992 तक, दीर्घकालिक ऋण 5.1 करोड़ डॉलर था और 42.7 प्रतिशत औद्योगिक औसत की तुलना में कंपनी का दीर्घकालिक लाभांश 5.5 प्रतिशत था।

सिद्धांत: लाभ सीमा

वॉशिंगटन पोस्ट कंपनी के सार्वजनिक होने के छह महीने बाद, कैथेरिन ग्राहम ने *वॉलस्ट्रीट* के सुरक्षा विश्लेषकों के साथ मुलाकात की| उसने उन्हें बताया कि कंपनी के मौजूदा परिचालन के लिए मुनाफे को बढ़ाना उनकी कार्य-सूचीमें पहले स्थान पर था| टेलीविज़न स्टेशनों और *न्यूज़वीक* का मुनाफा बढ़ता जा रहा था, लेकिन अख़बार की लाभप्रदता कम हो रही थी| श्रीमती ग्राहम ने कहा कि इसका मुख्य कारण उच्च उत्पादन लागत, अर्थात् वेतन था| *पोस्ट* द्वारा *टाइम्स-हेराल्ड* ख़रीदने के बाद, मुनाफा बढ़ गया था| जितनी बार यूनियन ने हड़ताल की (1949, 1958, 1966, 1968, 1969), प्रबंधन ने अख़बार बंद हो जाने का ख़तरा उठाने की बजाय उनकी मांगों को मानने का विकल्प चुना| इस समय, वॉशिंगटन डीसी में अभी भी केवल तीन अख़बार ही थे| 1950 और 1960 के दशक के दौरान मजदूरी की बढ़ती लागत ने मुनाफे को कम कर दिया था| श्रीमती ग्राहम ने विश्लेषकों को बताया कि यह समस्या सुलझनेवाली थी|

1970 के दशक में जब यूनियन के अनुबंध समाप्त होने लगे, श्रीमती ग्राहम ने यूनियन के साथ सख्ती बरतने वाले मज़दूर मध्यस्थों की सूची बनाई| 1974 में, कंपनी ने अख़बार श्रमिक निकाय द्वारा की गई एक हड़ताल को हरा दिया और लंबी बातचीत के बाद, मुद्रक एक नए अनुबंध पर राज़ी हुए| 1975 में प्रेसकर्मियों की हड़ताल के दौरान श्रीमती ग्राहम का दृढ़ रुख सामने आया| वह हड़ताल हिंसक और कटु थी| प्रेसकर्मियों ने सारी सहानुभूति खो दी जब उन्होंने हड़ताल से पहले पत्रकार कक्ष में उपद्रव मचाया| प्रबंधन ने प्रेस को संभाला, श्रमिक निकाय के सदस्य और मुद्रकों केसंघ ने धरना करने वालों द्वारा उत्पन्न रुकावट को पार किया| चार महीनों बाद, श्रीमती ग्राहम ने घोषणा की कि अख़बार उन प्रेसकर्मियों को काम पर रख रहा था, जो संघमें शामिल नहीं थे| कंपनी जीत गई थी|

1970 के दशक की शुरुआत में, वित्तीय प्रेस ने लिखा कि, "*वॉशिंगटन पोस्ट* कंपनी के प्रदर्शन के बारे में सबसे अच्छा यह कहा जा सकता है कि उसे लाभप्रदता में एक सज्जन की श्रेणी दी गई थी|"[5] 1973 में कर-पूर्व लाभ 10.8 प्रतिशत था—यह कंपनी द्वारा 1960 के दशक में कमाए गए ऐतिहासिक 15 प्रतिशत लाभ से काफी नीचे था| यूनियन के अनुबंध को फिर से सफलतापूर्वक बातचीत करके प्राप्त करने के बाद, पोस्ट की संपत्ति में सुधार हुआ| 1988 तक, कर-पूर्व लाभ 31.8 प्रतिशत की ऊंचाई पर पहुंच गया, जो तुलनात्मक रूप से अख़बार समूह के 16.9 प्रतिशत की औसत और S&Pऔद्योगिक प्रतिभूति के 8.6 प्रतिशत की औसत के अनुकूल था|

सिद्धांत: तर्कसंगतता

वॉशिंगटन पोस्ट ने अपने मालिकों के लिए नकदी का पर्याप्त प्रवाह उत्पन्न किया| क्योंकि इसने अपने प्राथमिक व्यापारों में पुनर्निवेश की तुलना में अधिक नकदी उत्पन्न की, ऐसी स्थितिमें

प्रबंधन के सामने दो विकल्प थे: शेयरधारकों को पैसा वापस करें और/या नकदी को लाभदायक रूप से नए अवसरों में निवेश करें। बफ़े की प्राथमिकता है कि कंपनियां शेयरधारकों को अतिरिक्त आय लौटा दें। जब कैथेरिन ग्राहम अध्यक्ष थीं तो, वॉशिंगटन पोस्ट कंपनी अपने उद्योग में पहला अख़बार था जिसने बड़ी मात्रा में शेयरों की पुनर्खरीद की थी। 1975 और 1991 के बीच, कंपनी ने 60 डॉलर प्रति शेयर की औसत कीमत से अपने शेयरों का अविश्वसनीय 43 प्रतिशत हिस्सा ख़रीद लिया।

एक कंपनी लाभांश बढ़ाकर शेयरधारकों को पैसा लौटाने का विकल्प भी चुन सकती है। 1990 में, पर्याप्त नकदी भंडार के साथ वॉशिंगटन पोस्ट कंपनी ने अपने शेयरधारकों का वार्षिक लाभांश 117 प्रतिशत बढ़ाकर 1.84 डॉलर से 4.00 डॉलर करने के पक्ष में मत दिया।

1990 की शुरुआत में, बफ़े ने यह निष्कर्ष निकाला कि अगर अमेरिकी उद्योग से तुलना की जाए तो अख़बार एक औसत से ऊपर व्यापार रहेगा, लेकिन उनके या किसी अन्य मीडिया विश्लेषक द्वारा सालों पहले की गई भविष्यवाणी की तुलना में उनकी किस्मत में कम मूल्यवान बनना लिखा था, इसका मुख्य कारण यह था कि अख़बारों ने अपना मूल्य-निर्धारण का लचीलापन खो दिया था। पहले के वर्षों में, जब अर्थव्यवस्था की गति धीमी हो जाती थी और विज्ञापनदाता खर्च में कटौती करते थे, तब अख़बार अपनी मुद्रित सामग्रियों हेतु भुगतानकी दर बढ़ाकर लाभप्रदता बनाए रख सकते थे। आज, अब अख़बारों का एकाधिकार नहीं है। विज्ञापनदाताओं ने अपने ग्राहकों तक पहुंचने के सस्ते तरीके ढूंढ लिए हैं; केबल टेलीविज़न, प्रत्यक्ष मेल, अख़बार के अंदर के पर्चे, और—सबसे ज्यादा—इंटरनेट के व्यापक इस्तेमाल ने अख़बारों से विज्ञापन के सारे डॉलर छीन लिए हैं।

1991 तक, बफ़े को यह विश्वास हो गया था कि लाभप्रदता में यह बदलाव एक दीर्घकालिक बदलाव के साथ-साथ एक अस्थाई चक्रीय बदलाव का प्रतिनिधित्व करता है। उन्होंने स्वीकार किया, "तथ्य तो यह है कि अख़बार, टेलीविज़न और पत्रिका के गुण अपने आर्थिक व्यवहार में एक फ्रेंचाइज़ी से अधिक व्यापार लगने लगे हैं।"[6] चक्रीय बदलाव अल्पावधि आय पर चोट पहुंचाते हैं लेकिन वे कंपनी के आंतरिक मूल्य को कम नहीं करते। दीर्घकालिक बदलाव आय को भी कम करते हैं और आंतरिक मूल्यों को भी। हालांकि, बफ़े ने कहा कि वॉशिंगटन पोस्ट कंपनी के आंतरिक मूल्य में बदलाव, अन्य मीडिया कंपनियों की तुलना में संयत था। इसके दो कारण थे। पहला, पोस्ट का 5 करोड़ डॉलर का दीर्घकालीन ऋण इसके 40 करोड़ डॉलर के नकदी भंडार की बराबर रकम से ज्यादा था। वॉशिंगटन पोस्ट इकलौता सार्वजनिक अख़बार है जो कि ऋणमुक्त है। बफ़े ने कहा, "परिणामस्वरूप, उत्तोलन के प्रभावों से उनकी संपत्ति के मूल्य में सिकुडन नहीं दिखाई दे रहा था।"[7]

सिद्धांत: एक डॉलर का आधार वाक्य

बफ़े का लक्ष्य उन कंपनियों का चयन करना है जिनमें प्रतिधारित कमाई का प्रत्येक डॉलर बाज़ार मूल्य के कम से कम एक डॉलर में परिवर्तित होता है| यह परीक्षण उन कंपनियों को जल्दी से पहचान लेता है, जिनके प्रबंधक समय के साथ-साथ अपनी कंपनी की पूंजी को बेहतर ढंग से निवेश करने में सक्षम हुए हैं| अगर प्रतिधारित कमाई कंपनी में निवेश करने के बाद औसत से ऊपर लाभ उत्पन्न करे, तो कंपनी के बाज़ार मूल्य में एक अच्छी अनुपातिक वृद्धिइसका सबूत होगा|

1973 से 1992 तक, *वॉशिंगटन पोस्ट* कंपनी ने अपने मालिकों के लिए 175 करोड़ डॉलर कमाकर दिए| इस कमाई से कंपनी ने शेयरधारकों को 29.9 करोड़ डॉलर दिए और 145 करोड़ डॉलर को फिर से कंपनी में निवेश कर दिए| 1973 में,*वॉशिंगटन पोस्ट* कंपनी का कुल बाज़ार मूल्य 8 करोड़ डॉलर था| 1992 तक, बाज़ार मूल्य बढ़कर 263 करोड़ डॉलर हो गया था| उन 20 सालों में, प्रतिधारित किए गए हर 1 डॉलर के लिए, कंपनी ने शेयरधारकों के लिए बाज़ार मूल्य में 1.81 डॉलर का निर्माण किया|

अभी भी, कैथेरिन ग्राहम के नेतृत्व में *वॉशिंगटन पोस्ट* कंपनी की सफलता को आंकने का एक और रास्ता है| विलियम थोर्नडायिक अपनी गहरी दृष्टिवाली पुस्तक द *आउटसाइडर्स: एट अनकन्वेंशनल सीईओस एंड देयर रेडिकली ब्लूप्रिंट फॉर सक्सेस* में हमें यह समझने में मदद करते हैं कि, कंपनी और उनके मुख्य कार्यकारी अधिकारी दोनों ने ही असल में कैसा प्रदर्शन किया है| "1971 में कंपनी के प्रथम जन प्रस्ताव के समय से लेकर 1993 में कैथेरिनग्राहम के अध्यक्ष बनने तक, शेयरधारकों के लिए चंक्रवृद्धि वार्षिक लाभ उल्लेखनीय रूप से 22.3 प्रतिशत था, जिसने S&P (7.4 प्रतिशत) और उसके समकक्षों (12.4 प्रतिशत) दोनों को बौना बना दिया था| प्रथम जन प्रस्ताव के समय निवेश किए गए एक डॉलर की कीमत उनकी सेवानिवृत्ति के समय 89 डॉलर थी, जबकि S&P की 5 डॉलर और उसके समकक्ष समूह की 14 डॉलर थी| कैथेरिनग्राहम ने S&P को *अट्ठारह गुना* से और उसके समकक्ष समूह को छह *गुना* से पीछे छोड़ दिया था| वे अपनी बाईस साल की अवधि के दौरान एक व्यापक अंतर से देश की सबसे अच्छी अख़बार प्रबंधक थीं|" [8]

GEICO निगम

सरकारी कर्मचारी बीमा कंपनी (Government Employees Insurance Company-GEICO) की स्थापना 1936 में लियो गुडविन नामक एक बीमा लेखाकार ने की थी|[9] उन्होंने एक ऐसी कंपनी की कल्पना की, जो केवल जोखिम-प्राथमिकता वाले चालकों का बीमा करती थी और इस बीमे को सीधे डाक द्वारा बेचा जाता था| उन्होंने यह पाया कि एक समूह के रूप में

सरकारी कर्मचारियों की आम जनता की तुलना में कम दुर्घटनाएं होती थीं| वे यह भी जानते थे कि सीधे चालक को बेचने से कंपनी दलालों से जुड़ा हुआ बंधा खर्च खत्म कर देगी, जो कि आमतौर पर प्रत्येक प्रीमियम डॉलर का 10 से 25 प्रतिशत होता था| गुडविन ने यह समझ लिया कि यदि वे सावधान चालकों को उनसे अलग कर दें और बीमा पॉलिसियां सीधे बेचकर बचत कर लें, तो उनके पास सफलता का नुस्खा आ जाएगा|

गुडविन ने फोर्टवर्थ, टेक्सास के एक बैंककर्मी क्लीव्स रिहा को अपना सहयोगी बनने के लिए आमंत्रित किया| गुडविन 25,000 डॉलर निवेश करके स्टॉक के 25 प्रतिशत के मालिक बन गए; रिहा ने 75 प्रतिशत के लिए 75,000 डॉलर का निवेश किया| 1948 में, कंपनी टेक्सास से (वॉशिंगटन, डी. सी.) चली गई| उस साल, रिहा परिवार ने कंपनी में अपना ब्याज बेचने का निर्णय लिया और रिहा ने बाल्टिमोर के एक बांड विक्रेता, लोरिमरडे विडसन को बिक्री में मदद करने के लिए सूचीबद्ध किया| बदले में, डेविडसन ने वॉशिंगटन, डी. सी. के एक वकील डेविड क्रीगर को ख़रीददार ढूंढने में मदद करने के बारे में पूछा और क्रीगर ने ग्राहम-न्यूमैन निगम से बात की| बेनग्राहम ने रिहा का आधा स्टॉक 720,000 डॉलर में ख़रीदने का निर्णय लिया; क्रीगर और डेविडसन के बाल्टिमोर के सहयोगियों ने बाकी का आधा ख़रीद लिया| एक निवेश निधि होने की वजह से प्रतिभूति और विनिमय आयोग ने ग्राहम-न्यूमैन को GEICO की संपत्ति कंपनी की 10 प्रतिशत रखने के लिए मजबूर किया, इसलिए ग्राहम को GEICO के स्टॉक को निधि के साझेदारों को वितरित करना पड़ा| सालों बाद, जब GEICO एक अरबपति कंपनी बन गई, ग्राहम के निजी शेयरों का मूल्य लाखों में था|

गुडविन के आमंत्रण पर लोरिमरडे विडसन GEICO के प्रबंधन दल में शामिल हुए| 1958 में वह अध्यक्ष बने और 1970 तक कंपनी का नेतृत्व किया| इस अवधि के दौरान, बोर्ड ने पेशेवर, प्रबंधकीय, तकनीकी और प्रशासनिक कर्मचारियों को शामिल करने के लिए GEICO के कार बीमा की पात्रता बढ़ा दी| GEICO के बीमा बाज़ार में अब सभी कार मालिकों का 50 प्रतिशत शामिल है, जो पहले 15 प्रतिशत था| यह नई रणनीति सफल हुई| हामीदार मुनाफा बढ़ गया क्योंकि चालकों का नया समूह भी सरकारी कर्मचारियों जितना ही सावधान निकला|

यह कंपनी के सुनहरे वर्ष थे| 1960 से लेकर 1970 के बीच, बीमा नियामक GEICO की सफलता से मंत्रमुग्ध थे और शेयरधारकों ने अपने शेयरों की कीमतों को बढ़ते हुए देखा| कंपनी का प्रीमियम-से-अधिशेष अनुपात 5:1 से ऊपर हो गया| यह अनुपात उस जोखिम को मापता है जो एक कंपनी अपने पॉलिसीधारकों के अधिशेष (पूंजी जो दावों का भुगतान करने के लिए उपयोग की जाती है) की तुलना में (प्रीमियम लिखा) लेती है| चूंकि बीमा नियामक GEICO से इतने प्रभावित थे, इसलिए कंपनी को उद्योग के औसत अनुपात से अधिक की अनुमति दी गई थी|

1960 के दशक के आखिर तक GEICO की किस्मत का तारा डूबने लगा था। 1969 में कंपनी ने बताया कि उसने उस वर्ष के लिए अपने भंडार को 1 करोड़ डॉलर से कम करके आंका था। 25 लाख डॉलर कमाने की बजाय, कंपनी को नुकसान हुआ था। आय में समायोजन अगले वर्ष किया गया था, लेकिन फिर से कंपनी ने भंडार को कम करके आंका—इस बार 2.5 करोड़ डॉलर—इसलिए 1970 के हामीदारी लाभ के बजाय एक विनाशकारी नुकसान दिखाया गया।

पॉलिसीधारकों को बीमा कंपनी द्वारा प्राप्त राजस्व को अर्जित प्रीमियम कहा जाता है। इन प्रीमियमों से, कंपनी सालभर के दौरान वाहन चालक को आवृत्ति प्रदान करने का वादा करती है। बीमा कंपनी की लागतों में शामिल होता है बीमित घाटा, जिसमें वाहन चालक द्वारा लाए गए दावे और नुकसान के खर्च, दावों को निपटाने की प्रशासनिक लागत शामिल होती है। इन कुल लागतों को न केवल सालभर के दौरान किए गए भुगतानों को बल्कि भुगतान किए जाने वाले दावों का प्रतिबिंबित करना चाहिए। अनुमान दो श्रेणियों में विभाजित हैं: दावा लागत और खर्च, जिनका भुगतान कंपनी को सालभर के दौरान करने की उम्मीद है और समायोजन भंडार, जो कि पहले के वर्षों के कम आंके गए भंडार को छिपाने के लिए अलग रखे जाते हैं। मुकदमेबाज़ी के कारण, कुछ बीमा दावों का निपटारा कई वर्षों तक नहीं किया जाता है और उनमें अक्सर कानूनी और चिकित्सकीय खर्चों के लिए पर्याप्त भुगतान शामिल होता है। GEICO के समक्ष सबसे बड़ी समस्या यह थी कि ना केवल इसके पास लिखित बीमा पॉलिसियां थीं जो कि एक हामीदारी के नुकसान को संतुलित करने के लिए निर्माण की गई थीं, बल्कि पहले के भंडार के इसके आकलन भी अपर्याप्त थे।

1970 में, डेविडसन सेवानिवृत्त हुए और उनकी जगह वाशिंगटन के वकील डेविड क्रीगर ने ली। कंपनी को चलाने का काम नॉर्मन गिड्डन के हाथ में आया, जिन्होंने पहले अध्यक्ष और मुख्य कार्यकारी अधिकारी के रूप में काम किया था। आगे जो हुआ उससे यह पता चलता है कि,GEICO 1969 और 1970 में खुद के द्वारा निर्माण किए गए भंडार (रिज़र्व) के झंझट से बाहर निकलने का प्रयास कर रहा था। 1965 से 1970 के बीच 7 प्रतिशत औसत की तुलना में 1970 और 1974 के बीच, नई स्वतंत्र पॉलिसियां 11 प्रतिशत की वार्षिक दर से बढीं। साथ ही, 1972 में कंपनी ने एक महंगे विकेंद्रीकरण कार्यक्रम को शुरू किया जिसके लिए रियल एस्टेट, कंप्यूटर उपकरण और कर्मचारी वर्ग में महत्त्वपूर्ण निवेश की आवश्यकता थी।

1973 तक कंपनी, जो कि ज़ोरदार प्रतिस्पर्धा का सामना कर रही थी, ने बाज़ार में अपनी हिस्सेदारी का विस्तार करने के लिए अपने पात्रता मानकों को कम कर दिया। अब पहली बार GEICO के वाहन चालकों में शारीरिक परिश्रम करने वाले कर्मचारी और 21 वर्ष से कम आयु के चालक शामिल हुए, विविध इतिहासों वाले यह दो समूह थे। यह दोनों रणनीतिक परिवर्तन, कॉर्पोरेट विस्तार की योजना और अधिक संख्या में वाहन चालकों का बीमा करने की योजना,

देश के 1973 के मूल्य नियंत्रण को हटाने के साथ-साथ ही हुई| जल्दी ही, स्वतः मरम्मत और चिकित्सा देखभाल की लागत में बड़े पैमाने पर वृद्धि हुई|

GEICO में हामीदारी का नुकसान 1974 की चौथी तिमाही में दिखाई देने लगा| उस साल के लिए, कंपनी ने 28 साल में पहली बार 60 लाख डॉलर के हामीदारी नुकसान की सूचना दी| आश्चर्यजनक रूप से, उस साल प्रीमियम-से-अधिशेष का अनुपात 5:1 था| बहरहाल, कंपनी ने विकास जारी रखा और 1975 की दूसरी तिमाही तक, GEICO ने और अधिक नुकसान की सूचना दी और यह घोषणा की कि वे कंपनी के 0.80 डॉलर के लाभांश को समाप्त कर रहे हैं|

GEICO की बाज़ी कैसे पलटी जाए इस पर सिफारिशें करने के लिए गिड्डन ने मिलिमैन एंड रॉबर्टसन की सलाहकार कंपनी को नियुक्त किया| इस अध्ययन के परिणाम उत्साहजनक नहीं थे| सलाहकारों ने कहा कि कंपनी को 3.5 करोड़ डॉलर से 7 करोड़ डॉलर तक कम करके आंका गया था और इसे व्यवहार्य बने रहने के लिए पूंजी लगाने की आवश्यकता होगी| बोर्ड ने सलाहकारों के अध्ययन को स्वीकार किया और अपने शेयरधारकों के लिए यह घोषणा की| साथ ही, बोर्ड का अनुमान था कि 1975 का हामीदारी नुकसान चौंका देनेवाले 14 करोड़ डॉलर तक पहुंचेगा (वास्तविक परिणाम 12.6 करोड़ डॉलर था)| शेयरधारक और बीमा नियामक अवाक् रह गए|

1972 में, GEICO के शेयर की कीमत 61 डॉलर के उच्च स्तर पर पहुंच गई थी| 1973 तक, शेयर की कीमत आधी हो गई थी और 1974 में, यह और नीचे गिरकर 10 डॉलर तक हो गई| 1975 में, जब बोर्ड ने अनुमानित नुकसान की घोषणा की, तो स्टॉक 7 डॉलर तक गिर गया| कई शेयरधारकों ने धोखाधड़ी के आरोप में, कंपनी के खिलाफ सामूहिक कार्यवाही का मुकदमा दायर किया| GEICO के अधिकारियों ने कंपनी की बर्बादी के लिए महंगाई और बेरहम कानूनी और चिकित्सकीय लागतों को ज़िम्मेदार ठहराया| लेकिन इन समस्याओं का सामना सभी बीमा करनेवालों ने किया| GEICO की समस्या यह थी कि वह केवल सावधान चालकों का बीमा करने की अपनी सफल परंपरा से दूर चला गया था| इसके अलावा, यह अब कॉर्पोरेट खर्चों की जांच भी नहीं कर रहा था| जैसे-जैसे कंपनी ने बीमित चालकों की सूची का विस्तार किया, इसके पहले के नुकसान के अनुमान नए और लगातार आनेवाले दावों को ढकने के लिए खेदजनक ढंग से अपर्याप्त होने लगे| एक समय था जब कंपनी अपने बीमित नुकसानों का बढ़ा-चढ़ाकर मूल्यांकन कर रही थी, यह साथ-साथ अपने निश्चित खर्चों को भी बढ़ा रही थी|

मार्च 1976 में GEICO की वार्षिक बैठक में, गिड्डन ने यह स्वीकार किया कि किसी अन्य अध्यक्ष ने शायद कंपनी की समस्याओं को बेहतर ढंग से सुलझाया होता| उन्होंने घोषणा की कि कंपनी के निदेशक मंडल ने नए प्रबंधन की तलाश के लिए एक समिति को नियुक्त किया है| GEICO के शेयर का मूल्य अभी भी कमज़ोर था—यह अब 5 डॉलर था और नीचे गिरता जा रहा था| [10]

1976 की वार्षिक बैठक के बाद, GEICO ने घोषणा की कि ट्रेवलर्स कॉर्पोरेशन के 43 वर्षीय विपणन कार्यकारी जॉनजे. बायर्न नए अध्यक्ष बनेंगे| बायर्न की नियुक्ति के तुरंत बाद, कंपनी ने अपनी पूंजी को मज़बूत करने के लिए 7.6 करोड़ डॉलर के अधिमानित स्टॉक प्रस्ताव की घोषणा की| लेकिन शेयरधारक उम्मीद खो चुके थे और स्टॉक 2 डॉलर प्रति शेयर तक फिसल गया|

इस कालखंड में, वॉरेन बफ़े शांतिपूर्वक और दृढ़ता से GEICO में स्टॉक ख़रीद रहे थे| जैसे ही कंपनी दिवालियेपन की कगार पर पहुंची, उन्होंने 41 लाख डॉलर निवेश करके 3.18 डॉलर के औसत मूल्य से 1,294,308 शेयर एकत्रित कर लिए|

सिद्धांत: सरल और बोधगम्य

1950 में जब बफ़े कोलंबिया विश्वविद्यालय में थे, उनके शिक्षक, बेनग्राहम, GEICO के अध्यक्ष थे| उनकी उत्सुकता बढ़ी, बफ़े एक सप्ताहांत में कंपनी का दौरा करने के लिए वॉशिंगटन डी.सी. गए| शनिवार को, उन्होंने कंपनी का दरवाजा खटखटाया और एक चौकीदार द्वारा उन्हें अंदर ले जाया गया, वह उन्हें उस दिन कार्यालय के इकलौते अधिकारी लोरिमर डेविडसन के पास ले गया| बफ़े ने उन पर प्रश्नों की बौछार कर दी और डेविडसन ने अगले पांच घंटे अपने इस युवा आगंतुक को GEICO की विशेषताओं पर शिक्षा दी| फ़िलिपफिशर प्रभावित हुए होते|

बाद में, जब बफ़े वापस *ओमाहा* और अपने पिताजी की ब्रोकरेज कंपनी में गए, तो उन्होंने सिफारिश की कि कंपनी के ग्राहक GEICO के शेयर खरीदें| उन्होंने खुद ने अपनी कुल संपत्ति का लगभग दो-तिहाई हिस्सा अर्थात् 10,000 डॉलर इसके शेयर में निवेश कर दिए| कई निवेशकों ने उनकी सिफारिश का विरोध किया| यहां तक कि ओमाहा के बीमा एजेंटों ने होवार्ड बफ़े से शिकायत की कि उनका बेटा एक "एजेंट रहित" बीमा कंपनी को बढ़ावा दे रहा है| हताश होकर वॉरेन बफ़े ने एक साल बाद अपने GEICO के शेयरों को 50 प्रतिशत लाभ पर बेच दिया और 1976 तक फिर से कंपनी में शेयर नहीं खरीदे|

अघोषित रूप से, बफ़े ने अपने ग्राहकों को बीमा शेयरों की सिफारिश करना जारी रखा| उन्होंने कंसास सिटी लाइफ को उसकी कमाई से तीन गुना अधिक कीमत पर खरीदा| वे बर्कशायरहैथअवे के सुरक्षा संविभाग (पोर्टफोलियो) में मेसाचुसेट्स क्षतिपूर्ति और जीवन बीमा कंपनी के मालिक थे और 1967 में उन्होंने में नियंत्रक हित राष्ट्रीय क्षतिपूर्ति खरीदे| अगले 10 सालों तक, राष्ट्रीय क्षतिपूर्ति के मुख्य कार्यकारी अधिकारी, जैकरिन्वाल्ट ने बफ़े को बीमा कंपनी चलाने की प्रक्रिया के बारे में सिखाया| किसी और चीज़ से भी ज्यादा, उस अनुभव ने बफ़े को यह समझने में मदद की कि एक बीमा कंपनी पैसा कैसे बनाती है| साथ ही, GEICO की अस्थिर आर्थिक स्थिति के बावजूद भी, इस बात ने उन्हें कंपनी ख़रीदने का आत्मविश्वास दिया|

GEICO के सामान्य स्टॉक में बर्कशायर के 41 लाख डॉलर के निवेश के अलावा, बफ़े ने परिवर्तनीय अधिमान्य शेयरोंके निर्गम में भी 1.94 करोड़ डॉलर का निवेश किया, जिसने कंपनी केलिए अतिरिक्त पूंजी जुटाई। दो साल बाद, बर्कशायर ने इन मुख्य शेयरों को सामान्य में तब्दील कर दिया और 1980 में, बफ़े ने कंपनी में बर्कशायर के पैसे से और 1.9 करोड़ डॉलर का निवेश किया। 1976 और 1980 के बीच, बर्कशायर ने कुल 4.7 करोड़ डॉलर का निवेश किया, जिसमें GEICO के 72 लाख शेयर थे जो 6.67 डॉलर प्रति शेयर के औसत मूल्य से खरीदे गए थे। 1980 तक, उस निवेश का 123 प्रतिशत से अधिमूल्यन हो गया था। अब इसकी कीमत 10.5 करोड़ डॉलर थी और यह बफ़े की सबसे बड़ी संपत्ति बन गई थी।

सिद्धांत: परिचालन का एकरूप इतिहास

पहली प्रतिक्रिया में, हम यह मान सकते हैं कि बफ़े ने अपनी स्थिरता के सिद्धांत का उल्लंघन किया। स्पष्ट रूप से, 1975 और 1976 में GEICO का परिचालन स्थिर तो बिल्कुल नहीं था। जब बायर्न GEICO के अध्यक्ष बने, तो उनका काम था कंपनी का पासा पलटना, लेकिन बफ़े ने अक्सर कहा है कि, पासे कभी-कभी ही पलटते हैं। तो हम बर्कशायर द्वारा GEICO को ख़रीदने की व्याख्या कैसे करें?

एक बात के लिए, यह अपवाद साबित हुआ। बायर्न ने कंपनी का पासा सफलतापूर्वक पलटा और इसे बीमा के लिए प्रतिस्पर्धा करने के लिए फिर से तैनात किया। लेकिन बफ़े ने कहा कि सबसे महत्त्वपूर्ण यह है कि GEICO समाप्त नहीं हुई थी, केवल घायल हुई थी। कम लागत वाला एजेंट रहित बीमा प्रदान करने का इसका विशेषाधिकार अभी भी बरकरार था। इसके अलावा, बाज़ार में, अभी भी सुरक्षित चालक अस्तित्व में थे जिनका बीमा कंपनी को लाभ प्रदान करने की कीमत पर हो सकता था। मूल्य के आधार पर, GEICO हमेशा अपने प्रतिस्पर्धियों को हरा देगा। दशकों तक, GEICO ने अपनी प्रतिस्पर्धात्मक शक्तियों को भुनाते हुए अपने मालिकों के लिए पर्याप्त लाभ उत्पन्न किया। बफ़े ने कहा था कि यह शक्तियां अभी भी वहीं हैं। 1970 के दशक में GEICO की परेशानियों का उसके विशेषाधिकार की कमियों से कुछ लेनादेना नहीं था। बल्कि, परिचालन और वित्तीय परेशानियों की वजह से कंपनी दरकिनार हो गई। कोई भी शुद्ध संपत्ति ना होने के बावजूद भी, GEICO के अभी भी बहुत पैसा था क्योंकि इसके विशेषाधिकार अभी भी सही-सलामत थे।

सिद्धांत: अनुकूल दीर्घकालिक संभावनाएँ

हालांकि मोटर वाहन बीमा एक व्यापारयोग्य उत्पाद है, लेकिन बफ़े का कहना है कि एक वस्तु उत्पाद का व्यापार भी पैसा कमा सकता है अगर इसमें लागत का लाभ ऐसा हो जो टिकाऊ और

व्यापक, दोनों ही हो| यह विवरण GEICO के लिए पूर्ण रूप से उपयुक्त बैठता है| हम यह भी जाते हैं कि वस्तु उत्पाद व्यापार में प्रबंधन एक महत्त्वपूर्ण परिवर्ती है| बर्कशायर की ख़रीद के बाद से GEICO के नेतृत्व ने यह प्रदर्शित किया है कि उसके भी प्रतिस्पर्धात्मक लाभ हैं|

सिद्धांत: स्पष्टवादिता

जब 1976 में जॉन (जैक) बायर्न ने GEICO का कामकाज हाथ में लिया, तब उन्होंने बीमा नियामकों और प्रतियोगियों, दोनों को आश्वस्त किया कि अगर GEICO दिवालिया हो गईतो यह पूरे उद्योग के लिए बुरा होगा| कंपनी को बचाने की उसकी योजनाओं में पूंजी जुटाना, GEICO के व्यवसाय के एक हिस्से को फिर से पुनर्बीमित करने के लिए अन्य कंपनियों के साथ पुनर्बीमा संधि प्राप्त करना और आक्रामक तरीके से लागत में कटौती करना शामिल था| बायर्न के अनुसार "ऑपरेशन बूट स्ट्रैप" वह युद्ध योजना थी जिसका लक्ष्य था कंपनी की लाभप्रदता को लौटाना|

अपने पहले साल में, बायर्न ने 100 कार्यालय बंद कर दिए, रोज़गार को 7,000 से 4,000 तक कम कर दिया तथा न्यूजर्सी एवं मैसाचुसेट्स, दोनों जगह बीमा बेचने के लिए GEICO का अनुज्ञापत्र (लाइसेंस) तैयार किया| बायर्न ने न्यूजर्सी के नियामकों को बताया कि वह उन 250,000 पॉलिसियों को नवीनीकृत नहीं करेगा, जिनकी लागत कंपनी को प्रतिवर्ष 3 करोड़ डॉलर पड़ रही थी| उसके बाद, उन्होंने उस कंप्यूटराइज्ड प्रणाली को बंद कर दिया जो पॉलिसीधारकों को अद्यतन जानकारी उपलब्ध कराए बिना उनका बीमा नवीनीकृत करने की अनुमति देती थी| जब बायर्न को नई जानकारी की आवश्यकता हुई, तो उन्होंने पाया कि कंपनी अपनी नवीनीकरण पॉलिसियों के 9 प्रतिशत की कम कीमत लगा रही थी| जब GEICO ने कीमतोंको पुनःनिर्धारितकि या तो 400,000 पॉलिसीधारकों ने अपना बीमा बंद करने का फैसला किया| कुलमिलाकर, बायर्न के कामों से पॉलिसीधारकों की संख्या 27 लाख से घटकर 15 लाख हो गई और कंपनी जो 1975 में देश की 18वीं सबसे बड़ी बीमा कंपनी थी, वह एक साल बाद 31वें स्थान पर पहुंच गई| इस गिरावट के बावजूद, GEICO ने 1976 में 12.6 करोड़ डॉलर गंवाने के बाद, 1977 में 46.3 करोड़ डॉलर पर 5.86 करोड़ डॉलर का प्रभावी राजस्व कमाया, यह साल बायर्न की ज़िम्मेदारी का पहला पूर्ण साल था|

स्पष्ट रूप से, GEICO का नाटकीय रूप से ऊपर आना बायर्न के कारण था और कॉर्पोरेटखर्चों पर उसके स्थिर अनुशासन ने GEICO की इस अवस्था को वर्षों तक बनाए रखा| बायर्न ने शेयरधारकों को बताया कि कंपनी को कम लागत वाली बीमा प्रदाता होने के अपने पहले सिद्धांत पर लौटना चाहिए| उनकी रिपोर्ट में विस्तार से बताया गया है कि कंपनी ने किस तरह लगातार लागत कम की है| यहां तक कि 1981 में, जब GEICO देश में मोटर वाहन बीमा का सातवां सबसे बड़ा प्रणेता था, उस समय बायर्न अपने सचिव को दो अन्य अधिकारियों के साथ

साझा करते थे| उन्होंने बड़ाई करते हुए बताया कि किस प्रकार कंपनी ने प्रति GEICO कर्मचारी 378 पॉलिसियां बनाई, यह संख्या सालों पहले 250 थी| बदलाव के उन वर्षों के दौरान वे हमेशा एक महान प्रेरक रहे| बफ़े ने कहा, "बायर्न उस मुर्गी पालने वाले किसान की तरह है जो मुर्गी के दड़बे में शुतुरमुर्ग का अंडा लुढकाकर कहता है, 'देवियों, देखो यह प्रतियोगिता क्या कर रही है|" [11]

वर्षों तक बायर्न ने GEICO की सफल प्रगति की सूचना ख़ुशी-ख़ुशी दी; जब कोई बुरी ख़बर थी तब भी वे अपने शेयरधारकों के साथ उतने ही स्पष्ट थे| 1985 में, कंपनी अस्थायी रूप से लड़खड़ा गई जब उसे घाटे का सामना करना पड़ा| कंपनी की पहली-तिमाही रिपोर्ट में शेयरधारकों को लिखते हुए बायर्न ने कंपनी की दुर्दशा को उस विमानचालक (पायलट) की तरह बताई जो अपने यात्रियों से कहता है, 'बुरी ख़बर यह है कि हम खो गए हैं, लेकिन अच्छी ख़बर यह है कि हम अच्छा समय बिता रहे हैं|"[12] कंपनी ने जल्दी से फिर से अपने पैर जमा लिए और अगले वर्ष हामीदारी के लाभकारी परिणामों को सूचित किया| लेकिन, महत्त्वपूर्ण यह है कि कंपनी ने अपने शेयरधारकों के साथ स्पष्टवादी होने की प्रतिष्ठा प्राप्त की|

सिद्धांत: तर्कसंगतता

इन वर्षों में, जैक बायर्न ने GEICO की संपत्ति के प्रबंधन में तर्कसंगत व्यवहार का प्रदर्शन किया| पदभार संभालने के बाद उन्होंने कंपनी को नियंत्रित विकास के लिए सुव्यवस्थित किया| बायर्न ने अनुमान लगाया कि धीमी दर से बढ़ने के लिए जिससे कंपनी को अपने नुकसान और खर्चों की सावधानीपूर्वक निगरानी करने की अनुमति मिलती है यह अधिक लाभदायक था, बजाय इसके कि दोगुनी तेज़ी से बढ़ा जाए क्योंकि इसका मतलब वित्तीय नियंत्रण खोना था| फिर भी,यह नियंत्रित वृद्धि GEICO के लिए अतिरिक्त लाभ उत्पन्न करने के लिए जारी रही और यह तर्कसंगतता का प्रतीक है कि कंपनी ने नकदी के साथ क्या किया|

1983 में शुरुआत करके, कंपनी अपने नकदी को लाभकारी रूप से निवेश करने में असमर्थ थी, इसलिए उसने अपने शेयरधारकों को पैसा लौटाने का फैसला किया| 1983 और 1992 के बीच, GEICO ने विभाजन के बाद आधार पर 3 करोड़ शेयरों की पुनर्खरीद की, जिससे कंपनी के कुल आम अशोधित शेयरों में 30 प्रतिशतकी कमी आई| शेयरों को वापस ख़रीदने के अलावा, GEICO ने अपने शेयरधारकों को भुगतान किए गए लाभांश को भी बढ़ाना शुरू कर दिया| 1980 में, कंपनी का विभाजित-समायोजित लाभांश 0.09 डॉलर प्रति शेयर था; 1992 में, यह 0.60 डॉलर प्रति शेयर था, अर्थात् 21 प्रतिशत की वार्षिक बढ़त हुई|

सिद्धांत: इक्विटी पर लाभ

1980 में GEICO में इक्विटी पर लाभ 30.8 प्रतिशत था—जो समकक्ष समूह के औसत से लगभग दोगुना था| 1980 के दशक के अंत में कंपनी में इक्विटी पर लाभ कम होने लगा,

इसलिए नहीं क्योंकि व्यापार में गिरावट आई थी, बल्कि इसलिए कि इसकी इक्विटी इसकी आय की तुलना में तेजी से बढ़ी| फलतः बढ़ते लाभांश का भुगतान करने और स्टॉक वापस ख़रीदने के पीछे का तर्क था पूंजी कम करना एवं इक्विटी पर स्वीकार्य लाभ बनाए रखना|

सिद्धांत: लाभ-सीमा

निवेशक कई तरह से बीमा कंपनियों की लाभप्रदता की तुलना कर सकते हैं| कर-पूर्व मार्जिन इसके सबसे अच्छे उपायों में से एक है| 1983 से 1992 के बीच के 10-साल के कालखंड में, GEICO के औसत कर-पूर्व मार्जिन किसी भी सहकर्मी समूह की कंपनी के सबसे कम मानक विचलन के साथ सबसे अधिक सुसंगत था|

अब तक हम यह समझ चुके हैं कि, GEICO ने इसके सभी खर्चों पर सावधानीपूर्वक ध्यान दिया और बीमा दावों को निपटाने से जुड़े खर्चों का बारीकी से पता लगाया| इस कालखंड में, प्रीमियम के प्रतिशत के रूप में कॉर्पोरेट खर्चे औसतन 15 प्रतिशत था—उद्योग के औसत का आधा| यह कम अनुपात आंशिक रूप से बीमा एजेंटों की लागत को दर्शाता है जिसे GEICO को भुगतान करने की आवश्यकता नहीं है|

कॉर्पोरेटखर्चों और हामीदारी के नुकसान के बारे में GEICO का संयुक्त अनुपात उद्योग औसत से बेहतर था| 1977 से 1992 के दौरान, उद्योग के औसत ने GEICO के संयुक्त अनुपात से केवल एक बार बेहतर प्रदर्शन किया था, 1977 में| तब से, GEICO के संयुक्त अनुपात का औसत 97.1 प्रतिशत रहा है, जो उद्योग के औसत से 10 प्रतिशत बेहतर है| GEICO ने हामीदारी का नुकसान केवल दो बार सूचित किया—एक बार 1985 में और फिर से 1992 में| 1992 के हामीदारी नुकसान को उस वर्ष देश में आई प्राकृतिक आपदाओं की असामान्य संख्या से पहचाना गया था| एंड्रयू और अन्य बड़े तूफानों के बिना, GEICO का संयुक्त अनुपात कम अर्थात् 93.8 प्रतिशत होता|

सिद्धांत: मूल्य निर्धारित करें

जब बफ़े ने पहले-पहल बर्कशायर हैथअवे के लिए GEICO को ख़रीदने की शुरुआत की, तब कंपनी दिवालियेपन के नज़दीक थी| लेकिन उनका कहना है कि नकारात्मक शुद्ध संपत्ति के साथ भी GEICO पर्याप्त राशि के लायक थी, इसका कारण था कंपनी के बीमा विशेषाधिकार| फिर भी, 1976 में, कंपनी, जिसके पास कोई आय नहीं थी, ने जॉनबर विलियम्स द्वारा निर्धारित मूल्य के गणितीय निर्धारण को परिभाषित किया, जिसने वर्तमान मूल्य को भविष्य के नकदी प्रवाह के रूप में परिभाषित किया जो उचित दर पर छूट देता है| फिर भी, GEICO के भविष्य के नकदी प्रवाह पर अनिश्चितता के बावजूद, बफ़े को यकीन था

कि कंपनी भविष्य में अपना अस्तित्व बरकरार रखेगी तथा पैसा कमाएगी| कितना और कब, यह चर्चा का विषय था|

1980 में, बर्कशायर के पास GEICO का एक तिहाई हिस्सा था, जिसमें 4.7 करोड़ डॉलर की लागत से निवेश किया था| उस साल, GEICO का कुल बाज़ार मूल्य 29.6 करोड़ डॉलर था| तब भी, बफ़े ने अनुमान लगाया कि कंपनी के पास सुरक्षा का महत्त्वमार्जिन है| 1980 में, कंपनी ने 70.5 करोड़ डॉलर पर 6 करोड़ डॉलर राजस्व में कमाए| GEICO की कमाई में बर्कशायर का हिस्सा 2 करोड़ डॉलर था| बफ़े के अनुसार, "प्रथम श्रेणी की आर्थिक विशेषताओं और उज्ज्वल संभावनाओं वाला ऐसा ही 2 करोड़ डॉलर का व्यवसाय ख़रीदने के लिए कम-से-कम 20 करोड़ डॉलर लगेंगे"—और अगर यह ख़रीद कंपनी में एक नियंत्रित हित के लिए हो तो और भी ज़्यादा|[13]

फिर भी, विलियम्स मूल्यांकन सिद्धांत को देखा जाए तो बफ़े की 20 करोड़ डॉलर की धारणा यथार्थवादी है| अगर यह मान लें कि यह मानते हुए कि GEICO किसी भी अतिरिक्त पूंजी की सहायता के बिना इस 6 करोड़ डॉलर की कमाई को बनाए रख सकता है, तो 30-साल के अमेरिकी सरकार के बांड की तत्कालीन वर्तमान 12 प्रतिशत की दर से छूट पाकर, GEICO का वर्तमान मूल्य 50 करोड़ डॉलर होगा— जोGEICO की 1980 के बाज़ार मूल्य के लगभग दो गुना होगा| यदि कंपनी इस कमाई की शक्ति को 2 प्रतिशत वास्तविक या वर्तमान मुद्रास्फीति से पहले 15 प्रतिशत बढ़ा सकती है, तो वर्तमान मूल्य बढ़कर 60 करोड़ डॉलर हो जाएगा और बर्कशायर का हिस्सा 20 करोड़ डॉलर के बराबर हो जाएगा| दूसरे शब्दों में, 1980 में, GEICO के शेयर का बाजार मूल्य उसकी कमाई की शक्ति के मौजूदा रियायती मूल्य से आधे से भी कम था।

सिद्धांत: एक डॉलर का आधार वाक्य

1980 से 1992 के बीच, GEICO का बाज़ार मूल्य 29.6 करोड़ डॉलर से बढ़कर 460 करोड़ डॉलर हो गया—जो कि 430 करोड़ डॉलर की बढ़त थी| इन 13 सालों के दौरान, GEICO ने 170 करोड़ डॉलर कमाए| इसने शेयरधारकों को सामान्य स्टॉक लाभांश में 28 करोड़ डॉलर का भुगतान किया और पुनर्निवेश के लिए 140 करोड़ डॉलर को रख लिया| इस प्रकार से, हर एक रखे हुए डॉलर के लिए, GEICO ने अपने शेयरधारकों के लिए बाज़ार मूल्य में 3.12 डॉलर का निर्माण किया| यह वित्तीय उपलब्धि न केवल GEICO के बेहतर प्रबंधन और आला विपणन को बल्कि इष्टतम दरों पर शेयरधारक के पैसे को फिर से कायम करने की इसकी क्षमता को भी प्रदर्शित करती है|

GEICO की श्रेष्ठता का एक और प्रमाण: 1980 में GEICO में 1 डॉलर का निवेश, लाभांश को छोड़कर, 1992 तक बढ़कर 27.89 डॉलर हो गया| यह एक आश्चर्यजनक 29.2 प्रतिशत वार्षिक लाभ की मिश्रित दर है, जो उद्योग के औसत और S&P500 इंडेक्स से कहीं अधिक है, जो कि दोनों ने इसी अवधि के दौरान 8.9 प्रतिशत प्राप्त किया|

कैपिटल सिटीज़/ABC

कैपिटल सिटीज़ की शुरुआत समाचार व्यवसाय में हुई थी| 1954 में मशहूर पत्रकार लोवेल थॉमस, उनके व्यवसाय प्रबंधक फ्रैंक स्मिथ और सहयोगियों के एक समूह ने हडसन वैली ब्रॉडकास्टिंग कंपनी को खरीदा, जिसमें अल्बानी, न्यूयॉर्क, टेलीविजन और AM रेडियो स्टेशन शामिल थे| उस समय, थॉमस मर्फी लीवर ब्रदर्स में एक उत्पाद प्रबंधक थे| फ्रैंकस्मिथ, जो मर्फी के पिता के गोल्फ पार्टनर थे, ने कंपनी के टेलीविजन स्टेशन का प्रबंधन करने के लिए युवा मर्फी को काम पर रख लिया| 1957 में, हडसन वैली ने एक रालेह-डरहम टेलीविजन स्टेशन खरीदा और कंपनी का नाम कैपिटल सिटीज़ ब्रॉडकास्टिंग में बदल दिया गया, जो यह दर्शाता है कि अल्बानी और रालेह, दोनों अपने-अपने राज्यों की राजधानियाँ थीं|

1960 में, मर्फी ने अल्बानी स्टेशन का प्रबंधन करने के लिए डैनबर्क को काम पर रखा| बर्क, मर्फी के हार्वर्ड के सहपाठियों में से एक जिमबर्क का भाई था, जो बाद में जॉनसन एंड जॉनसन का अध्यक्ष बना| अल्बानी के मूल निवासी डैनबर्क को टेलीविजन स्टेशन के प्रभारी के रूप में नियुक्त किया गया, जबकि मर्फी न्यूयॉर्क लौट आए, जहां उन्हें 1964 में कैपिटल सिटीज़ का अध्यक्ष नामित किया गया| इस प्रकार से अमेरिकी व्यापार में सबसे सफल कॉर्पोरेट साझेदारी में से एक की शुरुआत हुई| अगले तीन दशकों तक, मर्फी और बर्क ने कैपिटल सिटीज़ को चलाया,साथही उन्होंने 30 से अधिक प्रसारण एवं प्रकाशन कंपनियों का भी अधिग्रहण किया, जिसमें से 1985 में ABC की ख़रीद सबसे उल्लेखनीय थी|

बफ़े पहली बार 1960 के दशक के उत्तरार्ध में टॉम मर्फी के सहपाठियों में से एक के द्वारा आयोजित भोज के दौरान न्यूयॉर्क में पहली बार मर्फी से मिले| आगे की कहानी यह है कि मर्फी बफ़े से इतने प्रभावित थे कि उन्होंने उन्हें कैपिटल सिटीज़ के बोर्ड में शामिल होने के लिए आमंत्रित किया|[14] बफ़े ने मना कर दिया, लेकिन वे और मर्फी वर्षों के संपर्क में रहते हुए करीबी दोस्त बन गए| बफ़े ने सबसे पहले 1977 में कैपिटल सिटीज़ में निवेश किया; पता नहीं क्यों लेकिन उन्होंने अगले साल मुनाफे में इसे बेच दिया|

दिसंबर 1984 में, मर्फी ने दोनों कंपनियों के विलय के विचार के साथ अमेरिकी प्रसारण कंपनियों के अध्यक्ष लियोनार्ड गोल्डेनसन से संपर्क किया| हालांकि शुरू में रोकने के बाद भी, मर्फी ने जनवरी 1985 में गोल्डेनसन से फिर से संपर्क किया| फेडरल कम्युनिकेशंस कमिशन (FCC) ने एक कंपनी के स्वामित्व में रहने वाले टेलीविजन और रेडियो स्टेशनों की संख्या सात से बढ़ाकर 12 कर दी, जो उस साल अप्रैल से प्रभावी थी| इस बार गोल्डेनसन मान गए| गोल्डेनसन जो उस समय 79 साल के थे, अपने उत्तराधिकारी को लेकर चिंतित थे| यद्यपि ABC के पास कई संभावित उम्मीदवार थे, लेकिन उनकी राय में कोई भी नेतृत्व के लिए तैयार नहीं था| मर्फी और बर्क को मीडिया और संचार उद्योग में सबसे अच्छा प्रबंधक माना जाता था|

कैपिटल सिटीज़ के साथ विलय के लिए सहमत होकर, गोल्डेनसन यह सुनिश्चित कर रहे थे कि ABC का प्रबंधन मज़बूत हाथों में रहेगा| अमेरिकी ब्रॉडकास्टिंग कंपनियों ने उच्च कीमत वाले निवेश बैंक कर्मियों के साथ बातचीत कक्ष में प्रवेश किया| मर्फी, जो हमेशा अपने सौदों के लिए खुद बातचीत करते थे, अपने विश्वसनीय दोस्त वारेनबफ़े को साथ लाए| दोनों ने मिलकर टेलीविजन नेटवर्क की पहली बिक्री और उस बिंदु तक के इतिहास में सबसे बड़े मीडिया विलय का सौदा पक्का किया|

कैपिटल सिटीज़ ने अमेरिकी ब्रॉडकास्टिंग कंपनियों को एकमुश्त 121 डॉलर प्रति ABC शेयर की पेशकश की (118 डॉलर प्रति शेयर नकद और कैपिटल सिटीज़ के 3 डॉलर प्रति शेयर ख़रीदने के लिए एक-दसवां हिस्सा वारंट में)| यह पेशकश उस मूल्य की दोगुनी थी, जिससे घोषणा के एक दिन पहले ABC के स्टॉक का व्यापार हुआ था| 350 करोड़ डॉलर के इस सौदे को पूरा करने के लिए, कैपिटल सिटीज़ एक बैंकिंग सहायता संघ से 210 करोड़ डॉलर उधार लेंगी, लगभग 90 करोड़ डॉलर के टेलिविज़न और रेडियो स्टेशनों को बेच देंगी, साथ ही उन प्रतिबंधित संपत्तियों को भी बेच देंगी, जिन्हें नेटवर्क की अनुमति नहीं थी, इनमें वॉशिंगटन पोस्ट कंपनी को बेचीं हुई केबल संपत्ति भी शामिल थीं| आखिरी के 50 करोड़ डॉलर बफ़े की तरफ से आए| उन्होंने सहमति व्यक्त की कि बर्कशायर हैथअवे कैपिटल सिटीज़ के जारी किए गए तीस लाख शेयरों को 172.50 डॉलर प्रति शेयर की कीमत पर खरीदेगा| मर्फी ने फिर से अपने दोस्त को बोर्ड में शामिल होने के लिए कहा और इस बार बफ़े सहमत हो गए|

सिद्धांत: सरल और बोधगम्य

10 से अधिक वर्षों के लिए वॉशिंगटन पोस्ट कंपनी के बोर्ड में अपनी सेवाएं देने के बाद, बफ़े ने टेलीविज़न प्रसारण और समाचार पत्र एवं पत्रिकाओंके प्रकाशन के व्यवसाय को समझा| टेलीविजन प्रसारण में बफ़े की व्यावसायिक समझ बर्कशायर द्वारा 1978 और फिर से 1984 में ABC की ख़रीद द्वारा बढ़ी|

सिद्धांत: परिचालन का एकरूप इतिहास

कैपिटल सिटीज़ और अमेरिकन ब्रॉडकास्टिंग कंपनी दोनों का लाभप्रद परिचालन इतिहास 30 साल से भी पुराना है| ABC ने 1975 से 1984 के बीच इक्विटी पर 17 प्रतिशत और ऋण से इक्विटी पर 21 प्रतिशत लाभ का औसत दिया| ABC को ख़रीदने के अपने प्रस्ताव से पहले 10 साल के दौरान कैपिटल सिटीज़ ने इक्विटी पर 19 प्रतिशत लाभ और पूंजी पर 20 प्रतिशत ऋण का औसत लिया|

सिद्धांत: अनुकूल दीर्घकालिक संभावनाएँ

प्रसारण कंपनियों और नेटवर्क को औसत से अधिक बेहतर आर्थिक स्थिति का आशीर्वाद मिला हुआ है| समाचार पत्रों की तरह, और इसी कारण से उनकी आर्थिकसाख अपेक्षाकृत बेहतर होती है| एक बार प्रसारण मीनार (टॉवर) बनने के बाद, पूंजी पुनर्निवेश और कार्यशील पूंजी की जरूरतें मामूली हो जाती हैं तथा वस्तुसूची का निवेश अस्तित्वहीन हो जाता है| फिल्मों और कार्यक्रमों को उधार पर खरीदा जा सकता है तथा बाद में विज्ञापन मिलने पर उनका निपटारा किया जा सकता है| इस प्रकार, एक सामान्य नियम के रूप में, प्रसारण कंपनियां पूंजी पर औसत से ऊपर लाभ का उत्पादन करती हैं और उनकी परिचालन जरूरतों के अतिरिक्त पर्याप्त नकदी पैदा करती हैं|

नेटवर्क और प्रसारकों के लिए जोखिमों में सरकारी विनियमन, बदलती तकनीक तथा विज्ञापन के डॉलर में बदलाव शामिल हैं| सरकारें किसी कंपनी के प्रसारण लाइसेंस के नवीनीकरण से इनकार कर सकती हैं, लेकिन ऐसा बहुत कम होता है| 1985 में, केबल के कार्यक्रम नेटवर्क के लिए मामूली ख़तरा ही थे| हालाँकि कुछ दर्शकों ने केबल शो चलाये, फिर भी अधिकांश टेलीविजन दर्शकों ने नेटवर्क प्रोग्रामिंग को प्राथमिकता दी| साथ ही 1980 के दशक के दौरान, मुक्त-खर्च करने वाले उपभोक्ताओं के लिए विज्ञापन के डॉलर देश के सकल घरेलू उत्पाद की तुलना में काफी तेजी से बढ़ रहे थे| बड़े पैमाने पर दर्शकों तक पहुंचने के लिए, विज्ञापनदाता अभी भी नेटवर्क प्रसारण पर भरोसा करते हैं| नेटवर्क, प्रसारण कंपनियों और प्रकाशकों के मूल अर्थशास्त्र, बफ़े के दिमाग में औसत से ऊपर थे और 1985 में, इन व्यवसायों के लिए दीर्घकालिक संभावनाएँ अत्यधिक अनुकूल थीं|

सिद्धांत: मूल्य निर्धारित करें

उस समय कैपिटल सिटीज़ में बर्कशायर के 51.7 करोड़ डॉलर का निवेश, बफ़े का अब तक का सबसे बड़ा निवेश था| बफ़े ने कैपिटल सिटीज़ के संयुक्त मूल्य को किस प्रकार निर्धारित किया, यह बहस का विषय है| मर्फी ने बफ़े को कैपिटल सिटीज़ / ABC के तीस लाख शेयर 172.50 डॉलर प्रति शेयर में बेचने की सहमति दी| लेकिन हम जानते हैं कि कीमत और मूल्य अक्सर दो अलग-अलग आंकड़े हैं| बफ़े के अभ्यास सेहमने यह सीखा है कि एक कंपनी का अधिग्रहण तभी करना है जब कंपनी के आंतरिक मूल्य और उसके ख़रीद मूल्य के बीच सुरक्षा का एक महत्त्वपूर्ण मार्जिन हो| हालांकि, कैपिटल सिटीज़ / ABC की ख़रीद के साथ, उन्होंने इस सिद्धांत से समझौता किया|

यदि हम बफ़े के 172.50 डॉलर प्रति शेयर की पेशकश को 10 प्रतिशत (1985 में 30-वर्षीय अमेरिकी सरकार के बांड की अनुमानित उपज) से छूट देते हैं और इस मूल्य को 1.6 करोड़ शेयरों से गुणा करते हैं (कैपिटल सिटीज़ में 1.3 करोड़ शेयर अशोधित थे और 30 लाख

शेयर बफ़े को जारी किए गए थे), तो इस तरह व्यवसाय के वर्तमान मूल्य के लिए 27.6 करोड़ डॉलर की आय की शक्ति होनी चाहिए। मूल्यह्रास और पूंजीगत व्यय के बाद कैपिटल सिटीज़ की 1984 की कमाई 12.2 करोड़ डॉलर थी और मूल्यह्रास और पूंजीगत व्यय के बाद ABC की शुद्ध आय 32 करोड़ डॉलर थी, जिससे संयुक्त आय शक्ति 44.2 करोड़ डॉलर हो गई। लेकिन संयुक्त कंपनी के पास पर्याप्त ऋण होना चाहिए: मर्फी को उधार लेने वाले लगभग 210 करोड़ डॉलर के लिए कंपनी के ब्याज में एक वर्ष में 22 करोड़ डॉलर खर्च होंगे। तो संयुक्त कंपनी की शुद्ध कमाई लगभग 20 करोड़ डॉलर थी।

कुछ अतिरिक्त विचार भी थे। खर्चों को कम करके खरीदे गए व्यवसायों के नकदी प्रवाह में सुधार के लिए मर्फी की प्रतिष्ठा ऐतिहासिक थी। कैपिटल सिटीज़ का परिचालन मार्जिन 28 प्रतिशत था, जबकि ABC का 11 प्रतिशत था। यदि मर्फी ABC संपत्तियों के परिचालन मार्जिन को एक तिहाई अर्थात् 15 प्रतिशत तक बढ़ा सकता है, तो कंपनी हर साल अतिरिक्त 12.5 करोड़ डॉलर उत्पन्न करेगी और संयुक्त आय शक्ति सालाना 22.5 करोड़ डॉलर के बराबर होगी। 10 प्रतिशत की बकाया छूट के साथ 1.6 करोड़ शेयरों के साथ 32.5 करोड़ डॉलर कमाने वाली कंपनी का प्रति-शेयर वर्तमान मूल्य 203 डॉलर प्रति शेयर था—बफ़े की 172.50 डॉलर की ख़रीद मूल्य पर सुरक्षा का 15 प्रतिशत मार्जिन। "मुझे संदेह है कि इस पर बेन मुझे शाबाशी दे रहा होगा," बेनग्राहम के संदर्भ में बफ़े ने कहा।[15]

यदि हम कुछ निश्चित धारणाएँ बनाते हैं, तो बफ़े ने जो सुरक्षा स्वीकार की है, उसका विस्तार किया जा सकता है। बफ़े का कहना है कि इस अवधि के दौरान पारंपरिक ज्ञान ने तर्क दिया कि समाचार पत्र, पत्रिकाएं या टेलीविजन स्टेशन सालाना 6 प्रतिशत की दर से आय बढ़ाने में सक्षम होंगे—वह भी अतिरिक्त पूंजी की आवश्यकता के बिना।[16] उन्होंने तर्क दिया कि पूंजी का व्यय मूल्यह्रास दर के बराबर होगा और कार्यशील पूंजी की आवश्यकता न्यूनतम होगी। इसलिए, आय को स्वतंत्र रूप से वितरित आय के रूप में सोचा जा सकता है। इसका मतलब यह है कि एक मीडिया कंपनी के एक मालिक के पास एक सतत वार्षिकी है जो किसी भी अतिरिक्त पूंजी की आवश्यकता के बिना पूर्वाभासी भविष्य में 6 प्रतिशत की दर से बढ़ेगी। बफ़े सुझाव देते हैं कि इसकी तुलना ऐसी कंपनी से की जानी चाहिए जो केवल तभी विकसित होगी जब पूंजी पुनर्निवेशित होगी। बफ़े कहते हैं कि अगर आप एक ऐसी मीडिया कंपनी के मालिक हैं जिसने 10 लाख डॉलर कमाए और जिससे 6 प्रतिशत की दर से विकसित होने की उम्मीद है, तो इस व्यापार के लिए 2.5 करोड़ डॉलर देना अनुचित होगा (10 लाख डॉलर को 10 प्रतिशत की जोखिम-मुक्त दर से विभाजित करके उसमें 6 प्रतिशत की विकास दर को घटाना)। एक और व्यवसाय जिसने 10 लाख डॉलर की कमाई की लेकिन 1 करोड़ की पुनर्निवेशित पूंजी के बिना कमाई नहीं बढ़ सकती (10 लाख डॉलर 10 प्रतिशत से विभाजित)।

अगर हम इस वित्तीय सबक को लें और कैपिटल सिटीज़ पर लागू करें, तो कैपिटल सिटीज़ का मूल्य 203 डॉलर प्रति शेयर से बढ़कर 507 डॉलर हो गया, या 172.50 डॉलर की कीमत पर 66 प्रतिशत सुरक्षा मार्जिन जिसका भुगतान करने के लिए बफ़े सहमत थे| लेकिन इन धारणाओं में बहुत से "किंतु-परंतु" थे| क्या मर्फी कैपिटल सिटीज़ / ABC की संयुक्त संपत्तियों का एक हिस्सा 90 करोड़ डॉलर में बेच पाएगा? (उन्हें दरअसल 120 करोड़ डॉलर मिले थे)| क्या वे अमेरिकी ब्रॉडकास्टिंग कंपनियों में परिचालन मार्जिन में सुधार कर पाएंगे? क्या वे विज्ञापनों के डॉलर के विकास पर निरंतर भरोसा रख पाएंगे?

कैपिटल सिटीज़ में सुरक्षा का एक महत्त्वपूर्ण मार्जिन प्राप्त करने की बफ़े की क्षमता कई कारकों से जटिल थी| पहला, कैपिटल सिटीज़ का शेयर मूल्य पिछले कुछ वर्षों में बढ़ रहा था| मर्फी और बर्क कंपनी के प्रबंधन का काम बेहतरीन तरीके से कर रहे थे और यह कंपनी के शेयर मूल्य में दिख रहा था| इसलिए, GEICO के विपरीत, बफ़े को अस्थाई व्यापारिक गिरावट के कारण कैपिटल सिटीज़ को सस्ते में ख़रीदने का अवसर नहीं मिला| शेयर बाज़ार, जो लगातार बढ़ रहा था, उसने भी कोई मदद नहीं की| और क्योंकि यह पेशकश एक द्वितीय स्टॉक की थी, बफ़े को कैपिटल सिटीज़ के शेयरों के लिए एक ऐसा मूल्य लेना पड़ा जो इसके तत्कालीन व्यापार मूल्य के करीब था|

यदि मूल्य के मुद्दे पर कोई निराशा थी भी, तो बफ़े को उन्हीं शेयरों के त्वरित अभिमूल्यन से दिलासा मिला| 15 मार्च, 1985, शुक्रवार को कैपिटल सिटीज़ के शेयर का मूल्य 176 डॉलर था| 18 मार्च, सोमवार दोपहर को, कैपिटल सिटीज़ ने घोषणा की कि वह अमेरिकन ब्राडकास्टिंग कंपनी खरीदेगी| अगले दिन, बाज़ार बंद होने तक, कैपिटल सिटीज़ के शेयर का मूल्य 202.75 डॉलर था| चार दिनों में, मूल्य 26 अंक बढ़ गया था, अर्थात् 15 प्रतिशत का अभिमूल्यन हुआ| बफ़े का मुनाफा 9 करोड़ डॉलर का था और यह सौदा जनवरी 1986 तक पूरा होने वाला नहीं था|

कैपिटल सिटीज़ ख़रीदने के लिए बफ़े को जो सुरक्षा का मार्जिन प्राप्त हुआ वह बाकी खरीदों से काफी कम था| तो वे आगे क्यों बढे? जवाब था टॉम मर्फी की वजह से ऐसा हुआ| बफ़े ने स्वीकार किया है कि अगर मर्फी नहीं होते तो उन्होंने कंपनी में निवेश नहीं किया होता| बफ़े का सुरक्षा का मार्जिन मर्फी थे| कैपिटल सिटीज़/ABC एक असाधारण व्यवसाय था, एक उस प्रकार का व्यवसाय जो बफ़े को आकर्षित करता था| लेकिन मर्फी के बारे में भी कुछ ख़ास है| जॉनबायर्न ने कहा, "वॉरेन टॉम मर्फी को बहुत अधिक पसंद करते हैं, केवल उनका साझेदार होना ही (बफ़े के लिए) बहुत आकर्षक है|"[17]

कैपिटल सिटीज़ का प्रबंधन दर्शन विकेंद्रीकरण है| जहां तक संभव को मर्फी और बर्क सबसे अच्छे लोगों को नियुक्त करते हैं और फिर उन्हें उनका काम करने के लिए अकेला छोड़ देते हैं| सभी निर्णय स्थानीय स्तर पर लिए जाते हैं| मर्फी के साथ अपने संबंधों की शुरुआत में ही बर्क को यह पता लग गया था| अल्बानी टीवी स्टेशन का प्रबंधन करते समय बर्क, मर्फी को साप्ताहिक

रिपोर्ट भेजते थे, जिसका उन्होंने कभी उत्तर नहीं दिया। बर्क को आखिरकार एक संदेश मिला। मर्फी ने बर्क से वादा किया, "मैं अल्बानी तब तक नहीं आऊंगा जब तक तुम मुझे नहीं बुलाओगे—या फिर जब मुझे तुम्हे नौकरी से निकालना हो।"[18] मर्फी और बर्क अपनी कंपनियों के लिए वार्षिक बजट निर्धारित करने और तिमाही परिचालन संचालन की समीक्षा करने में मदद करते हैं। इन दो अपवादों को छोड़ दिया जाए तो, प्रबंधकों से यह उम्मीद की जाती थी कि वे इस व्यवसाय का संचालन ऐसे करेंगे जैसे वे इसके मालिक हों। मर्फी ने लिखा था, "हम अपने प्रबंधकों से बहुत उम्मीद करते हैं।"[19]

एक और चीज़ जो कैपिटल सिटीज़ के प्रबंधकों से करने की उम्मीद की जाती थी, वह थी लागत पर नियंत्रण। जब वे असफल हुए, तो मर्फी ने बीच में आने में संकोच नहीं किया। जब कैपिटल सिटीज़ ने ABC को खरीदा, तो लागत में कटौती करने की मर्फी की प्रतिभा की बहुत ज़रूरत थी। नेटवर्क रेटिंग्स के बारे में सोचते हैं, ना कि मुनाफे के बारे में। नेटवर्क ने सोचा, रेटिंग्स बढ़ाने के लिए जो भी ज़रूरी था वह लागत मूल्यांकन का उल्लंघन करता था। जब मर्फी ने सत्ता संभाली तो यह मानसिकता अचानक समाप्त हो गई। ABC में सावधानी से चयनित समितियों की मदद से, मर्फी ने वेतन-निधि (पेरोल), भत्तों और खर्चों को छंटनी की। लगभग 1,500 लोगों को प्रचुर बर्ख़ास्तगी वेतन देकर जाने दिया। ABC के कार्यकारी भोजन कक्ष और निजी लिफ्ट को बंद कर दिया गया। लॉसएंजिल्स में ABC एंटरटेनमेंट की वह लिमोज़ीन कार, जो कंपनी के परिचालन के दौरान मर्फी के पहले दौरे के समय उनके आने-जाने के काम आती थी, उसे सेवा मुक्त कर दिया गया। आने वाले समय में उन्होंने टैक्सी का इस्तेमाल किया।

ऐसी लागत-सतर्कता कैपिटल सिटीज़ की जीवन पद्धति थी। कंपनी के फिलाडेल्फिया स्थित टेलीविज़न स्टेशन, WPVI, जो शहर का अग्रिम स्टेशन था, में 100 समाचारकर्मी काम करते थे जबकि शहर भर में सीबीएस से संबद्ध में 150 लोग काम करते थे। ABC में मर्फी के आने से पहले, कंपनी ने ABC के पांच टेलीविज़न स्टेशनों का प्रबंधन करने के लिए 60 लोगों को नियुक्त किया था। कैपिटल सिटीज़ के अधिग्रहण के तुरंत बाद, छह लोग आठ स्टेशनों का प्रबंधन करते थे। न्यूयॉर्क का WABC-टीवी 600 लोगों को नियुक्त करता था और 30 प्रतिशत कर-पूर्व लाभ उत्पन्न करते थे। एक बार मर्फी द्वारा स्टेशन को पुनर्संगठित करने के बाद, 400 लोगों की नियुक्ति के बाद कर-पूर्व लाभ 50 प्रतिशत हो गया। एक बार लागत का संकट हल हो जाने के बाद, मर्फी परिचालन निर्णयों के प्रबंधन के लिए बर्क पर निर्भर हो गए। उन्होंने अधिग्रहण और शेयरधारक परिसंपत्तियों पर ध्यान केंद्रित किया।

सिद्धांत: संस्थागत अनिवार्यता

प्रसारण और नेटवर्क व्यवसाय के बुनियादी अर्थशास्त्र ने कैपिटल सिटीज़ को आश्वस्त किया कि वह पर्याप्त नकदी प्रवाह उत्पन्न करेगा। हालांकि, लागत नियंत्रण के प्रति, मर्फी की लगन का

मिलन उद्योग के बुनियादी अर्थशास्त्र के साथ होने का मतलब था, कैपिटल सिटीज़ के नकदी प्रवाह में भारी वृद्धि। 1988 से 1992 के दौरान, कैपिटल सिटीज़ ने अभारित नकदी के रूप में 230 करोड़ डॉलर उत्पन्न किए। इन संसाधनों को देखते हुए, कुछ प्रबंधक धन खर्च करने, व्यवसाय ख़रीदने और कॉर्पोरेट प्रदेश का विस्तार करने के प्रलोभन का विरोध करने में असमर्थ हो सकते हैं। मर्फी ने भी कुछ व्यवसायों का अधिग्रहण किया। 1990 में, उन्होंने छोटी संपत्तियों का अधिग्रहण करते हुए 6.1 डॉलर खर्च किए। उन्होंने कहा कि उस समय, अधिकतर मीडिया संपत्तियों की कीमत सामान्य बाज़ार में बहुत अधिक थी।

कैपिटल सिटीज़ की उन्नति में वृद्धि के लिए अधिग्रहण हमेशा से ही बहुत महत्त्वपूर्ण रहे हैं। मर्फी हमेशा ही मीडिया कंपनियों की तलाश में रहतेथे, लेकिन वे अपने इस अनुशासन में दृढ़ थे कि किसी भी कंपनी के बहुत अधिक दाम नहीं देंगे। अपने विशाल नकदी प्रवाह के साथ, कैपिटल सिटीज़ आसानी से अन्य मीडिया संपत्तियों को हड़प कर सकती थी, लेकिन जैसा कि बिज़नेस वीक ने कहा, "मर्फी कई बार सही संपत्ति मिलने के लिए सालों तक इंतज़ार करते थे। उन्होंने कोई भी सौदा केवल इसलिए कभी नहीं किया क्योंकि उनके पास ऐसा करने के लिए संसाधन थे।"[20] मर्फी और बर्क ने यह भी महसूस किया कि मीडिया उद्योग आवर्ती था और अगर एक ख़रीद बहुत अधिक उद्यामन पर की जाए, तो शेयरधारकों के लिए जोखिम अस्वीकार्य होगा। बर्क ने कहा, "मर्फी ने कभी भी ऐसा कोई सौदा नहीं किया जिसके बारे में हममें से किसी एक ने भी सोचा कि वह हमारे लिए प्राणघातक होगा।"[21]

एक ऐसी कंपनी जो इतना अधिक पैसा कमाती है जिसे व्यापार में फिर से लगाकर व्यापार में वृद्धि कर सकती है, उद्यामन कम कर सकती है या शेयरधारकों को पैसा लौटा सकती है। चूंकि मर्फी मीडिया कंपनियों के लिए मांगा गया उच्च मूल्य चुकाने के लिए तैयार नहीं था, उसने इसके बजाय उद्यामन कम करने और स्टॉक ख़रीदने का निर्णय लिया। 1986 में, ABC के अधिग्रहण के बाद,कैपिटल सिटीज़ का कुल दीर्घकालिक ऋण 180 करोड़ डॉलर था और ऋण-पूंजी अनुपात 48.6 प्रतिशत था। वर्ष 1986 के अंत में नकद और नकद समकक्ष राशि 1.6 करोड़ डॉलर थी। 1992 तक, कंपनी का दीर्घकालिक ऋण 96.4 करोड़ डॉलर था और ऋण-से-पूंजी का अनुपात 20 प्रतिशत तक गिर गया था। इसके अलावा, नकद और नकद समकक्ष 120 करोड़ डॉलर तक बढ़ गए, जिससे कंपनी अनिवार्य रूप से ऋण मुक्त हो गई।

मर्फी द्वारा कैपिटल सिटीज़ का वित्तीय विवरण (बैलेंस शीट) मज़बूत करने से कंपनी का जोखिम काफी कम हो गया। उन्होंने आगे जो किया उससे वास्तव में इसके मूल्य में वृद्धि हुई।

सिद्धांत: एक डॉलर का आधार वाक्य

1985 से 1992 तक, कैपिटल सिटीज़ का बाज़ार मूल्य 290 करोड़ डॉलर से बढ़कर 830 करोड़ डॉलर हो गया। इस कालखंड के दौरान, कंपनी ने 270 करोड़ डॉलर की कमाई की, इसका मतलब निवेश किए गए हर एक डॉलर पर 2.01 डॉलर बाज़ार में निर्माण किए। यह उपलब्धि विशेष रूप से यह देखते हुए उल्लेखनीय थी कि कंपनी ने 1990-1991 में आय के मामले में चक्रीय मंदी का सामना किया था और नेटवर्क-प्रसारण व्यवसाय में परिवर्तनों से इसके आंतरिक मूल्य में गिरावट आई थी। फिर भी, कैपिटल सिटीज़/ABC में बर्कशायर का निवेश 51.7 करोड़ डॉलर से बढ़कर 150 करोड़ डॉलर हो गया, अर्थात् 14.5 प्रतिशत का मिश्रित वार्षिक प्रतिफल दर—जो CBS और स्टैण्डर्ड एंड पूअर्स 500 इंडेक्स दोनों से बेहतर था।

सिद्धांत: तर्कसंगतता

1988 में, कैपिटल सिटीज़ ने घोषणा की कि इसने बीस लाख शेयरों की पुनर्खरीद को अधिकृत किया है, जो कंपनी के अशोधित शेयरों का 11 प्रतिशतथा। 1989 में, कंपनी ने स्टॉक के 523,000 शेयरों को 445 डॉलर की औसत कीमत पर ख़रीदकर 23.3 करोड़ डॉलर खर्च किए—यह अन्य मीडिया कंपनियों के मांगे गए मूल्य की तुलना में कंपनी के संचालित नकदी प्रवाह का 7.3 गुना था, जबकि बाकी कंपनियां इसे अपने नकदी प्रवाह के 10 से 12 गुना पर बेच रही थीं। अगले साल, कंपनी ने 926,000 शेयर 4,777 डॉलर की औसत कीमत पर, या नकदी प्रवाह के 7.6 गुना में खरीदे। 1992 में, कंपनी ने अपने स्टॉक को वापस ख़रीदना जारी रखा। उस साल इसने 270,000 शेयर 434 डॉलर की औसत कीमत से, या नकदी प्रवाह के 8.2 गुना में खरीदे। मर्फी ने बार-बार यह दोहराया कि जो कीमत उन्होंने खुद के लिए भुगतान की, वह अब भी अन्य विज्ञापनदाता-समर्थित मीडिया कंपनियों की कीमत से कम थी जिसे उन्होंने और बर्क ने आकर्षक माना था। 1988 से 1992 तक, कैपिटल सिटीज़ ने 86.6 करोड़ डॉलर का निवेश करते हुए स्टॉक के कुल 1,953,000 शेयर खरीदे।

नवंबर 1993 में, कंपनी ने 590 से 630 डॉलर प्रति शेयर की कीमत पर 20 लाख शेयरों की ख़रीद के लिए एक डचनीलामी की घोषणा की। बर्कशायर ने अपने तीस लाख शेयरों में से दस लाख शेयर जमा करते हुए इस नीलामी में भाग लिया। अकेले इस एक कृत्य ने ही व्यापक अटकलों को जन्म दिया। क्या कंपनी उचित अधिग्रहण नहीं कर पाई, इसलिए खुद को बिक्री के लिए रख रही थी? क्या बफ़े अपने पद का एक-तिहाई हिस्सा बेचकर कंपनी छोड़ रहे थे? कैपिटल सिटीज़ ने इन अफवाहों का खंडन किया। ऐसे विचार सामने आए कि अगर कंपनी बिक्री के लिए होती तो बफ़े के पास प्रस्तावित स्टॉक नहीं होता जिसने वास्तव में उच्च कीमत प्राप्त की होती। कैपिटल सिटीज़/ABC ने अंततः स्टॉक के 11 लाख शेयर खरीदे—जिसमें से 10 लाख बर्कशायर के

थे—630 डॉलर प्रति शेयर की औसत कीमत पर। बफ़े कंपनी के सबसे बड़े शेयरधारक बने हुए थे और शेष 13 प्रतिशत अशोधित शेयरों के मालिक होने के साथ-साथ कैपिटल सिटीज़ के शेयरों के बाज़ार को बाधित किए बिना 63 करोड़ डॉलर का पुनर्वितरण करने में सक्षम थे।

बफ़े ने इतने वर्षों में अनगिनत व्यवसायों के संचालन और प्रबंधन का अवलोकन किया है। लेकिन उनके अनुसार, कैपिटल सिटीज़ देश में सार्वजनिक रूप से स्वामित्व वाली सर्वश्रेष्ठ कंपनी थी। अपनी बात को साबित करने के लिए, जब बफ़े ने कैपिटल सिटीज़ में निवेश किया, तो उन्होंने अगले 11 वर्षों के लिए मर्फी और बर्क को सभी मतदान अधिकार दिए, जब तक कि उनमें से कोई भी कंपनी का प्रबंधन जारी रखता तब तक। और अगर यह आपको विश्वास दिलाने के लिए पर्याप्त नहीं है कि बफ़े के दिल में इन व्यक्तियों के लिए कितनी इज्ज़त थी तो इस पर विचार कीजिए: बफ़े ने कहा था, "टॉम मर्फी और डैन बर्क केवल बेहतरीन प्रबंधक नहीं हैं, संक्षेप में वे इस प्रकार के व्यक्ति हैं जिनसे आप अपनी बेटी का विवाह करना चाहेंगे।"[22]

कोका-कोला कंपनी

1998 के शरद ऋतु में, कोका-कोला के अध्यक्ष, डोनाल्ड कीओ के यह ध्यान में आया कि कोई बड़े पैमाने पर कंपनी के शेयर ख़रीद रहा था। 1987 के शेयर बाज़ार पतन के केवल एक साल बाद, कोका-कोला के शेयर अभी भी पतन के पहले की कीमत से 25 प्रतिशत कम में व्यापार कर रहे थे। लेकिन शेयर की कीमत को आखिरकार एक मंज़िल मिली क्योंकि "कोई रहस्यमय निवेशक तेज़ी से शेयरों को निगल रहा था।" जब कीओ को पता चला कि वह ब्रोकर जो सारी ख़रीद कर रहा था मिडवेस्ट भाग से था, तो उसे तुरंत अपने मित्र वॉरेन बफ़े का ख्याल आया और उसने उन्हें फ़ोन करने का निर्णय लिया।

"तो, वॉरेन, क्या चल रहा है?" कीओ ने शुरुआत की। "ऐसा लगता है तुम कोका-कोला के कोई भी शेयर नहीं ख़रीद रहे हो?" बफ़े ने थोड़ा रुककर फिर कहा, "ऐसा है कि मैं ख़रीद रहा हूं, लेकिन मुझे अच्छा लगेगा अगर तुम इस बारे में तब तक चुप रहो जब तक कि मैं अपने स्वामित्व का खुलासा ना कर दूं।"[23] अगर यह बात फ़ैल जाती कि बफ़े कोका-कोला के शेयर ख़रीद रहे हैं, तो इन्हें ख़रीदने की भीड़ लग जाती, जिससे अंततः शेयर की कीमत बढ़ जाती और उसे बर्कशायर के पद से जोड़ने का काम पूरा नहीं हुआ था।

1989 के वसंत तक, बर्कशायर हैथअवे के शेयरधारकों को यह पता चला कि बफ़े ने कोका-कोला के शेयर ख़रीदने में 102 करोड़ डॉलर खर्च किए हैं। उन्होंने बर्कशायर संविभाग (पोर्टफोलियो) के एक तिहाई हिस्से पर दांव लगाया था और अब कंपनी का 7 प्रतिशत स्वामित्व उनके पास था। यह बर्कशायर का अब तक का सबसे बड़ा निवेश था और वॉलस्ट्रीट पहले से ही उधेड़-बुनकी स्थिति में था। बफ़े ने अंकित मूल्य से पांच गुना और कमाई से 15 गुना अधिक

का भुगतान किया था, फिर शेयर बाज़ार में प्रीमियम का भुगतान किया, और यह सब एक सौ साल पुरानी कंपनी के लिए जो सोडा पॉप बेचती थी। ओमाहा के जादूगर ने ऐसा क्या देखा जिसे देखने में बाकी सब चूक गए?

कोका-कोला दुनिया की सबसे बड़ी शीतल पेय कंपनी है। यह दुनियाभर के 200 से अधिक देशों में 500 विभिन्न प्रकार के अल्प आहार बेचती है। इन 500 में से, 15 सौ करोड़ डॉलर के ब्रांड हैं जिनमें कोका-कोला, डाइट कोक, फैंटा, स्प्राइट, विटामिनवॉटर, पॉवरऐड, मिनट मेड, सिम्पली, जॉर्जिया और डेल वाले शामिल हैं।

कोका-कोला के साथ बफ़े का रिश्ता बचपन से है। उन्होंने अपनी पहली कोक पांच साल की उम्र में पी थी और बाद में जब उन्होंने उद्यम की शुरुआत की आपको याद होगा अध्याय 1 से, छह कोक 25 सेंट में ख़रीदकर उन्हें 5 सेंट प्रति कोक की कीमत पर फिर से बेच देना। अगले 50 सालों तक, उन्होंने कोका-कोला की अभूतपूर्व वृद्धि का अवलोकन किया लेकिन इसके बजाय वे कपडा मिलें, डिपार्टमेंट स्टोर और कृषि उपकरण निर्माताओं को ख़रीदते रहे। यहां तक कि 1986 में भी, जब उन्होंने अंततः यह घोषणा की कि चेरी कोक बर्कशायर हैथअवे की वार्षिक बैठकों का आधिकारिक शीतल पेय होगा, तब तक बफ़े ने कोका-कोला का एक भी शेयर नहीं खरीदा था। दो साल बाद, 1988 की गर्मियों में, बफ़े ने ख़रीदना शुरू किए।

सिद्धांत: सरल और बोधगम्य

कोका-कोला का व्यवसाय अपेक्षाकृत सरल है। कंपनी कच्चा माल ख़रीदती है और उसे मिलाकर एक सारकृत द्रव्य तैयार करती है, जिसे बोतलवालों को बेचा जाता है जो सारकृत द्रव्य को अन्य पदार्थों के साथ मिलाते हैं। बोतलवाले फिर तैयार उत्पाद को खुदरा दुकानों में बेचते हैं, जिनमें छोटी दुकानें, सुपरमार्केट और वेंडिंग मशीनें शामिल हैं। कंपनी रेस्तरां और फास्ट-फूड खुदरा विक्रेताओं को शीतल पेय सिरप भी प्रदान करती है, जो फिर कप और गिलास में उपभोक्ताओं को शीतल पेय बेचते हैं।

सिद्धांत: परिचालन का एकरूप इतिहास

कोई अन्य कंपनी कोका-कोला के सुसंगत संचालन इतिहास से मेल नहीं खा सकती है। 1886 में, एक पेय उत्पाद बेचने से कंपनी की शुरुआत हुई थी। आज, लगभग 130 साल बाद, कोका-कोला वही पेय बेच रही है—साथ ही कुछ और भी। एकमात्र महत्त्वपूर्ण अंतर कंपनी के आकार और भौगोलिक पहुंच का है।

बीसवीं शताब्दी के मोड़ पर, कंपनी ने पूरे संयुक्त राज्य के दौरे के लिए 10 यात्री विक्रेताओं को नियुक्त किया। उस समय, कंपनी प्रति वर्ष 116,492 गैलन सिरप बेच रही थी, जिसकी वार्षिक

बिक्री 148,000 डॉलर थी। स्थापना के पचास साल बाद, कंपनी एक वर्ष में शीत पेय की 20.7 करोड़ पेटियां बेच रही थी (बिक्री को गैलन से पेटियों में तब्दील किया गया है)। बफ़े ने उल्लेख किया है, "कोका-कोला या जैसी उसकी बिक्री है, उसकी तुलना में किसी कंपनी का नाम लेना कठिन है, एक अपरिवर्तित उत्पाद जो कोका-कोला के दस-साल के रिकॉर्ड की तरफ इंगित करता हो।"[24] आज, 170 करोड़ प्रतिदिन के साथ, कोका-कोला कंपनी पेय पदार्थों, पीने के लिए तैयार (रेडी-टू-ड्रिंक) कॉफ़ी, फलों के रस (जूस) और पेय पदार्थोंका सबसे बड़ा आपूर्तिकर्ता है।

सिद्धांत: अनुकूल दीर्घकालिक संभावनाएँ

1989 में बर्कशायर द्वारा की गई सार्वजनिक घोषणा कि उसके पास कोका-कोला कंपनी के 6.3 प्रतिशत का स्वामित्व है, के तुरंत बाद एटलांटा कॉनसटिट्यूशन की कारोबारी लेखिका मेलिसाटर्नर ने बफ़े का साक्षात्कार लिया। उसने बफ़े से एक सवाल पूछा, जो उनसे अक्सर पूछा गया है: उन्होंने कंपनी में शेयर जल्दी क्यों नहीं खरीदे? उस जवाब के माध्यम से, बफ़े ने बताया कि जब उन्होंने अंततः निर्णय लिया तो वे उस समय क्या सोच रहे थे।

उन्होंने कहा, "ज़रा सोचिये कि आप दस साल के लिए बाहर जा रहे हैं और आप एक निवेश करना चाहते हैं और आप जो अभी जानते हैं वह सब कुछ जानते हैं, लेकिन आपके चले जाने के बाद आप इसे बदल नहीं सकते। आप किस बारे में सोचेंगे?" निश्चित ही व्यापार सरल और समझनेयुक्त होना चाहिए। निश्चित ही व्यापार को इतने वर्षों में व्यापारिक निरंतरता का एक बड़ा प्रदर्शन करना होगा। और निश्चित ही, दीर्घकालिक संभावनाएँ अनुकूल होनी चाहिए। "अगर मैं निश्चितता के संदर्भ में कुछ भी कहूं, जहां मुझे पता था कि बाजार बढ़ने वाला है, जहां मुझे पता था कि नेता नेता बनने जा रहा है—मतलब पूरी दुनिया भर में—और जहां मुझे पता था कि बड़ी इकाई का विकास होगा, मुझे कोक जैसा कुछ भी नहीं पता है," बफ़े ने समझाया। "मुझे निश्चित तौर पर पता होगा कि मेरे वापस लौटने पर वे अब की तुलना में बहुत अधिक बड़ा व्यापार कर रहे होंगे।"[25]

लेकिन उस निश्चित समय पर क्यों खरीदा जाए? बफ़े द्वारा वर्णन किए अनुसार, कोका-कोला की व्यावसायिक विशेषताएं कई दशकों से मौजूद थीं। उन्होंने कहा कि जिस चीज़ ने उनका ध्यान आकर्षित किया वे थे कोका-कोला में हो रहे वे बदलाव, जो 1980 के दशक में अध्यक्ष और मुख्य कार्यकारी अधिकारी रोबर्टो गोईज़ुएता और अध्यक्ष डोनाल्डकीओ के नेतृत्व में हो रहे थे।

परिवर्तन महत्त्वपूर्ण और विलंबित थे। 1970 का दशक कोका-कोला के लिए निराशाजनक था। इस दशक में थे बोतलवालों के साथ हुए विवाद, कंपनी के मिनट मेड के बगीचों में प्रवासी मज़दूरों के साथ दुर्व्यवहार का आरोप, पर्यावरणविदों का यह दावा कि कोक के एकतरफा कंटेनरों ने देश में प्रदूषण की बढ़ती समस्या में योगदान दिया है और संघीय व्यापार आयोग के

आरोप कि कंपनी की विशेष मताधिकार प्रणाली ने शेर्मन अविश्वास अधिनियम (एंटीट्रस्टएक्ट) का उल्लंघन किया है। कोका-कोला का अंतर्राष्ट्रीय व्यापार भी डगमगा रहा था। जब कंपनी ने इजराइल को विशेषाधिकार (फ्रैंचाइज़ी) जारी की, तो अरबकेलोगों ने कोक का बहिष्कार शुरू कर दिया जिसने वर्षों के निवेश को समाप्त कर दिया। जापान, जहां कंपनी की कमाई सबसे तेज़ी से बढ़ रही थी, वह कॉर्पोरेट गलतियों का युद्धक्षेत्र बन गया था। दुकानों की अल्मारियों पर कोक की 26 औंस की बोतलें फूट रही थीं। इसके साथ ही, जापानी उपभोक्ताओं ने कंपनी के फैंटाग्रेप में कृत्रिम कोलतार रंग के इस्तेमाल का क्रोधपूर्वक विरोध किया। जब कंपनी ने असली अंगूर के छिलके का इस्तेमाल करके एक नया संस्करण विकसित किया, तो सामग्री में खमीर उठ गया और ग्रेप सोडा को टोक्यो की खाड़ी में फेंक दिया गया।

1970 के दशक में कोका-कोला पेय उद्योग के भीतर गति स्थापित करने वाले एक प्रर्वतक के बजाय एक खंडित और प्रतिक्रियाशील कंपनी थी। अपनी समस्याओं के बावजूद भी, कंपनी ने लाखों डॉलर्स में अपनी कमाई के उत्पादन को जारी रखा। लेकिन कोका-कोला के खुद के पेय पदार्थ बाज़ार में पुनर्निवेश करने की बजाय, पॉलऑस्टिन जिन्हें 1971 में अध्यक्ष नियुक्त किया गया, उन्होंने 1972 तक अध्यक्ष रहने के बाद, विविधता लाने का निर्णय लिया। कम लाभ सीमा के बावजूद, उन्होंने जल परियोजना और झींगे की खेती में निवेश किया। उन्होंने एक वायनरी (शराब बनाने का स्थान) भी खरीदी। शेयरधारकों ने इस कदम का कड़ा विरोध किया, उन्होंने यह तर्क दिया कि कोका-कोला का नाम शराब के साथ नहीं जुड़ना चाहिए। आलोचनाओं को विक्षेपित करने के लिए, ऑस्टिन ने विज्ञापन अभियानों के लिए अभूतपूर्व धनराशि दी।

इस बीच कोका-कोला ने इक्विटी पर 20 प्रतिशत की कमाई की, लेकिन करपूर्व लाभ कम हो रहे थे। 1974 के अंत में मंदड़िया बाज़ार में कंपनी का बाज़ार मूल्य 310 करोड़ डॉलर था। छह साल बाद, वह मूल्य बढ़कर 410 करोड़ डॉलर हो गया था। दूसरे शब्दों में, 1974 से 1980 के बीच, कंपनी का बाज़ार मूल्य 5.6 प्रतिशत के वार्षिक औसत से बढ़ा था, जो एसएंडपी 500 इंडेक्स के मुक़ाबले काफी कम था। उन छह सालों में कंपनी द्वारा कमाए गए प्रत्येक डॉलर पर, उसने बाज़ार मूल्य में केवल 1.02 डॉलर का निर्माण किया।

कोका-कोला के कॉर्पोरेट संकट को ऑस्टिन के डराने-धमकाने और अनुचित व्यवहार ने और बढ़ा दिया था।[26] मामलों को बदतर बनाने के लिए उनकी पत्नी जीन थी, जो कंपनी के भीतर एक विघटनकारी प्रभाव थी। उसने आधुनिक कला के इस्तेमाल करते हुए कॉर्पोरेट मुख्यालय को फिर से सजाया, कंपनी के उत्कृष्ट नॉर्मन रॉकवेल चित्रों को हटा दिया और यहां तक कि अपनी कलाकृतियों को ख़रीदने के लिए की गई यात्राओं के लिए कॉर्पोरेट जेट का उपयोग किया। लेकिन उसका जो आखिरी हुक्म था, उसने उसके पति के पतन में योगदान दिया।

मई 1980 में, श्रीमती ऑस्टिन ने कर्मचारियों के भोजन के लिए कंपनी के बगीचे को बंद करने का आदेश दिया। उसकी शिकायत थी कि उनके भोजन के बचे-खुचे अवशेष उस सुन्दर बगीचे पर कबूतरों को आकर्षित करते थे। कर्मचारियों का मनोबल काफी कम हो गया। कंपनी के 91 वर्षीय संरक्षक रॉबर्टवुडरफ, जिन्होंने 1923 से 1955 तक कोका-कोला का नेतृत्व किया था और अभी भी बोर्ड की वित्त समिति के अध्यक्ष थे, ने बहुत सहन कर लिया था। उन्होंने ऑस्टिन के इस्तीफे की मांग की और उसकी जगह रोबर्टो गोईज़ुएता को नियुक्त किया।

क्यूबा में पले-बढ़े गोईज़ुएता, कोका-कोला के पहले विदेशी मुख्य कार्यकारी अधिकारी थे। ऑस्टिन जितने अन्तर्मुखी थे, वे उतने ही बहिर्मुखी थे। उनका पहला काम था कोका-कोला के 50 शीर्ष प्रबंधकों को पामस्प्रिंग्स, कैलिफोर्निया में बैठक के लिए एकत्र लाना। उन्होंने कहा, "मुझे बताइए कि हम क्या गलती कर रहे हैं। मैं सब जानना चाहता हूं और एक बार सब ठीक होने के बाद, मैं 100 प्रतिशत निष्ठा चाहता हूं। अगर कोई खुश नहीं है, तो हम एक अच्छा समझौता करेंगे और आपको अलविदा कह देंगे।"[27] इस बैठक से कंपनी की "1980 के दशक की रणनीति" विकसित हुई, एक 900-शब्द का पैम्फलेट जो कोका-कोला के कॉर्पोरेट लक्ष्यों को रेखांकित कर रहा था।

गोईज़ुएता ने अपने प्रबंधकों को बुद्धिमानीपूर्ण जोखिम उठाने के लिए प्रोत्साहित किया। वे चाहते थे कि कोका-कोला प्रतिक्रियाशील होने के बजाय कार्रवाई शुरू करे। उन्होंने लागत में कटौती करने के साथ शुरुआत की और उन्होंने मांग की कि कोका-कोला के स्वामित्व वाले किसी भी व्यवसाय को संपत्ति पर अपनी लाभों का अनुकूलन करना होगा। इन कार्यों के बाद तुरंत ही लाभ बढ़ने शुरू हो गए।

सिद्धांत: लाभ का उच्च मार्जिन

1980 में, कोका-कोला का कर-पूर्व लाभ मार्जिन काफी कम,अर्थात् 12.9 प्रतिशत था। मार्जिन पिछले पांच सालों से लगातार गिर रहाथा और 1973 के कंपनी के 18 प्रतिशत के मार्जिन से बहुत कम था। गोईज़ुएता के पहले साल में, कर पूर्वमार्जिन 13.7 प्रतिशत तक बढ़ गया; 1988 तक, जब बफ़े ने कोका-कोला में अपने शेयर खरीदे, मार्जिन 19 प्रतिशत तक बढ़ गया।

सिद्धांत: इक्विटी पर लाभ

"1980 के दशक की रणनीति" में गोईज़ुएता ने बताया कि कंपनी किसी भी ऐसे व्यवसाय को विनिहित कर लेगी जो इक्विटी पर स्वीकार्य लाभ उत्पन्न नहीं करेगा। किसी भी नए व्यापार उद्यम में निवेश को सही ठहराने के लिए पर्याप्त वास्तविक विकास क्षमता होनी चाहिए। कोका-कोला को एक गतिहीन बाज़ार में हिस्सेदारी के लिए जूझने में कोई दिलचस्पी नहीं थी। गोईज़ुएता ने घोषणा की,[28] "प्रति शेयर आय में वृद्धि और इक्विटी पर बढे हुए लाभ ही खेल में रहेंगे।"

उनकी बातोंको अमल में लाया गया: कोका-कोला का शराब का व्यापार 1983 में सीग्राम को बेच दिया गया।

हालांकि कंपनी ने 1970 के दशक के दौरान, इक्विटी पर एक सम्मानजनक 20 प्रतशत लाभ कमाया था लेकिन गोईज़ुएता प्रभावित नहीं हुए। उन्हें और बेहतर लाभ चाहिए थे और कंपनी ने उनकी यह मांग पूरी की। 1988 तक, कोका-कोला के इक्विटी के लाभ 31 प्रतिशत तक बढ़ चुके थे।

किसी भी मापदंड से, गोईज़ुएता की कोका-कोला दोगुनी हो रही थी और ऑस्टिन की कोका-कोला की वित्तीय उपलब्धियों से तिगुना कमा रही थी। इसके परिणाम कंपनी के बाज़ार मूल्य में देखे जा सकते थे। 1980 में, वह मूल्य 410 करोड़ डॉलर था। 1987 के अंत तक, अक्टूबर में शेयर बाज़ार मेंबड़ीगिरावट के बाद भी, बाज़ार मूल्य 1410 करोड़ डॉलर हो गया था। केवल सात सालों में, कोका-कोला का बाज़ार मूल्य 19.3 प्रतिशत की वार्षिक औसत दर से बढ़ा था। इस कालखंड में कोका-कोला द्वारा रखे गए प्रत्येक डॉलर के लिए, इसने बाज़ार मूल्य में 4.66 डॉलर कमाए।

सिद्धांत: स्पष्टवादिता

1980 के दशक की गोईज़ुएता की रणनीति में शेयरधारकों को शामिल किया गया था। उन्होंने लिखा था, "हम अगले दशक के दौरान, अपने शेयरधारकों के लिए और उनके निवेश की सुरक्षा और वृद्धि के लिए पूरी तरह से प्रतिबद्ध रहेंगे।" उन्होंने समझाया, "अपने शेयरधारकों को उनके निवेश पर औसत से अधिक कुल लाभ देने के लिए, हमें उन व्यवसायों का चयन करना चाहिए जो मुद्रास्फीति के अतिरिक्त लाभ उत्पन्न करते हैं।"[29]

गोईज़ुएता को न केवल व्यवसाय बढ़ाना पड़ा, जिसके लिए पूंजी निवेश की आवश्यकता थी; वह शेयरधारक मूल्य बढ़ाने के लिए भी बाध्य थे। ऐसा करने के लिए, कोका-कोला, लाभ का मार्जिन और इक्विटी पर लाभ बढ़ाकर, लाभांश भुगतान अनुपात को कम करते हुए लाभांश का भुगतान करने में सक्षम था। 1980 के दशक में शेयरधारकों का लाभांश प्रति वर्ष 10 प्रतिशत बढ़ रहा था, जबकि भुगतान अनुपात 65 प्रतिशत से घटकर 40 प्रतिशत हो रहा था। इसने कोका-कोला को कंपनी की कमाई का एक बड़ा प्रतिशत पुनर्निवेश करने में मदद की, ताकि शेयरधारकों को धोखा ना देते हुए अपनी विकास दर को बनाए रखा जा सके।

गोईज़ुएता के नेतृत्व में, कोका-कोला का लक्ष्य एकदम स्पष्ट था; प्रबंधन का प्राथमिक उद्देश्य था समय के साथ शेयरधारक के मूल्य को अधिकतम करना। ऐसा करने के लिए, कंपनी ने उच्च लाभ प्रदान करने वाले शीतल पेय के व्यापार पर ध्यान केंद्रित किया। यदि सफलता

प्राप्त होती है तोन कदी प्रवाह के विकास में वृद्धि और इक्विटी पर बढ़ा हुआ लाभ तथा अंततः शेयरधारकों के लिए कुल लाभ में वृद्धि इसका प्रमाण होगा|

सिद्धांत: तर्कसंगत प्रबंधन

शुद्ध नकदी प्रवाह में वृद्धि ने न केवल कोका-कोला के शेयरधारकों को अपने लाभांश में वृद्धि करने की अनुमति दी, बल्कि कंपनी को अपना पहला वापसी-ख़रीद कार्यक्रम शुरू करने में भी सक्षम बनाया| 1984 में, गोईज़ुएता ने घोषणा की कि कंपनी खुले बाज़ार में स्टॉक के 60 लाख शेयरों की पुनर्खरीद करेगी| स्टॉक की पुनर्खरीद तभी तर्कसंगत है जब कंपनी का आंतरिक मूल्य बाजार मूल्य से अधिक हो| गोईज़ुएता द्वारा किए गए रणनीतिक परिवर्तनों, जिसमें शेयरधारकों के लिए इक्विटी पर लाभ बढ़ाने पर ज़ोर दिया गया था, ने उसे सुझाव दिया कि कोका-कोला उस अहम् बिंदु पर पहुंच चुकी थी|

सिद्धांत: कंपनी के स्वामी की आय

1973 में, कंपनी के स्वामी की आय (शुद्ध आय में मूल्य ह्रास जोड़कर पूंजी के खर्चे घटाने पर) 15.2 करोड़ डॉलर थी| 1980 तक, कंपनी के स्वामी की आय 26.2 करोड़ डॉलर थी, अर्थात् 8 प्रतिशत की वार्षिक मिश्रित विकास दर| 1981 से 1988 तक, कंपनी के स्वामी की आय 26.2 करोड़ डॉलर से बढ़कर 82.8 करोड़ डॉलर हो गई, अर्थात् 17.8 प्रतिशत की वार्षिक मिश्रित विकास दर|

कंपनी के स्वामी की आय में वृद्धि कोका-कोला के शेयर मूल्य में परिलक्षित हो रही थी| अगर हम 10 साल के कालखंड को देखें तो यह एकदम स्पष्ट है| 1973 से 1982 तक, कोका-कोला का कुल लाभ 6.3 प्रतिशत के औसत वार्षिक दर से बढ़ा| अगले 10 साल, 1983 से 1992, जब गोईज़ुएता का प्रबंधन दृष्टिकोण स्पष्ट दिख रहा था, तब स्टॉक का औसत वार्षिक कुल लाभ 31.1 प्रतिशत था|

सिद्धांत: संस्थागत अनिवार्यता

जब गोईज़ुएता ने कोका-कोला का कामकाज हाथ में लिया, तो उनके सबसे पहले क़दमों में से एक था पॉलऑस्टिन द्वारा विकसित किए गए असंबंधित कारोबारों को हटा देना और कंपनी को उसके मूल व्यापार, सिरप बेचने, की तरफ वापस ले जाना| यह कोका-कोला की संस्थागत अनिवार्यता का विरोध करने की क्षमता का एक स्पष्ट प्रदर्शन था|

कंपनी को एकल-उत्पाद व्यवसाय में लाना निर्विवाद रूप से एक साहसिक कदम था| गोईज़ुएता की रणनीति और भी अधिक उल्लेखनीय कर रही थी उनकी ऐसे समय में कार्य

करने की इच्छा, जब उस उद्योग में बाकी सभी लोग ठीक विपरीत कर रहे थे। कई प्रमुख पेय कंपनियां अन्य असंबंधित व्यवसायों में अपने लाभ का निवेश कर रही थीं। ऐनहयूसेर-बुश अपने शराब के व्यवसाय से होने वाले लाभ को थीम पार्क में निवेश कर रहे थे। ब्राउनफोर्मन नामक शराब और मदिरा के निर्माता और वितरक ने अपने लाभों को चीनी मिट्टी, स्फटिक (क्रिस्टल), चांदी और सामान के व्यवसाय में निवेश कर रहे थे, इन सभी व्यवसायों का लाभ बहुत कम था। सीग्राम कंपनी लिमिटेड नामक एक वैश्विक शराब और मदिरा के व्यापार ने यूनिवर्सल स्टूडियोज को खरीदा। कोका-कोला के मुख्य पेय प्रतिद्वंदी पेप्सी ने, खाद्यान्न का व्यापार (फ्रिटो-ले) और रेस्तरां खरीदे, जिनमें टैको बेल, केंटकी फ्राइड चिकन एवं पिज़्ज़ा हट शामिल थे।

यह ध्यान रखना महत्त्वपूर्ण है कि न केवल गोईज़ुएताकी कार्रवाई ने अपने सबसे बड़े और सबसे महत्त्वपूर्ण उत्पाद पर कंपनी का ध्यान केंद्रित किया, बल्कि इसने कंपनी के संसाधनों को अपने सबसे लाभदायक व्यवसाय में फिर से लाने के लिए काम किया। क्योंकि सिरप बेचने के आर्थिक लाभ ने अन्य व्यवसायों के आर्थिक लाभ को पछाड़ दिया, इसलिए कंपनी अब अपने उच्चतम लाभ वाले कारोबार में अपने मुनाफे को फिर से निवेश कर रही थी।

सिद्धांत: मूल्य निर्धारित करें

जब बफ़े ने 1988 में कोका-कोला को पहली बार खरीदा, तो लोगों ने कहा: "कोक का मूल्य क्या है?" कंपनी के शेयर का मूल्य आय का 15 गुना और नकदी प्रवाह का 12 गुना था—बाज़ार के औसत से 30 प्रतिशत और 50 प्रतिशत प्रीमियम। बफ़े ने 6.6 प्रतिशत आय वाली एक कंपनी के लिए अंकित मूल्य का पांच गुना भुगतान ऐसे समय में किया जब दीर्घकालीन बांड 9 प्रतिशत उत्पन्न दे रहे थे। वे कोक की आर्थिक साख के बेहतरीन स्तर को देखते हुए ऐसा करने के लिए तैयार थे। कंपनी पूंजी निवेश में अपेक्षाकृत कम निवेश करते हुए इक्विटी पर 31 प्रतिशत कमा रही थी। बफ़े ने समझाया कि कीमत आपको मूल्य के बारे में कुछ नहीं बताती। उन्होंने कहा कि किसी भी अन्य कंपनी की ही तरह, कोका-कोला का मूल्य भी इस बात से निर्धारित होता है कि व्यापार के जीवनकाल में, उचित ब्याज दर से छूट पाकर मालिक की कुल आय कितनी होती है।

1988 में, कोका-कोला के स्वामी की आय 82.8 करोड़ डॉलर हुई थी। उस समय 30 साल का अमेरिकी ट्रेज़रीबांड (जोखिम-मुक्त दर) 9 प्रतिशत उपज के लगभग कारोबार करता था। कोका-कोला की 1988 में कंपनी के स्वामी की आय, 9 प्रतिशत की छूट देने के बाद, 920 करोड़ डॉलर का आंतरिक मूल्य उत्पन्न करेगी। जब बफ़े ने कोका-कोला को खरीदा, तब बाज़ार मूल्य 1480 करोड़ डॉलर था। पहली नज़र में देखने पर ऐसा लगता है कि बफ़े ने शायद कंपनी को अधिक दाम चुकाकर खरीदा था। लेकिन यह याद रखिए कि वे 920 करोड़ डॉलर कोका-कोला की उस समय की स्वामी की आय के रियायती मूल्य का प्रतिनिधित्व कर रहे थे।

यदि ख़रीददार कोका-कोला के लिए एक ऐसी कीमत चुकाने को तैयार थे जो कि 920 करोड़ डॉलर से 60 प्रतिशत अधिक थी, तो ऐसा इसलिए था क्योंकि वे भविष्य में कोका-कोला के विकास के अवसरों को देखते हुए मूल्य समझ गए थे।

कोका-कोला का विश्लेषण करते हुए, हमें यह पता चलता है कि 1981 से 1988 के दौरान कंपनी के स्वामी की आय 17.8 प्रतिशत की वार्षिक दर से बढ़ रही थी—अर्थात् जोखिम-मुक्त दर से भी अधिक तेज़ी से। जब ऐसा होता है, तो विश्लेषक एक द्विचरणीय छूट नमूने (मॉडल) का इस्तेमाल करते हैं। यह उन्हें तब भविष्य की कमाई की गणना करने की अनुमति देता है, जब किसी कंपनी की सीमित वर्षों के लिए असाधारण वृद्धि होती है और उसके बाद एक अवधि होती है जिसमें धीमी गति से निरंतर विकास होता रहता है।

कंपनी के भविष्य के नकदी प्रवाह के लिए 1988 के वर्तमान मूल्य की गणना करने के लिए हम इस द्विचरणीय प्रक्रिया का उपयोग कर सकते हैं। 1988 में, कोका-कोला के स्वामी की आय 82.8 करोड़ डॉलर थी। अगर हम यह मानकर चलें कि कोका-कोला अगले 10 वर्षों के लिए कंपनी के स्वामी की आय को प्रति वर्ष 15 प्रतिशत से बढ़ाने में सक्षम होगा (यह एक तर्कसंगत धारणा है क्योंकि यह दर कंपनी के पिछले सात साल के औसत से कम है), तो 10वें वर्ष कंपनी के स्वामी की आय लगभग 350 करोड़ डॉलर होगी। चलिए आगे यह भी मानकर चलते हैं कि, 11वें साल में, विकास दर धीमी होकर 5 प्रतिशत प्रति वर्ष हो जाएगी। 9 प्रतिशत की छूट दर (उस समय के दीर्घकालीन बांड का दर) का उपयोग करके, हम यह गणना कर सकते हैं कि 1988 में कोका-कोला का आंतरिक मूल्य 4800 करोड़ डॉलर होगा।

हम विभिन्न विकास दरों का उपयोग करके इस अभ्यास को दोहरा सकते हैं। अगर हम यह मानें कि कोका-कोला 10 सालों तक 12 प्रतिशत का विकास और उसके बाद 5 प्रतिशत के विकास दर से कंपनी के स्वामी की आय बढ़ा सकता है, तो 9 प्रतिशत की छूट के बाद, कंपनी का वर्तमान मूल्य 3800 करोड़ डॉलर होगा। 10 साल तक 10 प्रतिशत और उसके बाद 5 प्रतिशत के विकास दर से, मूल्य 3250 करोड़ डॉलर होगा। और अगर हम यह मानकर चलें कि कोका-कोला पूरे समय केवल एक स्थिर 5 प्रतिशत की दर से बढे, तो भी कंपनी का मूल्य कम से कम 2070 करोड़ डॉलर होगा।

सिद्धांत: आकर्षक कीमतों पर खरीदें

जून 1988 में, कोका-कोला की कीमत लगभग 10 डॉलर प्रति शेयर थी (विभाजन समायोजित होने के बाद)। अगले 10 महीनों में, बफ़े ने लगभग 102 करोड़ डॉलर का कुल निवेश करते हुए, 93,400,000 शेयर खरीदे। उनकी प्रति शेयर औसत कीमत 10.96 डॉलर थी। 1989 के अंत तक, कोका-कोला बर्कशायर के सामान्य स्टॉक संविभाग (पोर्टफोलियो) के 35 प्रतिशत का प्रतिनिधित्व कर रही थी।

जब से 1980 में गोईज़ुएता ने कोका-कोला का नियंत्रण हाथ में लिया, कंपनी के शेयर की कीमत हर साल बढ़ी है। बफ़े द्वारा अपने पहले शेयर ख़रीदने के पांच साल पहले, शेयरों की कीमत में औसत वार्षिक वृद्धि 18 प्रतिशत थी। कंपनी का ऐश्वर्य इतना अच्छा था कि बफ़े कोई भी शेयर बुरी कीमतों में ख़रीदने में असमर्थ थे। फिर भी, वे आगे बढ़ते रहे। उन्होंने फिर से याद दिलाया कि कीमत का मूल्य से कोई लेना देना नहीं है।

बफ़े की ख़रीद अवधि, अर्थात् 1988 और 1989 में कोका-कोला के शेयर बाज़ार का मूल्य, औसतन 1510 करोड़ डॉलर था। लेकिन बफ़े के अनुमान के अनुसार, कंपनी का आंतरिक मूल्य 2070 करोड़ डॉलर (यह मानना कि कंपनी के स्वामी की आय में 5 प्रतिशत की वृद्धि) से 32.40 करोड़ डॉलर के बीच (10 प्रतिशत की वृद्धि मानना), या 3810 करोड़ डॉलर (12 प्रतिशत की वृद्धि मानना), या 4830 करोड़ डॉलर (15 प्रतिशत की वृद्धि मानना) था। बफ़े का सुरक्षा मार्जिन—आंतरिक मूल्य पर छूट—रूढ़िवादी 27 प्रतिशत जितना कम भी हो सकता है या 70 प्रतिशत जितना ज्यादा भी हो सकता है।

बफ़े कहते हैं कि, सबसे अच्छा व्यवसाय वह है जो एक लंबी अवधि तक बड़ी मात्रा में पूंजी लगा सके और लगातार उच्च दरों पर प्रतिफल दे सके। बफ़े के अनुसार, यह कोका-कोला का एकदम सही वर्णन था। बर्कशायर के कोका-कोला में निवेश शुरू करने के दस साल बाद, कंपनी का बाज़ार मूल्य 2580 करोड़ डॉलर से बढ़कर 14,300 करोड़ डॉलर हो गया था। उस कालखंड में, कंपनी ने मुनाफे के रूप में 2690 करोड़ डॉलर कमाए, शेयरधारकों को लाभांश के रूप में 1050 करोड़ डॉलर दिए और पुनर्निवेश के लिए 1640 करोड़ डॉलर रखे। कंपनी द्वारा रखे गए हर एक डॉलर के लिए, इसने बाज़ार मूल्य में 7.20 डॉलर का निर्माण किया। वर्ष 1999 के अंत में, कोका-कोला में बर्कशायर के मूल 102 करोड़ डॉलर के निवेश का मूल्य 1160 करोड़ डॉलर था। S&P 500 इंडेक्स में निवेश की गई समान राशि का मूल्य 300 करोड़ डॉलर होता।

जनरल डायनामिक्स

1990 में, मैकडोनेल डगलस कॉर्पोरेशन के बाद जनरल डायनामिक्स देश की दूसरा सबसे बड़ा रक्षा ठेकेदार था। जनरल डायनामिक्स अमेरिकी रक्षा बलों के लिए वायु रक्षा प्रणाली, अंतरिक्ष में लॉन्च किए गए वाहन और लड़ाकू विमानों (एफ-16) के अलावा मिसाइल सिस्टम (टॉमहॉक, स्पैरो, स्टिंगर और अन्य उन्नत क्रूज़ मिसाइल) मुहैया कराता था। 1990 में, कंपनी की संयुक्त बिक्री 1000 करोड़ डॉलर से अधिक की थी। 1993 तक, बिक्री 350 करोड़ डॉलर तक नीचे गिर गई थी। इसके बावजूद भी, इस कालखंड के दौरान शेयरधारक का मूल्य सात गुना बढ़ गया था।

1990 में, बर्लिन की दीवार ढह गई, जो जो लंबे और खर्चीले शीत युद्ध के अंत की शुरुआत का संकेत था। अगले ही साल, सोवियत संघ में साम्यवाद का पतन हुआ। प्रथम विश्व युद्ध से

लेकर वियतनाम युद्ध तक, कड़ी मेहनत द्वारा हासिल की गई हर एक जीत के साथ, संयुक्त राज्य को अपने रक्षा संसाधनों के भारी संकेंद्रण को फिर से गढ़ना पड़ा। अब जबकि शीत युद्ध समाप्त हो चुका था, अमेरिकी सैन्य-औद्योगिक परिसर एक और पुनर्गठन के बीच में था।

जनवरी 1991 में, जनरल डायनामिक्स ने विलियम एंडर्स को मुख्य कार्यकारी के रूप में नियुक्त किया। उस समय, शेयर की कीमत पूरे दशक की सबसे कम 19 डॉलर थी। शुरुआत में, एंडर्स ने वॉलस्ट्रीट को यह समझाने का प्रयास किया कि कम होते रक्षा बजट के साथ भी, कंपनी उच्च मूल्यांकन अर्जित कर सकती है। ऐसी कोई भी वित्तीय अनिश्चितता, जो विश्लेषकों को पूर्वाग्रह से ग्रसित कर सकती थी, को दूर करने की उम्मीद करते हुए उन्होंने कंपनी के पुनर्गठन की शुरुआत की। उसने पूंजी व्यय और अनुसंधान में 100 करोड़ डॉलर की कटौती की, रोज़गार में हजारों की कटौती की और एक ऐसे कार्यकारी क्षतिपूर्ति कार्यक्रम की स्थापना की जो जनरल डायनामिक्स के शेयर की कीमत के प्रदर्शन पर आधारित था।

जल्दी ही एंडर्स को यह महसूस होने लग गया कि रक्षा उद्योग बुनियादी तौर पर बदल गया है और सफल होने के लिए जनरल डायनामिक्स को केवल खर्चों में कटौती करने के अलावा अधिक नाटकीय कदम उठाने पड़ेंगे। वहां पर्याप्त रक्षा व्यवसाय नहीं था। एक कम रक्षा बजट कंपनियों को अंततः अपना आकार कम करने, अरक्षा व्यवसायों में बदलने या जो भी छोटा-मोटा रक्षा व्यवसाय उपलब्ध है उसमें अपना वर्चस्व कायम रखने को मजबूर करता है।

सिद्धांत: संस्थागत अनिवार्यता

अक्टूबर 1991 में, एंडर्स ने रक्षा उद्योग के लिए एक सलाहकार के अध्ययन का साधिकार प्राप्त किया। उसके निष्कर्ष गंभीर थे: जब रक्षा कंपनियां अरक्षा कंपनियां का अधिग्रहण करती हैं, तो 80 प्रतिशत समय असफलता हाथ लगी है। जब तक रक्षा उद्योग पर अधिक्षमता का बोझ रहेगा, कोई भी रक्षा कंपनियां दक्षता हासिल नहीं कर पायेगी। एंडर्स ने निष्कर्ष निकाला कि सफल होने के लिए, जनरल डायनामिक्स को अपने व्यापार को युक्तिसंगत करना होगा। उसने निर्णय लिया कि जनरल डायनामिक्स केवल वही व्यापार रखेगा जो (1) अपने विशेषाधिकार-जैसे उत्पाद की बाज़ार स्वीकृति को दर्शाएगा, तथा (2) जो क्रिटिकल मास हासिल कर सके और अनुसंधान और विकास और उत्पादन क्षमता के बीच संतुलन स्थापितकर सके, जिससे बड़े पैमाने पर किफायत एवं वित्तीय शक्ति हासिल की जा सके। एंडर्स ने कहा कि जहां न्यूनतम लक्ष्य हासिल नहीं किया जा सकेगा, वह व्यापार बेच दिया जाएगा।

शुरुआत में, एंडर्स का मानना था कि जनरल डायनामिक्स अपने चार मुख्य संचालनों पर ध्यान केंद्रित करेगा: पनडुब्बिया, टैंक, हवाई जहाज़ और अंतरिक्ष प्रणाली। यह व्यवसाय बाज़ार के अगुआ थे और एंडर्स ने यह जान लिया कि सिकुड़ते हुए रक्षा बाज़ार में भी वे व्यवहार्य

रहेंगे। जनरल डायनामिक्स का बाकी का व्यापार बेच दिया जाएगा। इसप्रकार नवंबर 1991 में, जनरल डायनामिक्स ने अपने डेटासिस्टम्स को कंप्यूटर साइंसेज़ को 20 करोड़ डॉलर में बेच दिया। अगले साल कंपनी ने सेसना एयरक्राफ्ट को टेक्सट्रोन को 60 करोड़ डॉलर में बेचा और अपने मिसाइल व्यापार को ह्यूग्स एयरक्राफ्ट को 45 करोड़ डॉलर में बेच दिया। छह महीने से भी कम समय में, कंपनी ने अपने बाकी के व्यापार बेचकर 120 करोड़ डॉलर कमाए।

एंडर्स के कार्यों ने वॉलस्ट्रीट को हिला दिया। 1991 में जनरल डायनामिक्स की कीमत 112 प्रतिशत बढ़ गई। एंडर्स ने बफ़े का ध्यान आकर्षित कर लिया।

नक़द संपत्ति के साथ, एंडर्स ने घोषणा की कि पहले कंपनी अपनी चल निधि की ज़रूरतों को पूरा करेगी और फिर वित्तीय मजबूती के लिए ऋण को कम करेगी। ऋण कम करने के बाद, जनरल डायनामिक्स अभी भी अपनी आवश्यकताओं के अतिरिक्त नकदी उत्पन्न कर रहा था। यह जानते हुए कि कम होते हुए रक्षा बजट में क्षमता जोड़ने का कोई मतलब नहीं था और यह भी कि गैर-रक्षा व्यवसायों की विविधता ने विफलता को आमंत्रित किया था, एंडर्स ने अतिरिक्त नकदी को शेयरधारकों के लाभ के लिए इस्तेमाल करने का निर्णय लिया। जुलाई 1992 में, डचनीलामी की शर्तों के अनुसार, जनरल डायनामिक्स ने 65.37 डॉलर और 72.25 डॉलर की कीमतों के बीच 1.32 करोड़ शेयरों की ख़रीद की तथा अपने अशोधित शेयरों को 30 प्रतिशत कम किया।

22 जुलाई, 1992 की सुबह, बफ़े ने एंडर्स को फ़ोन करके बताया कि बर्कशायर ने जनरल डायनामिक्स के 43 लाख शेयर खरीदे थे। बफ़े ने एंडर्स को बताया कि वे जनरल डायनामिक्स से प्रभावित हुए थे और उन्होंने निवेश के प्रयोजन से शेयर खरीदे थे। सितम्बर में, बफ़े ने एंडर्स के मुख्य कार्यकारी रहने तक, जनरल डायनामिक्स के बोर्ड को बर्कशायर के शेयरों को मत (वोट) देने के लिए प्रतिनिधित्व प्रदान किया।

सिद्धांत: तर्कसंगतता

बर्कशायर के सभी सामान्य स्टॉक खरीदों में से, किसी ने भी जनरल डायनामिक्स के जितना भ्रम उत्पन्न नहीं किया। इसमें बफ़े की पहले की खरीदों जैसा कोई पारंपरिक अंकन नहीं था। यह कोई ऐसी कंपनी नहीं थी जो सरल और बोधगम्य हो, इसका प्रदर्शन एक-समान नहीं था और इसकी कोई अनुकूल दीर्घकालिक संभावनाएँ नहीं थीं। ना केवल यह उद्योग में एक ऐसी कंपनी थी जिसका नियंत्रण सरकार के हाथ में था (90 प्रतिशत बिक्री सरकारी अनुबंधों से होती थी), बल्कि यह एक ऐसा उद्योग था जो आकार में सिकुड़ रहा था। जनरल डायनामिक्स का लाभ-मार्जिन बहुत ख़राब था और इक्विटी पर लाभ औसत से कम था। इससे भी आगे, इसके भविष्य के नकदी प्रवाह अज्ञात थे, तो फिर बफ़े इसका मूल्य कैसे निर्धारित कर सकते थे? उत्तर यह है

कि बफ़े ने शुरुआत में जनरल डायनामिक्स को एक दीर्घकालीन सामान्य स्टॉक संपत्ति के रूप में नहीं खरीदा था। उन्होंने इसे एक अंतरपणन अवसर के रूप में खरीदा था, इसलिए आम वित्तीय और व्यापारिक आवश्यकताएं लागू नहीं होती थीं।

बफ़े ने लिखा, "हम जनरल डायनामिक्स की अपनी ख़रीद में भाग्यशाली साबित हुए। मैंने कंपनी की तरफ तब तक कोई विशेष ध्यान नहीं दिया था, जब तक कि पिछली गर्मियों में इसने घोषणा की कि यह डच निविदा के तरीके से अपने लगभग 30 प्रतिशत शेयरों की पुनर्खरीद करेगी। अंतरपणन का अवसर देखते हुए, मैं बर्कशायर के लिए स्टॉक ख़रीदने लगा, इस उम्मीद से कि हमारी संपत्ति की निविदा छोटे मुनाफे से हो जाए।"[30]

लेकिन उन्होंने अपना इरादा बदल दिया। मूल योजना यह थी कि बर्कशायर के शेयरों की डच नीलामी में निविदा की जाए। बफ़े ने कहा, "लेकिन फिर मैं कंपनी और बिल एंडर्स की उन उपलब्धियों का अध्ययन करने लगा जो उन्होंने मुख्य कार्यकारी अधिकारी के रूप में कम समय में हासिल कीं। और जो मैंने देखा उससे मेरी आंखें फट पड़ीं। बिल की रणनीति स्पष्ट रूप से व्यक्त और तर्कसंगत थी; और उसका तत्काल रूप से पालन करने में उनका ध्यान केंद्रित था और परिणाम वास्तव में उल्लेखनीय थे।"[31] बफ़े ने जनरल डायनामिक्स के अंतरपणन के अपने विचारों को त्याग दिया और उसके बजाय दीर्घकालीन शेयरधारक बनने का निर्णय लिया।

स्पष्ट रूप से, जनरल डायनामिक्स में बफ़े का निवेश बिल एंडर्स की संस्थागत अनिवार्यता का विरोध करने की क्षमता का वसीयतनामा था। हालांकि आलोचकों ने तर्क दिया है कि एंडर्स ने एक महान कंपनी का परिसमापन किया, एंडर्स का तर्क है कि उन्होंने केवल कंपनी के अनारक्षित मूल्य का मुद्रीकरण किया था। जब उन्होंने 1991 में कारोबार हाथ में लिया, तब जनरल डायनामिक्स के शेयर अंकित मूल्य की 60 प्रतिशत छूट पर कारोबार कर रहे थे। पिछले 10 वर्षों में, जनरल डायनामिक्स ने शेयरधारकों को चक्रवृद्धि वार्षिक लाभ 9 प्रतिशत की दर से वापस किए, इसकी तुलना में 10 अन्य रक्षा कंपनियों के लिए 17 प्रतिशत और स्टैण्डर्ड एंड पूअर्स 500 इंडेक्स के लिए 17.6 प्रतिशत लाभ था। बफ़े ने एक ऐसी कंपनी देखी जो अंकित मूल्य से नीचे कारोबार कर रही थी, नकदी प्रवाह पैदा कर रही थी और एक अपहरयण कार्यक्रम की तरफ बढ़ रही थी। सबसे महत्त्वपूर्ण यह था कि प्रबंधन शेयरधारक-उन्मुख था।

हालांकि जनरल डायनामिक्स ने पहले सोचा था कि हवाईजहाज़ और अंतरिक्ष प्रणाली के विभाग मुख्य संपत्ति बने रहेंगे, लेकिन एंडर्स ने इन व्यापारों को बेचने का निर्णय लिया। हवाईजहाज़ का व्यापार लॉकहीड को बेचा गया। उस समय, जनरल डायनामिक्स, लॉकहीड और बोइंग, सामरिक लड़ाकू एफ-22 की अगली पीढ़ी के विकास में एक-तिहाई भागीदार थे। जनरल डायनामिक्स के हवाईजहाज़ विभाग को ख़रीदकर, लॉकहीड ने परिपक्व एफ-16 व्यापार का अधिग्रहण कर लिया और एफ-22 परियोजना पर बोइंग के साथ दो-तिहाई भागीदार

बन गया| अंतरिक्ष प्रणाली का व्यापार, टाइटन परिवार के स्पेसलॉन्च वाहनों के निर्माता, मार्टिनमेरीएटा को बेचा गया| दोनों व्यापार बेचने से जनरल डायनामिक्स को कुल मिलाकर 170 करोड़ डॉलर मिले|

पैसे से लबालब होकर, कंपनी ने फिर से अपने शेयरधारकों को पैसे वापस लौटाए| अप्रैल 1993 में, कंपनी ने शेयरधारकों को 20 डॉलर प्रति शेयर का विशेष लाभांश जारी किया| जुलाई में कंपनी ने 18 डॉलर का विशेष लाभांश जारी किया और अक्टूबर में अपने मालिकों को 12 डॉलर प्रति शेयर दिए| 1993 में, कंपनी ने 50 डॉलर विशेष लाभांश के रूप में लौटाए और त्रैमासिक लाभांश को 0.40 डॉलर प्रति शेयर से 0.60 डॉलर प्रति शेयर तक बढ़ा दिया| जुलाई 1992 से 1993 के अंत तक, 72 डॉलर प्रति शेयर के निवेश के लिए, बर्कशायर को सामान्य लाभांश में 2.60 डॉलर, विशेष लाभांश में 50 डॉलर मिले और 103 डॉलर की बढ़ी हुई शेयर की कीमत मिली| यह राशि 18 महीनों में 116 प्रतिशत लाभ के बराबर हुई| कोई आश्चर्य नहीं कि इस कालखंड में जनरल डायनामिक्स ने ना केवल अपने मित्र समूह में सबसे अच्छा प्रदर्शन किया बल्कि स्टैण्डर्ड एंड पूअर्स 500 के इंडेक्स को भी पछाड़ दिया|

वेल्सफ़ार्गो एंड कंपनी

बफ़े द्वारा किए गए सभी निवेशों में से यदि सबसे अधिक भ्रमित करने वाला निवेश जनरल डायनामिक्स था, तो सबसे अधिक विवादास्पद निवेश निश्चित रूप से वेल्सफ़ार्गो एंड कंपनी का था| अक्टूबर 1990 में, बफ़े ने घोषणा की कि बर्कशायर ने वेल्सफ़ार्गो के 50 लाख शेयर खरीदे थे, अर्थात् 57.88 डॉलर प्रति शेयर की औसत से कंपनी में 28.9 करोड़ डॉलर का निवेश किया था| बर्कशायर अब बैंक का सबसे बड़ा शेयरधारक था, जिसका 10 प्रतिशत हिस्सा अशोधित था|

इससे पहले उसी वर्ष, वेल्सफ़ार्गो ने 86 डॉलर प्रति शेयर के उच्च दर से कारोबार किया था, लेकिन फिर निवेशक कैलिफोर्निया के बैंकों को छोड़कर किफ़ायत करने लगे| उन्हें डर था कि जो मंदी वेस्टकोस्ट पर अपनी पकड़ बना रही थी, वह जल्दी ही वाणिज्यिक और आवासीय अचल संपत्ति बाज़ार में ऋण का व्यापक नुकसान करेगी| चूंकि वेल्सफ़ार्गो के पास किसी भी कैलिफ़ोर्निया बैंक की सबसे अधिक वाणिज्यिक अचल संपत्ति थी, निवेशकों ने अपने स्टॉक को बेच दिया और छोटे विक्रेता नकारात्मक पहलू के दबाव में आ गए| वेल्सफ़ार्गो के स्टॉक का कम ब्याज अक्टूबर के महीने में 77 प्रतिशत उछला, लगभग उसी समय जब बफ़े ने कंपनी में शेयर ख़रीदना शुरू किया|

बर्कशायर की मुख्य शेयरधारक बनने की घोषणा के बाद के महीनों में, वेल्सफ़ार्गो के लिए होने वाला युद्ध एक महायुद्ध की तरह लगने लगा| एक तरफ, बफ़ेते जड़िए थे, जो वेल्सफ़ार्गो की मूल्य वृद्धि में 28.9 करोड़ डॉलर का दांव लगा रहे थे| दूसरी तरफ, छोटे विक्रेता मंदड़िए थे, जो दांव लगा रहे थे कि वेल्सफ़ार्गो जो पहले से ही उस साल 49 प्रतिशत नीचे गिर चुका था,

उसकी किस्मत में अभी और नीचे गिरना लिखा था| देश के सबसे बड़े छोटे विक्रेता, फेशबेचब्रदर्स, बफ़े के विरुद्ध दांव लगा रहे थे| डलास से फेशबेच के एक धन प्रबंधक, टॉमबार्टन ने कहा, "वेल्सफ़ार्गो एक मृत बतख (डेडडक) है (जिसकी सफलता के कोई आसार नहीं हैं), मुझे नहीं लगता कि उन्हें एक दिवालियापन का उम्मीदवार कहना ठीक होगा लेकिन मुझे लगता है कि वह एक किशोर है|"[32] प्रुडेंशियल सिक्योरिटीज़ के एक विश्लेषक जॉर्ज सालेम ने कहा, "बफ़े एक प्रसिद्ध सौदेबाज़ शिकारी और दीर्घकालीन निवेशक हैं लेकिन कैलिफोर्निया दूसरा टेक्सास बन सकता है|"[33] सालेम उन बैंक असफलताओं का संदर्भ दे रहे थे जो टेक्सास में ऊर्जा की कीमतों में गिरावट के दौरान हुई थीं| बैरन के जॉनलिस्कियो ने कहा, "बफ़े को चिंता करने की ज़रूरत नहीं है लेकिन अगर वे बैंक स्टॉक में निचला तल ढूंढने का प्रयास करते रहेंगे तो ऐसा नहीं होगा|"[34]

बफ़े बैंकिंग के व्यापार से बहुत परिचित थे| 1969 में, बर्कशायर हैथअवे ने इलेनॉइस नेशनल बैंक एंड ट्रस्ट कंपनी की 98 प्रतिशत संपत्ति खरीदी थी| 1979 में, बैंक संपत्ति अधिनियम (बैंक होल्डिंगएक्ट) द्वारा बर्कशायर का अपने ब्याज को बैंक में विनिहित करने की ज़रूरत से पहले, बफ़े बर्कशायर की वार्षिक रिपोर्ट्स में हर साल बैंक के आय-व्यय का लेखा-जोखा देते थे| बर्कशायर की अन्य नियंत्रित संपत्तियों के साथ ही बैंक ने भी अपना स्थान बनाया|

जिस प्रकार जैकरिंग वाल्ट ने बफ़े को बीमा व्यवसाय की गहनता समझने में मदद की थी, इलेनॉइस नेशनल बैंक के अध्यक्ष, जीनअबेग ने बफ़े को बैंकिंग व्यापार के बारे में समझाया| उन्होंने सीखा कि यदि बैंक ज़िम्मेदारी से ऋण जारी करें और लागतों पर अंकुश लगाएं तो यह एक लाभदायक व्यापार था| बफ़े ने कहा, "हमारा अनुभव रहा है कि पहले से ही उच्च लागत वाले संचालन के प्रबंधक उपरि में जोड़ने के नए तरीके खोजने में अक्सर असाधारण रूप से साधन-संपन्न होते हैं, जबकि एक कसे हुए संचालन के प्रबंधक आमतौर पर लागतों को कम करने के लिए अतिरिक्त तरीकों को खोजना जारी रखते हैं, वह भी तब, जब लागतें पहले से ही अपने प्रतिद्वंदीयों से काफी कम हैं| जीनअबेग से बेहतर किसी ने भी इस क्षमता का प्रदर्शन नहीं किया है|"[35]

सिद्धांत: अनुकूल दीर्घकालिक संभावनाएँ

बफ़े कहते हैं कि वेल्स फ़ार्गो कोका-कोला की तरह नहीं है| ज्यादातर परिस्थितियों में, यह कल्पना करना कठिन है कि कोका-कोला एक व्यवसाय के रूप में विफल कैसे हो सकता है| लेकिन बैंकिंग व्यापार अलग होता है| बैंक असफल हो सकते हैं और कई मौकों पर हो सकते हैं| बफ़े बताते हैं, अधिकांश बैंक समापनों पर प्रबंधन की गलतियों का पता लगाया जा सकता है, खासतौर पर तब जब वे मूर्खतापूर्ण ऋण जारी करते हैं जिसका एक तर्कसंगत बैंककर्मी ने कभी विचार भी नहीं किया होगा| जब संपत्ति 20 गुना इक्विटी होती है, जो कि बैंकिंग उद्योग

में आम है, तो किसी भी प्रबंधकीय मूर्खता जिसमें संपत्ति की थोड़ी सी भी राशि शामिल हो, कंपनी की इक्विटी को नष्ट कर सकती है|

बफ़े कहते हैं कि फिर भी बैंकों के लिए अच्छा निवेश होना असंभव नहीं है| अगर प्रबंधन अपना काम करता है तो बैंक इक्विटी पर 20 प्रतिशत लाभ उत्पन्न कर सकते हैं| हालांकि यह कोका-कोला की कमाई से कम है, लेकिन अधिकांश व्यापारों के लिए यह लाभ औसत से ऊपर है| बफ़े समझाते हैं कि अगर आप एक बैंक हैं तो अपने उद्योग में शीर्ष पर रहना ज़रूरी नहीं है| जो बात मायने रखती है कि वह यह है कि आप अपनी संपत्ति, देनदारियों और लागतों का प्रबंधन कैसे करते हैं| बीमे की तरह, बैंकिंग एक वस्तु व्यापार है| और जैसा कि हम जानते हैं, इस व्यापार में प्रबंधन की कार्रवाइयां ही अक्सर सबसे ख़ास विशेषता होती है| इस संबंध में, बफ़े ने बैंकिंग में सबसे अच्छी प्रबंधन टीम को चुना था| वे कहते हैं, "हमें लगता है कि वेल्सफ़ार्गो के साथ हमने इस व्यापार के सबसे अच्छे प्रबंधकों को चुना है, कार्लरिचर्ड और पॉलहेजन| कई मायनों में, कार्ल और पॉल का संयोजन मुझे कैपिटल सिटीज़/ABC के टॉममर्फी और डैनबर्क की याद दिलाता है| प्रत्येक जोड़ी अलग-अलग हिस्सों के योग से अधिक मज़बूत है|"[36]

सिद्धांत: तर्कसंगतता

1983 में जब कार्ल रिचर्ड वेल्स फ़ार्गो के अध्यक्ष बनें, तो उन्होंने उस निष्क्रिय बैंक को एक लाभदायक व्यापार में बदलना शुरू कर दिया| 1983 से लेकर 1990 तक, वेल्सफ़ार्गो का औसत लाभ संपत्तियों पर 1.3 प्रतिशत और इक्विटी पर 15.2 प्रतिशत था| 1990 तक, 5600 करोड़ डॉलर की संपत्ति के साथ, यह देश की दसवां सबसे बड़ा बैंक बन गया| बफ़े जिनकी प्रशंसा करते हैं, ऐसे कई अन्य प्रबंधकों की तरह रिचर्ड तर्कसंगत हैं| हालांकि उन्होंने शेयरधारकों को पुरुस्कृत किए जाने वाले कार्यक्रम जैसे शेयर ख़रीद-फरोख्त कार्यक्रम नहीं चलाये थे या विशेष लाभांश भी पारित नहीं किए थे, लेकिन वे वेल्स फ़ार्गो को इसके मालिकों के लाभ के लिए चलाते थे| कैपिटल सिटीज़/ABC के टॉम मर्फी की तरह, लागतों के नियंत्रण के लिए वे प्रसिद्ध थे| एक बार लागत नियंत्रण में आ जाए, फिर रिचर्ड उसे ऊपर नहीं जाने देते थे| वे हमेशा लाभप्रदता में सुधार के तरीके खोजते रहते थे|

बैंक की परिचालन दक्षता का एक उपाय उसके परिचालन का अनुपात (अर्थात्, गैर-लाभकारी) व्यय से शुद्ध ब्याज आय का अनुपात है|[37] वेल्सफ़ार्गो की परिचालन दक्षता, फर्स्ट इंटरस्टेट या बैंक ऑफ़ अमेरिका से 20 से 30 प्रतिशत बेहतर थी| रिचर्ड एक उद्यमी की तरह वेल्सफ़ार्गो का प्रबंधन करते थे| उसने कहा, "हम इस कंपनी को एक व्यापार की तरह चलाने की कोशिश करते हैं| दो और दो चार होते हैं| सात या आठ नहीं|" [38]

1990 में जब बफ़े वेल्स फ़ार्गो ख़रीद रहे थे, तो बैंक ने उस साल देश के किसी भी प्रमुख बैंक के वाणिज्यिक अचल संपत्ति ऋणों के उच्चतम प्रतिशत के साथ समाप्ति की| व्यावसायिक ऋणों में वेल्सफ़ार्गो के 1450 करोड़ डॉलर उसकी इक्विटी के पांच गुना थे| चूँकि कैलिफ़ोर्निया में मंदी के कारण स्थिति ख़राब होती जा रही थी, विश्लेषकों को लगा कि बैंक के वाणिज्यिक ऋण का एक बड़ा हिस्सा डूब जाएगा| यही कारण था कि 1990 और 1991 में वेल्स फ़ार्गो के शेयर की कीमत में गिरावट आई|

फेडरल सेविंग्स एंड लोन इंश्योरेंस कॉरपोरेशन (FSLIC) के पतन के मद्देनज़र, बैंक परीक्षकों ने वेल्स फ़ार्गो के लोन संविभाग की कठोरता से समीक्षा की| उन्होंने बैंक पर 1991 में ख़राब ऋणों के लिए 130 करोड़ डॉलर और उसके अगले साल के लिए 120 करोड़ डॉलर का भंडार स्थापित करने का दबाव डाला| क्योंकि हर तिमाही का भंडार अलग रखा हुआ था, निवेशकों को प्रत्येक अनुवर्ती घोषणा के साथ शंका उत्पन्न होने लगी| ऋण भंडार के लिए एक बड़ा शुल्क लेने की बजाय, बैंक ने उन शुल्कों को दो साल की अवधि तक खींच लिया| निवेशकों को लगने लगा कि क्या पता बैंक कभी अपने समस्यामूलक ऋण के अंत तक पहुंच पाएगा या नहीं|

1990 में बर्कशायर द्वारा वेल्सफ़ार्गो के स्वामित्व की घोषणा करने के बाद, शेयर का मूल्य थोड़ा सा बढ़ा और 1991 की शुरुआत में 98 डॉलर तक पहुंच गया और बर्कशायर को 20 करोड़ डॉलर का मुनाफा हुआ| लेकिन, जून 1991 में, बैंक ने भंडार के लिए एक और शुल्क की घोषणा की और शेयर की कीमत केवल दो दिन में 13 अंक गिरकर 74 डॉलर हो गई| हालांकि 1991 की चौथी तिमाही में शेयर की कीमत में थोड़ा सा सुधार आया, लेकिन यह स्पष्ट हो गया कि वेल्स फ़ार्गो को अपने ऋण घाटे के भंडार की अतिरिक्त आय के लिए एक और शुल्क लेना होगा| साल के अंत तक, शेयर की कीमत 58 डॉलर प्रति शेयर पर बंद हुई| इस उतार-चढ़ाव के बाद, बर्कशायर का निवेश हानिरहित था| बफ़े ने स्वीकार किया, "मैंने कैलिफोर्निया की मंदी और कंपनी की अचल संपत्ति की परेशानी दोनों को ही कम करके आंका|"[39]

सिद्धांत: मूल्य निर्धारित करें

1990 में, वेल्स फ़ार्गो ने 71.1 करोड़ डॉलर कमाए, जो 1989 से 18 प्रतिशत अधिक थे| अगले साल, ऋण क्षति रिज़र्व के कारण, बैंक ने 2.1 करोड़ डॉलर कमाए| एक साल बाद, कमाई बढ़कर 28.3 करोड़ डॉलर हो गई—अभी भी यह दो साल पहले की कमाई की आधी ही थी| कोई आश्चर्य नहीं है कि बैंक की कमाई और उसके ऋण क्षति प्रावधानों के बीच एक विपरीत संबंध है| लेकिन अगर आप वेल्स फ़ार्गो के ऋण क्षति प्रावधानों को आय विवरण से हटा दें, तो आपको एक ऐसी कंपनी मिलेगी जिसकी आय शक्ति अत्यंत गतिशील है| 1983 से, बैंक की कुल ब्याज आय 11.3 प्रतिशत के दर से बढ़ी है और इसकी निर्बाध आय (निवेश शुल्क, विश्वास

आय, जमा शुल्क) 15.3 प्रतिशत के दर से बढ़ी है। अगर आप 1991 और 1992 के असामान्य ऋण क्षति प्रावधानों को छोड़ दें तो, बैंक ने शायद 100 करोड़ डॉलर कमा लिए होते।

एक बैंक का मूल्य, उसकी शुद्ध संपत्ति और अनुमानित आय का योग होता है। जब बर्कशायर हैथअवे ने 1990 में वेल्स फ़ार्गो को ख़रीदना शुरू किया, तो कंपनी ने पिछले साल में ही 60 करोड़ डॉलर कमाए थे। अमेरिकी सरकार के 30 साल के सरकारी बांड पर औसत कमाई 8.5 प्रतिशत होती है। रूढ़िवादी बने रहने के लिए, हम वेल्सफ़ार्गो की 1989 की 60 करोड़ डॉलर की कमाई को 9 प्रतिशत से घटा देते हैं और बैंक का मूल्य 660 करोड़ डॉलर निकालते हैं। अगर बैंक अगले 30 सालों तक, वार्षिक कमाई में 60 करोड़ डॉलर के ऊपर एक पैसा भी ना कमाए, तो भी उसका मूल्य कम-से-कम 660 करोड़ डॉलर होगा। जब बफ़े ने 1990 में वेल्सफ़ार्गो को खरीदा, उन्होंने इसके स्टॉक के लिए 58 डॉलर प्रति शेयर अदा किए। 5.2 करोड़ अशोधित शेयरों के साथ, यह कंपनी के मूल्य पर 55 प्रतिशत छूट देकर कंपनी को 300 करोड़ डॉलर में ख़रीदने के बराबर था।

बेशक, वेल्स फ़ार्गो पर की जाने वाली चर्चा इस बात पर केंद्रित थी कि क्या कंपनी अपनी सभी ऋण समस्याओं पर विचार करने के बाद भी अपनी कमाने की शक्ति बरक़रार रख पाएगी। छोटे विक्रेताओं ने कहा कि यह नहीं कर पाएगी; बफ़े ने कहा कि यह कर पाएगी। वे जानते थे कि वेल्स फ़ार्गो का स्वामित्व जोखिम-रहित नहीं था। उन्होंने अपनी ख़रीद को कुछ इस तरह तर्कसंगत बनाया: "केलिफोर्निया के बैंकों को एक बड़े भूकंप का ख़तरा है, जो उधार लेनेवालों पर इस कदर कहर बरपा सकता है कि उन्हें पैसे देनेवालों बैंकों का विनाश हो सकता है।" बफ़े ने कहा, "दूसरा जोखिम प्रणालीगत है—व्यवसाय संकुचन या वित्तीय आतंक की संभावना इतनी गंभीर है कि यह किसी भी बड़े उद्यामन वाली कंपनी को खतरे में ला सकती है, चाहे उसे कितनी भी समझदारी से चलाया जा रहा हो।"[40] अब, बफ़े के निर्णयानुसार, यह दो घटनाएं होने की संभावना बहुत कम थी। लेकिन उन्होंने कहा कि फिर भी एक व्यवहार्य जोखिम था, "इस पल बाज़ार का सबसे बड़ा डर यह है कि अतिनिर्माण के कारण वेस्टकोस्ट की अचल संपत्तियों का मूल्य लुढ़केगा और इसके लिए आर्थिक प्रबंध करनेवाले बैंकों को भारी नुकसान उठाना पड़ेगा। एक प्रमुख अचल संपत्ति ऋणदाता होने के कारण, वेल्स फ़ार्गो को काफी कमज़ोर माना जा रहा है।"[41]

बफ़े जानते थे कि वेल्स फ़ार्गो ने ऋण क्षतियों पर औसत 30 करोड़ डॉलर खर्च करने के बाद वार्षिक कर-पूर्व 100 करोड़ डॉलर की कमाई की है। उन्होंने यह पता लगा लिया कि 1991 में बैंकों के 4800 करोड़ डॉलर के ऋणों (केवल व्यावसायिक ऋण नहीं बल्कि बैंक के सारे ऋण) में से 10 प्रतिशत समस्यामूलक ऋण थे और उनसे नुकसान हुआ था, ब्याज सहित, मूल धन के औसतन 30 प्रतिशत से, वेल्सफ़ार्गोहानिरहित व्यापार करेगी। उन्होंने गणना की कि इसकी संभावना नहीं थी। अगर वेल्स फ़ार्गो एक साल तक भी कोई धन नहीं कमाए, तो भी यह

चिंताजनक नहीं होगा। बफ़े ने कहा, "बर्कशायर में हम ऐसे व्यवसायों का अधिग्रहण करना या ऐसी पूंजीगत परियोजनाओं में निवेश करना पसंद करते हैं, जो एक साल तक कोई प्रतिफल ना दें, लेकिन उसके बाद उनसे बढ़ती हुई इक्विटी पर 20% कमाने की उम्मीद की जाती है।"[42] वेल्स फ़ार्गो का आकर्षण तब और अधिक हो गया जब बफ़े मूल्य की 50 प्रतिशत छूट पर शेयर ख़रीदने में सक्षम हो गए।

"बैंकिंग एक बुरा व्यवसाय नहीं है, लेकिन ऐसा अक्सर हो जाता है," बफ़े ने कहा और साथ ही यह भी जोड़ दिया कि "बैंककर्मियों को मूर्खतापूर्ण काम नहीं करने चाहिए, लेकिन वे अक्सर ऐसा कर देते हैं।"[43] वे कहते हैं कि कोई भी ऋण जो एक मूर्ख बैंककर्मी द्वारा दिया गया हो, वह उच्च जोखिम वाला ऋण होता है। जब बफ़े ने वेल्स फ़ार्गो को खरीदा, तो उन्होंने शर्त लगाई कि रिचर्ड एक मूर्ख बैंककर्मी नहीं था। चार्लीमंगर ने कहा, "यह सब प्रबंधन पर दांव खेलने जैसा है। हमें लगता है वे अन्य लोगों से अधिक तेज़ी से और बेहतर तरीके से समस्याएं सुलझा देंगे।"[44] बर्कशायर का दांव काम आया। 1993 के अंत तक, वेल्स फ़ार्गो के एक शेयर का मूल्य 137 डॉलर तक पहुंच गया था।

अमेरिकन एक्सप्रेस कंपनी

बफ़े ने कहा, "मुझे लगता है कि एक कंपनी और उसके उत्पादों के साथ एक दीर्घकालिक परिचय से अक्सर उसका मूल्यांकन करने में सहायता प्राप्त होती है।"[45] कोका-कोला की बोतलों को पांच सेंट के सिक्के के लिए बेचना, वाशिंगटन पोस्ट की प्रतियां वितरित करना और अपने पिताजी के ग्राहकों को GEICO के शेयर ख़रीदने की सिफारिश करने के अपवादों को छोड़ दिया जाए, तो बफ़े का अमेरिकन एक्सप्रेस के साथ इतना लंबा इतिहास है जितना बर्कशायर के स्वामित्व वाली किसी भी अन्य कंपनी के साथ नहीं है। आपको याद होगा कि 1960 के दशक के मध्य में, बफ़े लिमिटेड पार्टनरशिप ने सैलड तेल घोटाले में कंपनी के नुकसान के बाद अपनी 40 प्रतिशत संपत्ति अमेरिकन एक्सप्रेस में निवेश की थी। तीस साल बाद, बर्कशायर ने अमेरिकन एक्सप्रेस के 10 प्रतिशत शेयर 140 करोड़ डॉलर में संचित कर लिए।

सिद्धांत: परिचालन का एकरूप इतिहास

हालांकि कंपनी ने काफी परिवर्तन देखे हैं, लेकिन अमेरिकन एक्सप्रेस मूलतः वही व्यवसाय है जो पहले था जब बफ़े ने पहली बार कंपनी को अपनी भागीदारी में खरीदा था। इसके तीन विभाग थे। यात्रा संबंधी सेवाएं (ट्रेवलरिलेटेडसर्विसेज - TRS), जो अमेरिकन एक्सप्रेस चार्ज कार्ड और अमेरिकन एक्सप्रेस ट्रेवलर्स चेक जारी करती थी,अमेरिकन एक्सप्रेस की बिक्री में जिसका 72 प्रतिशत योगदान था। अमेरिकन एक्सप्रेस वित्तीय सलाहकार (अमेरिकन एक्सप्रेस फाइनेंसियल एडवाइजरर्स, जो पहले IDS फाइनेंशियल सर्विसेज़ था), एक वित्तीय योजना,

बीमा और निवेश उत्पाद विभाग, जिसका बिक्री में योगदान 22 प्रतिशत था| अमेरिकन एक्सप्रेस बैंक का बिक्री में योगदान 5 प्रतिशत था| यह बैंक पूरे विश्वभर के 37 देशों में 87 कार्यालयों के साथ अमेरिकन एक्सप्रेस कार्ड का लंबे समय से प्रतिनिधि था|

अमेरिकन एक्सप्रेस यात्रा संबंधी सेवाएं (TRS) अभी भी मुनाफे का एक पूर्वानुमेय प्रदाता बनी हुई है| इस विभाग ने हमेशा से पर्याप्त मात्रा में स्वामित्व-आय अर्जित की हैं और आसानी से कंपनी के विकास को वित्तपोषित किया है| लेकिन जब कोई कंपनी परिचालन की आवश्यकता से अधिक नकदी उत्पन्न कर लेती है, तो इस पूंजी का ज़िम्मेदारी से आवंटन करना प्रबंधन की लिए परीक्षा बन जाती है| कुछ प्रबंधक केवल आवश्यकतानुसार पूंजी का निवेश करके और बचा हुआ पैसा लाभांश बढ़ाकर या शेयरों की पुनर्खरीद करके कंपनी के मालिकों को लौटाकर इस परीक्षा में उत्तीर्ण हो जाते हैं| अन्य प्रबंधक, जो संस्थागत अनिवार्यता का विरोध करने में असमर्थ होते हैं, वे हर समय पैसे खर्च करने और कॉर्पोरेट साम्राज्य का विस्तार करने के तरीके खोजते रहते हैं| दुर्भाग्यवश, जेम्सरॉबिन्सन के नेतृत्व में कई सालों तक अमेरिकन एक्सप्रेस का यही भाग्य था|

रॉबिन्सन की योजना थी कि TRS के अतिरिक्त पैसे का उपयोग करके संबंधित व्यवसायों का अधिग्रहण किया जाए और अमेरिकन एक्सप्रेस को एक वित्तीय शक्ति में तब्दील किया जाए| IDS एक लाभदायक ख़रीद साबित हुई| हालांकि, रॉबिन्सन की शीयरसन-लेहमन की ख़रीद निराशाजनक थी| शीयरसन ना केवल स्वतः को निधि देने में असमर्थ थी, बल्कि इसे अपने संचालन के लिए TRS की अतिरिक्त नकदी की बढ़ती मात्रा की भी आवश्यकता थी| कुछ समय के बाद, रॉबिन्सन ने शीयरसन में 400 करोड़ डॉलर का निवेश किया| यह वह वित्तीय भूल थी जिसने रॉबिन्सन को बफ़े से संपर्क साधने के लिए प्रेरित किया| बर्कशायर ने 30 करोड़ डॉलर के अधिमान्य शेयर खरीदे| हालांकि बफ़े उस समय अधिमान्य शेयरों के ज़रिएअमेरिकनएक्सप्रेस में निवेश करना चाहते थे, लेकिन जब आख़िरकार तर्कसंगतता कंपनी की सतह पर आ गई तब वे एक सामान्य शेयरधारक बनने के लिए आश्वस्त महसूस करने लगे|

सिद्धांत: तर्कसंगतता

यह कोई रहस्य नहीं है कि प्रसिद्ध अमेरिकन एक्सप्रेस कार्ड कंपनी के सर का ताज है| अमेरिकन एक्सप्रेस में एक प्रबंधन दल की कमी थी, जो इस व्यापार के अर्थशास्त्र को पहचाने और सराहे| सौभाग्यवश, यह एहसास 1992 में हुआ, जब रॉबिन्सन ने अनौपचारिक ढंग से इस्तीफ़ा दे दिया और हार्वेगोलब मुख्य कार्यकारी बन गए| गोलब ने बफ़े के साथ परिचित लहजे में बात करते हुए,अमेरिकन एक्सप्रेस कार्ड का उल्लेख करते समय, फ्रैंचाइज़ी और ब्रांड वैल्यू जैसे शब्दों का इस्तेमाल करना शुरू किया| गोलब का पहला काम था TRS ब्रांड के प्रति जागरूकता को

मज़बूत करना और शीयरसन-लेहमन की पूंजी संरचना को मज़बूत करके उसे बिक्री के लिए तैयार करना।

अगले दो सालों में, गोलब ने अमेरिकन एक्सप्रेस की कमज़ोर संपत्तियों को परिसमाप्त करने और लाभप्रदता बहाल करने और इक्विटी पर उच्च प्रतिफल पाने की प्रक्रिया की शुरुआत की। 1992 में, गोलब ने फर्स्ट डेटा कॉर्पोरेशन (कंपनी का सूचना डेटा सेवा विभाग) के लिए सार्वजनिक पेशकश की शुरुआत की, जिससे अमेरिकन एक्सप्रेस को 100 करोड़ डॉलर से अधिक की कमाई हुई। अगले ही साल, कंपनी ने अपने धन प्रबंधन विभाग, द बोस्टन कंपनी को 150 करोड़ डॉलर में मेलन बैंक को बेच दिया। जल्दी ही, शीयरसन-लेहमन को दो व्यवसायों में विभाजित कर दिया गया। शीयरसन के फुटकर खाते बेच दिए गए और लेहमन ब्रदर्स करमुक्त वितरण के ज़रिए अमेरिकन एक्सप्रेस के शेयरधारकों से अलग हो गए, लेकिन उससे पहले गोलब को लेहमन में आखिरी बार 100 करोड़ डॉलर भरने पड़े।

1994 तक,अमेरिकन एक्सप्रेस अपने पुराने लाभदायक स्वभावगत लक्षण दिखाने लगा था। कंपनी के संसाधन अब मजबूती से TRS के पीछे थे। प्रबंधन का लक्ष्य था कि अमेरिकन एक्सप्रेस कार्ड का निर्माण "विश्व के सबसे सम्मानित सेवा ब्रांड" के रूप में किया जाए। कंपनी का हर संप्रेषण अमेरिकन एक्सप्रेस नाम के विशेषाधिकार मूल्य पर ज़ोर देता था। यहां तक कि IDS वित्तीय सेवाओं का नाम बदलकर अमेरिकन एक्सप्रेस वित्तीय सलाहकार रख दिया गया।

अब जबकि सब कुछ अपनी सही जगह पर था, गोलब ने कंपनी के लिए वित्तीय लक्ष्य रखे: वार्षिक रूप से प्रति शेयर की कमाई 12 से 15 प्रतिशत बढ़ाना और इक्विटी पर 18 से 20 प्रतिशत लाभ हासिल करना। फिर सितम्बर 1994 में,अमेरिकन एक्सप्रेस ने एक बयान जारी किया जिसने कंपनी के नए प्रबंधन की तर्कसंगतता को स्पष्ट रूप से प्रदर्शित किया। बाज़ार की स्थितियों के अधीन, निदेशक मंडल ने अपने सामान्य स्टॉक के 2 करोड़ शेयरों की पुनर्खरीद करने के लिए प्रबंधन को अधिकृत किया। यह बफ़े के लिए खुशखबरी थी।

1994 की गर्मियों के दौरान, बफ़े ने बर्कशायर के अधिमान्य शेयरों को अमेरिकन एक्सप्रेस के सामान्य स्टॉक में तब्दील कर दिया। उसके बाद जल्द ही, वे सामान्य स्टॉक के और अधिक शेयरों का अधिग्रहण करने लगे। साल के अंत तक, बर्कशायर ने 25 डॉलर प्रति शेयर की औसत कीमत पर 2.7 करोड़ शेयरों का स्वामित्व हासिल कर लिया। 1994 की शरद ऋतु में की गई घोषणानुसार, स्टॉक ख़रीद योजना के पूर्ण होने पर अगली वसंत ऋतु में अमेरिकन एक्सप्रेस ने यह घोषणा की कि यह अतिरिक्त 4 करोड़ शेयरों की पुनर्खरीद करेगी, जो कि कुल अशोधित शेयरों के 8 प्रतिशत का प्रतिनिधित्व करेंगे।

स्पष्ट रूप से,अमेरिकन एक्सप्रेस एक बदली हुई कंपनी थी। अपनी विशाल पूंजी ज़रूरतों के साथ शीयरसन-लेहमन को पटखनी देने के बाद,अमेरिकन एक्सप्रेस के पास अतिरिक्त नकदी

उत्पन्न करने की एक शक्तिशाली क्षमता थी| पहली बार, कंपनी के पास आवश्यकता से अधिक पूंजी और शेयर थे| बफ़े ने अमेरिकन एक्सप्रेस में हो रहे आर्थिक बदलावों की सराहना करते हुए, कंपनी में बर्कशायर की स्थिति को नाटकीय रूप से बढ़ा दिया| मार्च 1995 तक, उन्होंने शेयरों में और 2 करोड़ डॉलर जोड़ दिए थे, जिससेअमेरिकन एक्सप्रेस में बर्कशायर का स्वामित्व 10 प्रतिशत से कुछ ही कम था|

सिद्धांत: मूल्य निर्धारित करें

1990 से, गैर-नकदी शुल्क, मूल्यह्रास और ऋण ऋणशोधन,अमेरिकन एक्सप्रेस के भूमि, भवनों व उपकरणों के अधिग्रहण के लगभग बराबर हो गया है| जब मूल्यह्रास और ऋण ऋणशोधन शुल्क, पूंजीगत व्यय के लगभग हो जाते हैं, तो कंपनी के स्वामी की आय शुद्ध आय के बराबर हो जाती है| हालांकि, कंपनी के अनियमित इतिहास के कारण,अमेरिकन एक्सप्रेस की के स्वामी की आय की वृद्धि दर का पता लगाना मुश्किल है| इन परिस्थितियों में, रूढ़िवादी विकास प्रक्षेपण का उपयोग करना सर्वोत्तम है|

1994 के अंत तक,अमेरिकन एक्सप्रेस द्वारा 1993 में बेची गई सहायक कंपनियों की साफ़ आमदनी के परिणामों को दर्शाते हुए, कंपनी के स्वामी की आय लगभग 140 करोड़ डॉलर थी| आपको याद होगा कि गोलब का लक्ष्य आय को 12 से 15 प्रतिशत की दर से आगे बढ़ाना था| अगले 10 वर्षों के लिए आय में 10 प्रतिशत की वृद्धि करने और उसके बाद 5 प्रतिशत की अवशिष्ट वृद्धि करने (जो कि प्रबंधन के पूर्वानुमान से निश्चित रूप से कम है) और आय को 10 प्रतिशतसे छूट देने (8 प्रतिशत की उपज देनेवाले 30-वर्षीय अमेरिकी ट्रेज़री बांड को देखते हुए यह एक रूढ़िवादी छूट कारक है) के बाद,अमेरिकन एक्सप्रेस का आंतरिक मूल्य 4340 करोड़ डॉलर, या प्रति शेयर 87 डॉलर था| अगर कंपनी अपनी कमाई 12 प्रतिशत तक बढ़ाने में सक्षम होती, तो अमेरिकन एक्सप्रेस का आंतरिक मूल्य 5000 करोड़ डॉलर या प्रति शेयर 100 डॉलर के आसपास होता| अधिक रूढ़िवादी मूल्यांकन में, बफ़े अमेरिकन एक्सप्रेस को आंतरिक मूल्य की 70 प्रतिशत छूट पर ख़रीद रहे थे—जो एक महत्त्वपूर्ण सुरक्षा मार्जिन था|

इंटरनेशनल बिज़नेस मशीन्स

जब बफ़े ने अक्टूबर 2011 में CNBC को दिए एक साक्षात्कार में यह घोषणा की कि बर्कशायर हैथअवे IBM के शेयर ख़रीद रही है, तो मुझे पूरा यकीन है कि बर्कशायर के बहुत से शेयरधारक उलझन में पड़ गए होंगे| आख़िरकार, यही वह व्यक्ति है जिसने बार-बार यह क़ुबूल किया था कि उसे प्रौद्योगिकी कंपनियों को ख़रीदने में कोई दिलचस्पी नहीं है| उन्होंने एक बार कहा था कि, "मैं अपना सारा समय अगले साल की प्रौद्योगिकी के बारे में सोचने में बिता दूंगा और फिर

भी उस व्यवसाय का विश्लेषण करने में मैं इस देश का 100वां, 1,000वां या 10,000वां चतुर व्यक्ति नहीं बनना चाहूंगा|"[46]

प्रौद्योगिकी कंपनियों को ख़रीदने से बफ़े इसलिए नहीं रुके थे कि वे इन कंपनियों को ठीक से समझ नहीं पाते थे; वे उन्हें अच्छे से समझते थे| जो चीज़ उन्हें हमेशा परेशान करती थी वह थी उन कंपनियों के भविष्य के नकदी प्रवाह का पूर्वानुमान लगाना| इस उद्योग में निहित निरंतर व्यवधान और नवाचार ने प्रौद्योगिकी फ्रैंचाइज़ी के जीवनकाल को बहुत कम कर दिया है| बफ़े एक ऐसा भविष्य देख सकते थे जिसमें कोका-कोला, वेल्स फ़ार्गो, अमेरिकन एक्सप्रेस, जॉनसन एंड जॉनसन, प्रोक्टर एंड गैम्बल, क्राफ्टफूड्स और वॉलमार्ट शामिल थे और आत्मविश्वास के साथ सोच सकते थे| एक भविष्य जिसमें माइक्रोसॉफ्ट, सिस्को, ओरेकल, इंटेल शामिल थे—तो हमें लगा—IBM बहुत ही अप्रत्याशित था|

लेकिन 2011 के अंत तक, बर्कशायर हैथअवे ने IBM के 6.39 करोड़ शेयर ख़रीद लिए थे, जो कि कंपनी का लगभग 5.4 प्रतिशत थे| यह 1080 करोड़ डॉलर की एक साहसिक ख़रीद थी, बफ़े द्वारा की गई व्यक्तिगत स्टॉक की अब तक की सबसे बड़ी ख़रीद|

सिद्धांत: तर्कसंगतता

जब बफ़े ने 2011 की वार्षिक रिपोर्ट में बर्कशायर के शेयरधारकों का IBM की ख़रीद से परिचय कराया तो कई लोगों ने यह सोचा होगा कि उन्हें IBM की अग्रिम सूचना प्रसंस्करण प्रौद्योगिकी के प्रतिस्पर्धात्मक लाभ पर क्रैश कोर्स मिलने वाला है| लेकिन बदले में उन्हें सामान्य स्टॉक की पुनर्खरीद पर और इस बात पर शिक्षण मिला कि दीर्घकाल में इस कॉर्पोरेट रणनीति के बारे में समझदारी से कैसे सोचा जाए|

बफ़े कहते हैं, "सभी व्यावसायिक पर्यवेक्षकों को पता है कि मुख्य कार्यकारी अधिकारियों लोउगेर्स्टनर और सैमपल्मिसनो ने बीस साल पहले IBM को लगभग दिवालियेपन से हटाकर आज की प्रमुख कंपनी बनाने में एक बेहतरीन काम किया है| उनकी परिचालन उपलब्धियां वास्तव में असाधारण थीं|"[47] यह कल्पना करना कठिन है कि 20 साल पहले, सौ साल पुरानी IBM लगभग डूबने वाली थी| लेकिन 1992 में, कंपनी ने 500 करोड़ डॉलर गंवा दिए, यह किसी भी अमेरिकी कंपनी द्वारा एक साल में गंवाया जाने वाला सर्वाधिक धन था| अगले साल लोउगेर्स्टनर को कंपनी चलाने के लिए बुलाया गया| अपनी किताब हूसेज़ एलीफैंट सकांटडांस? (हार्परकॉलिंस, 2002) में, गेर्स्टनर ने अपनी रणनीतियों को रेखांकित किया, जिसमें कम लाभदायक हार्डवेयर प्रौद्योगिकी परिसंपत्तियों को बेचना और सॉफ्टवेयर और सेवाओं की ओर अधिक जाना शामिल था| बाद में, जब 2002 में सैमपल्मिसनो मुख्य कार्यकारी अधिकारी बने, उन्होंने व्यक्तिगत कंप्यूटर व्यापार को बेच दिया और अपने व्यवसाय

को सेवाओं, इंटरनेट और सॉफ्टवेयर पर केंद्रित करते हुए IBM को अगले 10 सालों तक विकसित करते रहे|

बफ़े आगे कहते हैं, "उनका वित्तीय प्रबंधन भी उतना ही बेहतरीन था| मैं ऐसी कोई भी बड़ी कंपनी के बारे में नहीं सोच सकता जिसका वित्तीय प्रबंधन इतना बेहतर हो, यह एक ऐसा कौशल है जिसने IBM के शेयरधारकों द्वारा हासिल किए गए लाभों को भौतिक रूप से बढ़ा दिया है| कंपनी ने अपने ऋण का उपयोग बुद्धिमानी से किया है, नकदी के लिए विशेष रूप से मूल्यवर्धन अधिग्रहण किए हैं और अपने ही स्टॉक की आक्रामक रूप से पुनर्खरीद की है|"[48]

1993 में, IBM के 230 करोड़ अशोधित शेयर थे| दस साल बाद, जब गेर्स्टनर सेवानिवृत्त हुए और पल्मिसनो मुख्य कार्यकारी अधिकारी बने, तब कंपनी के 170 करोड़ अशोधित शेयर थे| इन 10 सालों में, गेर्स्टनर ने लाभांशों को 136 प्रतिशत से बढ़ाया और अशोधित शेयरों का 26 प्रतिशत वापस ले आए| पल्मिसनो ने यह सबक सीखा| मुख्य कार्यकारी अधिकारी के रूप में अपने 10-साल के राज्य के दौरान, IBM ने अशोधित शेयरों को 170 करोड़ से 110 करोड़ तक कम कर दिया, अर्थात् 36 प्रतिशत की कमी| गेर्स्टनर और पल्मिसनो ने मिलकर, आधे से भी अधिक अशोधित शेयरों की पुनर्खरीद की| और जैसे कि यह काफी नहीं था, पल्मिसनो ने कंपनी चलाने के अपने दशक के दौरान, लाभांश को 0.59 डॉलर से बढ़ाकर 3.30 डॉलर कर दिया, अर्थात् 460 प्रतिशत की बढ़त हुई|

चार प्रमुख प्रौद्योगिकी कंपनियों—IBM, माइक्रोसॉफ्ट, इंटेल और सिस्को—में से केवल एक ही कंपनी ने अपने हालिया शेयर की कीमत को 1999 (जब प्रौद्योगिकी अपने उच्च स्तर शिखर पर थी) के उच्च स्तर से ऊपर जाते हुए देखा है| और वह है IBM| 1999 के अंत में, IBM 112 डॉलर प्रति शेयर पर कारोबार कर रही थी और 2012 के अंत तक 191 डॉलर प्रति शेयर पर| इसकी तुलना करें तो सिस्को (54 डॉलर से 19 डॉलर), इंटेल (42 डॉलर से 20 डॉलर) और माइक्रोसॉफ्ट (52 डॉलर से 27 डॉलर)| ऐसा नहीं था कि IBM ने कंपनी को दूसरों से अधिक तेज़ी से विकसित किया, बल्कि इसकी शेयर की कीमत बढ़ी क्योंकि इसने प्रति शेयर मूल्य को तेज़ी से बढ़ाया| 1999 और 2012 के बीच में, माइक्रोसॉफ्ट ने शेयरों को 19 प्रतिशत से कम किया और इंटेल और सिस्को दोनों ने अशोधित शेयरों को 23 प्रतिशत से कम किया, लेकिन IBM ने अपने अशोधित शेयरों को 36 प्रतिशत से कम किया|

बफ़े की वह धारणा याद है: कि उनके किसी कंपनी में शेयर ख़रीदने की शुरुआत करने के बाद, वे चाहते हैं कि शेयर बाज़ार उसको देर से मान्यता प्रदान करे, क्योंकि इससे उन्हें और अधिक शेयर कम कीमत पर ख़रीदने का मौका मिल जाता है| यह उस कंपनी के लिए भी सच है जो शेयर पुनर्खरीद कार्यक्रम के बीच में है| "जब बर्कशायर किसी ऐसी कंपनी में स्टॉक

ख़रीदता है जो अपने शेयरों की पुनर्खरीद कर रही है, तो हमें दो घटनाओं की उम्मीद रहती है: पहली, हमें यह सामान्य उम्मीद रहती है कि आनेवाले लंबे समय तक व्यापार की कमाई अच्छी तरह से बढ़ेगी; और दूसरी, हमें यह भी उम्मीद रहती है कि स्टॉक बाज़ार में लंबे समय तक ख़राब प्रदर्शनकरे|" बफ़े समझाते हैं, IBM अगले पांच साल तक पुनर्खरीद करने में 5000 करोड़ डॉलर खर्च करेगी| फिर वे पूछते हैं, "बर्कशायर जैसा दीर्घकालीन शेयरधारक उस समय हल्ला क्यों मचाएगा? हमें उन पांच वर्षों के दौरान IBM के शेयरों की कीमत कम होने की कामना करनी चाहिए|"[49]

एक ऐसी दुनिया जो अल्पकालिक प्रदर्शन से ग्रस्त है, में किसी स्टॉक के बाज़ार में लंबे समय तक के लिए ख़राब प्रदर्शन की कामना करना, सुनने में पिछड़ा हुआ लगता है| लेकिन अगर कोई सच्चा दीर्घकालीन निवेशक है तो, ऐसी सोच वास्तव में तर्कसंगत है| बफ़े हमें इसका गणित सिखाते हैं| "अगर IBM के शेयर की औसत कीमत 200 डॉलर है, तो कंपनी अपने 5000 करोड़ डॉलर में 25 करोड़ शेयर खरीदेगी| इसके परिणामस्वरूप 91 करोड़ अशोधित शेयर होंगे और हम कंपनी के लगभग 7% हिस्से के मालिक होंगे| अगर उन पांच सालों की अवधि में शेयर की कीमत औसतन 300 डॉलर होगी, तो IBM केवल 16.7 करोड़ शेयरों का ही अधिग्रहण कर पाएगी| इससे पांच साल बाद, 99 करोड़ अशोधित शेयर होंगे, जिनमें से हम केवल 6.5% के मालिक होंगे|"[50] बर्कशायर के लिए यह अंतर महत्त्वपूर्ण है| शेयर की कम कीमत पर, बर्कशायर ने अपने हिस्से की कमाई 10 करोड़ डॉलर से बढाई, पांच साल में जिसका मतलब है मूल्य में 150 करोड़ डॉलर की बढ़त|

सिद्धांत: अनुकूल दीर्घकालीन संभावनाएँ

बफ़े ने स्वीकार किया कि वे IBM की तरफ देर से आए| 1988 में कोका-कोला और 2006 में बर्लिंगटन नॉर्दर्न सांता-फे की तरह, वे इसके प्रकटने के 50 वर्ष पहले की वार्षिक रिपोर्ट पढ़ रहे थे| उन्होंने कहा, वह मार्च 2011 के एक शनिवार को आई| थोरो का हवाला देते हुए बफ़े कहते हैं, "आपको क्या दिखाई देता है इससे कोई फ़र्क नहीं पड़ता, फ़र्क इस बात से पड़ता है कि आप क्या देखते हैं|"बफ़े ने CNBC में स्वीकार किया कि IBM के ग्राहकों को खोजने और बरक़रार रखने के प्रतिस्पर्धात्मक लाभ ने "बीचों-बीच वार किया|"[51]

सूचना प्रौद्योगिकी (IT) सेवा उद्योग प्रौद्योगिकी क्षेत्र के भीतर एक गतिशील और वैश्विक उद्योग है और इस उद्योग में IBM से बड़ा कोई नहीं है|[52] सूचना प्रौद्योगिकी एक 80,000 करोड़ डॉलर से भी अधिक का बाज़ार है जिसमें बहुत ही व्यापक विस्तार की सेवाएं आती हैं जो चार भागों में विभाजित हैं: परामर्श, प्रणाली एकीकरण, सूचना प्रौद्योगिकी का बहिःस्त्रोतन और व्यापार प्रक्रिया का बहिःस्त्रोतन| पहले दोनों मिलकर, IBM की आय में 52 प्रतिशत का

योगदान देते हैं; 32 प्रतिशत योगदान सूचना प्रौद्योगिकी बहिःस्त्रोतन से आता है और व्यापार प्रक्रिया बहिःस्त्रोतनकायोगदान16 प्रतिशतहै| परामर्श और प्रणाली एकीकरण में, IBM शीर्ष वैश्विक प्रदाता है—जो अपने सबसे निकटतम प्रतिद्वंदी एक्सेंचर से 38 प्रतिशत बड़ाहै| सूचना प्रौद्योगिकी बहिःस्त्रोतन में भी IBM शीर्ष वैश्विक प्रदाता है— जो अपने सबसे निकटतम प्रतिद्वंदी ह्यूलेट-पैकार्ड से 78 प्रतिशत बड़ाहै| व्यापार प्रक्रिया बहिःस्त्रोतन में, टेली परफॉरमेंस, अटेंटो, कनवरजिस, सिटेल, एजिस और जेनपैक के बाद, IBM सातवां सबसे बड़ा प्रदाता है|

सूचना प्रौद्योगिकी सेवाओं को प्रौद्योगिकी क्षेत्र के भीतर एक विकास प्रवाह उद्योग माना जाता है| जहां हार्डवेयर और अर्धचालक जैसे प्रौद्योगिकी क्षेत्रों की प्रकृति अधिक चक्रीय है, वहीं सेवा क्षेत्र को अपेक्षाकृत स्थिर विकास संभावनाओं से लाभ होता है| सूचना प्रौद्योगिकी उद्योग अधिक लचीला है क्योंकि इसका राजस्व दोनों बड़े निगमों और सरकारों के गैर-विवेकाधीन बजट से आवर्ती और बंधा हुआ है| सूचना प्रौद्योगिकी सेवाएं इतनी महत्त्वपूर्ण हैं कि परामर्श, प्रणाली एकीकरण और सूचना प्रौद्योगिकी बहिःस्त्रोतन के बारे में माना जाता है कि उनमें "सुरक्षाकेदायरेजैसे" गुण हैं| मॉर्निंगस्टार में प्रौद्योगिकी के सहयोगी निदेशक, ग्रैडीबर्कट के अनुसार, प्रतिष्ठा, ट्रैक रिकॉर्ड और ग्राहक संबंधों जैसी अमूर्त संपत्तियां, परामर्श और प्रणाली केएकीकरण में सुरक्षाकेदायरे के स्त्रोत हैं| सूचना प्रौद्योगिकी बहिःस्त्रोतन में, अदला-बदली की लागत और बड़े पैमाने की किफायत स्वयं के लिए सुरक्षा दायरे का निर्माण करते हैं और यह सुनिश्चित करते हैं कि एक बार अगर IBM के पास कोई ग्राहक आ जाए, तो फिर वह आनेवाले कई वर्षों तक वफादार बना रहे| केवल एक क्षेत्र, अपेक्षाकृत रूप से छोटा व्यवसाय प्रक्रिया बहिःस्त्रोतन,अमूर्त संपत्ति या स्विचन की लागत से संरक्षित नहीं है|

दुनिया की प्रमुख सूचना प्रौद्योगिकी अनुसंधान और सलाहकार कंपनी गार्टनर के अनुसार, सूचना प्रौद्योगिकी सेवाओं का कुल बाज़ार 4.6 प्रतिशत के चक्रवृद्धि वार्षिक दर से बढ़ने की संभावना है, जो कि होगा 2011 में अनुमानित 84,400 करोड़ डॉलर से 2016 में 1,05,000 करोड़ डॉलर|

सिद्धांत: लाभ मार्जिन; इक्विटी पर लाभ; एक डॉलर का आधार वाक्य

हार्डवेयर तकनीक से परामर्श और सॉफ्टवेयर की ओर कदम बढ़ाने की शुरुआत लोउगेर्स्टनर ने की थी तथा सैम पल्मिसनो ने इसे आगे बढ़ाते हुए IBM को प्रौद्योगिकी उद्योग के एक कम-मार्जिन वाले भाग को बदलकर एक उच्च मार्जिन वाला, परामर्श, प्रणाली एकीकरण और सूचना प्रौद्योगिकी बहिःस्त्रोतन की खाई से सुरक्षित एक व्यापार में बदल दिया| जब गेर्स्टनर ने 1994 में यह कंपनी चलाने के लिए ली, तब IBM में इक्विटी पर लाभ 14 प्रतिशत था| जब वे 2002 में सेवानिवृत्त हुए, इक्विटी पर लाभ बढ़कर 35 प्रतिशत हो चुका था| पल्मिसनो ने

इसे आगे जारी रखते हुए इक्विटी के लाभ को और बढ़ाया; 2012 में उनके सेवानिवृत्त होने तक यह 62 प्रतिशत तक पहुंच चुका था|

इक्विटी पर लाभ में बढ़त का एक कारण अशोधित इक्विटी शेयरों में नाटकीय कमी भी हो सकता है| लेकिन अधिक महत्त्वपूर्ण कारण था, परामर्श और बहिःस्रोतन के उच्च-मार्जिन वाले व्यवसायों में नाटकीय रूप से वृद्धि करते हुए कम-मार्जिन वाले व्यवसायों को पीछे छोड़ने का निर्णय| 2002 में, IBM का शुद्ध लाभ मार्जिन 8.5 प्रतिशत था| दस साल बाद, शुद्ध मार्जिन लगभग दोगुना होकर 15.6 प्रतिशत हो चुका था|

दस सालों (2002-2012) में IBM ने शेयरधारकों के लिए 10,800 करोड़ डॉलर का शुद्ध लाभ उत्पन्न किया| इसने शेयरधारकों को लाभांश के रूप में 2000 करोड़ डॉलर दिए, जिसके इसके पास कंपनी को चलाने के लिए 8800 करोड़ डॉलर बचे, जिसमें पूंजी पुनर्निवेश, अधिग्रहण और शेयर पुनर्खरीद शामिल थे| इसी अवधि के दौरान, IBM के बाज़ार पूंजीकरण ने 8000 करोड़ डॉलर कमाए| यह वह स्थिति नहीं थी जो बफ़े अपनी कंपनियों में देखना पसंद करेंगे, लेकिन यह देखते हुए कि पिछले 10 साल बड़े पूंजीकरण शेयरों के प्रदर्शन के लिए एक भयानक अवधि थी, यह सम्मानजनक है|

सिद्धांत: मूल्य निर्धारण करें

2010 में, IBM ने शेयरधारकों के लिए 1480 करोड़ डॉलर का शुद्ध लाभ उत्पन्न किया| उस वर्ष इसने पूंजीगत व्यय में 420 करोड़ डॉलर खर्च किए और 480 करोड़ डॉलर मूल्यह्रास और ऋणशोधन शुल्क में समायोजित किए गए| कंपनी के स्वामी की आयका 1540 करोड़ डॉलरतकपहुंचना इसका शुद्ध परिणाम था| ऐसा कौनसा व्यापार है जो एक साल में 1540 करोड़ डॉलर नकदी में उत्पन्न करता है? जॉनबर्र विलियम्स (और वॉरेन बफ़े) के अनुसार, वह मूल्य है व्यवसाय के भविष्य के नकदी प्रवाह द्वारा वर्तमान मूल्य पर वापस दी गई छूट| भविष्य के नकदी प्रवाह को कंपनी की वृद्धि से निर्धारित किया जाएगा और छूट की वह दर जो बफ़े इस्तेमाल करते हैं, वह है दीर्घकालीन अमेरिकी सरकार के बांड का उत्पन्न, जो उनकी परिभाषा में जोखिम-मुक्त दर है| याद रखिए, बफ़े अपनी गणना में इक्विटी पर जोखिम के प्रीमियम का इस्तेमाल करते हैं| इसके बजाय, वे जिस मूल्य का भुगतान करना चाहते हैं, उसके सुरक्षा मार्जिन को जोखिम के लिए समायोजित करते हैं|

इस सिद्धांत का उपयोग करके, हम IBM के मूल्य की अपनी गणना खुद कर सकते हैं| दो-चरण के लाभांश छूट मॉडल का उपयोग करते हुए, मैंने यह माना कि IBM अपनी नकद आय को 10 साल के लिए 7 प्रतिशत और उसके बाद 5 प्रतिशत बढ़ाएगा| फिर मैंने इस नकदी प्रवाह को 10 प्रतिशत से छूट दी—जो 10-साल के अमेरिकी ट्रेज़री नोट से 2 प्रतिशत अधिक थी|

उच्च छूट दर से सुरक्षा के बड़ा मार्जिनका निर्माण होता है। इन गणनाओं के आधार पर, IBM 326 डॉलर प्रति शेयर के लायक है, जोबफ़े द्वारा भुगतान किए गए 169 डॉलर की औसत कीमत से बहुत ज्यादाहै। अगर हम अगले 10 सालों के विकास दर को 5 प्रतिशत से नीचे ले आएं, सूचना प्रौद्योगिकी सेवाओं के विकास के गार्टनर के अनुमान के करीब, तो प्रति शेयर मूल्य 279 डॉलर होगा, जो अभी भी बफ़े द्वारा भुगतान किए गए 100 डॉलर प्रति शेयर से अधिक है।

मूल्यांकन प्रश्न को देखने का एक और तरीका यह पूछना है कि 169 डॉलर के शेयर मूल्य में कौनसे विकास दर सन्निहित हैं। 169 डॉलर प्रति शेयर के लायक बनने के लिए, IBM को अपनी कंपनी के स्वामी की आय को अनंतकाल तक के लिए 2 प्रतिशत बढ़ाना होगा। पाठक शायद IBM के एक शेयर के 326 डॉलर या 279 डॉलर के अनुमानित उचित मूल्य पर टाल-मटोल कर सकते हैं। क्योंकि जैसा मुझे संदेह है कि बहुत से लोग यह तर्क देंगे कि IBM अगले दशक में 2 प्रतिशत प्रति वर्ष से अधिक तेज़ी से बढ़ेगी। मुझे पूरा विश्वास है कि, उचित मूल्य इन दो अनुमानों के बीच में ही कहीं छिपा हुआ है, यह एक बार फिर हमें बफ़े की पसंदीदा कहावत की याद दिलाता है: "मैं निश्चित रूप से गलत की तुलना में लगभग सही होना पसंद करूंगा।"

IBM की ख़रीद मुझे कई मायनों में बफ़े द्वारा की गई कोका-कोला कंपनी की ख़रीद की याद दिलाती है। उस समय, बहुत से समीक्षक उलझन में थे। बफ़े ने स्टॉक को उसके सबसे उच्च स्तर पर रहते हुए ख़रीदेथे (IBM की ही तरह)। बहुतों का मानना था कि (IBM की ही तरह) कोका-कोला एक ऊबाऊ, धीमी गति से चलनेवाली कंपनी थी जिसके अच्छे दिन पीछे छूट गए थे। जब बफ़े ने कोका-कोला को खरीदा, कंपनी के शेयर की कीमत आय का 15 गुना और नकदी प्रवाह का 12 गुना था, बाज़ार के औसत से 30 प्रतिशत और 50 प्रतिशत प्रीमियम। जब हमने कोका-कोला की कंपनी के स्वामी की आय पर विभिन्न विकास दर लेकर लाभांश छूट मॉडल चलाया, तब हमने जाना कि कंपनी प्रीमियम मूल्य-से-आय और मूल्य-से-नकदी प्रवाह अनुपात के बावजूद उचित मूल्य पर महत्त्वपूर्ण छूट के साथ बेच रही थी। कोका-कोला के लिए अविश्वसनीय रूप से 5 प्रतिशत कम की विकास दर को लेते हुए, लाभांश छूट का मॉडल कहता था कि कोका-कोला का मूल्य 2070 करोड़ डॉलर है—जो इसके 1510 करोड़ डॉलर की वर्तमान बाज़ार मूल्य से बहुत अधिक था।

अगले 10 सालों में, कोका-कोला के शेयरों की क़ीमत दस गुना से बढ़ गई जबकि स्टैण्डर्ड एंड पूअर्स 500 का इंडेक्स केवल तीन गुना बढ़ा था। निश्चित रूप से मैं यह नहीं कह रहा हूं कि IBM अगले 10 सालों में, दस गुना बढ़ जाएगी, केवल यह कि मूल्य निर्धारित करने के लिए लेखांकन अनुपात इस्तेमाल करने का वॉलस्ट्रीट का तरीका काम करता है, लेकिन चिरस्थायी दीर्घकालीन विकास की गणना का काम बहुत बुरे तरीके से करता है। या, दूसरे तरीके से कहा जाए तो, चिरस्थायी दीर्घकालीन विकास का मूल्य बाज़ार द्वारा गलत लगाया जाता है।

किसी ग़लत फ़हमी में न रहें—IBM की भविष्य की सफलता पर सबसे बड़ा प्रभाव कंपनी की भविष्य की कमाई पर पड़ेगा। सैनफोर्ड सी. बर्नस्टीन के प्रौद्योगिकी विश्लेषक टोनी सैकोनाघी ने कंपनी को कहा, "IBM एक किला है, एक ऐसी कंपनी जिसका लाभ प्रदर्शन उद्योग के चक्रों के प्रति अभेद्य है।" निगमों और सरकारों को सूचना प्रौद्योगिकी के सबसे बड़े वैश्विक आपूर्तिकर्ता IBM को टोनी ने "ऊबाऊ रूप से पूर्वकथनीय" कहा है।[53] उन्होंने कोका-कोला को भी 1989 में ऊबाऊ रूप से पूर्वकथनीय कहा था। ऊबाऊ रूप से पूर्वकथनीय कंपनियां की बफ़े को पसंद हैं।

हमने यह भी जान लिया है कि कंपनी की सफलता के निर्धारण में वित्तीय प्रबंधन दूसरा बहुत ही महत्त्वपूर्ण कारक है। निश्चित ही, गेर्स्टनर और पल्मिसनो का IBM की नई मुख्य कार्यकारी अधिकारी गिन्नी रोमेटी पर बहुत बड़ा प्रभाव होगा। अभी से ही, IBM के वित्तीय मॉडल और व्यापार परिप्रेक्ष्य (एक पंचवर्षीय योजना) में भविष्य के शेयर पुनर्खरीद के लिए 5000 करोड़ डॉलर का प्रावधान है। IBM की वर्तमान शेयर पुनर्खरीद दर पर, कंपनी 2030 तक 10 करोड़ अशोधित शेयरों से कम पर होगी। बेशक, कोई भी निश्चित तौर पर यह नहीं कह सकता कि IBM शेयर पुनर्खरीद दर बरक़रार रखेगी या नहीं। लेकिन यह बफ़े को सपने देखने से नहीं रोक सकता। उन्होंने शेयरधारकों को कहा, "यदि पुनर्खरीद कभी IBM के शेयरों को 6.39 करोड़ तक कम कर देती है, तो मैं अपनी प्रसिद्ध मितव्ययिता को त्याग दूंगा और बर्कशायर के कर्मचारियों को एक सवैतनिक छुट्टी दूंगा।"[54]

एच.जे. हाइन्ज़ कंपनी

14 फरवरी 2013 को, बर्कशायर हैथअवे और 3जी कैपिटल ने एच.जे. हाइन्ज़ कंपनी को 2300 करोड़ डॉलर में ख़रीद लिया। 72.50 डॉलर प्रति शेयर पर, यह सौदा हाइन्ज़ के शेयर की एक दिन पहले की कीमत पर 20 प्रतिशत प्रीमियम था।

यह देखना आसान था कि कैसे हाइन्ज़ बर्कशायर हैथअवे के सांचे में ढल गए। दुनिया की सबसे प्रसिद्ध खाद्य कंपनियों में से एक, इसकी भी कोका-कोला और IBM की ही तरह वैश्विक मान्यता है। हेन्ज़ की गहरे लाल केचप की बोतलें लाखों घरों में ओरे-इदा फ्रेंचफ्राइज़ और ली एंड पेरिंस वोरसेस्टर शायरसॉस के साथ मिल सकती हैं। 2012 में, कंपनी ने यूरोप से आने वाली अधिकांश बिक्री और तेजी से बढ़ते उभरते बाजारों के साथ 1160 करोड़ डॉलर का राजस्व दर्ज किया। बफ़े ने कहा, "यह हमारे तरह की कंपनी है।"[55]

सिद्धांत: संचालन का निरंतर इतिहास

जॉनपेम्बर्टन द्वारा कोका-कोला का सूत्र विकसित करने के अट्ठारह साल पहले, हेनरीजे. हाइन्ज़ शार्प्सबर्ग, पेनसिलवेनिया में खाद्य पदार्थ पैक कर रहे थे। कंपनी ने पहले 1869 में हॉर्सरैडिश

सॉस बेचने की शुरुआत की लेकिन 1876 में टमाटर सॉस की तरफ मुड़ गए। हेनरी हाइन्ज़ ने 1888 में अपने दो साझेदार खरीदे और कंपनी का नाम बदलकर एच.जे. हाइन्ज़ कंपनी कर दिया। कंपनी का प्रसिद्ध नारा "57 किस्में (57 वैराइटीस)" 1896 में पेश किया गया। ऐसा कहा जाता है कि एक दिन हेनरी हाइन्ज़ न्यूयॉर्क शहर में ट्रेन में बैठे थे, तब उन्हें एक जूतों की दुकान दिखी जो दावा कर रही थी कि उसमें "21 शैलियां" हैं। हाइन्ज़ ने "57" अंक ऐसे ही चुन लिया लेकिन "7" अंक को विशेष रूप से उसके सकारात्मक मनोवैज्ञानिक प्रभाव के कारण चुना। बफ़े ने देखा कि 1869 में जब हाइन्ज़ की शुरुआत हुई, उसी साल उनके परदादा सिडनी ने एक किराने की दुकान की स्थापना की थी।

सिद्धांत: अनुकूल दीर्घकालिक संभावनाएँ

हाइन्ज़ वैश्विक तौर पर केचप में पहले और सॉस में दूसरे स्थान पर है। हाइन्ज़ का भविष्य केवल बाज़ार में अपने हिस्से का नेतृत्व बनाए रखने पर निर्भर नहीं करता बल्कि तेज़ी से बढ़ते हुए उभरते बाज़ारों में अपना स्थान बनाए रखने पर भी निर्भर करता है। यहां हाइन्ज़ की स्थिति अच्छी है। कंपनी ने 2010 में चीन की फ़ूडस्टार को खरीदा और 2011 में ब्राजीलियन कोनी एक्सप्रेसएस एइंड सट्रिआस एलीमेटीशिअस में 80 प्रतिशत हिस्सेदारी खरीदी। आज, कंपनी के शीर्ष 10 बाज़ारों में से सात उभरते बाज़ारों के लिए उत्तरदायी हैं। पहले ही, चीन में फ़ूडस्टार का मूल्य दोगुना हो गया है।

हाइन्ज़ के लिए यह उभरते हुए बाज़ार कितने ज़रूरी हैं? पिछले पांच सालों में, यह तेज़ी से बढ़ते बाज़ार कंपनी के 80 प्रतिशत बिक्री के विकास के लिए उत्तरदायी हैं। वित्तीय वर्ष 2012 में, 21 प्रतिशत की आय उभरते हुए बाज़ारों से प्राप्त हुए थी, वित्तीय वर्ष 2013 के लिए यह अनुमान 25 प्रतिशत के आसपास है। मुख्य कार्यकारी अधिकारी विलियम जॉनसन के मुताबिक, उभरते बाजारों में कंपनी की जैविक विकास दर उसके सहकर्मी समूह में सबसे अच्छी है।

सिद्धांत: मूल्य निर्धारित करें

2012 में, हाइन्ज़ की शुद्ध आय 92.3 करोड़ डॉलर हुई, 34.2 करोड़ डॉलर मूल्यह्रास और ऋणशोधन शुल्क में और 41.8 करोड़ डॉलर पूंजीगत व्यय हुआ तथा शेयरधारकों के लिए कंपनी के स्वामी की आय के रूप में 84.7 करोड़ डॉलर बचे। लेकिन कंपनी की वार्षिक रिपोर्ट में हम देखते हैं कि 16.3 करोड़ डॉलर विच्छेद, परिसंपत्ति और अन्य कार्यान्वयन लागतों पर कर-पश्चात् शुल्क था। इन गैर-परिचालन खर्चों को जोड़कर, हम अनुमान लगा सकते हैं कि कंपनी ने स्वामी की आय के तौर पर लगभग 100 करोड़ डॉलर का सृजन किया।

द्विचरणीय लाभांश छूट मॉडल का इस्तेमाल करते हुए, हम अनुमान लगाते हैं कि कंपनी अपनी स्वामित्व-आय के 100 करोड़ डॉलर का 10 साल तक 7 प्रतिशत की दर से और फिर 5 प्रतिशत की दर से विकास करेगी। नकदी प्रवाहों को 9 प्रतिशत से छूट देने के बाद (जो कि इस सौदे में बर्कशायर द्वारा योगदान किए गए अधिमान्य स्टॉक की लागत है) प्रति शेयर 96.40 डॉलर का अनुमानित मूल्य निकलता है। निरंतरता में 5 प्रतिशत की धीमी निरंतर विकास दर पर, कंपनी के शेयरों का मूल्य 82.10 डॉलर निकलता है। यह देखते हुए कि कंपनी ने पिछले पांच वर्षों में 8.4 प्रतिशत चक्रवृद्धि वार्षिक वृद्धि दर पर प्रति शेयर अपनी आय में वृद्धि की है और यह जानते हुए कि अगले पांच वर्षों में इसकी आय का एक बड़ा हिस्सा इन तेज़ी से बढ़ते उभरते बाज़ारों से आने वाला है, मैं यह तर्क दूंगा कि मूल्यांकन के यह अनुमान बहुत ही रूढ़िवादी हैं।

सिद्धांत: आकर्षक कीमतों पर खरीदें

अगर कंपनी 10 वर्षों तक 7 प्रतिशत और फिर 5 प्रतिशत की दर से बढ़ सकती है, तो बफ़े ने शेयरों को आंतरिक मूल्य पर 25 प्रतिशत की छूट पर खरीदा है। 5 प्रतिशत की अत्यंत रूढ़िवादी अनुमानित विकास दर पर, उन्होंने कंपनी को 12 प्रतिशत की छूट पर खरीदा है। वैसे सच में, यह वे सुरक्षा सीमा छूट नहीं हैं जो हम आमतौर पर बफ़े की खरीदों में देखते हैं। लेकिन हाइन्ज़ की ख़रीद का आकर्षण सामान्य छूट सूत्र से परे है।

बर्कशायर हैथअवे और ब्राज़ील की निजी इक्विटी कंपनी 3जी कैपिटल, दोनों का ही हाइन्ज़ के 400 करोड़ डॉलर की इक्विटी में आधा-आधा हिस्सा होगा। उसके लिए, बर्कशायर ने 9 प्रतिशत का उत्पन्न देनेवाले विमोच्य अधिमान्य स्टॉक में 8 करोड़ डॉलर का निवेश किया। अधिमान्य शेयरों में बर्कशायर के लिए दो अन्य आकर्षक विशेषताएं भी हैं। पहली, भविष्य में किसी बिंदु पर अधिमान्य को एक महत्त्वपूर्ण प्रीमियम पर भुनाया जाएगा; दूसरी, अधिमान्य शेयर वारंट के साथ आएंगे जो कि बर्कशायर को यह अनुमति देगा कि अत्यंत ही मामूली राशि पर कंपनी के सामान्य स्टॉक का 5 प्रतिशत ख़रीद सके। कुल मिलाकर, बर्कशायर हैथअवे अपने मिश्रित निवेश पर 6 प्रतिशत का वार्षिक लाभ कमाएगा, इसमें वारंट का मूल्य, अधिमान्य शेयरों का प्रीमियम रूपांतरण और भविष्य में कंपनी के आंतरिक मूल्य में किसी भी वृद्धि शामिल नहीं होगी। अगर हाइन्ज़ अपना पैसा खो देती है, तो भी बर्कशायर हैथअवे को उसके अधिमान्य लाभांश का भुगतान किया जाएगा। अगर कोई ऐसी सुदूर संभावना आई जिसमें हाइन्ज़ दिवालिया हो जाए, तो बर्कशायर ऐसी स्थिति में होगी कि अन्य लेनदारों का सफाया कर दे और खुद को एक नई और सस्ती पुनर्गठन वाली हाइन्ज़ में अनुकूल स्थान दे सके।

सिद्धांत: तर्कसंगतता

यह देखना आसान है कि कैसे हाइन्ज़ उस प्रकार की कंपनी के सांचे में बराबर बैठता है जिसे ख़रीदना बफ़े पसंद करते हैं| व्यापार सरल और बोधगम्य है; इसका संचालन इतिहास में निरंतरता है; और क्योंकि इसने उभरते हुए बाज़ारों के विकास से लाभ प्राप्त करने के लिए खुद को तैयार कर लिया है, इसलिए कंपनी की दीर्घकालिक संभावनाएँ भी अनुकूल हैं| निवेश योग्य पूंजी (ऋण सहित) पर लाभ 17 प्रतिशत है, साथ ही शेयरधारकों की इक्विटी पर 35 प्रतिशत लाभ है|

लेकिन हाइन्ज़ के इस सौदे में दो प्रतिवाद हैं जो इस ख़रीद को विशिष्ट बनाते हैं| पहला, कंपनी हर एक डॉलर की इक्विटी पर 6 डॉलर का ऋण लेगी| ऋण पर ब्याज के साथ ही बर्कशायर हैथअवे को भुगतान किया गया 9 प्रतिशत अधिमान्य लाभांश कंपनी की अधिकांश कंपनी के स्वामी की आय पर नियंत्रण रखेगा| एक शब्द में, कंपनी अब बहुत ही लाभान्वित होगी| दूसरा, कंपनी अब 3जी कैपिटल के एक नए प्रबंधन दल द्वारा चलाई जाएगी जिसका नेतृत्व ब्राज़ील के सबसे अमीर व्यक्ति, जोर्ज पाउलोलेमन करेंगे|

अतीत में, जब बफ़े कंपनी ख़रीदते थे, तो वे यही पसंद करते थे कि मौजूदा प्रबंधन दल ही व्यापार को चलाना जारी रखे| लेकिन इस मामले में, हाइन्ज़ के भविष्य के लिए एक नया प्रबंधन दल ज़िम्मेदार होगा|

बफ़े सबसे पहले 1990 के दशक में लेमन से मिले, जब वे दोनों ही जिलेट के बोर्ड पर थे| हालांकि लेमन और 3जी कैपिटल अमरीका में मशहूर नहीं हैं, लेकिन इस दल ने फास्टफूड रेस्तरां, बैंकों और शराब बनानेवालों में जबरदस्त सफलता हासिल की है| 2004 में, जो लेमन में सबसे बेहतरीन सौदा माना जाता है, में उन्होंने अपनी शराब की छोटी ब्राज़ीली कंपनी ऍमबेव का बेल्जियम की काफी बड़ी कंपनी इंटरब्र्यु (स्टेलाअर्टिस और बेक की निर्माता कंपनी) में विलय कर दिया था| ऍमबेव के छोटी होने के बावजूद, संयुक्त कंपनी में वरिष्ठ नौकरी लेने वाले लेमन के सहयोगी थे| फिर 2008 में, इस नई विलय हुई कंपनी ने ऍनहयूसर-बुश को 5200 करोड़ डॉलर का भुगतान किया और बीअर का अब तक का सबसे बड़ा विलय संपन्न हुआ|

2010 में, 3जी कैपिटल ने 330 करोड़ डॉलर में बर्गरकिंग को खरीदा| कुछ ही सप्ताहों में, कंपनी ने अपने मियामी स्थित मुख्यालय के 600 कर्मचारियों में से आधों को नौकरी से निकाल दिया, कार्यकारी विंग बेच दिया और इसके बाद से, रंगीन प्रिंटआउट बनाने के लिए कर्मचारियों को अनुमति की ज़रूरत पड़ने लगी| अधिग्रहण के बाद से, 3जी कैपिटल ने संचालन लागतों में 30 प्रतिशत की कटौती की| इसी बीच, प्रत्येक रेस्तरां ने नए उत्पाद पेश किए जिनमें स्मूथीएवंस्नैकरैप शामिल थे और पुनर्संरचना के एक अभियान की तैयारी की जिसका खर्चा फ्रैंचाइज़ी के मालिक उठानेवाले थे| 2012 की अपनी चौथी तिमाही की रिपोर्ट में, बर्गरकिंग का मुनाफा दुगुना हो गया था और नकदी प्रवाह में भी सुधार हुआ था|

3जी कैपिटल के प्रबंधन और इसके प्रत्येक सौदे को मिली सफलता का अध्ययन करने के बाद, मुझे एक और प्रबंधक की याद आ गई जिसे बफ़े विश्व में सर्वोत्तम मानते थे, टॉममर्फी। वह जुनून जिससे मर्फी ने अनावश्यक खर्चे कम करके कैपिटल सिटीज़/ABC की उत्पादकता को सुधरा था, वही 3जी कैपिटल के प्रबंधन दल में भी दिखाई देता है।

कुछ लोगों ने सुझाव दिया कि चूँकि 3जी कैपिटल एक निजी इक्विटीफर्म है, इसलिए वह आज नहीं तो कल हाइन्ज़ में निवेशित शेयरोंको बेच देगा। लेकिन लेमन ने जोर देकर कहा कि 3जी कैपिटल का इरादा हाइन्ज़ को उसी प्रकार रखने का है जैसे वह ऐंनहयूसर-बुशइनबेवएन. वी. का दीर्घकालिक मालिक बन गया है। जिस तरह ऐंमबेव ने बीयर व्यवसाय के समेकन और भविष्य के विकास के लिए एक मंच के रूप में कार्य किया, उसी प्रकार हाइन्ज़ भी खाद्य उद्योग के समेकन और भविष्य के विकास के लिए एक प्रारंभिक मंच के रूप में काम कर सकता था।

3जी कैपिटल का तो पता नहीं, लेकिन बफ़े दीर्घकालीन मालिक बनकर खुश हैं। बफ़े कहते हैं, “3जीहाइन्ज़ का पालनकर्ता होगा।” लेकिन साथ ही वे यह भी कहते हैं कि “अगर 3जी समूह बाद में बेचना चाहे तो हम अपना स्वामित्व बढ़ा सकते हैं।”[56]

एक सामान्य विषय

आपने इन मामलों के अध्ययन में एक सामान्य स्थायी बात देखी होगी: वॉरेनबफ़े द्वारा खरीदा गया स्टॉक यदि प्रदर्शन अच्छा कर रहा है, तो भी उन्हें उसे बेचने की कोई जल्दी नहीं है। अल्पकालिक प्रशंसा में उन्हें कोई दिलचस्पी नहीं है। फ़िलिपफिशर ने उन्हें सिखाया था कि या तो आपके द्वारा किया गया निवेश नकदी से बेहतर निवेश है या फिर नहीं है। बफ़े कहते हैं कि, “जब तक अंतर्निहित व्यापार की इक्विटी पूंजी पर संभावित लाभ संतोषजनक हैं, प्रबंधन सक्षम और ईमानदार है और बाज़ार व्यापार का अधिमूल्यन नहीं करता, तब तक वे किसी भी प्रतिभूति को अनिश्चित काल तक रखने में संतुष्ट हैं।”[57] (इस वक्तव्य के सिद्धांतों को पहचाना?) वे शेयरधारकों को याद दिलाते हैं, उनकी पसंदीदा स्वामित्व अवधि है “हमेशा के लिए।”

इस यादगार वक्तव्य के साथ, बफ़े हमें सिक्के के दूसरे पहलू की ओर लेकर जाते हैं: किन शेयरों को ख़रीदना है, इसके बारे में तर्कसंगत निर्णय लेने के बाद, हमें पोर्टफोलियो प्रबंधन के बारे में कैसे सोचना चाहिए? यह अगले अध्याय का विषय है।

5

अध्याय

पोर्टफोलियो प्रबंधन

निवेश की गणितीय विधा

आइए हम पहले चर्चा की गई बातों पर संक्षेप में नज़र डालें: अब तक हमने किसी व्यापार के अधिग्रहण अथवा शेयरों के चयन के संदर्भ में वॉरेन बफ़े के दृष्टिकोण का अध्ययन किया है (निश्चित रूप से, वह इन दोनों को पृथक तौर पर नहीं देखते हैं)। यह एक ऐसा दृष्टिकोण है, जो 12 सिद्धांतों के तौर पर संहिताबद्ध की गई कालातीत अवधारणाओं पर आधारित हैं। हमने देखा है कि कोका-कोला की उच्च कोटि की ख़रीद के साथ-साथ हाल ही में IBM सहित बर्कशायर द्वारा विभिन्न कंपनियों की ख़रीद में इस सिद्धांत को किस प्रकार लागू किया गया। साथ ही हमने इस तथ्य को समझने का प्रयास किया है कि, कैसे दूसरों की अंतर्दृष्टि ने निवेश के उनके सिद्धांतों व अवधारणाओं को आकार देने में मदद की।

हर निवेशक इस बात से अच्छी तरह अवगत है कि, ख़रीदने योग्य शेयरों का चयन करना इस कहानी का केवल आधा हिस्सा है। पोर्टफोलियो का प्रबंधन करना इस कहानी का दूसरा हिस्सा है, जो क्रमिक रूप से पोर्टफोलियो निर्माण और वर्तमान में जारी प्रबंधन का संयोजन है।

जब हम अपने पोर्टफोलियो के प्रबंधन पर विचार करते हैं, तो अक्सर हम यह मानते हैं कि ख़रीदने योग्य, बेचने योग्य अथवा प्रतिधारण करने योग्य शेयरों का चयन करना एक सरल प्रक्रिया है। ये निर्णय सुरक्षा के मार्जिन के सिद्धांत पर आधारित होते हैं (या होना चाहिए, अगर आप बफ़े की तरह विचारपूर्वक निर्णय लेना चाहते हैं), जिसका आकलन वह शेयर के आज की क़ीमत एवं इसके यथार्थ मूल्य की तुलना के माध्यम से करते हैं। जब क़ीमत यथार्थ मूल्य से नीचे हो तो आप शानदार व्यवसाय ख़रीदते हैं, जब क़ीमत थोड़ी कम

होती है तब आप उनका प्रतिधारण करते हैं और जब क़ीमत अधिक हो जाती है तब आप उन्हें बेच देते हैं।

हालांकि, सुरक्षा के मार्जिन पर आधारित यह दृष्टिकोण महत्त्वपूर्ण होने के बावजूद अपने आप में पर्याप्त नहीं है। हमें पोर्टफोलियो प्रबंधन के तीन महत्त्वपूर्ण घटकों को भी ध्यान में रखना चाहिए, जिन्हें बफ़े ने विकसित किया है:

1. दीर्घकालिक विकास के लिए पोर्टफोलियो निर्माण की उनकी तकनीक
2. पोर्टफोलियो की प्रगति के आकलन हेतु उनकी वैकल्पिक मापन की तकनीक
3. भावनात्मक उतार-चढ़ाव का मुकाबला करने की उनकी तकनीक, जो अनिवार्य रूप से पोर्टफोलियो प्रबंधन के साथ-साथ चलती है (वॉरेन बफ़े के पोर्टफोलियो प्रबंधन से जुड़ी मनोवैज्ञानिक चुनौतियों पर अध्याय 6 में विस्तारपूर्वक चर्चा की गई है)।

हॉलीवुड ने धन प्रबंधकों के स्वरूप एवं उनकी कार्यप्रणाली को पर्दे पर उतारा है जिसे हम देख सकते हैं: जैसे कि, एक साथ दो फ़ोन पर बात करना, एकाधिक कंप्यूटर स्क्रीन पर नज़र रखने की कोशिश करते उस पर प्रदर्शित तथ्यों को व्यग्रतापूर्वक लिखना, जो पलक झपकते ही स्क्रीन से ग़ायब हो जाता है तथा जब भी कंप्यूटर स्क्रीन पर बेहद छोटे अक्षरों में किसी शेयर की क़ीमत में गिरावट दिखाई देती है तब नाराज़गी भरे भाव का प्रदर्शन करना।

वॉरेन बफ़े इस प्रकार के उन्माद से कोसों दूर हैं। वह अपने आत्मविश्वास से प्रेरित शांत भाव से आगे बढ़ते हैं। उसे एक साथ दर्जनों कंप्यूटर स्क्रीन पर नज़र रखने की कोई आवश्यकता नहीं है; बाज़ार में प्रतिपल होने वाले उतार-चढ़ाव में उन्हें कोई दिलचस्पी नहीं है। वॉरेन बफ़े की सोच कुछ सेकंड, मिनट, दिन, महीने या तिमाहियों के संदर्भ में नहीं, बल्कि आने वाले कई वर्षों पर आधारित होती है। उन्हें सैकड़ों कंपनियों में निवेश की जरूरत नहीं है, क्योंकि वह कुछ चुनिंदा कंपनियों के सामान्य शेयरों में निवेश पर ध्यान केंद्रित करते हैं। वह स्वयं को "संकेंद्रित निवेशक" के रूप में संदर्भित करते हैं— "हम सिर्फ कुछ उत्कृष्ट कंपनियों पर ध्यान केंद्रित करते हैं।"[1] संकेंद्रित निवेश के तौर पर विख्यात यह दृष्टिकोण पोर्टफोलियो प्रबंधन के कार्य को अत्यंत सरल बनाता है।

अधिकांश सरल विचारों की तरह संकेंद्रित निवेश भी अत्यंत सरल विचार है, तथा यह भी अवधारणाओं की परस्पर संबद्धता की जटिल बुनियाद पर आधारित है। इस अध्याय में हम संकेंद्रित निवेश के प्रभावों पर अधिक बारीकी से विचार करेंगे। यहां हमारा उद्देश्य आपको पोर्टफोलियो प्रबंधन के बारे में सोचने के नए तरीके से अवगत कराना है। इस संदर्भ में निष्पक्ष चेतावनी यह है कि: हर प्रकार की संभाव्यता के संदर्भ में यह नया तरीका आपके द्वारा शेयर बाज़ार में निवेश करने के उन तरीकों से बिल्कुल अलग है, जिसे आपने पहले सीखा है।

ऐसा प्रतीत होता है कि पोर्टफोलियो प्रबंधन की वर्तमान स्थिति में दो प्रतिस्पर्धी रणनीतियों: अर्थात् (1) सक्रिय पोर्टफोलियो प्रबंधन, तथा (2) सूचकांक निवेश के बीच परस्पर द्वंद जारी हो।

सक्रिय पोर्टफोलियो प्रबंधक लगातार बड़ी संख्या में सामान्य शेयरों की खरीद एवं बिक्री के कार्य में संलग्न रहते हैं। वे हमेशा अपने ग्राहकों को संतुष्ट रखने की कोशिश करते हैं, अन्यथा उन्हें अपने ग्राहकों और अंततः अपनी नौकरी को खोने का जोखिम उठाना पड़ सकता है। शीर्ष पर बने रहने के लिए, सक्रिय प्रबंधक आने वाले महीनों में शेयरों के संदर्भ में अनुमान लगाने की कोशिश करते हैं ताकि तिमाही के अंत में पोर्टफोलियो का सापेक्षिक आकार बेहतर हो तथा ग्राहक भी संतुष्ट रहें।

इसके विपरीत, सूचकांक निवेश का दृष्टिकोण शेयरों की खरीद एवं प्रतिधारण से संबंधित है। इसमें मोटे तौर पर सामान्य शेयरों के ऐसे विविधतापूर्ण पोर्टफोलियो को समेकित करना और फिर उन्हें अपने पास रखना शामिल है, जिन्हें विचारपूर्वक स्टैंडर्ड एंड पूअर्स 500 जैसे विशिष्ट बेंचमार्क इंडेक्स की गतिविधियों के अनुकरण के लिए डिज़ाइन किया गया है।

सक्रिय पोर्टफोलियो प्रबंधक यह तर्क देते हैं कि, शेयरों के चयन के अपने बेहतर कौशल के आधार पर वे किसी भी सूचकांक से बेहतर प्रदर्शन कर सकते हैं। अपनी ओर से सूचकांक रणनीतिकार इतिहास का भी हवाला देते हैं। वर्ष 1980 से लेकर 2011 तक बड़ी कंपनियों के केवल 41 प्रतिवर्ष म्यूचुअल फंड ने S&P 500 सूचकांक से बेहतर प्रदर्शन किया।[2]

निवेशक के दृष्टिकोण से दोनों रणनीतियों की बुनियादी बातें एक समान हैं: जो विविधीकरण के माध्यम से जोखिम को कम करने पर आधारित है। कई उद्योगों और बाज़ार के विभिन्न क्षेत्रों का प्रतिनिधित्व करने वाले शेयरों को बड़ी संख्या में धारण करके, निवेशक एक ही क्षेत्र में अपना पैसा लगाने से होने वाले किसी भी भयंकर संभावित नुक़सान के खिलाफ़ सुरक्षा परत के निर्माण करने की उम्मीद करते हैं। हम इस बात से अवगत होते हैं कि, सामान्य अवधि में विविधतापूर्ण पोर्टफोलियो में कुछ शेयर नीचे जाएंगे और कुछ की क़ीमतों में वृद्धि होगी, इसलिए हमें ईश्वर से प्रार्थना करनी चाहिए कि बाद वाली स्थिति पूर्ववर्ती की भरपाई करे।

सक्रिय प्रबंधक अपने पोर्टफोलियो के विविधीकरण के माध्यम से इस प्रकार की सुरक्षा हासिल करते हैं। उनके विचार में, पोर्टफोलियो में जितने अधिक शेयर होंगे, उनकी संभावना उतनी ही बेहतर होगी। दस अलग-अलग तरह के शेयर एक से बेहतर हैं और 100 अलग-अलग तरह के शेयर 10 से बेहतर हैं। परिभाषा के अनुसार सूचकांक निधि इस तरह के विविधीकरण में सक्षम होगी अगर इसके द्वारा प्रतिबिंबित सूचकांक भी विविधतापूर्ण हो। पारंपरिक स्टॉक म्यूचुअल फंड में भी ऐसा ही होता है जिसके अंतर्गत उछाल की संभावना वाले 100 से अधिक शेयर शामिल होते हैं।

इसमें केवल एक समस्या है: हम सभी काफी लंबे समय से विविधीकरण के इस मंत्र को सुनते आए हैं, जिसके कारण हम बौद्धिक दृष्टि से इसके अपरिहार्य परिणामों, अर्थात् औसत दर्जे के परिणाम के प्रति स्तम्भित हो गए हैं। सक्रिय और सूचकांक निधि, दोनों ही विविधीकरण

प्रदान करते हैं लेकिन सामान्य तौर पर दोनों में से किसी भी रणनीति से आपको असाधारण प्रतिलाभ प्राप्त नहीं होंगे।

अविरत रूप से जारी इस वाद-विवाद के संदर्भ में बफ़े क्या कहते हैं? इन दो विशेष विकल्पों, अर्थात् अनुक्रमण (indexing) बनाम सक्रिय रणनीति के बीच वह बिना किसी संकोच के अनुक्रमण को चुनेंगे। जोखिम के प्रति कम सहनशील निवेशकों के साथ साथ ऐसे लोग भी इसी विकल्प को चुनेंगे, जो किसी व्यवसाय के अर्थशास्त्र के बारे में बहुत कम जानकारी रखते हैं परंतु सामान्य शेयरों में निवेश के दीर्घकालिक लाभ में भाग लेना चाहते हैं। बफ़े अपनी विशिष्ट शैली में कहते हैं, "समय-समय पर सूचकांक निधि में निवेश करने से अनभिज्ञ निवेशक भी वास्तव में अधिकांश निवेश पेशेवरों से बेहतर प्रदर्शन कर सकते हैं।"[3]

हालांकि बफ़े जल्द ही एक तीसरे विकल्प की मौजूदगी की ओर ध्यान आकृष्ट कराते हैं, जो सूचकांक से बेहतर प्रदर्शन की संभावना को बढ़ाने वाली एक अलग प्रकार की सक्रिय पोर्टफोलियो रणनीति है। इस विकल्प का नाम संकेंद्रित निवेश है। सारगर्भित तरीके से देखा जाए तो संकेंद्रित निवेश का तात्पर्य यह है कि: कुछ ऐसे शेयरों का चयन किया जाए जिनसे दीर्घावधि में अधिक लाभ के सृजन की संभावना हो। अपने निवेश के एक बड़े हिस्से को इस प्रकार के शेयरों में लगाएं और बाज़ार में किसी भी प्रकार के अल्पकालिक उतार-चढ़ाव पर ध्यान नहीं देते हुए, इसे पूरे धैर्य के साथ अपने पास रखें।

अगर वॉरेन बफ़े के सिद्धांतों का ध्यानपूर्वक पालन किया जाए, तो ये अनिवार्य रूप से हमें बेहतर कंपनियों की ओर ले जाते हैं जो संकेंद्रित निवेश के लिए मायने रखते हैं। चयनित कंपनियों के पास बेहतर प्रदर्शन और एक स्थिर प्रबंधन का एक लंबा इतिहास होगा और यही स्थिरता इस बात की बेहतर संभावनाओं का संकेत है कि, उस कंपनी का भविष्य में प्रदर्शन अतीत की तरह ही शानदार रहेगा। यह संकेंद्रित निवेश का मूलाधार है: अर्थात् निवेशक को औसत से बेहतर प्रदर्शन करने की अधिक संभावनाओं वाली कंपनियों में अपने निवेश को केंद्रित करना चाहिए। (गणितीय क्षेत्र में प्रयुक्त प्रायिकता का सिद्धांत उन अंतर्निहित अवधारणाओं में से एक है, जो संकेंद्रित निवेश का बुनियादी तर्क प्रस्तुत करता है। इस अध्याय में हम प्रायिकता के सिद्धांत पर अधिक विस्तार से जानकारी प्राप्त करेंगे)।

"अनभिज्ञ" निवेशक के लिए बफ़े की सलाह को याद रखें कि, सूचकांक निधि के साथ आगे बढ़ना चाहिए अथवा नहीं? इसके आगे उन्होंने जो बात कही है वह और भी दिलचस्प है: "यदि आप एक थोड़ी जानकारी रखने वाले निवेशक हैं जो व्यापार की अर्थनीति को कुछ हद तक समझने में सक्षम हैं, साथ ही यदि आप महत्त्वपूर्ण दीर्घकालिक प्रतिस्पर्धात्मक लाभ की प्रबल संभावना वाली पांच से दस युक्तिपूर्वक मूल्यांकित कंपनियों का पता लगा सकते हैं, तो फिर पारंपरिक विविधीकरण आपके लिए कोई मायने नहीं रखती है।"[4]

पारंपरिक विविधीकरण में क्या त्रुटि है? पहली बात, यह ऐसी चीज़ों की ख़रीद की संभावनाओं को बहुत बढ़ा देती है जिनके बारे में आपको अधिक जानकारी नहीं है। जो निवेशक "थोड़ी-बहुत जानकारी" रखते हैं और बफ़े के सिद्धांतों को आजमाना चाहते हैं, उनके लिए बफ़े का सुझाव है कि ऐसे निवेशकों को अपना ध्यान केवल कुछ कंपनियों, अर्थात् 5 से 10 कंपनियों पर ध्यान केंद्रित करना चाहिए। औसत दर्जे के निवेशकों के लिए 10 से 20 कंपनियों में निवेश को विधिसम्मत माना जा सकता है।

हमने अध्याय 2 में भी देखा कि फिलिप फिशर ने बफ़े की सोच को काफी हद तक प्रेरित किया तथा हम पोर्टफोलियो प्रबंधन के क्षेत्र में भी फिशर के प्रभाव को स्पष्ट तौर पर देख सकते हैं। फिशर को उनके संकेंद्रित पोर्टफोलियो के लिए जाना जाता था; उन्होंने हमेशा कहा कि वह औसत प्रदर्शन करने वाली कंपनियों की बड़ी संख्या, जिनके बारे में उन्हें अधिक जानकारी नहीं है, में निवेश करने की तुलना में कम संख्या में ऐसी उत्कृष्ट कंपनियों का स्वामित्व ग्रहण करना पसंद करते हैं, जिन्हें वह अच्छी तरह से समझते हैं। हम पहले भी देख चुके हैं कि फिशर ने आमतौर पर अपने पोर्टफोलियो को 10 से कम कंपनियों तक सीमित कर दिया था, जिनमें उनके कुल निवेश का 75 प्रतिशत हिस्सा तीन या चार कंपनियों में था।

बफ़े पर फिशर के प्रभाव को उनके इस तथ्य पर विश्वास में भी देखा जा सकता है कि, जब आपके समक्ष एक शानदार अवसर मौजूद हो तब बड़े पैमाने पर निवेश करना ही एकमात्र उचित मार्ग है। आज बफ़े उसी विश्वास को प्रतिबिंबित करते हैं। वह कहते हैं, " हर बार जब आप निवेश करते हैं, तब आपके भीतर उस स्टॉक में अपने निवल मूल्य का कम से कम दस प्रतिशत रखने का साहस एवं दृढ़ विश्वास होना चाहिए।"[5]

आप देख सकते हैं कि, बफ़े के अनुसार आदर्श पोर्टफोलियो में 10 से अधिक स्टॉक नहीं होने चाहिए तथा प्रत्येक को 10 प्रतिशत महत्त्व दिया जाना चाहिए। फिर भी संकेंद्रित निवेश के लिए 10 उत्कृष्ट शेयरों की तलाश करना और निवेश की राशि को उनके बीच समान रूप से वितरित करना कोई सहज कार्य नहीं है। संकेंद्रित पोर्टफोलियो के सभी शेयर के बेहतर प्रदर्शन की संभावना काफी अधिक होने के बावजूद अनिवार्यतः इनमें से कुछ की संभावना दूसरों की तुलना में बेहतर होगी, इसलिए उनमें अपेक्षाकृत अधिक अनुपात में निवेश किया जाना चाहिए।

ताश का खेल खेलने वाले खिलाड़ी इस रणनीति को बड़ी आसानी से समझ जाते हैं; जब संभावना उनके पक्ष में होती है तब वे एक बड़ा दांव लगाते हैं। निवेशक और जुएबाज़ एक ही विज्ञान, अर्थात् गणितीय सिद्धांत पर काम करते हैं। प्रायिकता के सिद्धांत के साथ-साथ गणित हमें संकेंद्रित निवेश के एक अन्य तर्क से अवगत कराता है: केली का इष्टतमीकरण मॉडल, जिस पर इस अध्याय में विस्तार से चर्चा की गई है। केली के सूत्र में इष्टतमीकरण की गणना के लिए

प्रायिकता के सिद्धांत का उपयोग किया जाता है — इस मामले में व्यक्ति को अपने पोर्टफोलियो में अधिकतम आकार का दांव लगाना चाहिए।

संकेंद्रित निवेश मोटे तौर पर विविधतापूर्ण उच्च कारोबार के दृष्टिकोण के विपरीत है। हालांकि, सभी सक्रिय रणनीतियों के बीच संकेंद्रित निवेश समय के साथ सूचकांक प्रतिलाभ को बेहतर बनाने का सबसे अच्छा मौका प्रदान करता है, परंतु जब निवेशकों को ऐसा प्रतीत हो कि अन्य रणनीतियां बेहतर प्रदर्शन कर रही हैं उस वक्त भी उन्हें अपने पोर्टफोलियो को धैर्यपूर्वक अपने पास रखने की आवश्यकता होती है। अल्पावधि में हम ऐसा महसूस करते हैं कि ब्याज दरों में बदलाव, मुद्रास्फीति, या कंपनी की आमदनी के संदर्भ में निकट अवधि की उम्मीदों का शेयर की क़ीमतों पर प्रभाव पड़ सकता है। लेकिन समय-सीमा के विस्तार के साथ ही अंतर्निहित व्यापार की प्रवृत्ति के अनुरूप अर्थनीति तेज़ी से शेयर की क़ीमतों पर हावी हो जाएंगी।

उस आदर्श अवधि की समय-सीमा क्या है? इस संदर्भ में कोई सुनिश्चित नियम नहीं है। हालांकि बफ़े शायद 5 वर्ष की बात करेंगे, क्योंकि इतनी ही समयावधि के लिए वह बर्कशायर हैथअवे के परिणामों पर ध्यान केंद्रित कर रहे हैं। शून्य कारोबार अनुपात इसका लक्ष्य नहीं है; यह दूसरी तरह से एक मूर्खतापूर्ण कार्य है क्योंकि यह आपको मिलने वाले बेहतर अवसरों का लाभ उठाने से रोकता है। मेरा सुझाव है कि, एक सामान्य अनुभवसिद्ध नियम के रूप में हमें 10 से 20 प्रतिशत के कारोबार की दर के बारे में सोचना चाहिए। कारोबार की दर के 10 प्रतिशत से यह पता चलता है कि एक निवेशक शेयरों को 10 वर्ष के लिए रखता है; 20 प्रतिशत की दर का तात्पर्य शेयरों के 5 वर्ष हेतु प्रतिधारण से है।

संकेंद्रित निवेश में औसत से बेहतर परिणाम का प्रयत्न किया जाता है तथा आगे हम देखेंगे कि अकादमिक अनुसंधान और वास्तविक मामलों के अध्ययन, दोनों से इस बात के प्रमाण मिलते हैं कि विचारपूर्वक उपयोग किए जाने पर यह दृष्टिकोण सफल होता है। हालांकि, इसमें कोई संदेह नहीं है कि यह मार्ग उतार-चढ़ाव से भरा है क्योंकि मूल्य की अस्थिरता का उच्चतम स्तर संकेंद्रित दृष्टिकोण का एक आवश्यक उप-उत्पाद है। संकेंद्रित निवेशक इस प्रकार के उतार-चढ़ाव को सहन कर लेते हैं, क्योंकि उन्हें मालूम होता है कि दीर्घकाल में कंपनियों की अंतर्निहित अर्थनीति मूल्य में किसी भी अल्पकालिक उतार-चढ़ाव की क्षतिपूर्ति से अधिक फलप्रद होगा।

बफ़े इस प्रकार के उतार-चढ़ावों को नज़रअंदाज़ करने में माहिर हैं। उनके मित्र चार्ली मंगर भी इसी प्रकार का दृष्टिकोण अपनाते हैं, जिन्होंने अपेक्षाकृत भिन्न मार्ग से संकेंद्रित निवेश की बुनियादी अवधारणा को अंगीकृत किया था। वह इस बारे में विस्तार से बताते हैं कि, "1960 के दशक में मैंने वास्तव में एक चक्रवृद्धि ब्याज दर की तालिका का सहारा लिया था और मैंने सामान्य शेयरों के रवैये के संदर्भ में मिलने वाली बढ़त को लेकर कई तरह के पूर्वानुमान लगाए।"[6] चार्ली ने कई परिदृश्यों के माध्यम से अपने निवेश साझेदारी के पोर्टफोलियो में आवश्यक शेयरों

की संख्या निर्धारित करने तथा अपेक्षित अस्थिरता का अनुमान लगाने का प्रयास किया।

चार्ली ने कहा, "एक पोकर खिलाड़ी होने के नाते मैं जानता था कि जब आपके पक्ष में संभावनाएं अधिक हो तब आपको भारी दांव लगाना चाहिए।" उन्होंने निष्कर्ष निकाला कि जब तक वह मूल्य में उतार-चढ़ाव को संभालने में सक्षम हैं तब तक महज तीन शेयरों का स्वामित्व भी बहुत फलदाई होगा। " मुझे यकीन था कि मैं इस प्रकार के उतार-चढ़ाव को मनोवैज्ञानिक रूप से संभाल सकता हूँ, क्योंकि मुझे ऐसे लोगों ने सहारा दिया था जो ऐसे झटकों को संभालने में विश्वास करते थे।"[7]

संभव है कि आप भी ऐसे लोगों की लंबी कतार में शामिल हैं जो झटकों को संभालने में सक्षम हैं। भले ही जन्म से आपका भाग्य बेहतरीन नहीं रहा हो, फिर भी आप उनके कुछ लक्षणों को प्राप्त कर सकते हैं। आपको अत्यंत सतर्कतापूर्वक सोच-विचार एवं व्यवहार के तरीके में बदलाव का फैसला लेने की आवश्यकता है। रातों-रात नई आदतों एवं विचार प्रक्रिया को अपनाना संभव नहीं है, परंतु बाज़ार की अनियमितता का सामना करते हुए किसी प्रकार के संत्रास या अविचारपूर्वक की गई कार्रवाई से बचने के लिए स्वयं को तैयार करना संभव है।

संकेंद्रित निवेश का गणित

शेयर बाज़ार अनगिनत संभावनाओं से भरा एक विशाल क्षेत्र है। आप इस कथन अति-सरलीकरण कह सकते हैं परंतु यह अतिशयोक्तिपूर्ण नहीं है। संभावनाओं के इस विशाल क्षेत्र में हज़ारों की संख्या में व्यक्तिगत शक्तियां साथ मिलकर क़ीमतों का निर्धारण करती हैं, जिनमें से सभी अनवरत गतिशील हैं और इनमें से कोई भी नाटकीय रूप से प्रभावित करने में सक्षम है तथा इनमें से किसी का भी पूर्णतया सुनिश्चित अनुमान नहीं लगाया जा सकता है। ऐसी दशा में, अधिकांशतः अज्ञात चीज़ों को हटाना तथा पहचान के माध्यम से इस क्षेत्र को संकुचित करना और फिर कम ज्ञात चीज़ों पर ध्यान केंद्रित करना, एक निवेशक का अहम कार्य हो जाता है। यह कार्य प्रायिकता से संबंधित अभ्यास है।

जब हम स्थिति के बारे में अनिश्चित होते हैं लेकिन फिर भी अपनी राय व्यक्त करना चाहते हैं, तो हम अक्सर अपनी टिप्पणी को "इस बात की संभावना है," अथवा "शायद," या "बहुत संभावना नहीं है" जैसे वाक्यांशों के माध्यम से प्रस्तुत करते हैं। जब हम एक कदम आगे बढ़ते हैं तथा इन सामान्य संभावनाओं के परिमाण निर्धारित करने का प्रयास करते हैं, तब वास्तव में हम प्रायिकता का अभ्यास करते हैं। प्रायिकता जोखिम को संदर्भित करने की गणितीय भाषा है।

इस बात की कितनी संभावना है कि बिल्ली एक पक्षी को जन्म देगी? शून्य। इस बात की कितनी संभावना है कि कल सूर्योदय होगा? जिन घटनाओं को निश्चित समझा जाता है उनकी प्रायिकता 1 होती है। ऐसी सभी घटनाएं जो न तो पूरी तरह से निश्चित हैं और न ही पूरी तरह से

असंभव हैं, उनकी प्रायिकता 0 और 1 के बीच होती है तथा इसे भिन्न (fraction) के रूप में व्यक्त किया जाता है। प्रायिकता के सिद्धांत के माध्यम से इसी भिन्न (fraction) का निर्धारण किया जाता है।

वर्ष 1654 में ब्लेज़ पास्कल और पियरे डी फ़र्मेट के बीच कई पत्रों का आदान प्रदान हुआ जिसने प्रायिकता के सिद्धांत का आधार तैयार किया। पास्कल एक विलक्षण बालक थे, जो गणित एवं दर्शनशास्त्र दोनों विषयों में अत्यंत प्रतिभा संपन्न थे। उन्हें एक दार्शनिक एवं जुएबाज़, शेवेलियर डी मेंरे ने एक पहेली को सुलझाने की चुनौती दी जिसे सुलझाने में कई गणितज्ञ असफल रहे थे। ताश खेलने वाले दो खिलाड़ियों को खेल के दांव को कैसे तय करना चाहिए, अगर उन्हें खेल पूरा होने से पहले छोड़ना पड़े? पास्कल ने गणित के क्षेत्र के अत्यंत प्रतिभावान व्यक्ति फ़र्मेट से संपर्क किया और उन्हें मेंरे की चुनौती के बारे में बताया।

जोखिम के विषय पर लिखित अपने शानदार ग्रंथ, अगेंस्ट द गॉड्स में पीटर बर्नस्टीन ने कहा, "पास्कल और फ़र्मेट के बीच इस विषय पर वर्ष 1654 का पत्राचार वास्तव में गणित के इतिहास तथा प्रायिकता के सिद्धांत के क्षेत्र में एक युगांतकारी घटना का संकेत था।"[8] हालांकि उन्होंने समस्या का अपने-अपने तरीके से निकाला (फ़र्मेट ने बीजगणित का उपयोग किया, जबकि पास्कल ने ज्यामिति का रुख़ किया), फिर भी उन्होंने कई संभावित परिणामों की प्रायिकता निर्धारित करने के लिए एक प्रणाली का निर्माण करने में सफलता पाई। दरअसल पास्कल की संख्याओं का त्रिभुज कई समस्याओं को हल करता है, जिसमें आपकी पसंदीदा बेसबॉल टीम द्वारा पहला मैच हार जाने के बाद भी विश्व कप श्रृंखला जीतने की प्रायिकता को भी शामिल किया गया है।

पास्कल और फ़र्मेट का यह कारनामा निर्णय लेने के सिद्धांत की शुरुआत को चिह्नित करता है। निर्णयन सिद्धांत अनिश्चित संभावनाओं के संदर्भ में निर्णय लेने की प्रक्रिया है। बर्नस्टीन ने लिखा, "जोखिम प्रबंधन के किसी भी प्रयास में यह निर्णय लेना पहला आवश्यक कदम है।"[9]

■ ■ ■

हालांकि प्रायिकता के सिद्धांत को विकसित करने का श्रेय पास्कल और फ़र्मेट, दोनों को दिया जाता है परंतु एक अन्य गणितज्ञ, थॉमस बायेस की रचना ने प्रायिकता के सिद्धांत को व्यावहारिक रूप में लागू करने का आधार तैयार किया।

फ़र्मेट के ठीक 100 वर्ष बाद तथा पास्कल के 78 वर्ष बाद, 1701 में इंग्लैंड में जन्मे बायेस का जीवन अत्यंत साधारण था। वह रॉयल सोसाइटी के सदस्य थे लेकिन अपने जीवनकाल में उन्होंने गणित विषय पर किसी रचना का प्रकाशन नहीं किया। उनकी मृत्यु के बाद, "एसेज टूवार्ड्स सॉल्विंग ए प्रॉब्लम इन द डॉक्ट्रिन ऑफ चांसेस" शीर्षक से उनका शोध-पत्र छपा। उस समय, किसी ने भी इस बारे में ज्यादा नहीं सोचा था। हालांकि, बर्नस्टीन के अनुसार यह निबंध एक "आश्चर्यजनक ढंग से इस मूल रचना ने सांख्यिकीविदों, अर्थशास्त्रियों और अन्य सामाजिक

वैज्ञानिकों के बीच बायेस को अमर कर दिया।"[10] यह निवेशकों को प्रायिकता के गणितीय सिद्धांत का उपयोग करने का एक तरीका प्रदान करता है।

बायेसियन का विश्लेषण हमें परिणामों के ऐसे समुच्चय पर तार्किक दृष्टि से विचार करने का मार्ग प्रदान करता है, जिसमें सभी परिणाम संभव हैं परंतु इनमें से कोई एक ही वास्तविकता में परिणत होगा। यह वैचारिक रूप से एक सरल प्रक्रिया है। हम उपलब्ध साक्ष्य के आधार पर प्रत्येक परिणाम की प्रायिकता को निर्दिष्ट करके शुरू करते हैं। यदि अतिरिक्त साक्ष्य उपलब्ध हो, तो नई जानकारी को प्रतिबिंबित करने के लिए प्रारंभिक प्रायिकता को संशोधित किया जाता है। बायेस का प्रमेय हमारी मूल मान्यताओं को अद्यतन करने के लिए एक गणितीय प्रक्रिया प्रदान करता है और इस प्रकार हमारे प्रासंगिक संयोगानुपात को बदल देता है।

यह कैसे काम करता है? कल्पना कीजिए कि आपने दोपहर का वक़्त अपने मित्र के साथ पसंदीदा बोर्ड गेम खेलने में बिताते हैं और खेल के अंत में आप खेल की अलग-अलग परिस्थितियों के बारे में बात करते हैं। आपका मित्र आपको एक मैत्रीपूर्ण दांव लगाने के लिए प्रेरित करता है: कि खेल से पासे को एक बार फेंकने से आपको 6 मिलेगा अथवा नहीं। सीधे तौर पर 6 में एक 1 ऐसा होने की संभावना है, अर्थात् इसकी प्रायिकता 16 प्रतिशत है। लेकिन फिर मान लीजिए कि आपका दोस्त पासा पलटता है, जल्दी से उसे अपने हाथ से ढँक लेता है और झांककर देखता है। फिर वह कहता है, "मैं आपको यह बता सकता हूँ कि यह एक सम संख्या है।" अब आपके पास नई जानकारी है और आपकी संभावना नाटकीय रूप से तीन में से एक में बदल जाती है, अर्थात् इसकी प्रायिकता 33 प्रतिशत हो जाती है । जब आप अपने दांव को बदलने पर विचार करते हैं, तब आपका मित्र आपको चिढ़ाने के अंदाज़ में एक नई जानकारी देता है: " यह संख्या 4 नहीं है।" इस अतिरिक्त जानकारी के साथ, आपकी संभावनाएं दो में से एक में बदल जाती है, अर्थात् इसकी प्रायिकता 50 प्रतिशत हो जाती है।

इस बहुत ही सरल उदाहरण के साथ, आपने बायेसियन विश्लेषण पर सफलतापूर्वक अमल किया। हर बार नई जानकारी ने मूल प्रायिकता को प्रभावित किया और यह एक बायेसियन अनुमान है।

बायेसियन विश्लेषण, दरअसल प्रकृति की अंतर्निहित स्थिति के संदर्भ में निष्कर्ष या निर्णय लेने की प्रक्रिया में सभी उपलब्ध जानकारी को शामिल करने का एक प्रयास है। कॉलेज एवं विश्वविद्यालय अपने छात्रों को अध्ययन के संदर्भ में निर्णय लेने में सहायता के लिए बायेस प्रमेय का उपयोग करते हैं। कक्षा में, बायेसियन दृष्टिकोण को निर्णय तरू सिद्धांत (decision tree theory) के तौर पर अधिक लोकप्रियता मिली है; इसमें पेड़ की प्रत्येक शाखा नई जानकारी का प्रतिनिधित्व करती है जो निर्णय लेने की प्रक्रिया में संभावनाओं को बदल देती है। चार्ली मंगर बताते हैं, "निर्णय तरू सिद्धांत वह सबसे बड़ी परिमाणात्मक चीज़ है जो हार्वर्ड बिजनेस स्कूल में प्रथम वर्ष के शिक्षार्थियों को एक साथ संबद्ध करती है। वे केवल उच्च विद्यालय के

बीजगणित के सिद्धांतों को वास्तविक जीवन की समस्याओं पर लागू करते हैं। छात्र इसे बेहद पसंद करते हैं। वे उच्च विद्यालय के बीजगणित के सिद्धांतों को जीवन की समस्याओं पर लागू करते हुए आश्चर्यचकित होते हैं।[11]

चार्ली बताते हैं कि, प्रायिकता की गणना में मूल बीजगणित सिद्धांत अत्यंत उपयोगी हैं। लेकिन निवेश में व्यावहारिक दृष्टिकोण से प्रायिकता के सिद्धांत का उपयोग करते हुए हमें इस बात पर अत्यंत गंभीरता से विचार करने की आवश्यकता है कि, संख्याओं की गणना कैसे की जाती है। हमें आवृत्ति की धारणा पर विशेष रूप से ध्यान देने की आवश्यकता है।
यह कहने का क्या मतलब है कि एक सिक्के को उछालने पर इसके हेड आने की प्रायिकता दो में से एक है? या फिर एक पासे को फेंकने पर विषम संख्या के आने की प्रायिकता दो में से एक है? यदि एक बक्से में 70 लाल कंचे और 30 नीले कंचे मौजूद हैं तो इसका क्या मतलब है कि इसमें एक बार हाथ डालने पर एक नीले कंचे की आने की प्रायिकता 10 में 3 है? इन सभी उदाहरणों में, घटना की प्रायिकता को आवृत्ति के तौर पर संदर्भित किया गया है और यह औसत के नियम पर आधारित है।

यदि कोई अनिश्चित घटना अनगिनत बार दोहराई जाती है, तो घटना के घटित होने की आवृत्ति इसकी प्रायिकता में परिलक्षित होती है। उदाहरण के तौर पर अगर हम एक सिक्के को 100,000 बार उछालते हैं, तो इसमें हेड आने की संभावनाओं की संख्या 50,000 है। ध्यान देने योग्य बात यह है कि, मैंने ऐसा नहीं कहा कि यह 50,000 के बराबर होगा। बड़ी संख्या के नियम के अनुसार सापेक्षिक आवृत्ति एवं प्रायिकता तभी बराबर होगी जब इनके दोहराव की संख्या अनंत हो। सैद्धांतिक रूप से, हम जानते हैं कि अगर सिक्के को निष्पक्ष तौर पर उछाल आ जाए तो हेड आने की प्रायिकता दो में से एक होती है, परंतु यदि सिक्के को उछालने की संख्या अनंत हो तब हम यह नहीं कह सकते की प्रायिकता बराबर होगी।

स्पष्ट तौर पर अनिश्चितता से निपटने वाली किसी भी समस्या के संदर्भ में हम कभी भी एक निश्चित बयान नहीं दे पाएंगे। हालांकि, यदि समस्या अच्छी तरह से परिभाषित है तो हम सभी संभावित परिणामों को सूचीबद्ध करने में अवश्य सक्षम होंगे। यदि कोई अनिश्चित घटना को पर्याप्त रूप से दोहराया जाए, तो परिणामों की आवृत्ति अलग-अलग संभावित परिणामों की प्रायिकता को दर्शाती है। कठिनाई तब होती है जब हम किसी ऐसी घटना पर विमर्श करते हैं जो केवल एक बार घटित होती है।

हम कल के विज्ञान की परीक्षा में उत्तीर्ण होने की प्रायिकता अथवा ग्रीन बे पैकर्स द्वारा सुपर बाउल जीतने की प्रायिकता का अनुमान कैसे लगाते हैं? हमारे सामने यह समस्या है कि इनमें से प्रत्येक घटना अद्वितीय है। हम ग्रीन बे गेम्स के पिछले सभी आंकड़ों पर नज़र डाल सकते हैं, लेकिन हमारे पास सटीक खिलाड़ियों के साथ मिलान हेतु सटीक आंकड़े नहीं हैं जो समान

परिस्थितियों में एक-दूसरे को बार-बार खेलते हैं। ठीक इसी तरह हम विज्ञान विषय की पिछली परीक्षाओं को याद करते हुए इस बार की परीक्षा का अंदाज़ा लगा सकते हैं, परंतु हर बार की परीक्षा अभिन्न होती है तथा हमारा ज्ञान अपरिवर्तनशील नहीं है।

बार-बार परीक्षण के बिना बारंबारता वितरण प्राप्त नहीं किया जा सकेगा और इसके बगैर हम प्रायिकता की गणना कैसे कर सकते हैं? हम नहीं कर सकते हैं। इसके बजाय हमें प्रायिकता की व्यक्तिपरक व्याख्या पर भरोसा करना चाहिए। हम हर वक़्त ऐसा करते हैं। हम कह सकते हैं कि लोम्बार्डी ट्रॉफी जीतने के संदर्भ में पैकर्स की प्रायिकता दो से एक है, या विज्ञान की कठिन परीक्षा में उत्तीर्ण होने की संभावना 10 में से 1 है। ये सभी वक्तव्य संभावना सूचक हैं; वे घटना के बारे में हमारे विश्वास के स्तर का वर्णन करते हैं। जब आवृत्ति के आधार पर प्रायिकता की विवेचना के लिए किसी निश्चित घटना की पर्याप्त पुनरावृत्ति करना संभव नहीं हो, तब हमें अपनी अच्छी समझ पर भरोसा करना होगा।

आप तत्काल अनुभव कर सकते हैं कि उन दोनों घटनाओं की विभिन्न व्यक्तिपरक व्याख्याएं आपको गलत दिशा में ले जाएंगी। व्यक्तिपरक प्रायिकता में, अपनी पूर्वधारणाओं के विश्लेषण का बोझ आप पर है। ऐसे में थोड़ी देर रुककर अच्छी तरह विचार करें। क्या आप विज्ञान की परीक्षा में उत्तीर्ण करने की संभावना को दस-में-एक मान रहे हैं, क्योंकि इस परीक्षा में पूछे गए प्रश्न अधिक कठिन हैं तथा आप इसके लिए पूरी तरह तैयार नहीं हैं, या फिर महज झूठे संकोच के कारण आप ऐसा सोच रहे हैं? क्या पैकर्स के प्रति आपकी आजीवन निष्ठा के कारण आप बेहतर ताकतवर विपक्षी टीम को नज़रअंदाज़ कर रहे हैं?

बायेसियन के विश्लेषण पर उपलब्ध पाठ्यपुस्तकों के अनुसार, अगर आपको यकीन है कि आपकी पूर्वधारणाएं तर्कसंगत हैं तो ऐसी स्थिति में एक निश्चित घटना की अपनी व्यक्तिपरक संभावना को आवृत्ति प्रायिकता के बराबर बनाना "पूरी तरह से स्वीकार्य" है।[12] आपको केवल अनुचित एवं अतार्किक बातों को पृथक करना होगा तथा युक्तिसंगत बातों पर कायम रहना होगा। व्यक्तिपरक संभावनाओं पर विचार करने में यह अत्यंत सहायक है, क्योंकि यह आवृत्ति संभाव्यता विधि के विस्तार से अधिक कुछ नहीं है। वास्तव में, कई मामलों में व्यक्तिपरक संभावनाएं इसकी अहमियत को बढ़ा देती हैं, क्योंकि यह दृष्टिकोण आपको दीर्घकालिक सांख्यिकीय नियमितता पर निर्भर होने के बजाय परिचालन से जुड़े मुद्दों को ध्यान में रखने की अनुमति देता है।

प्रायिकता का सिद्धांत और बाज़ार

निवेशक इसे स्वीकार करें अथवा नहीं, परंतु उनके सभी निर्णय वस्तुतः प्रायिकता पर आधारित होते हैं। उनकी सफलता के लिए यह बात महत्त्वपूर्ण है कि, प्रायिकता से संबंधित उनके वक्तव्य में एतिहासिक रिकॉर्ड के साथ साथ आधुनिकतम उपलब्ध आंकड़ों का संयोजन

अवश्य होना चाहिए। और ऐसा करना ही बायेसियन विश्लेषण को कार्यरूप में परिणत करना है।

"नुक़सान की प्रायिकता को नुक़सान की संभावित धनराशि से गुना करें तथा लाभ की प्रायिकता को लाभ की संभावित धनराशि से गुना करें और फिर उन्हें विभाजित करें। बफ़े कहते हैं कि हम ऐसा ही करने की कोशिश कर रहे हैं। "अपूर्णता के बावजूद सारी चीज़ें इसी के इर्द-गिर्द केंद्रित हैं।"[13]

जोखिम अंतर-पणन का अभ्यास, निवेश और प्रायिकता सिद्धांत के बीच की कड़ी को स्पष्ट करने का एक उपयोगी उदाहरण है। शुद्ध अंतर-पणन दो अलग-अलग बाज़ारों में प्रतिभूतियों की उद्धृत क़ीमतों में विसंगति से लाभ प्राप्ति के अलावा और कुछ नहीं है। उदाहरण के तौर पर दुनिया भर के अलग-अलग बाज़ारों में व्यापारिक वस्तुओं एवं मुद्राओं के मूल्य का विवरण दिया जाता है। यदि दो अलग-अलग बाज़ार एक ही व्यापारिक वस्तु की अलग-अलग क़ीमत निर्धारित करते हैं, तो आप उस वस्तु को एक बाज़ार से खरीद कर दूसरे बाज़ार में बेचकर इस अंतर को लाभ के तौर पर प्राप्त कर सकते हैं।

जोखिम अंतर-पणन आजकल इसका अधिक प्रचलित स्वरूप है, जिसमें घोषित कॉर्पोरेट विलय या अधिग्रहण शामिल हैं। कुछ लोग ऐसे भी हैं जो अघोषित कॉर्पोरेट घटनाओं पर जोखिम अंतर-पणन का अभ्यास करते हैं, परंतु बफ़े इससे बचना चाहते हैं और हम भी ऐसा ही करेंगे। बफ़े ने जोखिम अंतर-पणन पर अपने विचारों को स्टैनफोर्ड यूनिवर्सिटी के छात्रों के एक समूह के समक्ष दिए गए भाषण के दौरान साझा किया। उन्होंने कहा, "घटनाओं [घोषित विलय] की प्रायिकता का आकलन करना और वास्तव में लाभ हानि/ अनुपात का पता लगाना ही मेरा कार्य है।"[14]

इस परिदृश्य में हम स्टैनफोर्ड के छात्रों के समक्ष बफ़े की अगली टिप्पणी पर संक्षेप में नजर डालते हैं। मान लीजिए कि एबॉट कंपनी ने प्रति शेयर $18 पर दिन का कारोबार शुरू किया। फिर, सुबह के दौरान यह घोषणा की जाती है कि इस साल, शायद छह महीनों के भीतर एबॉट को कॉस्टेलो कंपनी को प्रति शेयर $30 के मूल्य पर बेच दिया जाएगा। इस घोषणा के तुरंत बाद ही एबॉट के शेयर मूल्य $27 पर स्थिर हो जाता है तथा इधर-उधर व्यापार करना शुरू कर देता है।

बफ़े घोषित विलय पर विचार करते हैं और ऐसे में उन्हें किसी निर्णय तक अवश्य पहुंचना चाहिए। वह सर्वप्रथम निश्चितता के स्तर का आकलन करने की कोशिश करते हैं। कुछ कॉर्पोरेट सौदों को अमल में नहीं लाया जाता है। निदेशक मंडल की ओर से अप्रत्याशित रूप से विलय के विचार का विरोध किया जा सकता है अथवा संघीय व्यापार आयोग को इस पर आपत्ति हो सकती है। कोई भी निश्चित तौर पर यह नहीं जानता है कि जोखिम अंतर-पणन सौदे का समापन होगा अथवा नहीं और ऐसी परिस्थिति में जोखिम बेहद अहम हो जाता है।

बफ़े के निर्णय लेने की प्रक्रिया वास्तव में व्यक्तिपरक प्रायिकता का एक अभ्यास है। वह कहते हैं: "अगर मुझे लगता है कि इसके घटित होने की 90 प्रतिशत संभावना है और ऊपर की तरफ 3 अंक हैं तथा इसमें गिरावट की संभावना 10 प्रतिशत है एवं नीचे की ओर 9 अंकों की गिरावट हो सकती है, तो यह $2.70 में $0.90 घटाने के बराबर है, जिससे $1.80 गणितीय प्रत्याशा हो जाती है।"[15]

इसके आगे बफ़े कहते हैं कि आपको इसमें शामिल समय अवधि का अंदाज़ा लगाना होगा और फिर आपको स्वयं के लिए उपलब्ध अन्य निवेश से प्राप्त प्रतिलाभ से इसका मिलान करना होगा। अगर आपने एबॉट कंपनी का एक शेयर $27 में खरीदा है, तो बफ़े के गणित के अनुसार संभावित प्रतिलाभ 6.6 प्रतिशत ($ 1.80 / $ 27) है। अगर इस सौदे के समापन की संभावित अवधि 6 माह है, तो निवेश पर वार्षिक प्रतिलाभ 13.2 प्रतिशत होगा। इसके बाद बफ़े इस जोखिम अंतर-पणन से प्राप्त प्रतिलाभ की तुलना स्वयं के लिए उपलब्ध अन्य निवेश के साथ करेंगे।

बफ़े मुक्त भाव से स्वीकार करते हैं कि जोखिम अंतर-पणन नुक़सान की संभावना का वहन करती है। उन्होंने कहा, "हम किसी निश्चित लेन-देन पर पैसे के नुक़सान का वहन करने के लिए पूरी तरह से तैयार हैं और अंतर-पणन इसका एक उदाहरण है, परंतु हम इस तरह के किसी भी लेन-देन में कदापि प्रवेश नहीं करना चाहते हैं जिसमें हमें लगता है कि समान प्रकार की कई परस्पर स्वतंत्र घटनाओं की प्रायिकता से नुक़सान की उम्मीद है। उन्होंने कहा, "हम इस प्रकार के लेन-देन में प्रवेश की उम्मीद करते हैं जहां उन प्रायिकताओं की हमारी गणना वैध हो।"[16]

हम यह स्पष्ट तौर पर देख सकते हैं कि, जोखिम अंतर-पणन के संदर्भ में बफ़े के अनुमान व्यक्तिपरक प्रायिकताएं हैं। जोखिम अंतर-पणन में कोई बारंबारता वितरण नहीं है। हर सौदा अलग है। प्रत्येक परिस्थिति के लिए अलग-अलग अनुमानों की आवश्यकता होती है। फिर भी, कुछ तर्कसंगत गणितीय गणना के साथ जोखिम अंतर-पणन सौदे की ओर आगे बढ़ने की भी अहमियत है। हम सीखेंगे कि यह प्रक्रिया सामान्य शेयरों में निवेश से अलग नहीं है।

केली का इष्टतमीकरण सिद्धांत

जब कभी भी आप किसी कैसीनो में दाखिल होते हैं तो आपके विजयी होने की प्रायिकता काफी कम होती है। आपको इस तथ्य पर आश्चर्य नहीं होना चाहिए; आखिरकार हम सभी जानते हैं कि यहां बेहतर संभावनाएं मौजूद होती हैं। लेकिन एक खेल, अर्थात् ब्लैक्जैक को सही तरीके से खेला जाए तो आपको जीत हासिल करने का एक वैध मौका मिलेगा। पूरी दुनिया में सर्वाधिक बिकने वाली पुस्तकों की सूची में शामिल बीट द डीलर: ए विनिंग स्ट्रैटेजी फॉर द गेम ऑफ ट्वेंटी-वन, में इसके लेखक एवं प्रशिक्षित गणितज्ञ एडवर्ड ओ. थोर्प ने कैसीनो को चतुराई से मात देने के लिए एक प्रक्रिया को रेखांकित किया।[17]

थोर्प की रणनीति एक सरल अवधारणा पर आधारित थी। जब ताश की गड्डी में नंबर वाले कार्ड फेस कार्ड और इक्के मौजूद हो तब खिलाड़ी — मान लीजिए कि आप— सांख्यिकीय दृष्टि से डीलर की तुलना में बेहतर स्थिति में होते हैं। यदि आप उच्च स्तर के कार्ड के लिए एक −1 और निम्न स्तर के कार्ड के लिए +1 को निर्दिष्ट करते हैं तो आपके लिए कार्ड पर नज़र रखना काफी आसान हो जाता है; आपको केवल अपने दिमाग में लगातार इसकी गणना करनी होगी तथा हर बार कार्ड शो किए जाने पर जोड़ना और घटाना होगा। आपकी गणना धनात्मक हो जाती है तब आपको मालूम होता है कि अभी उच्च स्तर के कार्ड खेले जाने बाकी हैं। स्मार्ट खिलाड़ी अपने सबसे बड़े दांव को कार्ड की गणना के उच्च सापेक्ष संख्या तक पहुंचने के लिए बचाकर रखते हैं।

थोर्प के पुस्तक की गहराई में केली के सट्टेबाज़ी मॉडल पर एक का संकेतन छिपा हुआ था।[18] बदले में केली ने सूचना सिद्धांत के जनक, क्लाउड शैनन से प्रेरणा ली।

एक गणितज्ञ, शैनन ने 1940 के दशक में बेल प्रयोगशालाओं में अपने करियर का काफी अधिक समय व्यतीत किया तथा यादृच्छिक आणविक शोर से विकृत हुए बगैर सूचना को तांबे की तारों के माध्यम से प्रसारित करने के सबसे इष्टतम तरीके की खोज करने का प्रयास किया। 1948 में "ए मैथमेटिकल थ्योरी ऑफ कम्युनिकेशन" नामक एक लेख में उन्होंने बताया कि उन्होंने अपनी खोज के बारे में बताया।[19] इस लेख में सूचना की इष्टतम मात्रा के लिए गणितीय सूत्र को भी शामिल किया गया, जिसे सफलता की संभावना पर विचार करते हुए तांबे की तार के माध्यम से जल्दी पूरा किया जा सकता है।

कुछ वर्षों बाद एक अन्य गणितज्ञ, जे. एल. केली ने शैनन के लेख को पढ़ा और महसूस किया कि इस सूत्र का सट्टेबाज़ी में बड़ी आसानी से प्रयोग किया जा सकता है— यह एक अन्य मानवीय प्रयास है जिसे सफलता की संभावनाओं को जानकर बेहतर बनाया जा सकता है। 1956 में "ए न्यू इंटरप्रिटेशन ऑफ इंफॉर्मेशन रेट" नामक एक शोध पत्र में केली ने बताया कि प्रसारण के संदर्भ में शैनन की विभिन्न दरें तथा एक घटना के संभावित परिणाम अनिवार्य रूप से समान हैं— अर्थात् प्रायिकता पर आधारित हैं— और इसी सूत्र का उपयोग दोनों ही क्षेत्रों में इष्टतम प्रतिलाभ हेतु किया जा सकता है।[20]

केली का इष्टतमीकरण मॉडल, जिसे अक्सर इष्टतम विकास की रणनीति कहा जाता है, इस अवधारणा पर आधारित है कि अगर आपको सफलता की प्रायिकता मालूम हो तो आप अपने बैंकरोल के एक अंश को दांव पर लगाते हैं, जो परिणाम की दर को अधिकतम करता है। इसे एक समीकरण के तौर पर व्यक्त किया गया है: $2p - 1 = x$, जिसमें जीत की प्रायिकता (p) के 2 गुने में 1 को घटाने पर प्राप्त मान आपके कुल बैंकरोल के प्रतिशत के बराबर होता है, जिस पर आप को दांव (x) लगाना चाहिए। उदाहरण के लिए, अगर कैसिनो को हराने की संभावना 55

प्रतिशत है, तो आपको अपनी अधिकतम विजय को सुनिश्चित करने के लिए अपने बैंकरोल का 10 प्रतिशत दांव पर लगाना चाहिए। यदि संभावना 70 प्रतिशत है, तो 40 प्रतिशत दांव पर लगाएं। और अगर आपको पता है कि जीतने की संभावना 100 प्रतिशत है, तो मॉडल के अनुसार पूरा दांव लगाएं।

निश्चित रूप से शेयर बाज़ार ताश के खेल से अधिक जटिल है। ताश के खेल गेम में ताश के पत्तों की संख्या सीमित होती है और इसलिए इनके संभावित परिणामों की संख्या भी सीमित ही होती है। शेयरों एवं निवेशकों की संख्या लाखों में होने के कारण शेयर बाज़ार में विभिन्न परिणामों की संख्या लगभग असीमित होती है। केली के दृष्टिकोण को अमल में लाने के लिए निवेश की पूरी प्रक्रिया में निरंतर पुनर्गणना और समायोजन की आवश्यकता होती है। इसके बावजूद, इस अंतर्निहित अवधारणा — अर्थात् प्रायिकता के स्तर को गणितीय तरीके से निवेश के आकार से जोड़ना — से हमें महत्त्वपूर्ण सीख मिलती है।

मेरा मानना है कि केली का मॉडल संकेंद्रित निवेशकों के लिए एक आकर्षक साधन है। हालांकि, जो लोग इसका जिम्मेदारीपूर्वक उपयोग करेंगे केवल उन्हीं को इससे लाभ मिलेगा। केली के दृष्टिकोण को लागू करने के जोखिम भी हैं तथा इसकी तीन परिमितताओं को समझना निवेशकों के लिए बुद्धिमानी होगी:

1. कोई भी व्यक्ति जो निवेश करने का है, चाहे वह केली के मॉडल का उपयोग करे अथवा नहीं, उसे दीर्घकालिक समय-सीमा पर अवश्य कायम रहना चाहिए। एक ब्लैक्जैक खिलाड़ी के पास भले ही कैसिनो को हराने के लिए बेहतरीन मॉडल क्यों न हो, फिर भी यह संभव नहीं है कि हमेशा उसे शुरुआत के कुछ दांव में सफलता मिले। निवेश के संदर्भ में भी यही बात सत्य है। निवेशक के तौर पर आपने कितनी बार ऐसा देखा है कि सही कंपनी के चयन के बावजूद बाज़ार से प्रतिलाभ प्राप्त करने में उसे अच्छा खासा समय लग गया?
2 परिस्थिति का लाभ उठाने के संदर्भ में सावधान रहें। बेन ग्राहम और वॉरेन बफ़े, दोनों ने ऋण लेकर शेयर बाज़ार में निवेश करने के जोखिम (मार्जिन खाते के साथ) के विषय को काफी ज़ोर-शोर से उजागर किया। इस खेल में सबसे दुर्भाग्यपूर्ण समय पर अप्रत्याशित रूप से आपकी पूंजी को वापस मांगा जा सकता है। अगर आप केली के मॉडल का उपयोग मार्जिन खाते में करते हैं, तो शेयर बाज़ार में एक बार की गिरावट भी आपको अपने शेयरों को बेचने हेतु विवश कर सकती है और इस तरह आप उच्च प्रायिकता वाले दांव से दूर हो जाते हैं।
3. उच्च-प्रायिकता वाले खेल में ज़रूरत से ज़्यादा बड़ा दांव लगाने का जोखिम मौजूद होता है। अगर आप किसी घटना में 70 प्रतिशत सफलता का अनुमान लगाते हैं जो

वास्तव में केवल 55 प्रतिशत घटना है, तो आप इस दांव में बर्बाद होने की ओर अग्रसर हैं। इस तरह के जोखिम को अपेक्षाकृत कम दांव लगाकर न्यूनतम किया जा सकता है, जिसे अर्ध-केली या आंशिक-केली मॉडल के रूप में जाना जाता है। उदाहरण के लिए, यदि केली मॉडल आपको अपनी 10 प्रतिशत पूंजी को दांव पर लगाने के लिए कहता है, तो आप इसके बजाय केवल 5 प्रतिशत (अर्ध–केली मॉडल) पर दांव लगाने का विकल्प चुन सकते हैं। पोर्टफोलियो प्रबंधन में अर्ध–केली मॉडल और आंशिक-केली मॉडल, दोनों सुरक्षा का एक मार्जिन प्रदान करते हैं; जिसका इस्तेमाल हम सुरक्षा के मार्जिन के साथ व्यक्तिगत शेयरों के चयन में करते हैं जो सुरक्षा के दोहरे परत का निर्माण करता है।

अधिक दांव लगाने का खतरा न्यूनतम दांव के आर्थिक नुकसान को अधिक बढ़ा देता है, इसलिए मेरा मानना है कि सभी निवेशकों, विशेषकर जो अभी संकेंद्रित निवेश रणनीति के इस्तेमाल की शुरुआत कर रहे हैं, को आंशिक-केली मॉडल का उपयोग करते हुए दांव लगाना चाहिए। दुर्भाग्यवश अपने दांव को न्यूनतम करने से लाभ प्राप्ति की संभावनाएं भी कम हो जाती हैं। हालांकि केली के मॉडल में दोनों के बीच का संबंध परवलयिक है, इसलिए न्यूनतम दांव लगाने का आर्थिक नुकसान बहुत गंभीर नहीं है। अर्ध–केली मॉडल पर आधारित दांव, जो आपकी दांव की राशि को 50 प्रतिशत कम कर देता है, संभावित विकास दर को 25 प्रतिशत तक कम कर देता है।

सट्टेबाज़ी की संभावनाओं पर मंगर के विचार

वर्ष 1994 में दक्षिणी कैलिफोर्निया विश्वविद्यालय के बिजनेस स्कूल में छात्र निवेश संगोष्ठी को संबोधित करने के लिए डॉ. गुइलफोर्ड बेबॉक ने चार्ली मंगर को आमंत्रित किया। उन्होंने "सांसारिक ज्ञान प्राप्ति की कला" सहित कई विषयों पर अपने विचार व्यक्त किए। उन्होंने यह भी समझाया वे प्रायिकताओं एवं इष्टतमीकरण के बारे में क्या सोचते हैं।

उन्होंने कहा, "दौड़ के मैदान में पैरी-म्यूटेल प्रणाली मुझे बेहद पसंद है तथा यह सामान्य शेयरों के संदर्भ में बाज़ार की गतिविधियों की धारणा को आसान बना देता है।" “अगर आप कुछ देर रुक कर गंभीरता से विचार करते हैं तो आप पाएंगे कि एक पैरी-म्यूटेल प्रणाली एक बाज़ार की तरह है। हर कोई वहां जाकर दांव लगाता है तथा लगाए गए दांव के आधार पर संभावनाओं में बदलाव आता है। शेयर बाज़ार में भी कुछ ऐसा ही होता है।

उन्होंने आगे कहा, “कोई मूर्ख व्यक्ति भी यह देख सकता है कि एक बेहद खराब रिकॉर्ड एवं अतिरिक्त भार का वहन करने वाले घोड़े की तुलना में जीत के शानदार रिकॉर्ड एवं अपेक्षाकृत कम वजन के साथ दौड़ में शामिल घोड़े के मुकाबले जीतने की संभावना अधिक है। परंतु अगर

आप संभावनाओं को देखते हैं तो बुरा घोड़ा 1 रुपए के दांव पर 100 रुपए का लाभ देता है जबकि अच्छा घोड़ा 3 रुपए के दांव पर 2 रुपए का लाभ देता है। इस प्रकार सांख्यिकीय रूप से यह स्पष्ट नहीं है कि, सबसे अच्छा दांव कौन सा है। क़ीम तों में इस प्रकार से बदलाव आया है कि प्रणाली को हरा पाना बहुत मुश्किल है।[21]

दौड़ के मैदान के साथ चार्ली ने जो तुलना प्रस्तुत की है वह निवेशकों के लिए एकदम सही है। कई बार निवेशक दीर्घकालिक दांव की ओर आकर्षित होते हैं जिसमें अविश्वसनीय संभावनाएं हैं, परंतु अनगिनत कारणों में से किसी एक की वजह से वह कभी भी दौड़ को पूरा नहीं कर पाता है। या कभी-कभी वे फ़ायदे के बारे में विचार किए बिना सुनिश्चित चीज़ का चयन करते हैं। मुझे लगता है कि घुड़दौड़ या शेयर बाज़ार में निवेश आरंभ करने का सबसे समझदार तरीका यह है कि, जब तक बेहतर संभावनाओं वाले घोड़े का दौड़ के नियत स्थान तक आगमन न हो, तब तक इंतज़ार करना होगा।

मनोवैज्ञानिक घटक

अच्छी नस्ल के घोड़े की दौड़ प्रतियोगिता पर कई किताबों के लेखक, एंड्रयू बायेर ने घुड़दौड़ में दांव लगाने वाले लोगों के साथ कई साल बिताए हैं और इनमें से कई लोगों को अपने उतावलेपन की वजह से पैसे का नुकसान उठाते हुए देखा है। अन्य स्थानों की तरह घुड़दौड़ के मैदान में भी कैसिनो मानसिकता— कार्रवाई के प्रति उतावलापन: पैसा लगाना, पासा उछालना, लीवर को खींचना, कुछ करना— लोगों को मूर्खतापूर्ण तरीके से दांव लगाने के लिए विवश कर देती है तथा वे यह समझ नहीं पाते हैं कि उन्हें क्या करना चाहिए।

बायेर इस खेल में आने के लिए लोगों की तीव्र मनोवैज्ञानिक उत्कंठा को अच्छी तरह समझते हैं इसलिए वह खिलाड़ियों को अपनी रणनीति को कार्रवाई के दांव और प्रमुख दांव के बीच विभाजित करके समायोजित करने की सलाह देते हैं। जब दो स्थितियां मौजूद हो तब प्रमुख दांव गंभीर खिलाड़ियों के लिए आरक्षित होते हैं: (1) घोड़े की जीत की क्षमता में अधिक विश्वास होता है, और (2) फ़ायदे की संभावना वास्तविकता से अधिक होती है। प्रमुख दांव के लिए अधिक धनराशि की आवश्यकता होती है। कार्रवाई के दांव, जैसा कि नाम से पता चलता है, लंबे शॉट्स एवं अनुमानों के लिए आरक्षित होते हैं, जो खेलने की मनोवैज्ञानिक आवश्यकता को पूरा करते हैं। इस प्रकार के दांव छोटे होते हैं और उन्हें कभी भी खिलाड़ी के बेटिंग पूल का एक बड़ा हिस्सा नहीं बनने दिया जाता है।

जब घोड़े पर दांव लगाने वाला कोई व्यक्ति कार्रवाई के दांव और प्रमुख दांव के बीच के बीच अंतर को धुंधला करने लगता है, तो बायेर कहते हैं, वह "एक ऐसा कदम उठा रहा है/ रही है जो अनिवार्य रूप से अव्यवस्थित सट्टेबाज़ी की ओर ले जाएगा, तथा इस तरह मजबूत और कमजोर चयन के बीच कोई उचित संतुलन नहीं रह जाएगा।"[22]

सिद्धांत से वास्तविकता की ओर

अब हम घुड़दौड़ से अलग हटकर इन सभी सिद्धांतों का प्रयोग शेयर बाज़ार की वास्तविकता में करेंगे। परंतु इसमें विचारों का सिलसिला पूर्ववत रहेगा।

1. प्रायिकताओं की गणना करें। दरअसल आपको प्रायिकता पर ही विचार करना है: इस बात की क्या संभावना है कि मैं अभी जिस शेयर को खरीदने पर विचार कर रहा हूँ, वह समय के साथ शेयर बाज़ार की तुलना में बेहतर आर्थिक प्रतिलाभ प्राप्त करने में सफल होगा?
2. बेहतर संभावनाओं की प्रतीक्षा करें। जब आपके पास सुरक्षा का मार्जिन होता है तब सफलता की संभावनाएं काफी हद तक आप के पक्ष में होती हैं; हालात जितना अधिक अनिश्चित होगा आपको उतने ही अधिक मार्जिन की ज़रूरत होगी। शेयर बाज़ार में रियायती मूल्य के माध्यम से सुरक्षा का मार्जिन प्रदान किया जाता है। जब आपकी पसंदीदा कंपनी अपने शेयरों को आंतरिक मूल्य से कम क़ीमत पर बेचती है तब यह आपके लिए कार्य करने का संकेत है।
3. नई जानकारी को समायोजित करें। यह देखते हुए की संभावनाओं के अपने पक्ष में होने तक आप प्रतीक्षा करेंगे, परंतु इस बीच आप कंपनी की प्रत्येक गतिविधि पर ध्यान दें। क्या प्रबंधन ने गैर-ज़िम्मेदाराना ढंग से कार्रवाई शुरू कर दी है? क्या आर्थिक निर्णयों में बदलाव प्रारंभ हो गया है? क्या प्रतिस्पर्धात्मक परिदृश्य में बदलाव के लिए कुछ किया जा रहा है, जिसमें व्यवसाय संचालित होता है? यदि ऐसा है तो संभावनाएं बदल जाएंगी।
4. निवेश की मात्रा को निर्धारित करें। बाज़ार में निवेश के लिए आपके पास जितनी धनराशि उपलब्ध है उसमें से आप किसी विशेष खरीदारी में किस अनुपात में निवेश करेंगे? इसकी शुरुआत केली के सूत्र के साथ करें, फिर नीचे की ओर, संभवतः अर्ध-केली दांव या आंशिक-केली दांव के साथ समायोजित करें।

संभावनाओं पर विचार करना शायद आपके लिए नई बात हो परंतु यह सीखना असंभव नहीं है कि उनका उपयोग कैसे किया जाए। अगर आप स्वयं को शेयरों के बारे में इस तरह से सोचने के लिए तैयार कर पाने में सक्षम होते हैं, तो आप अपनी सीख से लाभ पाने में सक्षम होने के मार्ग पर आगे बढ़ रहे हैं। 1988 में कोका-कोला कंपनी की खरीद को याद करें। उन्होंने इस कंपनी में बर्कशायर के एक-तिहाई पोर्टफोलियो का निवेश किया। कोका-कोला औसत से बेहतर अर्थनीति वाला एक उत्कृष्ट व्यवसाय था, जिसे आंतरिक मूल्य से काफी कम क़ीमत पर बेचा जा रहा था। अक्सर शेयर बाज़ार में ऐसे मौके मिलते नहीं हैं। जब कभी भी ऐसा अवसर आता है, तब संभावनाओं को अच्छी तरह समझने वाले लोग इसकी तुरंत पहचान कर लेंगे और इस दिशा में उपयुक्त कदम उठाएंगे। इस विषय में चार्ली मंगर कहते हैं, "जब ऐसे अवसर सामने

आते हैं तब बुद्धिमान [निवेशक] इसमें बड़े पैमाने पर निवेश करते हैं। जब संभावनाएं होती हैं तब वे बड़ा दांव लगाते हैं। परंतु बाकी बाकी समय, वे ऐसा नहीं करते हैं। यह बात इतनी आसान है।"[23]

ग्राहम-एवं-डोड्सविले में संकेंद्रित निवेशक

वर्ष 1934 में, महान वैश्विक आर्थिक मंदी के दौर में सिक्योरिटी एनालिसिस के एक सामान्य शीर्षक के साथ एक उल्लेखनीय पुस्तक का प्रकाशन हुआ। इसके सह-लेखक, बेंजामिन ग्राहम और डेविड डोड, विगत पांच वर्षों से इस विषय पर काम कर रहे थे। कोलंबिया विश्वविद्यालय में अध्यापन तथा वर्ष 1929 की मंदी के बाद ग्राहकों को इसका सामना करने में सहायता के कारण उनका लेखन समय बाधित हो गया था। ग्राहम ने बाद में कहा कि यह देरी अवसरानुकूल थी, क्योंकि इसी वजह से वे "आपदा की क़ीमत पर अर्जित ज्ञान" को इस पुस्तक में समाविष्ट करने में सक्षम हो पाए।[24] सिक्योरिटी एनालिसिस पुस्तक एक उत्कृष्ट ग्रंथ के तौर पर पूरी दुनिया में प्रशंसित है; पांच संस्करणों के प्रकाशन तथा 80 वर्षों की अवधि व्यतीत होने के बावजूद यह आज भी प्रकाशनाधीन है। निवेश की आधुनिक दुनिया पर इस पुस्तक की अंतर्दृष्टि को बढ़ा-चढ़ा कर कहना असंभव है।

मूल प्रकाशन के पचास साल बाद, कोलंबिया विश्वविद्यालय के बिजनेस स्कूल ने इसकी वर्षगांठ के अवसर पर एक संगोष्ठी का आयोजन किया। इस स्कूल के सबसे प्रसिद्ध पूर्व छात्रों में से एक तथा आधुनिक दौर में ग्राहम के मूल्य दृष्टिकोण के सबसे प्रबल समर्थक, वॉरेन बफे को सभा को संबोधित करने के लिए आमंत्रित किया गया। उन्होंने अपनी ही शैली में "द सुपरइन्वेस्टर्स ऑफ ग्राहम-एंड-डोड्ड्सविले" शीर्षक से अपना भाषण प्रस्तुत किया, जिसे इस पुस्तक की तरह ही सम्माननीय एवं उत्कृष्ट स्थान प्राप्त है।[25]

वर्ष 1984 में आयोजित संगोष्ठी के अवसर पर उपस्थित दर्शकों में विश्वविद्यालय के प्राध्यापकों, शोधकर्ताओं और अन्य शिक्षाविदों की संख्या सबसे अधिक थी, जिनमें से ज़्यादातर लोगों को अभी भी आधुनिक पोर्टफोलियो के सिद्धांत और कुशल बाज़ार की परिकल्पना की वैधता पर दृढ़ विश्वास था। जब बफ़े ने इसका ज़ोरदार तरीके से खंडन किया तब किसी को भी आश्चर्य नहीं हुआ और अपने भाषण में उन्होंने अत्यंत सहज तरीके से उस आधार को ही ध्वस्त कर दिया, जिस पर कुशल बाज़ार का सिद्धांत आश्रित था।

उन्होंने अपने भाषण की शुरुआत आधुनिक पोर्टफोलियो सिद्धांत के मूलभूत तर्क को संक्षेप में दोहराते हुए की, जिसके अनुसार शेयर बाज़ार कुशल है, सभी शेयरों की क़ीमत सही है और इसलिए जो कोई भी व्यक्ति बाज़ार में साल-दर-साल निवेश करता है वह भाग्यशाली है। उन्होंने कहा, संभव है कि ऐसा हो लेकिन मैं कुछ लोगों को जानता हूँ, जिन्होंने इसे किया है और उनकी सफलता को महज यादृच्छिक संयोग के तौर पर नहीं समझा जा सकता है।

इसके बाद उन्होंने इस संदर्भ में प्रमाण भी प्रस्तुत किए। उस दिन उन्होंने जितने भी उदाहरण प्रस्तुत किए, वे ऐसे व्यक्तियों के थे जिन्होंने समय के साथ बाज़ार को मात देने में सफलता पाई थी और जिन्होंने केवल भाग्यशाली होने की वजह से ऐसी सफलता नहीं पाई थी, बल्कि इसका कारण यह था कि उन्होंने सामान स्रोत, अर्थात् बेन ग्राहम के सिद्धांतों का पालन किया। उन्होंने कहा, वे सभी ग्राहम-एंड-डोड्सविले के "बौद्धिक गांव" के निवासी हैं।

बफ़े ने समझाया, हालांकि वे अलग-अलग तरीके से विशिष्ट निर्णय ले सकते हैं, परंतु वे एक सामान्य दृष्टिकोण से एक-दूसरे से संबद्ध होते हैं जो बाज़ार मूल्य एवं आंतरिक मूल्य के बीच के अंतर का लाभ उठाना चाहता है। बफ़े ने कहा, "इस बात का उल्लेख करने की कोई आवश्यकता नहीं है कि हमारे ग्राहम और डोड निवेशक बीटा, पूंजीगत संपत्ति मूल्य-निर्धारण मॉडल या प्रतिलाभ के सह-प्रसारण पर चर्चा नहीं करते हैं।" उन्होंने कहा, "ये विषय उनके लिए रुचिकर नहीं है। वास्तव में, उनमें से अधिकांश को उन शर्तों को परिभाषित करने में दिक्कत होगी।"

उनके 1984 के भाषण पर आधारित एक प्रकाशित लेख में, बफ़ेट ने ग्राहम-एंड-डोड्सविले समर्थकों के प्रदर्शन के प्रभावशाली परिणाम प्रस्तुत करने वाली सारणियों को भी शामिल किया।[26] परंतु इन महान निवेशकों को केवल ग्राहम के मूल्य निवेश के दृष्टिकोण ने एकजुट नहीं किया था। इन महान निवेशकों — चार्ली मंगर, बिल रुआन और लू सिम्पसन— में से प्रत्येक ने बफ़े की तरह केंद्रित पोर्टफोलियो का प्रबंधन किया। उनके प्रदर्शन के रिकॉर्ड से हम बहुत कुछ सीख सकते हैं। लेकिन इस विषय पर पड़ताल करने से पूर्व हमें सबसे पहले संकेंद्रित निवेशक के साथ शुरुआत करनी चाहिए।

जॉन मेनार्ड कीन्स

हममें से अधिकांश लोग जॉन मेनार्ड कीन्स को आर्थिक सिद्धांत में उनके योगदान के लिए पहचानते हैं। परंतु कुछ ही लोगों को मालूम है कि वह एक महान निवेशक भी थे। निवेश के क्षेत्र में उनके कौशल का प्रमाण कैम्ब्रिज, इंग्लैंड स्थित किंग्स कॉलेज में चेस्ट फंड के प्रदर्शन रिकॉर्ड में पाया जा सकता है।

वर्ष 1920 से पूर्व किंग्स कॉलेज का निवेश निश्चित आय प्रतिभूतियों तक ही सीमित था। जब 1919 के अंत में कीन्स को द्वितीय कोषाध्यक्ष के तौर पर नियुक्त किया गया, तब उन्होंने न्यासियों (trustees) को एक अलग निधि शुरू करने के लिए राज़ी किया जिसमें केवल सामान्य शेयरों, मुद्रा और क्रय-विक्रय हेतु भावी सौदे को शामिल किया गया। यह अलग खाता चेस्ट फंड बन गया। वर्ष 1927 से लेकर वर्ष 1945 में मृत्युपर्यंत, उन्हें फर्स्ट बर्सर के नाम से संबोधित किया गया तथा इस अवधि में इस खाते की पूरी जिम्मेदारी कीन्स के पास थी। इस पूरे कालखंड में, उन्होंने इसके स्वामित्व को केवल कुछ कंपनियों तक ही केंद्रित रखा। वर्ष 1934 में सिक्योरिटी

एनालिसिस का प्रकाशन हुआ और उसी वर्ष कीन्स ने अपने तर्क को समझाते हुए अपने एक सहयोगी को पत्र लिखा।

> यह सोचना एक बहुत बड़ी भूल है कि इस प्रकार के विभिन्न उद्यमों में बड़े पैमाने पर निवेश के प्रसार के माध्यम से कोई व्यक्ति अपने जोखिम को सीमित करता है, जिसके बारे में उसे काफी कम जानकारी है तथा उसके पास इनमें विश्वास दिखाने का कोई कारण नहीं है। निश्चित तौर पर व्यक्ति का ज्ञान एवं अनुभव सीमित होता है तथा किसी भी निर्दिष्ट समयावधि में संभवतः शायद दो या तीन उद्यम ही ऐसे होते हैं, जिन पर मुझे व्यक्तिगत रूप से पूर्ण विश्वास होता है।[27]

चार वर्ष बाद, कीन्स ने अपने सिद्धांतों को रेखांकित करते हुए चेस्ट फंड के लिए एक पूरी नीतिगत रिपोर्ट तैयार की:

1. कुछ निवेशों का सावधानीपूर्वक चयन किया जाना चाहिए और इसके लिए उनके वास्तविक एवं कुछ वर्षों के बाद संभावित आंतरिक [उन्होंने इस पर काफी बल दिया] मूल्य के संबंध में उनके सस्तेपन तथा उस समय के वैकल्पिक निवेश को ध्यान में रखा जाना चाहिए;
2. इन अपेक्षाकृत बड़ी इकाइयों पर अच्छे एवं बुरे दौर में अपनी दृढ़ पकड़ को बरकरार रखना चाहिए जो संभवतः कई वर्षों तक हो सकता है और ऐसा तब तक किया जाना चाहिए जब तक कि उनके वादे की पूर्ति नहीं हो जाए, अथवा यह स्पष्ट नहीं हो जाए कि उन्हें ग़लती से खरीद लिया गया था;
3. संतुलित निवेश की स्थिति [उन्होंने इस पर काफी बल दिया], अर्थात् व्यक्तिगत हिस्सेदारी के बड़े होने के बावजूद विविधतापूर्ण जोखिम, और यदि संभव हो तो जोखिम विरोध को अवश्य शामिल किया जाना चाहिए।[28]

हालांकि उन्होंने इस शब्द का कभी इस्तेमाल नहीं किया परंतु मेरा मानना है कि कीन्स की निवेश नीति से यह स्पष्ट तौर पर दिखाई देता है कि वह एक संकेंद्रित निवेशक थे। उन्होंने अत्यंत विचारपूर्वक अपने शेयरों को कुछ चुनिंदा कंपनियों तक सीमित कर दिया तथा उनकी क़ीमत के सापेक्ष अपनी पसंदीदा शेयरों के मूल्य का अनुमान लगाने के लिए विश्लेषण की मौलिक विधि को अपनाया। उन्होंने पोर्टफोलियो टर्नओवर को न्यूनतम दर पर रखना पसंद किया। साथ ही उन्होंने उच्च गुणवत्तायुक्त एवं पूर्वानुमेय व्यवसायों में केंद्रित विभिन्न प्रकार के आर्थिक पदों को प्रस्तुत करते हुए "जोखिम विरोध" को शामिल करने का लक्ष्य निर्धारित किया।

कीन्स का प्रदर्शन कितना बेहतर था? प्रबंधक के पद पर उनके 18 वर्षों के कार्यकाल के दौरान चेस्ट फंड ने 13.2 प्रतिशत की दर से औसत वार्षिक रिटर्न हासिल किया, और वह भी

ऐसी अवधि में जब यूके (UK) के बाज़ार का समग्र रूप से प्रदर्शन अति सामान्य था। इस अवधि में महान वैश्विक मंदी एवं द्वितीय विश्व युद्ध दोनों शामिल थे, जिस पर विचार करते हुए हमें यह कहना होगा कि कीन्स का प्रदर्शन असाधारण था।

इस प्रकार के बेहतर प्रदर्शन के बावजूद, चेस्ट फंड के लिए भी कुछ अवधि बेहद निराशाजनक थी; तीन अलग-अलग वर्षों में (1930, 1938 और 1940), इसका मूल्य समग्र यूके (UK) बाज़ार की तुलना में काफी अधिक गिर गया। वर्ष 1983 में दो आधुनिक विश्लेषकों ने कीन्स के प्रदर्शन रिकॉर्ड की समीक्षा करते हुए टिप्पणी की, "इस फंड की संपत्ति में बड़े पैमाने पर उतार-चढ़ाव को देखते हुए यह स्पष्ट हो जाता है कि फंड बाज़ार की तुलना में अधिक अस्थिर रहा होगा।"[29] वास्तव में, अगर हम चेस्ट फंड के मानक विचलन का मापन करें तो हम पाते हैं कि यह सामान्य बाज़ार की तुलना में लगभग ढाई गुना अधिक अस्थिर था। निस्संदेह, इस फंड में निवेश करने वाले लोगों को समय-समय पर उतार-चढ़ाव का सामना करना पड़ा लेकिन अंततः इसने बाज़ार को पीछे छोड़ दिया।

■ ■ ■

समष्टि-अर्थशास्त्र (macroeconomic) पृष्ठभूमि के साथ-साथ आपको कीन्स के विपणन समय कौशल एवं उनकी निवेश नीति पर भी ध्यान देना चाहिए। उन्होंने लिखा, "व्यापार चक्र के विभिन्न चरणों में हम एक सामान्य व्यवस्थित गतिविधि तथा समग्र रूप से सामान्य शेयरों का अधिक लाभ उठाने में सक्षम नहीं हुए हैं। “इन अनुभवों के परिणामस्वरूप अब मैं स्पष्ट तौर पर समझ चुका हूँ कि विभिन्न कारणों से थोक बदलाव का विचार अव्यावहारिक और वास्तव में अवांछनीय है। [ऐसा करने] का प्रयास करने वालों में से अधिकांश लोग काफी विलंब से खरीदते हैं एवं काफी विलंब से बेचते हैं तथा अक्सर दोनों काम करते हैं। इसके परिणामस्वरूप बड़े पैमाने पर खर्च का वहन करना होता है तथा व्यक्ति का मन अस्थिर एवं चिंतामग्न हो जाता है, और अगर यह व्यापक है तो इसकी वजह से उतार-चढ़ाव के पैमाने के विस्तार के अलावा गंभीर सामाजिक नुकसान भी संभव है।[30]

बड़े पैमाने पर कारोबार के कारण भारी खर्च का वहन करना होता है, मानसिक स्थिति विचलित हो जाती है तथा समग्र बाज़ार में उतार-चढ़ाव की स्थिति और भी बदतर हो जाती है। यह बात तब भी सही थी और आज भी सही है।

चार्ल्स मंगर की साझेदारी

हालांकि, बर्कशायर हैथअवे के निवेश का प्रदर्शन आमतौर पर इसके अध्यक्ष से जुड़ा होता है, परंतु हमें इस बात को भी हमेशा याद रखना चाहिए कि इसके उपाध्यक्ष चार्ली मंगर भी एक

उत्कृष्ट निवेशक हैं। बफ़े ने कहा, "मैं लगभग 1960 में उसके पास गया, और मैंने उनसे कहा कि वकालत एक अच्छा शौक है परंतु वह इससे भी बेहतर कर सकते हैं।"[31] आपको अध्याय 2 की बातें याद होंगी कि, उस दौर में लॉस एंजिल्स में मंगर की वकालत का काम बेहद समृद्ध स्तर पर था, लेकिन उन्होंने धीरे-धीरे अपनी ऊर्जा को एक नई निवेश साझेदारी में स्थानांतरित कर दिया, जो उनके नाम पर था।

बफ़े ने समझाया, "उनका पोर्टफोलियो बेहद ही कम संख्या में प्रतिभूतियों पर केंद्रित था और शायद यही वजह है कि उनका रिकॉर्ड अपेक्षाकृत अधिक अस्थिर था। लेकिन यह उसी छूट-से-मूल्य दृष्टिकोण पर आधारित था।" अपनी साझेदारी फर्म में निवेश के संदर्भ में निर्णय लेने में चार्ली ने ग्राहम के सिद्धांतों का अनुसरण किया तथा केवल उन्हीं कंपनियों पर ध्यान दिया जो अपने शेयरों की बिक्री आंतरिक मूल्य से कम क़ीमत पर कर रहे थे। "प्रदर्शन के संदर्भ में वह बड़े पैमाने पर उतार-चढ़ाव को स्वीकार करने के लिए पूरी तरह तैयार थे, तथा वह एक ऐसे सहचर बने जिनका मन-मस्तिष्क बेहद एकाग्रचित्त है।"[32]

यहां इस बात पर ध्यान देना आवश्यक है बफ़े ने चार्ली के प्रदर्शन की विस्तारपूर्वक व्याख्या करते हुए जोखिम शब्द का उपयोग नहीं किया है। आधुनिक पोर्टफोलियो सिद्धांत के अनुसार जोखिम, जहां मूल्य अस्थिरता से जोखिम उत्पन्न होता है, की पारंपरिक परिभाषा का उपयोग करते हुए कुछ विश्लेषक यह अवश्य कहेंगे कि 13 साल के इतिहास में चार्ली की साझेदारी बेहद जोखिम भरी थी। इसका मानक विचलन बाज़ार से लगभग दोगुना था। परंतु उस समयावधि में बाज़ार के औसत वार्षिक रिटर्न को 18 अंकों से पीछे छोड़ना, एक जोखिम लेने वाले की नहीं बल्कि एक अत्यंत दक्ष निवेशक की उपलब्धि थी।

सिक्वॉइया फंड

बफ़े वर्ष 1951 में पहली बार बिल रुआन से उस समय मिले, जब दोनों कोलंबिया में बेन ग्राहम के सिक्योरिटी एनालिसिस की कक्षा में भाग ले रहे थे। इसके बाद दोनों सहपाठी एक-दूसरे के संपर्क में रहे, तथा कई वर्षों तक बफ़े ने रुआन के निवेश प्रदर्शन को सराहनीय दृष्टि से देखा। वर्ष 1969 में जब बफ़े ने अपनी निवेश साझेदारी को बंद कर दिया, तब उन्होंने अपने कुछ साझेदारों के फंड को संभालने के लिए रुआन को आमंत्रित किया। यह सिक्वॉइया फंड की शुरुआत थी। दोनों व्यक्तियों को यह मालूम था कि म्यूचुअल फंड की स्थापना की दृष्टि से यह एक मुश्किल दौर है, लेकिन रुआन ने आगे बढ़ने का फैसला लिया। शेयर बाज़ार दो-स्तरीय बाज़ार में विभाजित था। अधिकांश चलायमान मुद्रा (hot money) नए निफ्टी फिफ्टी (ऊंची उड़ान वाली कंपनियों) की ओर आकर्षित हो रही थी तथा आदर्श शेयर काफी पीछे रह गए थे। हालांकि, बफ़े ने बताया कि, 1970 के दशक के प्रारंभ में मूल्य निवेशकों के लिए तुलनात्मक

प्रदर्शन कठिन था, "और यह कहते हुए मुझे बेहद प्रसन्नता हो रही है कि मेरे सहयोगियों ने बेहद आश्चर्यजनक स्तर तक न केवल साथ निभाया, बल्कि बेहतर परिणामों के साथ धन का सृजन भी किया।"[33]

सिक्वॉइया फंड सही मायने में अग्रदूत था क्योंकि यह संकेंद्रित निवेश के सिद्धांतों पर चलने वाला पहला म्यूचुअल फंड था। सिक्वॉइया होल्डिंग्स के सार्वजनिक आंकड़े यह स्पष्ट तौर पर दर्शाते हैं कि बिल रुआन तथा रिक क्यूनिफ़, जो रुआन, क्यूनिफ़ एंड कंपनी में उनके साझेदार थे, ने एक अत्यंत संकेंद्रित, कम-टर्नओवर वाले पोर्टफोलियो का प्रबंधन किया। औसतन, 90 प्रतिशत से अधिक निधि का निवेश 6 से 10 कंपनियों के समूह में किया गया था। फिर भी, आर्थिक दृष्टि से पोर्टफोलियो की विविधता व्यापक थी, जो आज भी जारी है। रुआन ने कई बार यह बताया कि, एक संकेंद्रित पोर्टफोलियो होने के बावजूद सिक्वॉइया फंड के पास हमेशा से विभिन्न व्यवसायों का स्वामित्व रहा है।

शुरुआत से ही धन प्रबंधकों के बीच बिल रुआन का स्थान अद्वितीय रहा है। मोटे तौर पर कहें तो अधिकांश निवेश प्रबंधकों ने उन शेयरों के पोर्टफोलियो को समेकित किया जो उस सूचकांक से बहुत अलग नहीं हैं, जिनके खिलाफ उनका मूल्यांकन किया जाता है। पोर्टफोलियो प्रबंधक सूचकांक के औद्योगिक क्षेत्र के संदर्भ में भारण (weightings) को समझते हैं और इसके बाद प्रत्येक क्षेत्र के लिए उपयुक्त शेयरों के साथ पोर्टफोलियो का विस्तार करते हैं। रुआन, क्यूनिफ़ एंड कंपनी में, साझेदार शुरुआत में सर्वश्रेष्ठ संभावित शेयरों के चयन पर विचार करते हैं; और फिर अपने चयन के इर्द-गिर्द पोर्टफोलियो को विकसित होने देते हैं।

निश्चित तौर पर, सर्वश्रेष्ठ संभावित शेयरों के चयन के लिए उच्चस्तरीय शोध की आवश्यकता होती है। इस फर्म ने धन प्रबंधन के क्षेत्र में सबसे बेहतर कंपनियों में से एक के तौर पर प्रतिष्ठा अर्जित की है। इसके नियंत्रक कार्यालय ने वॉल स्ट्रीट के ब्रोकरों के अनुसंधान पर आधारित रिपोर्ट से परहेज किया। इसके बजाय, वे उन्होंने अपनी कंपनी की ओर से किए गए गहन जांच पर भरोसा किया। रुआन ने एक बार कहा, "हम अपनी फर्म में शीर्षकों पर ज्यादा ध्यान नहीं देते हैं [लेकिन] अगर हमने ऐसा किया तो मेरे बिजनेस कार्ड पर बिल रुआन, अनुसंधान विश्लेषक रिसर्च लिखा होगा।"

उन्होंने इस बारे में विस्तार से बताते हुए कहा कि वॉल स्ट्रीट में इस प्रकार की विचारधारा असामान्य है। "आमतौर पर, लोग एक विश्लेषक के कार्य के साथ अपने करियर की शुरुआत करते हैं, परंतु उनके मन में हमेशा अधिक प्रतिष्ठित पोर्टफोलियो प्रबंधक पद पर पदोन्नत होने की लालसा बनी रहती है। इसके विपरीत, हमने हमेशा माना है कि यदि आप एक दीर्घकालिक निवेशक हैं, तो आपके लिए विश्लेषण का कार्य सर्वोपरि है तथा पोर्टफोलियो प्रबंधन स्वाभाविक रूप से इसका अनुसरण करता है।"[34]

इस अनोखे तरीके ने सिक्वॉइया के शेयरधारकों को कितना लाभ पहुंचाया? वर्ष 1971 से 2013 के बीच सिक्वॉइया फंड का औसत वार्षिक रिटर्न, स्टैंडर्ड एंड पूअर्स 500 सूचकांक के लिए 10.65 प्रतिशत की तुलना में 14.46 प्रतिशत था।

अन्य संकेंद्रित पोर्टफोलियो की तरह, सिक्वॉइया फंड ने उतार-चढ़ाव के साथ औसत से बेहतर रिटर्न प्राप्त किया जिसका वर्णन ऊपर किया गया है। इस अवधि के दौरान बाज़ार का मानक विचलन, सिक्वॉइया के 21.2 प्रतिशत की तुलना में 16.1 प्रतिशत था। जोखिम के आधुनिक पोर्टफोलियो सिद्धांत की परिभाषा का पालन करने वाले लोग मंगर की साझेदारी के संदर्भ में इस निष्कर्ष पर पहुंच सकते हैं कि, सिक्वॉइया ने अतिरिक्त रिटर्न पाने के लिए अधिक जोखिम उठाया। लेकिन जिन्होंने सिक्वॉइया अनुसंधान के प्रयास को मूर्त रूप देने में देखभाल और परिश्रम को पहचाना, वे लोग शायद ही इसके दृष्टिकोण को जोखिम भरा मानेंगे।

लू सिम्पसन

1970 के दशक के अंत में, जिस समय वारेन बफ़े ने GEICO बीमा कंपनी के शेयरों का अधिग्रहण करना शुरू किया, उस दौरान उन्होंने एक ऐसा अधिग्रहण भी किया जिसका GEICO की वित्तीय स्थिति पर काफी प्रभाव पड़ा। उसका नाम लू सिम्पसन था।

सिम्पसन ने प्रिंसटन विश्वविद्यालय से अर्थशास्त्र में स्नातकोत्तर की उपाधि प्राप्त की थी तथा बफ़े द्वारा वर्ष 1979 में GEICO में शामिल होने का प्रस्ताव दिए जाने से पूर्व उन्होंने स्टीन रोए तथा फ़र्नहैम एंड वेस्टर्न एसेट, मैनेजमेंट दोनों के लिए काम किया था। नौकरी के साक्षात्कार को याद करते हुए बफ़े बताते हैं कि, लू के पास "निवेश के लिए आदर्श दृष्टिकोण" था। वह एक स्वतंत्र विचारक थे जो स्वयं के अनुसंधान के प्रति बेहद आश्वस्त थे तथा "उन्हें जनसामान्य की विचारधारा के साथ अथवा इसके विपरीत काम करने से विशेष संतुष्टि नहीं मिलती थी।"[35]

लो ने एक अतिलोलुप पाठक के रूप में प्रतिष्ठा अर्जित की, जिन्होंने वॉल स्ट्रीट की शोध रिपोर्टों को नज़रअंदाज़ किया और इसके बजाय वार्षिक रिपोर्ट पर गंभीरता से विचार किया। उनकी सामान्य शेयरों के चयन की प्रक्रिया बफ़े के समान थी। उन्होंने केवल उच्चतम रिटर्न देने वाले व्यवसाय की खरीद की जो जिनका संचालन बेहद कार्यकुशल प्रबंधकों द्वारा किया जाता था, साथ ही जो उचित मूल्य पर उपलब्ध थे। इसके अलावा लू एवं बफ़े के बीच एक और बात सामान्य थी: उन्होंने अपने पोर्टफोलियो को केवल कुछ शेयरों पर केंद्रित किया। आमतौर पर GEICO के बिलियन-डॉलर की इक्विटी वाले पोर्टफोलियो में 10 से कम शेयरों के स्वामित्व होते हैं।

वर्ष 1980 और 2004 के बीच की अवधि में, बाज़ार के 13.5 प्रतिशत की तुलना में GEICO के पोर्टफोलियो का औसत वार्षिक रिटर्न 20.3 प्रतिशत था। इस पर बफ़े ने टिप्पणी

करते हुए कहा, "लू ने निरंतर कम क़ीमत के सामान्य शेयरों में निवेश किया है, जिनमें पृथक तौर पर उन्हें स्थायी नुकसान देने की संभावना नहीं थी और सामूहिक रूप से ये लगभग जोखिम-मुक्त थे।"[36]

यहां हम एक बार फिर से जोखिम के संदर्भ में बफ़े की समझदारी देखते हैं: इसका शेयर की क़ीमत में उतार-चढ़ाव से कोई संबंध नहीं है, बल्कि इस बात की निश्चितता है कि अलग-अलग शेयर समय के साथ लाभ प्रदान करेंगे।

सिम्पसन का प्रदर्शन एवं उनकी निवेश शैली, बफ़े की सोच के तरीके के बिल्कुल अनुरूप हैं। बफ़े ने कहा, "लू निवेश के समरूप पारंपरिक केंद्रित दृष्टिकोण को अपनाते हैं जैसा कि हम बर्कशायर में करते हैं, तथा उन्हें अपनी टीम में शामिल करना हमारे लिए बेहद फायदेमंद है। ऐसे बहुत कम लोग हैं, [जिन्हें] मैं अपने नियंत्रण के अधीन धनराशि एवं कारोबार के संचालन का अवसर दूंगा, लेकिन जहां तक लू की बात है हम अत्यंत प्रसन्न हैं।"[37]

बफ़े, मंगर, रूआन, सिम्पसन। यह बात तो स्पष्ट हो चुकी है कि बफ़े के समूह में शामिल उत्कृष्ट निवेशकों की निवेश के संदर्भ में बौद्धिक दृष्टिकोण में समानता है। वे सभी अपने इस विश्वास के कारण एकजुट हैं कि, जोखिम को न्यूनतम करने का तरीका शेयरों को उस वक्त खरीदना है जब सुरक्षा का मार्जिन (अर्थात्, कंपनी के आंतरिक मूल्य और आज के बाज़ार मूल्य के बीच अनुकूल अंतर) अधिक हो। उनका यह भी मानना है कि अपने पोर्टफोलियो को इन उच्च-संभाव्यता वाली घटनाओं की सीमित संख्या के आसपास केंद्रित करने से न केवल जोखिम कम होता है, बल्कि इससे बाज़ार दर से कहीं अधिक प्रतिलाभ की प्राप्ति में मदद मिलती है।

तथापि, हम जब भी इन सफल संकेंद्रित निवेशकों की बात करते हैं तो हमें हमेशा इनके असफल होने का संदेह बना रहता है। उन्हें आश्चर्य होता है कि: क्या ये सभी लोग अपने घनिष्ठ पेशेवर संबंधों के कारण सफल हैं? बाद में यह बात सामने आई कि शेयरों का चयन करने वाले इन लोगों के पास अलग-अलग से शेयरों का स्वामित्व है। बफ़े के स्वामित्व वाले शेयर मंगर के शेयरों से बिल्कुल अलग थे और इसी तरह मंगर के स्वामित्व वाले शेयर रुआन के स्वामित्व वाले शेयरों से बिल्कुल अलग थे; रुआन और सिम्पसन के पास अलग अलग शेयरों का स्वामित्व था; और कीन्स के शेयरों के स्वामित्व के बारे में कोई नहीं जानता कि था।

संशयवादी कहते हैं कि शायद यह बात सही हो सकती है, परंतु आपने संकेंद्रित निवेशकों के केवल पांच उदाहरण प्रस्तुत किए हैं और केवल पांच अवलोकन सांख्यिकीय रूप से अर्थपूर्ण निष्कर्ष तक पहुंचने के लिए पर्याप्त नहीं हैं। जिस उद्योग जगत में हजारों की संख्या में पोर्टफोलियो प्रबंधक काम करते हैं वहां सफलता की ये पांच कहानियाँ पूरी तरह से यादृच्छिक हो सकती हैं।

यह बात बिल्कुल उचित है। इस अवधारणा को समाप्त करने के लिए कि बफ़े के समूह के पांच उत्कृष्ट निवेशक सांख्यिकीय असामान्यता से ज्यादा कुछ नहीं हैं, हमें वृहत् स्तर पर इसकी

जांच करनी होगी। दुर्भाग्यवश संकेंद्रित निवेशकों की संख्या काफी कम है। धन का प्रबंधन करने वाले हजारों की संख्या में मौजूद पोर्टफोलियो प्रबंधकों के बीच केवल कुछ ही प्रबंधक ऐसे हैं, जो संकेंद्रित पोर्टफोलियो का प्रबंधन करते हैं। इस प्रकार हमारे समक्ष यह चुनौती बरकरार रहती है।

वॉरेन बफ़े पोर्टफोलियो: मास्टरिंग द पावर ऑफ द फोकस इनवेस्टिंग स्ट्रेटेजी (जॉन विले एंड संस, 1999) नामक पुस्तक के लेखन के दौरान भी मुझे इसी समस्या का सामना करना पड़ा था। अध्ययन करने और सांख्यिकीय रूप से अर्थपूर्ण निष्कर्ष तक पहुंचने के लिए संकेंद्रित निवेशकों की संख्या पर्याप्त नहीं थी। तो हम क्या करते? हम एक सांख्यिकीय प्रयोगशाला में गए और 3,000 संकेंद्रित पोर्टफोलियो के एक ब्रह्मांड का स्वरूप तैयार किया।[38]

दुनिया भर की कंपनियों में सामान्य शेयरों पर प्रतिलाभ के डेटाबेस का उपयोग करते हुए हमने मापने योग्य आंकड़ों— राजस्व, आय, और इक्विटी पर प्रतिलाभ को प्रदर्शित करने वाली 1,200 कंपनियों को अलग किया। इसके बाद, हमने इन 1,200 कंपनियों में से कंप्यूटर से विभिन्न आकारों के 12,000 पोर्टफोलियो को यादृच्छिक रूप से एकत्रित करने के लिए कहा, जिससे चार पोर्टफोलियो समूहों का निर्माण हुआ:

1. 250 शेयरों वाले तीन हज़ार पोर्टफोलियो
2. 100 शेयरों वाले तीन हज़ार पोर्टफोलियो
3. 50 शेयरों वाले तीन हज़ार पोर्टफोलियो
4. 15 शेयरों वाले तीन हज़ार पोर्टफोलियो— अर्थात् संकेंद्रित पोर्टफोलियो समूह

इसके बाद, हमने 10 साल की अवधि (1987-1996) में हरेक समूह में प्रत्येक पोर्टफोलियो के औसत वार्षिक रिटर्न की गणना की। फिर हमने उसी अवधि के लिए चार पोर्टफोलियो समूहों के प्रतिलाभ की तुलना समग्र शेयर बाज़ार (स्टैंडर्ड एंड पूअर्स 500 सूचकांक के रूप में परिभाषित) के साथ की।

- 250 शेयरों वाले पोर्टफोलियो में मानक विचलन 0.65 प्रतिशत था; पोर्टफोलियो पर सर्वश्रेष्ठ वार्षिक प्रतिलाभ 16.0 प्रतिशत था और सबसे निकृष्टतम प्रतिलाभ 11.4 प्रतिशत था।
- 100 शेयरों वाले पोर्टफोलियो में मानक विचलन 1.11 प्रतिशत था — सर्वश्रेष्ठ 18.3 प्रतिशत, निकृष्टतम 10 प्रतिशत।
- 50 शेयरों वाले पोर्टफोलियो में मानक विचलन 1.54 प्रतिशत था — सर्वश्रेष्ठ 19.1 प्रतिशत, निकृष्टतम 8.6 प्रतिशत।
- 15 शेयरों वाले पोर्टफोलियो में मानक विचलन 2.78 प्रतिशत था — सर्वश्रेष्ठ 26.6 प्रतिशत, निकृष्टतम 6.7 प्रतिशत।

इन सब बातों से एक महत्त्वपूर्ण निष्कर्ष निकल कर सामने आया: जब हमने एक पोर्टफोलियो में शेयरों की संख्या कम कर दी, तो ऐसी स्थिति में बाज़ार के प्रतिलाभ से अधिक दर से प्रतिलाभ प्राप्त करने की संभावनाओं में वृद्धि हुई। परंतु इसके साथ ही हमने कम प्रतिलाभ प्राप्त करने की संभावनाओं को भी बढ़ा दिया, जिसमें कोई आश्चर्य की बात नहीं है।

पहले निष्कर्ष की पुष्टि हेतु जब हमने कुछ डेटा को वर्गीकृत किया तो हमें कुछ उल्लेखनीय आंकड़े प्राप्त हुए:

- 250 शेयरों वाले 3,000 पोर्टफोलियो में से 63 ने बाज़ार से बेहतर प्रदर्शन किया
- 100 शेयरों वाले 3,000 पोर्टफोलियो में से 337 ने बाज़ार से बेहतर प्रदर्शन किया
- 50 शेयरों वाले 3,000 पोर्टफोलियो में से 549 ने बाज़ार से बेहतर प्रदर्शन किया
- 15 शेयरों वाले 3,000 पोर्टफोलियो में से 808 ने बाज़ार से बेहतर प्रदर्शन किया

250 शेयरों वाले पोर्टफोलियो के साथ आपको 50 में एक बार बाज़ार से बेहतर प्रदर्शन करने का अवसर मिलेगा। 15 शेयरों वाले पोर्टफोलियो के साथ आपको 4 में एक बार बाज़ार से बेहतर प्रदर्शन करने का अवसर मिलेगा, जो अवसरों की संख्या में नाटकीय वृद्धि को दर्शाता है।

एक अन्य महत्त्वपूर्ण तथ्य यह है कि: इस अध्ययन में मैंने व्यापारिक खर्चों के प्रभाव को कारक के तौर पर शामिल नहीं किया। स्पष्टतः, जहां पोर्टफोलियो टर्नओवर का अनुपात अधिक होगा वहां लागतें भी अधिक होंगी। इस प्रकार की लागतें निवेशकों के लिए प्रतिलाभ को कम करने की दिशा में कार्य करती हैं।

दूसरे निष्कर्ष के संदर्भ में यह केवल शेयरों के बुद्धिमत्तापूर्वक चयन के महत्त्व की पुष्टि करता है। बफ़े के समूह के उत्कृष्ट निवेशक शेयरों के बेहतर चयनकर्ता भी हैं जो महज संयोग नहीं है। अगर आप एक संकेंद्रित पोर्टफोलियो का संचालन करते हैं तथा आपके पास बेहतर शेयरों के चयन का कौशल नहीं है, तो औसत से निम्नस्तरीय प्रदर्शन का स्तर बेहद असाधारण हो सकता है। हालांकि, अगर आप सही कंपनियों के चयन हेतु बेहतर कौशल का विकास करते हैं, तो अपने सर्वोत्तम विचारों पर अपने पोर्टफोलियो को केंद्रित करके आप बड़े पैमाने पर प्रतिलाभ प्राप्त कर सकते हैं।

15 वर्ष पूर्व हमने जब सांख्यिकीय प्रयोगशाला में अपने 3,000 फ़ोकस पोर्टफोलियो को पृथक किया था तब यह अत्यंत सरल एवं सीधा अभ्यास था। इसके बाद से ही, शैक्षणिक समुदाय ने संकेंद्रित निवेश की अवधारणा को और आगे बढ़ाया, विभिन्न आकार के पोर्टफोलियो की गतिविधियों की जांच की तथा काफी लंबे समय तक प्रतिलाभ के प्रदर्शन का अध्ययन किया। विषेश रूप से के. जे. मार्टिज़न क्रेमर्स और एंटिटी पेटाजिस्टो ने साथ मिलकर एक विशेष अवधारणा के आधार पर संकेंद्रित निवेश पर एक गहन शोध किया, जिसे वह "सक्रिय अंश" कहते हैं।[39]

सक्रिय अंश किसी पोर्टफोलियो के शेयरों के एक निश्चित प्रतिशत को दर्शाता है जो उस बेंचमार्क इंडेक्स होल्डिंग्स से अलग है, जिसके खिलाफ पोर्टफोलियो का मापन किया जाता है। इसे प्रतिशत के रूप में व्यक्त किया जाता है तथा इसमें प्रतिभूति के चयन के साथ-साथ बेंचमार्क में भारण की तुलना में पोर्टफोलियो में शेयरों के अति-भारण एवं न्यून-भारण को ध्यान में रखा जाता है। क्रेमर्स और पेटाजिस्टो के अनुसार, 60 प्रतिशत या उससे कम की सक्रिय हिस्सेदारी वाले पोर्टफोलियो प्रबंधकों को क्लाज़िट इंडेक्सर (closet indexers) कहा जाता है। अर्थात्, उनके पोर्टफोलियो काफी हद तक उस सूचकांक के सदृश होते हैं, जिसके खिलाफ उनका मापन किया जाता है। 80 प्रतिशत या उससे अधिक की सक्रिय हिस्सेदारी वाला पोर्टफोलियो वास्तव में सूचकांक से अलग है।

क्रेमर्स और पेटाजिस्टो ने 1980 से 2003 की अवधि में घरेलू इक्विटी म्यूचुअल फंड के लिए सक्रिय हिस्सेदारी की गणना की। वे सक्रिय अंश को फंड की विशेषताओं से सम्बद्ध करने में सक्षम थे, जिसके अंतर्गत आकार, खर्च, कारोबार अनुपात और प्रदर्शन भी शामिल थे। उन्होंने क्या खोज की? सक्रिय शेयर निधि के प्रदर्शन का पूर्वानुमान लगाता है। सबसे अधिक संख्या में सक्रिय शेयर वाले म्यूचुअल फंड, जो सूचकांक में बिल्कुल अलग थे, ने उनके बेंचमार्क से बेहतर प्रदर्शन किया जबकि सबसे संख्या में कम सक्रिय शेयर वाले फंड ने उनके बेंचमार्क से कमतर प्रदर्शन किया।

दिलचस्प बात यह है कि, क्रेमर्स यह विवरण प्रस्तुत करते हैं कि 1980 में बड़ी कंपनियों के म्यूचुअल फंड के 50 प्रतिशत हिस्से में सक्रिय शेयर का स्कोर 80 प्रतिशत या उससे अधिक था। अर्थात्, म्यूचुअल फंड के आधे हिस्से का पोर्टफोलियो उनके बेंचमार्क से काफी अलग था। आज, केवल 25 प्रतिशत म्यूचुअल फंड वास्तव में सक्रिय माने जाते हैं। क्रेमर्स कहते हैं, "निवेशक एवं निधि प्रबंधक, दोनों ही बेंचमार्क के प्रति अधिक जागरूक बन गए हैं।" एक प्रबंधक के तौर पर आप प्रदर्शन के निचले 20% या 40% (अपने समकक्ष समूह के) पर होने से बचना चाहते हैं। सूचकांक को उपयुक्त बनाना ऐसा करने का सबसे सुरक्षित तरीका है, विशेष तौर पर जब आपका मूल्यांकन अल्पावधि पर आधारित हो।"[40]

चूंकि निवेशक स्वभाववश अपेक्षाकृत कम प्रदर्शन करने वाले म्युचुअल फंड से पैसे निकाल लेते हैं, इसलिए पोर्टफोलियो प्रबंधकों ने अपने पोर्टफोलियो को तेजी से सूचकांकों के अधिक अनुरूप बनाया है, और इस तरह उनके सूचकांक पर निम्नतम प्रदर्शन की संभावना काफी कम हो जाएगी। निस्सन्देह, हमने सीखा है कि आपका पोर्टफोलियो सूचकांक के जितना अधिक समरूप होगा, आपके लिए इसके बेहतर प्रदर्शन की संभावना उतनी ही कम संभावना होगी। यह याद रखना महत्त्वपूर्ण है कि, अगर किसी पोर्टफोलियो प्रबंधक के पास एक पोर्टफोलियो है जो बेंचमार्क से अलग है, भले ही अंतर काफी कम हो, एक सक्रिय पोर्टफोलियो मैनेजर है। इसके बावजूद एक सवाल शेष रह जाता है कि, आपका पोर्टफोलियो कितना सक्रिय है?

क़ीमत का वास्तविक मापन

ग्राहम-एंड-डोड्सविले के संदर्भ में अपने प्रसिद्ध भाषण में वारेन बफ़े ने बहुत ही अहम बातें कहीं, परंतु इससे अधिक गंभीर बात कुछ भी नहीं थी कि: "जब सबसे भावुक व्यक्ति या लालची व्यक्ति, या सबसे उदास व्यक्ति द्वारा मार्जिन पर निर्धारित क़ीमतों के साथ वॉल स्ट्रीट के एक शेयर की क़ीमत ऐसे व्यक्तियों के एक 'समूह' से प्रभावित हो सकती है, तो उस दशा में यह तर्क देना कठिन हो जाता है कि बाज़ार में मूल्य निर्धारण हमेशा युक्तिसंगत तरीके से होता है। वास्तव में, अक्सर बाज़ार की क़ीमतें अतर्कसंगत होती हैं।"[41]

यह बात हमें किस दिशा में ले जाती है, जो अत्यंत महत्त्वपूर्ण है। अगर हम इस बात को स्वीकार कर लेते हैं कि निर्धारित क़ीमतें हमेशा युक्तिसंगत नहीं होती हैं, तब हमें तब हम उन्हें अपने निर्णयों का एकमात्र आधार बनाने की अदूरदर्शिता से मुक्त हो जाते हैं। अगर हम इस विचार को स्वीकार करते हैं कि शेयर की क़ीमत सब कुछ नहीं है, तो हम अपने ज्ञान की सीमा को उस क्षेत्र तक विस्तृत कर सकते हैं कि कौन सी चीज़ मायने रखती है: अर्थात् हम अंतर्निहित व्यापार के विचारशील अनुसंधान और विश्लेषण पर विचार करना शुरू करते हैं। निश्चित तौर पर हम सदैव क़ीमतों से अवगत रहना चाहते हैं, ताकि हम मूल्य से नीचे जाने पर उनकी पहचान करने में सक्षम हो सकें, परंतु हमें इस एक-आयामी उपाय से वशीभूत होने की ज़रूरत नहीं है जो हमें गलत दिशा में ले जा सकता है।

इस तरह के बदलाव को अमल में लाना आसान नहीं होगा। हमारा संपूर्ण उद्योग जगत — जिसमें धन प्रबंधक, संस्थागत निवेशक तथा हर प्रकार के व्यक्तिगत निवेशक शामिल हैं — क़ीमतों के संदर्भ में अदूरदर्शी हैं। यदि किसी विशेष शेयर की क़ीमत बढ़ रही है, तो हमारे अनुसार यह बेहद अच्छी बात है; अगर क़ीमतें घटती है तो हमें लगता है कि कुछ बुरा हो रहा है, और हम तदनुसार काम करते हैं।

यह मनोवृति बेहद खराब है तथा इसे एक और चीज़ अधिक तीव्र कर देती है: अर्थात अत्यंत कम समय में क़ीमतों के प्रदर्शन का मूल्यांकन करना। बफ़े के अनुसार, हम न केवल पूरी तरह से गलत चीज (क़ीमत) पर पूरी तरह से निर्भर होते जा रहे हैं, बल्कि हम अक्सर इस पर अच्छी तरह विचार करते हैं तथा जब हम अपेक्षाओं के अनुरूप चीजों को नहीं देखते हैं तब हम यथाशीघ्र विषयांतर कर लेते हैं।

यह दोयम दर्जे की बेवक़ूफ़ी — जो क़ीमतों पर आधारित एवं अल्पकालिक मानसिकता है— वास्तव में सोच का एक दोषपूर्ण तरीका है तथा यह हमारे व्यवसाय में हर स्तर पर दिखाई देता है। यही वह प्रेरणा शक्ति है जो कुछ लोगों को प्रतिदिन, कभी-कभी तो हर घंटे शेयरों के भाव की जांच करने पर विवश कर देती है। इसी वजह से अरबों डॉलर की जिम्मेदारी वाले संस्थागत निवेशक अब चुटकी बजाते ही खरीदने और बेचने के लिए तैयार रहते हैं। इसी वजह

से म्यूचुअल फंड्स के प्रबंधक अचंभित कर देने वाली दरों पर फंड के पोर्टफोलियो में शेयरों को शामिल करते हैं: उन्हें लगता है कि ऐसा करना उनका काम है।

आश्चर्यजनक रूप से, हालात अस्थिर दिखाई देने पर यही धन प्रबंधक सबसे पहले अपने ग्राहकों से शांति बनाए रखने का अनुरोध करते हैं। वे इस अवधि में ग्राहकों से सहयोग को बरकरार रखने की सराहना करते हुए आश्वासनपूर्ण पत्र भेजते हैं। फिर वे जिन बातों का उपदेश देते हैं, उनका स्वयं पालन क्यों नहीं करते हैं?

विशेष रूप से म्यूचुअल फंड के व्यवसाय के संचालन में इस प्रकार के विरोधाभास को बड़ी आसानी से देखा जा सकता है, क्योंकि वित्त से संबंधित रचनाओं में उनकी गतिविधियों को बहुत अच्छी तरह से प्रलेखित किया गया है एवं उनका विश्लेषण प्रस्तुत किया गया है। चूंकि इस विषय पर काफी अधिक जानकारी उपलब्ध है तथा लोग म्युचुअल फंड से अच्छी तरह परिचित हैं एवं इसे समझते हैं, इसलिए मेरा मानना है कि हम हम म्यूच्यूअल फंड में मूल्य-आधारित उपायों की भूमिका पर अच्छी तरह विचार करके इस नादानी के बारे में बहुत कुछ सीख सकते हैं।

आर्थिक विषयों के लेखक, जोसेफ नोकेरा ने म्यूचुअल फंड प्रबंधकों द्वारा शेयरधारकों को दी जाने वाली सलाह— अर्थात्, "खरीदें और अपने पास रखें"— तथा प्रबंधकों द्वारा वास्तव में अपने पोर्टफोलियो के संदर्भ में किए जाने वाले कार्यों— अर्थात्, क्रय-विक्रय, क्रय-विक्रय, क्रय-विक्रय— के बीच की विसंगतियों की ओर हमारा ध्यान आकृष्ट कराया है। इस दोहरे मानदंड के संदर्भ में अपने अवलोकन की पुष्टि हेतु नोकेरा ने मॉर्निंगस्टार के डॉन फिलिप्स का उद्धरण प्रस्तुत किया: "निधि-प्रबंधन उद्योग जगत की कथनी एवं करनी में काफी अंतर है।"[42]

ऐसे में स्पष्ट तौर पर सवाल यह उठता है कि: अगर निवेशकों को शेयरों को खरीदने एवं उन्हें अपने पास रखने की सलाह दी जाती है तो प्रबंधक हर साल शेयरों को क्यों खरीदते और बेचते हैं? नोकेरा इसका उत्तर देते हुए कहते हैं, "यह है कि निधि-प्रबंधन उद्योग जगत की आंतरिक गतिशीलता निधि प्रबंधकों के लिए अल्पावधि से परे देखना लगभग असंभव बना देती है।"[43] क्यों? क्योंकि म्यूचुअल फंड का व्यवसाय एक बुद्धिहीन अल्पकालिक खेल में बदल गया है, जिसमें बेहतर प्रदर्शन का आकलन पूरी तरह से क़ीमतों पर आधारित होता है।

वर्तमान में पोर्टफोलियो प्रबंधकों पर अल्पकालिक प्रदर्शन से संबंधित आकर्षक आंकड़ों के सृजन का पर्याप्त दबाव होता है। ये आंकड़े बड़ी संख्या में लोगों का ध्यान आकृष्ट करते हैं। हर तीन महीने में, वॉल स्ट्रीट जर्नल और बैरोन जैसे प्रमुख प्रकाशक म्यूचुअल फंड की तिमाही प्रदर्शन रैंकिंग का प्रकाशन करते हैं। जिस फंड ने विगत तीन महीने की अवधि में बेहतर प्रदर्शन किया है उसे शीर्ष की सूची में स्थान मिलता है, टेलीविजन पर और समाचार पत्रों में आर्थिक विश्लेषक उनकी प्रशंसा करते हैं, जल्दबाज़ी में आत्म-प्रशंसा के साथ-साथ स्वयं का विज्ञापन एवं प्रचार-प्रसार किया जाता है, तथा पूरी उत्तेजना के साथ नए निवेश को आकृष्ट करने में सक्षम

होता है। निवेशक निधि प्रबंधकों की सफलता पर नजरें जमाए होते हैं और वह तत्काल इस रैंकिंग का फायदा उठाना चाहते हैं। वास्तव में, त्रैमासिक प्रदर्शन रैंकिंग का उपयोग उन प्रबंधकों को अलग करने के लिए किया जाता है जिन्हें औसत दर्जे के प्रबंधकों से अधिक प्रतिभावान माना जाता है।

मूल्य प्रदर्शन के आधार पर अल्पकालिक नियतन, जो म्यूचुअल फंड में पूर्णतया स्पष्ट है, केवल उन तक ही सीमित नहीं है; इस प्रकार की विचारधारा समग्र उद्योग जगत पर हावी है। अब हम ऐसे परिवेश में नहीं रहते हैं जहां प्रबंधकों का मूल्यांकन दीर्घावधि के आधार पर किया जाता है। जो लोग स्वयं के प्रबंधक के तौर पर कार्य करते हैं, वे भी इस परिवेश की अस्वास्थ्यकर जटिलताओं से संक्रमित हो चुके हैं। कई मायनों में, हम एक विपणन मशीन के ग़ुलाम बन चुके हैं जो खराब प्रदर्शन की गारंटी तो निश्चित तौर पर देता है।

हम इसके दुष्चक्र में फंस चुके हैं जहां से बाहर निकलने का कोई रास्ता दिखाई नहीं देता है। लेकिन निश्चित रूप से, हमने यह सीखा है कि निवेश के प्रदर्शन को बेहतर बनाने का एक मार्ग अभी भी मौजूद है। अब हमें प्रदर्शन के आकलन के एक बेहतर तरीके की तलाश करनी चाहिए। क्रूर विडंबना यह है कि समय के साथ औसत से बेहतर प्रतिलाभ प्रदान करने की संभावनाओं वाली रणनीति तथा हमारे द्वारा प्रदर्शन के मूल्यांकन के बीच विसंगति मौजूद है।

1986 में, कोलंबिया यूनिवर्सिटी बिजनेस स्कूल के पूर्व छात्र और अमेरिकी ट्रस्ट में पोर्टफोलियो मैनेजर, वी. यूजीन शाहान ने बफ़े के "द सुपरइन्वेस्टर्स ऑफ द ग्राहम-एंड-डोड्ड्सविले" के लिए एक अनुवर्ती लेख लिखा। "आर शार्ट-टर्म परफॉर्मेंस एंड वैल्यू इनवेस्टिंग म्यूचुअली एक्सक्लूसिव?" नामक शीर्षक से प्रकाशित अपने लेख में शाहान ने वही सवाल उठाया जो अब हम पूछ रहे हैं: अल्पकालिक प्रदर्शन के आधार पर निधि प्रबंधकों के कौशल का आकलन करना कितना उचित है?

उन्होंने टिप्पणी करते हुए कहा कि, स्वयं बफ़े के अपवाद के साथ, ऐसे लोग जिन्हें बफ़े "उत्कृष्ट निवेशक" के तौर पर संदर्भित करते हैं— जो अविवादित रूप से अत्यंत कुशल एवं सफल हैं — उन्हें भी अल्पावधि में बेहद खराब प्रदर्शन का सामना करना पड़ा है। निधि प्रबंधन के कछुआ व खरगोश के संस्करण को उद्धृत करते हुए शाहान ने टिप्पणी की: "यह जीवन की विडंबनाओं में से एक है कि अल्पकालिक प्रदर्शन के प्रति चिंतित निवेशक इस लक्ष्य को प्राप्त कर सकते हैं, परंतु इसके लिए उन्हें दीर्घकालिक परिणामों की क़ीमत चुकानी होगी। ग्राहमंड-डोड्ड्सविले के उत्कृष्ट निवेशकों के शानदार रिकॉर्ड को अल्पकालिक प्रदर्शन के लिए स्पष्ट उदासीनता के साथ संकलित किया गया था।"[44] शाहान विस्तारपूर्वक बताते हैं कि, आज म्यूचुअल फंड के प्रदर्शन की अंधी दौड़ में ग्राहम- एंड-डोड्ड्सविले के उत्कृष्ट निवेशकों की अनदेखी की गई है। बफ़ेटविले के उत्कृष्ट निवेशकों का भी यही हाल है।

18 वर्षों तक चेस्ट फंड का प्रबंधन करने वाले जॉन मेनार्ड कीन्स ने एक-तिहाई समय में बाज़ार से खराब प्रदर्शन किया। दरअसल, उन्होंने फंड के प्रबंधन के पहले तीन वर्षों में बाज़ार से खराब प्रदर्शन किया, जिसके कारण वह बाज़ार में 18 प्रतिशत अंकों से पिछड़ गए।

यह कहानी काफी हद तक सिक्वॉइया फंड के समान है। प्रदर्शन के मूल्यांकन की अवधि में सिक्वॉइया ने 37 प्रतिशत समय में बेहतर प्रदर्शन किया। कीन्स की तरह, रुआन को भी विकास के चरण में कठिनाई हुई। उन्होंने स्वीकार किया कि, "पिछले कुछ वर्षों में हमने समय-समय पर खराब प्रदर्शन के सम्राट होने के लिए अर्हता प्राप्त की है। 1970 के मध्य में सिक्वॉइया फंड को आरंभ करने के संदर्भ में हमारा दृष्टिकोण अपेक्षाकृत धुंधला था तथा लगातार चार वर्षों तक हमें S&P की तुलना में खराब प्रदर्शन की यातना का सामना करना पड़ा।" 1974 के अंत तक, सिक्वॉइया बाज़ार से 36 प्रतिशत अंकों से पिछड़ चुका था। "हम डेस्क के नीचे छिप गए, फोन का जवाब नहीं दिया और प्रार्थना की कि तूफान जल्द शांत हो जाए।"[45] निश्चित तौर पर तूफान शांत हो गया। स्थापना के सात साल बाद, सिक्वॉइया ने स्टैंडर्ड एंड पूअर्स 500 सूचकांक के लिए 60 प्रतिशत की बढ़त की तुलना में 220 प्रतिशत की बढ़त हासिल की।

चार्ली मंगर भी संकेंद्रित निवेश के अपरिहार्य झटकों से बच नहीं सके। 14 वर्षों की अवधि में चार्ली ने 36 प्रतिशत समय पर खराब प्रदर्शन किया। अन्य संकेंद्रित निवेशकों की तरह वह भी अल्पकालिक दुर्भाग्य की शृंखला से बंधे हुए थे। 1972 से 1974 की अवधि में मंगर बाज़ार में 37 प्रतिशत अंकों से पीछे रह गए। 17 वर्षों में, लू सिम्पसन ने 24 प्रतिशत समय पर खराब प्रदर्शन किया। सापेक्षिक दृष्टि से उनका सबसे खराब प्रदर्शन एक वर्ष की अवधि में रहा जिसने उन्हें बाज़ार में 15 प्रतिशत अंको से पिछड़ने हेतु विवश कर दिया।

संयोगवश, जब हमने 3,000 संकेंद्रित पोर्टफोलियो की अपनी प्रयोगशाला का विश्लेषण किया तो हमें प्रदर्शन की यही प्रवृत्ति दिखाई दी। आश्चर्यजनक रूप से, 10 वर्ष की अवधि में बाज़ार को पछाड़ने वाले 808 पोर्टफोलियो में से 95 प्रतिशत को कुछ लंबी अवधि तक खराब प्रदर्शन का सामना करना पड़ा — जो 10 वर्षों में से तीन, चार, पांच या छह साल की अवधि थी।

अगर आपके अनुसार मंगर, रुआन या सिम्पसन किसी नौसिखिये की तरह आज के परिवेश में अपने करियर की शुरुआत करते, जो केवल एक वर्ष के प्रदर्शन की अहमियत को समझते हैं, तो क्या होता?

तथापि, इस तर्क का अनुसरण करते हुए कि संकेंद्रित रणनीति के उपयोग के परिणामस्वरूप खराब प्रदर्शन की संभावना होगी, तो हम परिमाण के रूप में केवल क़ीमतों के प्रदर्शन का उपयोग करते हुए यह कैसे बता सकते हैं कि, हम एक तीव्रबुद्धि वाले निवेशक को देख रहे हैं जिनके लिए एक वर्ष की अवधि (या फिर तीन वर्ष की अवधि) खराब रही, परंतु लंबी अवधि

में निश्चित तौर पर वे बेहतर प्रदर्शन करेंगे, अथवा वह एक ऐसा प्रबंधक है जिसमें शायद बेहतर संकेंद्रित निवेशक बनने के कौशल का अभाव है?

हम इस संदर्भ में वॉरेन बफ़े के विचारों का भली-भांति अंदाजा लगा सकते हैं। उसके लिए, इस कहानी का नैतिक पहलू स्पष्ट है: हमें केवल क़ीमतों के आधार पर प्रदर्शन के मूल्यांकन की अपनी जिद छोड़नी होगी तथा हमें अल्पकालिक निर्णय लेने के अपने उत्पादन विरोधी अभ्यास से बाहर निकलना होगा।

लेकिन अगर क़ीमत प्रदर्शन के मूल्यांकन का आधार नहीं हो तो हम इसके बदले किस चीज का उपयोग कर सकते हैं? इसका एक स्पष्ट उत्तर यह होगा कि "कुछ भी नहीं"। यहां तक कि शेयरों को खरीद कर रखने की रणनीति में भी आपको अपनी आंखें बंद रखने की सलाह नहीं दी जाती है। हमें केवल प्रदर्शन के आकलन के किसी अन्य मानदंड की तलाश करनी होगी। सौभाग्यवश ऐसा एक तरीका मौजूद है, जो बफ़े द्वारा अपने प्रदर्शन तथा बर्कशायर हैथअवे में उनके द्वारा अपनी संचालन इकाइयों के प्रदर्शन के आकलन की आधारशिला है।

एक बार वॉरेन बफ़े ने कहा था कि अगर शेयर बाज़ार एक या दो साल के लिए बंद हो जाता है, तो वह इसकी परवाह नहीं करेंगे। आख़िरकार, शनिवार और रविवार को तो यह बंद होता ही है और अब तक इससे मुझे कोई परेशानी नहीं हुई है।"[46] बफ़े ने कहा, यह बात सही है कि "सक्रिय रूप से व्यापार करने वाला बाज़ार उपयोगी होता है क्योंकि यह हमें समय-समय पर अत्यधिक आकर्षक अवसर उपलब्ध कराता है। परंतु इसका मतलब यह नहीं है कि बाज़ार की मौजूदगी अपरिहार्य है।"[47]

इस कथन को पूरी तरह से समझने के लिए, आपको बफ़े द्वारा इसके आगे कही गई बात पर ध्यानपूर्वक विचार करने की जरूरत है। " हमारे पास जो प्रतिभूतियां मौजूद हैं उनके व्यापार के लंबे समय तक निलंबन से हमें उतनी परेशानी नहीं है, जितनी परेशानी कि [बर्कशायर की पूर्ण स्वामित्व वाली सहायक कंपनियों] के लिए दैनिक संविदा-भाव की कमी से उत्पन्न होती है। आख़िरकार आर्थिक दृष्टि से हमारा भाग्य उस व्यवसाय द्वारा निर्धारित होगा जिसका स्वामित्व हमारे पास है तथा यह स्वामित्व आंशिक [स्टॉक के शेयरों के रूप में] हो सकता है या फिर समग्र हो सकता है।"[48]

अगर किसी व्यवसाय का स्वामी तो आपके पास है तथा अगर इसके प्रदर्शन के आकलन हेतु दैनिक संविदा-भाव अनुपस्थित हो, तो आप अपनी प्रगति कैसे निर्धारित करेंगे? संभवतः आप इसका मापन अपनी आय में वृद्धि, पूंजी पर प्रतिलाभ अथवा व्यवसाय के संचालन इसमें मुनाफे के आधार पर करेंगे। आप केवल व्यवसाय की अर्थनीति के आधार पर अपने निवेश के मूल्य को बढ़ाने अथवा घटाने का निर्णय लेंगे। बफ़े के विचारानुसार सार्वजनिक रूप से कारोबार करने वाली कंपनी के प्रदर्शन के आकलन हेतु लिटमस परीक्षण का तरीका इससे बिल्कुल भी

अलग नहीं है। वह विस्तार से समझाते हुए कहते हैं कि, "चार्ली और मैंने अपने विपणन योग्य इक्विटीज को हमें अपने परिचालन परिणामों— उनके दैनिक, या समान रूप से वार्षिक, संविदा मूल्य के आधार पर नहीं— से अवगत कराने का अवसर दिया कि हमारे निवेश सफल हैं अथवा नहीं। बाज़ार कुछ समय के लिए व्यावसायिक सफलता को नज़रअंदाज़ कर सकता है, लेकिन अंततः यही इसकी पुष्टि करेगा।"[49]

परंतु क्या हम सही कंपनियों के चयन में सहायता हेतु बाज़ार पर भरोसा कर सकते हैं? क्या हम किसी कंपनी की परिचालन आय और उसके शेयर की क़ीमत के बीच उल्लेखनीय ढंग से सुदृढ़ संबंध बना सकते हैं? अगर हमें समुचित समय-सीमा प्राप्त हो, तो इसका उत्तर संभवतः हाँ हो सकता है।

जब हम 12,000 कंपनियों के हमारे प्रयोगशाला समूह की मदद से इस बात के निर्धारण हेतु तत्पर हुए कि, क़ीमत और आय कितनी बारीकी से एक-दूसरे से संबद्ध हैं तो हमने पाया कि समयावधि जितनी लंबी होगी उनके बीच सहसंबंध उतना ही सुदृढ़ होगा। तीन साल तक प्रतिधारित शेयरों के संदर्भ में, शेयरों की क़ीमत एवं परिचालन आय के बीच पारस्परिक संबंध का स्तर .131 से .360 के बीच रहा (.360 के सहसंबंध का मतलब है कि क़ीमत में 36 प्रतिशत अंतर की व्याख्या आय में अंतर के माध्यम से की गई थी)। पांच साल तक प्रतिधारित शेयरों के संदर्भ में, सहसंबंध की सीमा .374 से .599 के बीच थी। 10 साल की स्वामित्व अवधि में, आय और शेयर की क़ीमत के बीच सहसंबंध .593 से .695 की सीमा तक बढ़ गया।

यह बफ़े के इस मान्यता की पुष्टि करते हैं कि पर्याप्त समयावधि में एक व्यवसाय की क़ीमत कंपनी की अर्थनीति के साथ संरेखित होगी। हालांकि वह इस बात से सावधान करते हैं कि, आय को शेयरों की क़ीमतों के संदर्भ में समझना "असमान" और "अप्रत्याशित" दोनों है। हालांकि समय के साथ आय एवं क़ीमत के बीच का संबंध सुदृढ़ होता है, लेकिन यह हमेशा सही नहीं होता है। बफ़े इस बात का उल्लेख करते हैं कि, दीर्घावधि में बाज़ार मूल्य व्यापार के मूल्यों का अच्छी तरह अनुरेखण करते हैं, परंतु किसी भी वर्ष इस संबंध अनिश्चित ढंग से बदलाव आ सकता है।"[50] बेन ग्राहम से भी हमें यही सीख मिलती है: "अल्पावधि में बाज़ार एक वोटिंग मशीन की तरह है परंतु दीर्घावधि में यह एक वजन मापने वाली मशीन की तरह है।"[51]

मापन के पैमाने की विभिन्न किस्में

यह स्पष्ट है कि बफ़े को बाज़ार के संदर्भ में इस बात की पुष्टि की कोई जल्दबाज़ी नहीं है कि जिस बात पर उन्हें पहले से यकीन है वह सच है। वह कहते हैं, "इसके अलावा किसी व्यवसाय की सफलता की गति की उस वक्त कोई अहमियत नहीं होती है, जब तक कि कंपनी के आंतरिक

मूल्य में संतोषजनक दर से वृद्धि हो रही हो। वास्तव में, इस बात को देर से स्वीकार करने का भी एक लाभ हो सकता है: आपको सौदेबाज़ी की क़ीमत पर एक अच्छी चीज खरीदने का अवसर प्राप्त हो सकता है।"[52]

शेयरधारकों को बर्कशायर हैथअवे के सामान्य शेयरों में बड़े पैमाने पर निवेश के सटीक मूल्य निर्धारण में सहायता के लिए, बफ़े ने आय के क्षण-निरीक्षण शब्द की रचना की। बर्कशायर के क्षण-निरीक्षण आय के अंतर्गत उसके समेकित व्यवसायों (उसकी सहायक कंपनियों) की परिचालन आय, इसके बड़े सामान्य शेयरों में निवेश पर पूर्ववत आमदनी तथा पूर्ववत आमदनी के वास्तव में भुगतान की स्थिति में कर के लिए भत्ता, जिसे बर्कशायर को चुकाना होगा, शामिल है।

आय के क्षण-निरीक्षण की अवधारणा मूल रूप से बर्कशायर के शेयरधारकों के लिए तैयार की गई थी, परंतु यह संकेंद्रित निवेशकों के लिए एक महत्त्वपूर्ण सीख का भी प्रतिनिधित्व करता है, जो शेयरों की क़ीमतों के अंतर्निहित अर्थनीति से अलग होने की स्थिति, जैसा कि समय-समय पर होगा, में अपने पोर्टफोलियो के मूल्य को समझने के लिए एक तरीके की तलाश में हैं। बफ़े कहते हैं, "एक ऐसे पोर्टफोलियो (प्रभावी रूप से, एक कंपनी) का निर्माण प्रत्येक निवेशक का लक्ष्य होना चाहिए, जो आज से एक दशक या इसके बाद की अवधि में उसे संभावित रूप से सबसे अधिक क्षण-निरीक्षण आय प्रदान करने में सक्षम हो।"[53]

बफ़े के अनुसार, वर्ष 1965 (जिस वर्ष बफ़े ने बर्कशायर हैथअवे का नियंत्रण अपने हाथों में लिया) के बाद से कंपनी की क्षण-निरीक्षण आय में उसकी प्रतिभूतियों के बाज़ार मूल्य के लगभग समान दर से ही वृद्धि हुई है। हालांकि, दोनों हमेशा कदम-ताल मिलाकर आगे नहीं बढ़े हैं। कई अवसरों पर, आय क़ीमतों से आगे रही जबकि अन्य मौकों पर क़ीमतें आय से बहुत आगे बढ़ गईं। इस तथ्य को ध्यान में रखना आवश्यक है कि यह परस्पर संबंध समय पर आधारित है। बफ़े परामर्श देते हुए कहते हैं कि, "इस तरह का दृष्टिकोण निवेशक को बाज़ार की अल्पकालिक संभावनाओं के बजाय व्यापार की दीर्घकालिक संभावनाओं के बारे में सोचने पर विवश करेगा तथा यह दृष्टिकोण संभवतः परिणामों में सुधार करेगा।"[54]

जब बफ़े किसी नए निवेश पर विचार करते हैं तो वह सर्वप्रथम अपने स्वामित्व वाले शेयरों पर गौर करते हैं, जिससे यह पता चल सके कि नई खरीद बेहतर है या नहीं। आज बर्कशायर के स्वामित्व वाले शेयर मापन के पैमाने की तरह कार्य करते हैं, जिसका इस्तेमाल संभावित अधिग्रहण की तुलना करने के लिए किया जाता है। चार्ली मंगर जोर देकर कहते हैं कि, "बफ़े जो कह रहे हैं वह व्यावहारिक रूप से किसी भी निवेशक के लिए बहुत उपयोगी है। एक सामान्य व्यक्ति के लिए, उसके पास मापन के पैमाने का होना सबसे अच्छी बात है।" किसी पोर्टफोलियो की मूल्य वृद्धि के संदर्भ में, बाद में घटित होने वाली चीजें सबसे महत्त्वपूर्ण लेकिन व्यापक रूप

से अनदेखे रहस्यों में से एक है। चार्ली कहते हैं, "अगर आप जिस नई चीज़ की खरीद पर विचार कर रहे हैं, वह आपके पास पहले से उपलब्ध जानकारी से बेहतर नहीं है, तो निश्चित तौर पर यह आपकी अनुमानित सीमा के अनुरूप नहीं है। यह आपके द्वारा देखी जाने वाली 99 प्रतिशत चीज़ों को छाँटकर निकाल देता है।"[55]

आपके पास जिन चीज़ों का स्वामित्व है आप उस पर निर्भर हैं, जो आर्थिक दृष्टि से एक मानदंड — अर्थात् मापन का पैमाना है। आप अपने व्यक्तिगत आर्थिक मानदंडों को कई तरीके से परिभाषित कर सकते हैं: उदाहरण के लिए आय का क्षण-निरीक्षण, इक्विटी पर प्रतिलाभ अथवा सुरक्षा का मार्जिन। जब आप अपने पोर्टफोलियो में किसी कंपनी के शेयरों को खरीदते या बेचते हैं, तो वास्तव में आप अपने आर्थिक मानदंडों को बढ़ाते या घटाते हैं। पोर्टफोलियो प्रबंधक, जो प्रतिभूतियों के दीर्घकालिक स्वामी होते हैं तथा जो मानते हैं कि भविष्य में शेयर की क़ीमतें अंततः अंतर्निहित अर्थनीति के अनुरूप होंगी, उनके लिए सबसे पहला काम अपने मानदंड को उन्नत करने के तरीकों की तलाश करना है।

अगर आप पीछे मुड़कर कुछ पल के लिए विचार करेंगे तो अब पाएंगे कि स्टैंडर्ड एंड पूअर्स 500 सूचकांक भी मापन का एक पैमाना है। इसमें 500 कंपनियां शामिल हैं तथा प्रत्येक का आर्थिक प्रतिलाभ अलग-अलग है। समय के साथ S&P 500 सूचकांक से बेहतर प्रदर्शन— उस मानदंड को उन्नत करने — के लिए हमें ऐसी अर्थनीति वाली कंपनियों के पोर्टफोलियो को समेकित व प्रबंधित करना होगा, जो सूचकांक की औसत भारित अर्थनीति से बेहतर हो।

बफ़े कहते हैं, अगर मेरी व्यवसायिक संभावनाओं का दायरा सीमित हो, मान लीजिए कि यह वह ओमाहा में निजी कंपनियों तक सीमित हो, तो मैं सर्वप्रथम प्रत्येक व्यवसाय की दीर्घकालिक आर्थिक विशेषताओं का आकलन करने का प्रयास करूंगा। दूसरा, मैं इसके संचालन में शामिल लोगों की गुणवत्ता का आकलन करूंगा; और तीसरा, मैं समझदारी के साथ निर्धारित क़ीमतों पर इसके परिचालन के कुछ सबसे अच्छे हिस्सों को खरीदने की कोशिश करूंगा। मैं निश्चित रूप से शहर के हर व्यवसाय में बराबर हिस्से का मालिक नहीं बनाना चाहता हूँ। तो फिर, सार्वजनिक कंपनियों के इस बड़े दायरे में काम करते समय बर्कशायर को एक अलग तरह की नीति पर अमल क्यों करना चाहिए? साथ ही, बेहतर व्यवसायों एवं उत्कृष्ट प्रबंधकों की तलाश करना अत्यंत कठिन है, तो हमें ऐसे उत्पादों का त्याग क्यों करना चाहिए जिसके बेहतर प्रदर्शन की पुष्टि हो चुकी है? हमारा यह सिद्धांत रहा है कि: अगर आप पहली बार में सफलता प्राप्त कर लेते हैं तो प्रयास करना छोड़ दें।"[56]

संकेंद्रित निवेश अनिवार्य रूप से निवेश का एक दीर्घकालिक दृष्टिकोण हो रहा है। अगर हम बफ़े से शेयरों को अपने पास रखने की आदर्श अवधि के बारे में पूछें, तो उनका उत्तर होगा, "हमेशा के लिए" — जब तक कंपनी का आर्थिक दृष्टि से प्रदर्शन औसत से बेहतर रहता है तथा

प्रबंधन कंपनी की आमदनी का तर्कसंगत तरीके से आवंटन करता है। वह समझाते हुए कहते हैं कि, "निष्क्रियता एक बुद्धिमान व्यवहार के रूप में हमें प्रभावित करती है। न तो हम और न ही अधिकांश व्यवसाय प्रबंधक अत्यधिक लाभदायक सहायक कंपनियों के व्यापार पर इस आधार पर विचार करेंगे कि, फेडरल रिजर्व की छूट की दर का पूर्वानुमान लगाया गया है अथवा वॉल स्ट्रीट के कुछ विशेषज्ञों ने बाज़ार के संदर्भ में अपने दृष्टिकोण में बदलाव किया है। फिर, हमें इन अति उत्तम व्यवसायों में अपनी न्यूनपक्ष स्थिति के साथ अलग व्यवहार क्यों करना चाहिए?"[57]

निश्चित तौर पर अगर आप एक घटिया कंपनी के मालिक हैं, तो आपको व्यापार की मात्रा पर निर्भर रहना होगा। अन्यथा, लंबे समय में आपके पास औसत स्तर से नीचे व्यवसाय करने वाली कंपनी का स्वामित्व होगा। लेकिन अगर आप एक बेहतर कंपनी के मालिक हैं, तो आप सबसे आखिर में इसे बेचने पर विचार करेंगे।

शेयरों के नियमित तौर पर एवं सक्रियतापूर्वक खरीद व बिक्री में शामिल लोगों को पोर्टफोलियो प्रबंधन का यह निष्क्रिय तरीका अत्यंत विचित्र लग सकता है, परंतु पूंजी में औसत से अधिक दर से वृद्धि के अलावा आर्थिक दृष्टि से इसके दो महत्त्वपूर्ण लाभ भी हैं। यह लेन-देन की लागत को कम करने तथा कर के उपरांत प्रतिलाभ को बढ़ाने के लिए काम करता है। प्रत्येक लाभ अपने आप में अत्यंत मूल्यवान है; तथा संयुक्त रूप से इनका लाभ अत्यधिक है।

म्यूचुअल फंड के शिकागो स्थित शोधकर्ता, मॉर्निंगस्टार ने 3,650 घरेलू शेयर निधि की समीक्षा की और पाया कि व्यापार की मात्रा के कम अनुपात वाली निधियों ने उच्च अनुपात वाली निधियों की तुलना में बेहतर प्रतिलाभ उत्पन्न किया। मॉर्निंगस्टार के अध्ययन में यह बात सामने आई कि, 10 साल की अवधि में 20 प्रतिशत से कम व्यापार की मात्रा वाली निधियों ने 14 प्रतिशत प्रतिलाभ उत्पन्न किया, जो 100 प्रतिशत से अधिक व्यापार की मात्रा वाली निधियों की तुलना में कहीं ज़्यादा था।

यह ऐसी सामान्य व्यावहारिक गतिशीलता में से एक है, जिसके प्रत्यक्ष होने के बावजूद सहजता से नजरअंदाज़ किया जाता है। व्यापार की उच्च मात्रा के साथ समस्या यह है कि हर बार व्यापार से निधि में ब्रोकरेज की लागत जुड़ जाती है, जिससे आपका निवल प्रतिलाभ कम हो जाता है।

गैर-कर योग्य खातों के मामले को छोड़ दिया जाए, तो निश्चित तौर पर कर सबसे बड़ा व्यय है जिसका निवेशकों को सामना करना पड़ता है — जो ब्रोकरेज कमीशन से अधिक और अक्सर निधि के संचालन पर व्यय के अनुपात से अधिक होता है। वास्तव में, कर ही वह प्रमुख कारण है जिसकी वजह से निधि पर निम्नस्तरीय प्रतिलाभ प्राप्त होता है। धन प्रबंधकों रॉबर्ट जेफरी और रॉबर्ट अर्नोट के अनुसार, "यह बुरी खबर है।" वे "इज़ योर अल्फा बिग इनफ टू कवर

इट्स टैक्सेस?" के लेखक हैं, जिसका प्रकाशन पोर्टफोलियो प्रबंधन की एक सम्मानित पत्रिका में हुआ था। वे लिखते हैं, "अच्छी खबर यह है कि ऐसी व्यापारिक रणनीतियां मौजूद हैं, जो सामान्य तौर पर कर के उपेक्षित परिणामों को कम कर सकती हैं।"[58]

संक्षेप में, प्रमुख रणनीति के अंतर्गत उन सामान्य व्यावहारिक विचारों में से एक अन्य विचार भी शामिल है, जिसकी अक्सर उपेक्षा की जाती है: अवास्तविक लाभ का असाधारण मूल्य। जब किसी शेयर के मूल्य में वृद्धि होती है परंतु उसे बेचा नहीं जाता है, तो मूल्य में वृद्धि एक अवास्तविक लाभ है। शेयर को बेचे जाने तक पूंजी लाभ कर नहीं लगता है। अगर आप इस लाभ को अपने स्थान पर छोड़ देते हैं, तो आपकी धनराशि संयोजित तरीके से काफी सुदृढ़ हो जाएगी।

समग्रतः निवेशकों ने अक्सर इस अवास्तविक लाभ के असाधारण मूल्य का कमतर आकलन किया है — जिसे बफ़े "कोषागार से ब्याज मुक्त ऋण" की संज्ञा देते हैं। अपनी बात को समझाने के लिए बफ़े हमें कल्पना करने के लिए कहते हैं कि, क्या होगा यदि आप किसी शेयर में $1 का निवेश करते हैं जिसकी क़ीमत हर साल दोगुनी हो जाती है। अगर आप पहले वर्ष के अंत में इसे बेचेंगे, तो आपको $0.66 का शुद्ध लाभ होगा (यह मानते हुए कि आप 34 प्रतिशत कर कोष्ठक में हैं)। फिर मान लें कि आप $1.66 का पुनः निवेश करते हैं तथा दूसरे वर्ष के अंत तक इसका मूल्य दोगुना हो जाता है। अगर निवेश इसी प्रकार से हर वर्ष दोगुना होता रहे तथा आप बेचना एवं कर का भुगतान करना जारी रखें, और हर साल प्राप्त आय का पुनः निवेश करें तो 20 वर्षों के अंत में आपको $13,000 के करों के भुगतान के बाद $25,200 का शुद्ध लाभ प्राप्त होगा। इसके बजाय, अगर आप $1 निवेश खरीदते हैं, जो प्रत्येक वर्ष दोगुना हो जाता है और 20 साल के अंत तक बेचा नहीं जाता है, तो आपको $356,000 के करों के भुगतान के बाद $692,000 का शुद्ध लाभ प्राप्त होगा।

जेफरी-अर्नोट के अध्ययन के निष्कर्ष के अनुसार, उच्चतर प्रतिलाभ प्राप्त करने के लिए निवेशकों को अपना औसत वार्षिक पोर्टफोलियो अनुपात 0 से 20 प्रतिशत के बीच रखने की आवश्यकता है। कौन सी रणनीति कम व्यवसाय दरों के लिए सर्वश्रेष्ठ है? कम व्यवसाय वाली सूचकांक निधि इसकी एक संभावित रणनीति है। संकेंद्रित निवेश एक अन्य रणनीति है। जेफरी और अर्नोट कहते हैं, "यह विवाह से पूर्व परामर्श की तरह प्रतीत होता है, अर्थात् एक ऐसे पोर्टफोलियो के निर्माण की कोशिश करें जिसके साथ आप लंबे समय तक रह सकते हैं।"[59]

इस अध्याय के समापन से पूर्व चर्चा योग्य अत्यंत महत्त्वपूर्ण बात यह है कि, आप इस बारे में गंभीरता से विचार करें कि वास्तव में संकेंद्रित निवेश के लिए क्या अपरिहार्य है:

- जब तक आप शेयरों के बारे में सोचने के लिए तैयार नहीं होते, तब तक पहले और हमेशा की तरह व्यवसाय में आंशिक स्वामित्व की रुचि के साथ बाज़ार का रुख न करें।

- जिस व्यवसाय का स्वामित्व आपके पास है तथा जिन कंपनियों के साथ आप प्रतिस्पर्धा करते हैं, उसका इस विचार के साथ पूरी गंभीरता से अध्ययन करें कि आपके व्यवसाय के बारे में आपसे अधिक जानकारी किसी को नहीं हो।
- जब तक आप कम से कम पांच साल (10 साल भी बेहतर होगा) तक निवेश के लिए पूरी तरह तैयार न हो जाएं, तब तक संकेंद्रित पोर्टफोलियो की शुरुआत नहीं करें।
- अपने संकेंद्रित पोर्टफोलियो का लाभ उठाने की चेष्टा नहीं करें। अगर आपने संकेंद्रित पोर्टफोलियो का लाभ नहीं उठाया है तो यह आपको अपने लक्ष्यों तक द्रुत गति से पहुंचने में मदद करेगा। हमेशा याद रखें कि, हमारी पूंजी पर एक अप्रत्याशित मार्जिन कॉल अच्छी तरह से समायोजित पोर्टफोलियो को नष्ट कर देगा।
- संकेंद्रित निवेशक बनने के लिए सही मनोदशा एवं व्यक्तित्व के निर्माण की आवश्यकता को स्वीकार करें।

संकेंद्रित निवेशक के तौर पर आपका लक्ष्य अपने व्यवसाय के बारे में समझ के स्तर को नई ऊंचाइयों तक ले जाना है, जो वॉल स्ट्रीट पर बेमिसाल हो। आप प्रतिवाद कर सकते हैं कि यह बात बेहद अव्यवहारिक है, लेकिन अगर आप उन बातों पर विचार करें जिन्हें वॉल स्ट्रीट बढ़ावा देता है, तो यह उतना कठिन नहीं है जितना आप सोचते हैं। वॉल स्ट्रीट हर तिमाही के संभावित परिणाम पर बल देते हुए अल्पकालिक प्रदर्शन को बेचता है। इसके विपरीत, व्यवसाय के मालिक उन कंपनियों के दीर्घकालिक प्रतिस्पर्धात्मक लाभों में अधिक रुचि रखते हैं जिनका स्वामित्व उनके पास है। अगर आप व्यवसायों के अध्ययन हेतु कड़ी मेहनत करने के लिए तैयार हैं, तो समय के साथ आपको उन कंपनियों के बारे में औसत निवेशक से अधिक जानकारी प्राप्त होगी जिनका स्वामित्व आपके पास है, तथा आप जिनसे लाभ प्राप्त करने की इच्छा रखते हैं।

कुछ निवेशक इस बारे में कुतर्क प्रस्तुत करते हैं कि, "बाज़ार की गतिविधियों के अध्ययन" में परेशान होने की तुलना में वार्षिक रिपोर्ट का अध्ययन करना बेहतर है। परंतु शेयर बाज़ार के भविष्य की दिशा और ब्याज दरों के संदर्भ में मिश्रित परिचर्चा, उस कंपनी द्वारा उपलब्ध कराई गई नवीनतम सूचना को पढ़ने में 30 मिनट खर्च करने की तुलना में कम लाभदायक होगी, जिसमें आपने निवेश किया है।

क्या यह प्रयास आपको अत्यंत कठिन प्रतीत होता है? आप जितना सोच रहे हैं या उससे अधिक आसान है। इन चीज़ों को सीखने के लिएकोई कंप्यूटर प्रोग्राम नहीं हैं या समझने के लिए दो-इंच मोटी निवेश बैंकिंग नियमावली मौजूद नहीं है। संकेंद्रित दृष्टिकोण से लाभ प्राप्त करने के लिए आपको व्यापार मूल्यांकन पर एमबीए (MBA) स्तरीय प्राधिकार की आवश्यकता नहीं है। किसी व्यवसाय का मूल्यांकन करने और फिर उस व्यवसाय के मूल्य से कम क़ीमत का भुगतान करने की कला सीखना कोई वैज्ञानिक रहस्य नहीं है।

बफ़े इस बात को स्वीकार करते हैं कि, "इसके लिए आपको रॉकेट निर्माण करने वाले वैज्ञानिक की तरह बनने की ज़रूरत नहीं है। निवेश एक ऐसा खेल नहीं है जहां 160 आईक्यू (IQ) वाला व्यक्ति, 130 आईक्यू (IQ) वाले व्यक्ति को हरा देता है। एक निवेशक के मस्तिष्क का आकार, उसके द्वारा अपने दिमाग को भावनाओं से अलग करने की क्षमता से कम महत्त्वपूर्ण है।"[60] आपके द्वारा निवेश के तरीके में बदलाव के अंतर्गत कुछ भावनात्मक एवं मनोवैज्ञानिक समायोजन भी शामिल होंगे जैसे कि, भविष्य में आप शेयर को किस प्रकार परस्पर प्रभावित करेंगे। भले ही आप संकेंद्रित निवेश के गणितीय तर्क से पूरी तरह सहमत हो जाएं, और भले ही आप इसका अनुकरण करने वाले कुशल व्यक्तियों की सफलता को अपनी आंखों से देखें, फिर भी आप थोड़ी झिझक— मैं भावनात्मक रूप से कह रहा हूँ— महसूस कर सकते हैं।

भावनाओं को उचित परिप्रेक्ष्य में रखना बेहद अहम है, और अगर आप वॉरेन बफ़े के तरीके को लागू करने में शामिल बुनियादी मनोविज्ञान को अच्छी तरह समझ लेते हैं तो यह बेहद आसान हो जाता है— जिसकी चर्चा अगले अध्याय में की गई है।

अध्याय 6
निवेश का मनोविज्ञान

वॉरन बफ़े का सामान्य शेयरों में पहला निवेश वित्तीय तथा भावनात्मक रूप से निराशाजनक था। मुझे लगता है कि इसके लिए उन्हें माफ़ किया जा सकता है: वह उस समय केवल 11 वर्ष के ही थे। शायद आपको प्रथम अध्याय से याद होगा कि बफ़े और उनकी बहन डोरिस ने अपनी जमा पूँजी मिलाकर सिटीज़ सर्विस प्रिफ़र्ड के कुल छह शेयर, $38.25 प्रति शेयर की दर से ख़रीदे थे। कुछ महीने बाद उस शेयर के दाम 30 प्रतिशत घटकर $26.95 रह गए थे।

उस छोटी सी आयु में भी बफ़े ने भली प्रकार से शोध कर के ही निवेश किया था, जिसमें उस समय के शेयर के दामों की विभिन्न तालिकाओं का विश्लेषण एवं उनके पिता के एक प्रिय शेयर का चुनाव शामिल था। फिर भी, डोरिस अपनी पूँजी की हानि को लेकर बहुत परेशान हुईं। वह अपने भाई को हर दिन उनके द्वारा किए गए निवेश के विषय में तंग करती थीं। जैसे ही सिटीज़ सर्विसेज़ प्रिफ़र्ड का शेयर वापस लाभ में आया, बफ़े ने उसे बेच दिया। फिर बाद में विस्मयपूर्वक उसे $200 प्रति शेयर से भी अधिक के भाव पर चढ़ते हुए देखा।

इस पीड़ादायी अनुभव के बावजूद भी, शेयर बाज़ार में बफ़े की पहली पारी पूरी तरह से समय की बर्बादी नहीं थी। उन्होंने दो बड़े महत्त्वपूर्ण सबक सीखे। पहला था धैर्य का मूल्य; दूसरा, यद्यपि शेयर बाज़ार में शेयरों के दामों में अल्पकालीन बदलाव कंपनियों के मूल्यों पर प्रभाव न डालते हों, परंतु वे भावनात्मक पीड़ा को जन्म दे सकते हैं। अगले अध्याय में, हम दीर्घकालीन निवेश में धैर्य की भूमिका की जाँच करेंगे। फ़िलहाल हम शेयरों के दामों में अल्पकालीन बदलावों के निवेशकों के व्यवहार पर होने वाले हानिकारक प्रभावों का अध्ययन करेंगे। यह हमें मनोविज्ञान के विस्मयकारी क्षेत्र में ले जाता है।

पैसे से हमारा संबंध अक्सर अत्यधिक भावनापूर्ण होता है और यह मानवीय अस्तित्व की एक बहुत बड़ी सच्चाई है। शेयर बाज़ार से हमारे संबंध तो अक्सर इससे भी अधिक भावनात्मक होते हैं। व्यक्तियों के शेयरों की ख़रीद के विषय में लिए गए निर्णयों को अधिकतर, मानवीय व्यवहार के सिद्धांतों द्वारा ही समझा जा सकता है। चूँकि बाज़ार, शेयर ख़रीदने वाले सभी व्यक्तियों तथा संस्थानों द्वारा लिए गए निर्णयों के समूह से ही परिभाषित होता है, इसलिए यह कहना अतिशयोक्ति नहीं होगी कि संपूर्ण शेयर बाज़ार मनोवैज्ञानिक शक्तियों द्वारा संचालित होता है।

मनोविज्ञान एवं अर्थशास्त्र का मेल

हम सब कैसे कार्य करते हैं, इसका अध्ययन अंतहीन रूप से चित्ताकर्षक है। मुझे तो विशेषकर यह अत्यंत रुचिकर लगता है कि इसकी निवेश के क्षेत्र में कितनी प्रबल भूमिका होती है, जो एक ऐसा क्षेत्र है जिसमें उदासीन संख्याओं एवं निष्प्राण डेटा का अधिक प्रभाव माना जाता है। जब निवेश संबंधी निर्णय लेने की बात आती है, तो हमारा व्यवहार कभी-कभी सनकी, अक्सर विरोधाभासी तथा कदाचित मूर्खतापूर्ण भी होता है।

जो बात विशेष रूप से चिंताजनक है तथा जिसे सभी निवेशकों को समझना चाहिए, वह यह है कि वे अक्सर अपने ग़लत निर्णयों के प्रति अनभिज्ञ रहते हैं। बाज़ारों एवं निवेश को पूरी तरह समझने के लिए, अब हमें पता है कि हमें स्वयं की अतार्किकताओं को समझना चाहिए। तुलन-पत्र एवं आय विवरण के विश्लेषण की तरह ही ग़लत अनुमान तथा निर्णय लेने के मनोविज्ञान का अध्ययन भी एक निवेशक के लिए उतना ही महत्त्वपूर्ण है।

हाल के वर्षों में हमने एक क्रांति होते हुए देखी है, जो मानवीय व्यवहार के स्वरूप के जरिए वित्तीय समस्याओं को देखने का एक नया नज़रिया है। अर्थशास्त्र एवं मनोविज्ञान के इस मेल को स्वभावजन्य आर्थिक प्रबन्ध कहा जाता है, और धीरे-धीरे यह विश्विद्यालयों की अट्टालिकाओं के दायरे से बाहर निकलकर व्यवसायिक निवेशकों के बीच होने वाली जागरूक चर्चाओं का अंग बन गया है...जो यदि इसका भली-भांति निरीक्षण करेंगे तो उन्हें मुस्कुराते हुए बेन ग्राहम की छवि दिखायी पड़ेगी।

मिस्टर मार्केट का परिचय

बेन ग्राहम, जो कि वित्तीय विश्लेषण के पिता माने जाते हैं, ने तीन पीढ़ियों को गणितीय नक़्शे के साथ शेयर बाज़ार में रास्ता खोजना सिखाया है। पर ग्राहम की मनोविज्ञान एवं निवेश संबंधी शिक्षाओं को अक्सर नज़रअंदाज़ किया जाता है। सिक्योरिटी एनालिसिस तथा द इंटेलिजेंट इन्वेस्टर, दोनों पुस्तकों में, ग्राहम ने काफ़ी विस्तार से समझाया है कि कैसे निवेशकों की भावनाओं से शेयर बाज़ार में उतार-चढ़ाव आते हैं।

ग्राहम ने दर्शाया कि एक निवेशक का सबसे बड़ा शत्रु शेयर बाज़ार नहीं, बल्कि वह स्वयं होता है। भले ही किसी के पास गणित, वित्त-शास्त्र तथा लेखा-शास्त्र के बारे में काफ़ी ज्ञान हो, पर जो लोग अपनी भावनाओं पर नियंत्रण नहीं कर पाते वे निवेश प्रक्रिया से लाभ कमाने योग्य नहीं होते हैं।

उनके सबसे प्रसिद्ध छात्र, वॉरन बफ़े समझाते हैं कि, "ग्राहम की पद्धति में तीन महत्त्वपूर्ण सिद्धांत हैं।" पहला है शेयरों को व्यवसाय के रूप में देखना, जिससे "आपका नज़रिया बाज़ार में निवेश कर रहे अधिकतर लोगों से अलग हो जाता है।" दूसरा है सुरक्षा के मार्जिन का सिद्धांत, जिससे "आपको प्रतिस्पर्धा मंन लाभ मिलता है।" शेयर बाज़ार की ओर एक सच्चे निवेशक का मनोभाव तीसरा सिद्धांत है। बफ़े कहते हैं कि, "यदि आपके पास यह मनोभाव है तो आप शेयर बाज़ार में निवेश कर रहे 99% लोगों से आगे होते हैं— यह एक बहुत बड़ा लाभ है।"[1]

ग्राहम ने कहा कि एक निवेशक की तरह मनोभाव उत्पन्न करने के उद्देश्य से बाज़ार के उतार-चढ़ाव के लिए वित्तीय एवं मनोवैज्ञानिक रूप से तैयार होना आवश्यक है— केवल बौद्धिक रूप से यह समझना पर्याप्त नहीं है कि गिरावट आएगी, बल्कि गिरावट की स्थिति में सही निर्णय लेने के लिए मानसिक क्षमता का होना बहुत ज़रूरी है। ग्राहम के मतानुसार, एक अच्छे निवेशक की बाज़ार में आयी गिरावट के लिए वैसी ही प्रतिक्रिया होनी चाहिए, जैसी कि किसी व्यवसाय के मालिक की होती है जब उसे अपने लक्ष्य के अनुसार दाम नहीं मिलता: उसे नज़रअंदाज़ करें। ग्राहम कहते हैं, "एक सच्चा निवेशक अपने शेयरों को बेचने के लिए बहुत कम ही परिस्थितियों में बाध्य होता है तथा अन्य समयों में वर्तमान दामों को नज़रअंदाज़ करने के लिए पूर्णतया स्वतंत्र होता है।"[2]

अपने मत को साबित करने के लिए, ग्राहम ने एक काल्पनिक किरदार की रचना की जिसे उन्होंने 'मिस्टर मार्केट' का नाम दिया। मिस्टर मार्केट की प्रसिद्ध कहानी बेहद शानदार तरीके से हमें यह सीख देती है कि, कैसे और क्यों शेयरों के दाम समय-समय पर तर्किकता से अलग हो जाते हैं।

कल्पना करें कि आप और मिस्टर मार्केट किसी निजी व्यवसाय में साझेदार हैं। हर दिन, नियमानुसार मिस्टर मार्केट आपको बताते हैं कि किस भाव पर वह आपका हिस्सा ख़रीदेंगे अथवा अपना हिस्सा आपको बेचेंगे।

जिस व्यवसाय में आप दोनों साझेदार हैं, सौभाग्य से उसकी आर्थिक स्थिति स्थिर है, पर मिस्टर मार्केट द्वारा बताए गए दाम निरंतर बदलते रहते हैं। आपको लगता है कि मिस्टर मार्केट भावनात्मक रूप से अस्थिर हैं। किसी-किसी दिन वह बहुत ख़ुश होते हैं और अपने उज्जवल भविष्य पर विचार करते हैं। ऐसे दिनों में वह व्यवसाय में आपके शेयरों के लिए बहुत अधिक दाम देने को तैयार होते हैं। अन्य दिनों में, मिस्टर मार्केट निराश होते हैं और

उन्हें भविष्य में अंधकार के सिवाय कुछ भी दिखायी नहीं देता, इसलिए वह बहुत ही कम दाम लगाते हैं।

ग्राहम के अनुसार मिस्टर मार्केट में एक और मनमोहक गुण है। उन्हें अपना अपमान बुरा नहीं लगता। यदि मिस्टर मार्केट द्वारा प्रस्तावित दामों को नज़रअंदाज़ कर दिया जाता है तो वह बुरा नहीं मानते हैं और अगले दिन फिर नए दाम का प्रस्ताव लेकर हाज़िर हो जाते हैं। ग्राहम ने चेतावनी देते हुए कहा कि मिस्टर मार्केट के ज्ञान के बजाय उनका व्यक्तिगत वित्तीय साधन काम की वस्तु है। यदि मिस्टर मार्केट आपके समक्ष मूर्खता का प्रदर्शन करते हैं तो आप या तो उन्हें नज़रअंदाज़ कर सकते हैं या फिर उनका फ़ायदा उठा सकते हैं, पर यदि आप उनके प्रभाव में आ गए तो यह आपके लिए एक त्रासदी हो जाएगी।

बेन ग्राहम द्वारा मिस्टर मार्केट के काल्पनिक किरदार की रचना किए हुए 60 वर्ष से अधिक बीत चुके हैं। फिर भी ग्राहम ने निर्णय लेने में जिन ग़लतियों के प्रति हमें आगाह किया था वे अभी भी होनी जारी हैं। निवेशक अभी भी अतार्किक रूप से व्यवहार करते हैं। भय एवं लोभ अभी भी बाज़ार में छाए हुए है। मूर्खतापूर्ण निर्णय लेना आज भी आम बात है। अच्छे व्यवसायिक निर्णय लेने की क्षमता के साथ, निवेशकों को समझना चाहिए कि कैसे वे स्वयं को मिस्टर मार्केट द्वारा उठाये गए भावनाओं के बवंडर से बचा कर रखें। ऐसा करने के लिए हमें स्वभावजन्य आर्थिक प्रबन्ध से रूबरू होना होगा, क्योंकि यहीं वित्त शास्त्र का मनोविज्ञान से मिलन होता है।

स्वभावजन्य आर्थिक प्रबन्ध

स्वभावजन्य आर्थिक प्रबन्ध, अनुसंधान की एक ऐसी विधा है जो बाज़ार की अक्षमताओं को मनोवैज्ञानिक सिद्धांतों द्वारा समझने का प्रयास करता है। यह देख कर कि लोग स्वयं के वित्तीय मामलों में अक्सर मूर्खतापूर्ण ग़लतियाँ करते हैं तथा अतार्किक पूर्वाग्रह बना लेते हैं, विद्वानों ने मनोविज्ञान के सिद्धांतों में गहरा शोध करके लोगों के मन की इन अतार्किकताओं को समझने का प्रयास करना आरंभ किया। यह तुलनात्मक रूप से अध्ययन का एक नया क्षेत्र है, पर इससे हमें जो ज्ञान मिल रहा है वह अद्भुत होने के साथ-साथ बुद्धिमान निवेशकों के लिए उपयोगी भी है।

अति-आत्मविश्वास

कई मनोवैज्ञानिक अध्ययनों से पता चला है कि निर्णय में ग़लतियाँ इसलिए होती हैं क्योंकि लोग सामान्यतः अति-आत्मविश्वासी होते हैं। यदि आप बहुत से लोगों से उनकी कार चलाने के कौशल का वर्णन करने को कहें, तो अधिकतर लोग कहेंगे कि उनके पास औसत लोगों से बेहतर कौशल है। एक अन्य उदाहरण पर विचार करें: डॉक्टर मानते हैं कि वे निमोनिया रोग की पहचान 90%

सटीकता से कर सकते हैं, जबकि यथार्थ में डॉक्टर केवल 50% बार ही सही होते हैं। प्रिन्सटन यूनिवर्सिटी के वुडरो विल्सन स्कूल ऑफ़ पब्लिक एंड इंटरनेशनल अफ़ेयर्स में मनोविज्ञान एवं सार्वजनिक मामलों के प्रोफ़ेसर तथा अर्थशास्त्र में नोबेल पुरस्कार विजेता, डैनियल कानेमैन ने कहा है कि, "यह कल्पना करना सबसे कठिन कार्यों में से एक है कि आप औसत से कम बुद्धिमान हैं।"[3] पर कटु सत्य यह है कि हर व्यक्ति औसत से अधिक बेहतर नहीं हो सकता है।

आत्मविश्वास अपने आप में कोई ख़राब चीज़ नहीं है। पर अति-आत्मविश्वास एक दूसरी बात है और हमारे वित्तीय मामलों में तो यह विशेष रूप से हानिकारक हो सकता है। अति-आत्मविश्वासी निवेशक न केवल स्वयं के लिए मूर्खतापूर्ण निर्णय लेते हैं, बल्कि पूरे बाज़ार पर भी शक्तिशाली नकारात्मक प्रभाव डालते हैं।

सामान्यतः निवेशकों को ऐसा लगता है कि वे दूसरे व्यक्तियों से ज़्यादा चतुर हैं। वे अपने कौशल व ज्ञान को अक्सर यथार्थ से अधिक आँकते हैं। वे ऐसी सूचनाओं पर विश्वास करते हैं जो उनकी धारणाओं की पुष्टि करती हैं और जो सूचनाएँ उनकी धारणाओं के विपरीत होती हैं, वे उन्हें नज़रअंदाज़ कर देते हैं। इसके अतिरिक्त, मन बड़ी तेज़ी से सुगमता से उपलब्ध सूचना का मूल्यांकन करने लगता है और दुर्लभ सूचना को प्राप्त करने में उसकी उतनी रुचि नहीं होती है। अधिकांशतः, निवेशकों एवं मुद्रा प्रबंधकों को ऐसा विश्वास होता है कि उनके पास बेहतर सूचना है, इसलिए वे दूसरे निवेशकों को पछाड़कर अधिक लाभ कमा सकते हैं।

अति-आत्मविश्वास के कारण बहुत से मुद्रा प्रबंधक ग़लत निर्णय लेते हैं। उनको अपने द्वारा जुटाई गयी सूचना पर आवश्यकता से अधिक विश्वास होता है और वे स्वयं को यथार्थ से अधिक सही समझते हैं। यदि सभी खिलाड़ी यह समझें कि उनकी ही सूचना सही है और वे कुछ ऐसा जानते हैं जो कि दूसरे नहीं जानते, तो इसके परिणामस्वरूप कारोबार की दर में बढ़ोतरी होती है।

अति-प्रतिक्रियात्मक पूर्वाग्रह (Overreaction Bias)

स्वभावजन्य आर्थिक प्रबन्ध के क्षेत्र में सबसे महत्त्वपूर्ण नामों में से एक हैं रिचर्ड थेलर, जो व्यवहार विज्ञान व अर्थशास्त्र के प्रोफ़ेसर हैं, और जिन्होंने निवेशकों के तार्किक बर्ताव पर प्रश्न उठाने के एकमात्र ध्येय से कॉर्नेल से यूनिवर्सिटी ऑफ़ शिकागो स्थानांतरण किया। वह हाल ही में हुए ऐसे कई शोध अध्ययनों का उदाहरण देते हैं, जिनमें यह प्रदर्शित हुआ है कि लोग कुछ आकस्मिक घटनाओं पर अधिक ध्यान देकर यह समझ लेते हैं कि उन्होंने किसी नए चलन को खोज लिया है। विशेषकर, निवेशक अक्सर अपने पास उपलब्ध नवीनतम सूचना की ओर ध्यान केंद्रित कर लेते हैं और उसे ही विस्तृत कर लेते हैं; अतः कंपनी की आय के विषय में पिछली रिपोर्ट उनके लिए भविष्य की आय का सूचक बन जाती है। फिर, यह विश्वास करते हुए

कि जो उन्हें दिख रहा है वह औरों को नहीं दिख रहा, वे ऐसे सतही तर्क के आधार पर त्वरित निर्णय ले लेते हैं।

बेशक, अति-आत्मविश्वास यहाँ काम कर रहा है; लोगों को लगता है कि वे दूसरों के मुक़ाबले आँकड़ों को बेहतर समझते हैं और बेहतर अर्थ लगा लेते हैं। परंतु इसके और भी मायने हैं। अति-आत्मविश्वास, अति-प्रतिक्रिया के कारण और भी अधिक बढ़ जाता है। व्यवहार का अध्ययन करने वाले अब जान गए हैं कि लोग अक्सर बुरी ख़बर पर जल्दी और अति-प्रतिक्रिया देते हैं तथा अच्छी ख़बर पर देर से प्रतिक्रिया करते हैं। मनोवैज्ञानिक इसे अति- प्रतिक्रियात्मक पूर्वाग्रह कहते हैं। अतः, यदि अल्पकालिक आय रिपोर्ट अच्छी नहीं आयी है, तो अधिकतर निवेशकों की अचानक और बिना सोची-समझी प्रतिक्रिया होती है, जिसका प्रभाव शेयरों के दामों पर पड़ता ही है। थेलर अल्पकालिक घटनाओं पर इस अति-अवलंबन को निवेशकों की अदूरदर्शिता कहते हैं (मायोपिया चिकित्सा क्षेत्र में पास की वस्तु ही देख पाने की अवस्था को कहते हैं), और उनका विश्वास है कि यदि अधिकतर निवेशकों को कंपनी के मासिक विवरण न उपलब्ध न हों, तो यह उनके हित में होगा।

अति-प्रतिक्रिया के विषय में अपने विचारों का चित्रण करने के लिए, थेलर ने एक सरल विश्लेषण का विकास किया। उन्होंने न्यू यॉर्क स्टॉक एक्सचेंज में सूचीबद्ध सभी शेयरों को पिछले पाँच साल के उनके प्रदर्शन के आधार पर वरीयता दी। उन्होंने 35 सर्वश्रेष्ठ प्रदर्शन करने वाले (जिनके दाम सबसे ज़्यादा बढ़े) एवं 35 सबसे ख़राब प्रदर्शन करने वाले (जिनके दाम सबसे ज़्यादा गिरे) शेयरों को लिया और उन 70 शेयरों से एक काल्पनिक पोर्टफोलियो बनाया। फिर उन्होंने उस पोर्टफोलियो को अगले पाँच वर्ष अपने पास रखा और पाया कि उनकी सूची में जो शेयर ख़राब प्रदर्शन कर रहे थे उनमें से 40% शेयर अगले पाँच वर्षों में अच्छा प्रदर्शन करने वाले शेयरों से प्रदर्शन में आगे निकल गए। थेलर का विश्वास है कि बहुत कम निवेशक दामों में हुई पहली गिरावट के बाद स्वयं को अति-प्रतिक्रिया करने से रोक पाए होंगे, तथा गिरावट के बाद उन शेयरों के दामों में होने वाली वृद्धि का लाभ उठाने से अधिकतर निवेशक वंचित रह गए होंगे।[4]

अति-प्रतिक्रियात्मक पूर्वाग्रह के सिद्धांत को प्रतिपादित हुए अब काफ़ी समय बीत चुका है। पर पिछले कुछ वर्षों में आधुनिक प्रौद्योगिकी के कारण अति-प्रतिक्रियात्मक पूर्वाग्रह में अत्यधिक वृद्धि हुई है। इंटरनेट और टीवी पर प्रसारित होने वाले वित्तीय समाचार कार्यक्रमों के आने के पहले, अधिकतर निवेशक शेयरों के दामों को नियमित रूप से नहीं देखते थे। अधिक से अधिक वे माह के अंत में अपना ब्रोकरेज विवरण देखते थे, तीन महीने के बाद तिमाही नतीजे देख लेते थे और वर्ष के अंत में वार्षिक प्रदर्शन की गणना कर लेते थे।

आज, संपर्क प्रौद्योगिकी में हुई प्रगति के कारण निवेशक सदा ही शेयर बाज़ार से जुड़े रह सकते हैं। मोबाइल उपकरणों की सहायता से लोग कार अथवा रेल में सफ़र करते हुए भी अपने

पोर्टफोलियो का प्रदर्शन देख सकते हैं। वे अपने निवेश का प्रदर्शन टहलते हुए अथवा सुपरमार्केट की भुगतान कतार में खड़े हुए भी देख सकते हैं। ऑनलाइन ब्रोकरेज अकाउंट्स से आप यह जान सकते हैं कि प्रतिदिन बाज़ार में कारोबार की शुरुआत के बाद से आपके पोर्टफोलियो का क्या प्रदर्शन रहा है। ये अकाउंट आपके पिछले एक दिन, पाँच दिन, 10 दिन, मासिक, तिमाही तथा वार्षिक प्रदर्शन पर आधारित प्रतिलाभ का तुलनात्मक विश्लेषण भी कर सकते हैं। संक्षेप में, निवेशक प्रतिदिन चौबीसों घंटे एवं हर पल अपने शेयरों के दामों को देख सकते हैं।

क्या शेयर के दामों पर इतनी ज़्यादा नज़रें गड़ाए रहना निवेशकों के लिए अच्छा है? रिचर्ड थेलर एक सटीक उत्तर देते हैं। वह नैशनल ब्युरो ऑफ़ इकॉनामिक रिसर्च तथा हार्वर्ड यूनिवर्सिटी के जॉन एफ़. केनेडी स्कूल ऑफ़ गवर्न्मेंट द्वारा प्रायोजित मानवीय स्वभाव संगोष्ठी में अक्सर अपने व्याख्यान प्रस्तुत करते हैं, जिसमें वह इस सलाह को हमेशा शामिल करते हैं: "प्रतिभूतियों में निवेश करिए और फिर चिट्ठी मत खोलिए।"[5] इसमें हम यह जोड़ सकते हैं कि, "और फिर अपना कंप्यूटर, फ़ोन, या कोई अन्य उपकरण हर मिनट पर चेक न करें।"

हानि का भय

जब डोरिस बफ़े ने अपने छोटे भाई को उनके सिटीज़ सर्विस प्रिफ़र्ड में निवेश पर परेशान किया, तो यह बात स्पष्ट तौर पर दिखाई दी कि उन्हें शेयरों के गिरते हुए दामों से संबंधित बेचैनी की भावना को सहन करने में मुश्किल हो रही थी। पर हमें डोरिस के प्रति कठोर नहीं होना चाहिए। वह एक ऐसी भावनात्मक अवस्था से गुज़र रही थीं जो कि करोड़ों निवेशकों को प्रतिदिन प्रभावित करती है। इसे हानि का भय कहते हैं, और मेरे विचारानुसार यह सबसे बड़ा अवरोध है जो निवेशकों को निवेश में वॉरन बफ़े की पद्धति को सफलतापूर्वक लागू करने से रोकता है।

इस मनोवैज्ञानिक अवस्था को 35 वर्ष पहले इस क्षेत्र की दो बड़ी हस्तियों ने खोज था, एक थे नोबेल पुरस्कार विजेता डैनियल कानेमैन, जिनके बारे में इस अध्याय में पहले चर्चा की जा चुकी है, तथा एमॉस त्वेर्स्की, स्टैन्फ़र्ड यूनिवर्सिटी में मनोविज्ञान के प्रोफ़ेसर। दोनों व्यक्ति, जो कि लंबे समय से साथ काम करते आ रहे थे, निर्णय लेने के सिद्धांत में रुचि रखते थे।

सन 1979 में, कानेमैन और त्वेर्स्की ने एक शोध-पत्र लिखा, जिसका शीर्षक था 'प्रॉस्पेक्ट थ्योरी: एन एनालिसिस ऑफ़ डिसिज़न अंडर रिस्क।' वह बाद में आर्थिक जगत के प्रतिष्ठित जर्नल 'इकॉनोमेट्रिका' में प्रकाशित सबसे लोकप्रिय शोध-पत्रों में से एक था। उस समय तक, जॉन वॉन नॉमन एवं ऑस्कर मॉर्गेन्स्टर्न द्वारा अपनी पुस्तक 'थ्योरी ऑफ़ गेम्ज़ एंड इकॉनामिक बिहेव्यर' (प्रिन्स्टन यूनिवर्सिटी प्रेस, 1944) में प्रतिपादित निर्णय लेने का उपयोगिता सिद्धांत ही आर्थिक जगत में सर्व स्वीकार्य मत था। उपयोगिता सिद्धांत के अनुसार इससे फ़र्क़ नहीं पड़ता कि निर्णय लेने वाले व्यक्ति के समक्ष विभिन्न विकल्पों को कैसे प्रस्तुत किया जाता है। सबसे

अधिक फ़र्क़ पड़ता है इस बात से कि, वह व्यक्ति स्वयं के लिए जो सबसे अच्छा हो, वह करे। उदाहरण के तौर पर, यदि उपयोगिता सिद्धांत का पालन कर रहे किसी व्यक्ति के समक्ष एक ऐसा खेल खेलने का विकल्प हो, जिसमें जीतने की 65% संभावना हो और हारने की 35% संभावना, तो ऐसे व्यक्ति को वह खेल खेलना चाहिए क्योंकि उस खेल का कुल संभावित परिणाम घनात्मक है।

गणितीय रूप से, उपयोगिता सिद्धांत अति-उत्कृष्ट है। एक आदर्श दुनिया में यह निर्णय लेने के लिए सर्वोत्तम सिद्धांत है। परंतु, कानेमैन और त्वेर्स्की मनोवैज्ञानिक थे न कि अर्थशास्त्री, और उन्हें इस पर बहुत भरोसा नहीं था। उन्हें अपना सारा करियर मनुष्यों द्वारा निर्णय लेने में की जाने वाली ग़लतियों का अध्ययन करने में बिताया था और वे यह जानते थे कि अलग-अलग व्यक्ति लाभ एवं हानि को अलग-अलग महत्त्व देते हैं। उपयोगिता सिद्धांत में अंतिम संपत्ति को ही मूल्यांकित किया जाता है। कानेमैन और त्वेर्स्की के संभावना सिद्धांत में लाभ एवं हानि को पृथक मूल्य आवंटित किए जाते हैं। कानेमैन और त्वेर्स्की ने साबित किया कि लोग अंतिम संपत्ति को नहीं देखते, जैसा कि उपयोगिता सिद्धांत कहता है, बल्कि वह उन छोटी-छोटी लाभ व हानियों पर ध्यान रखते हैं जो कि उनकी अंतिम संपत्ति में योगदान देती हैं। संभावना सिद्धांत की अबसे महत्त्वपूर्ण खोज थी यह अनुभूति कि लोग हानि से बचते हैं। असल में, कानेमैन और त्वेर्स्की गणितीय रूप से यह सिद्ध करने में सफल रहे कि लोग एक मात्रा में हानि पर पछतावा, उतने ही मात्रा में लाभ में होने वाली ख़ुशी से दो से ढाई गुना अधिक करते हैं।

दूसरे शब्दों में कहा जाए तो, हानि से होने वाली पीड़ा, लाभ से होने वाली प्रसन्नता से अधिक होती है। कई प्रयोगों से सिद्ध हुआ है कि लोगों को किसी नकारात्मक विचार से उबरने के लिए दोगुने सकारात्मक विचार की आवश्यकता होती है। एक 50/50 के दाँव में, यदि बिलकुल ही बराबर संभावनायें हों, तो अधिकतर लोग तब तक जोखिम नहीं उठायेंगे तब तक संभावित लाभ संभावित हानि से दोगुना न हो।

इसे हानि से असममितिक विमुखता कहा जाता है: नकारात्मक पहलू का प्रभाव सकारात्मक पहलू से अधिक होता है, और यह मानवीय मनोविज्ञान का एक मूल सिद्धांत है। शेयर बाज़ार में यदि इसे लगाया जाए, तो इसका अर्थ हुआ कि निवेशक अपने पैसे की हानि के विषय में, अच्छे शेयर का चुनाव करने की ख़ुशी के मुक़ाबले दोगुना दुःख अनुभव करते हैं। निवेश के निर्णयों पर हानि से विमुखता का प्रभाव प्रत्यक्ष एवं गहरा है। हम सभी यह विश्वास करना चाहते हैं कि हमने अच्छे निर्णय लिए हैं। स्वयं के लिए अपने अच्छे मत को बनाए रखने के लिए हम अपने ग़लत विकल्पों को काफ़ी देर तक पकड़े रहते हैं तथा इस बात के प्रति आशान्वित रहते हैं कि शायद समय बदल जाए। अपने लिए हानिकारक शेयरों को न बेचने से हमें स्वयं की विफलताओं का सामना नहीं करना पड़ता।

हानि से इस प्रकार का भय निवेशकों को अप्रत्याशित रूप से रूढ़िवादी बनाता है। 401(k) संबंधी योजनाओं, जिनके समय क्षितिज दशकों में होते हैं, में भाग लेने वाले लोग भी अपनी पूँजी का बड़ा हिस्सा बॉंड बाज़ार में निवेशित रखते हैं। क्यों? हानि के प्रति अत्यधिक भय के कारण ही कोई इतना रूढ़िवादी पूँजी आवंटन करेगा। परंतु, हानि से भय आपको तात्कालिक रूप से भी प्रभावित कर सकता है, आपको हानि उठा रहे शेयरों को अतार्किक रूप से पकड़े रहने के लिए बाध्य कर के। कोई भी अपनी ग़लती मानना नहीं चाहता है। पर यदि आप अपनी ग़लती को बेच कर उससे पीछा नहीं छुड़ाते, तो आप उस संभावित लाभ से भी वंचित हो जाते हैं जो आपको चतुराई से पुनर्निवेश करने से मिलता।

मानसिक लेखांकन

पिछले कई वर्षों में, रिचर्ड थेलर को कानेमैन और त्वेर्स्की तथा स्वभावजन्य आर्थिक प्रबन्ध के क्षेत्र के अन्य कई विद्वानों के साथ अध्ययन करने और सहयोग करने का अवसर मिला। उन्होंने निर्णय लेने पर कई लेख लिखे हैं, जिनमें से कई, उनकी लोकप्रिय पुस्तक, द विनर्ज़ कर्स: पैराडॉक्सेज़ एंड अनॉमलीज़ ऑफ़ इकॉनामिक लाइफ़ (फ़्री प्रेस, 1992), में खोजे जा सकते हैं। तथापि, थेलर अपने 1995 के लेख "मायोपिक लॉस अवर्ज़न एंड द एक्वटी रिस्क प्रीमियम", के लिए सर्वाधिक जाने जाते हैं, जो कि उन्होंने यूनिवर्सिटी ऑफ़ कैलिफ़ोर्निया के ऐंडरसन स्कूल ऑफ़ मैनेजमेंट के प्रोफ़ेसर और बिहेव्यरल डिसिज़न मेकिंग ग्रुप के सह-अध्यक्ष, श्लोमो बेनार्टज़ी के साथ मिलकर लिखा था। अपने लेख में, थेलर और बेनार्टज़ी ने कानेमैन एवं त्वेर्स्की द्वारा संभावना सिद्धांत में वर्णित हानि से भय को लेकर उसे सीधे शेयर बाज़ार से जोड़ दिया।

थेलर और बेनार्टज़ी एक केंद्रीय प्रश्न से उलझे हुए थे: क्यों कोई दीर्घकालीन समय क्षितिज वाला व्यक्ति शेयरों की बजाय बॉंड ख़रीद कर रखना चाहेगा जबकि उसको पता है कि शेयरों का प्रदर्शन लगातार उम्मीद से अच्छा ही रहता है? उनका मानना था कि इसका उत्तर कानेमैन और त्वेर्स्की द्वारा प्रतिपादित दो मूल सिद्धांतों में छुपा हुआ था। पहला था हानि का भय, जिस पर हम पहले चर्चा कर चुके हैं। दूसरा था व्यवहार संबंधी एक सिद्धांत, जिसे मानसिक लेखांकन (mental accounting) कहते हैं, जो कि उन पद्धतियाँ का वर्णन करता है जिनका प्रयोग लोग वित्तीय परिणामों को कूटबद्ध करने में करते हैं। यह हमारे आस-पास की परिस्थितियों के प्रभाव में पैसे के प्रति हमारे बदलते दृष्टिकोण को दर्शाता है। हम मानसिक रूप से पैसे को विभिन्न "खातों" में रखते हैं और उससे यह निर्णय होता है कि कैसे हम उसे प्रयोग करने के विषय में सोचते हैं।

एक सरल उदाहरण से स्पष्ट हो जाएगा। कल्पना करते हैं कि आप अभी-अभी अपने जीवनसाथी के साथ बाहर से घूम कर लौटे हैं। आप बच्चे की देखभाल करने वाली आया को पैसे देने के लिए बटुआ निकलते हैं, पर पाते हैं कि जो $20 का नोट आप सोच रहे थे कि उसमें

है, वह वहाँ नहीं है। तो जब आप आया को उसके घर छोड़ने जा रहे होते हैं तो आप एक ATM मशीन पर रुक कर एक और $20 का नोट निकाल लेते हैं। फिर अगले दिन आपको वह खोया हुआ नोट अपनी जैकेट की जेब में मिलता है।

यदि आप अधिकतर लोगों की तरह हैं, तो आप उल्लास व्यक्त करेंगे। आपकी जेब में मिला $20, सौभाग्यवश प्राप्त पैसा है। यद्यपि पहला $20 और दूसरा $20 दोनों आपके ही खाते से आए हैं, और दोनों ही आपकी मेहनत की कमाई का प्रतिनिधित्व करते हैं, परंतु जो $20 का नोट इस समय आपके पास है उसे पाने कीआपको उम्मीद नहीं थी और इसलिए आपको लगता है कि आप उससे फ़िज़ूलखर्ची करने को स्वतंत्र हैं।

एक बार फिर, रिचर्ड थेलर ने इस सिद्धांत का प्रदर्शन करने के लिए एक रोचक शैक्षिक परीक्षण का प्रयोग किया है। अपने इस अध्ययन में उन्होंने लोगों के दो समूहों से आरंभ किया। पहले समूह के लोगों को $30 नगद दिए गए और उन्हें दो विकल्प दिए गए: (1) पैसे को रख लें, या (2) सिक्का उछालने के एक दाँव में भाग लें जिसमें यदि वह जीते तो उन्हें $9 अतिरिक्त मिलेगा और यदि वह हारे तो $9 काट लिया जाएगा। अधिकतर (70%) लोगों ने वह दाँव खेला क्योंकि उन्हें लगा कि कम से कम $21 मूल्य का तो पाया हुआ पैसा उन्हें मिलेगा ही। दूसरे समूह के सदस्यों को वही विकल्प दूसरी तरह से और उलटे क्रम में दिए गए: (1) या तो सिक्का उछालने के खेल में दाँव लगाएँ और जीतने पर $39 और हारने पर $21 पाएँ, या (2) उनको $30 दिया जाएगा जिसे वह रख लें। इस समूह में आधे से ज़्यादा (57%) लोगों ने पक्का मिल रहा पैसा लेने का निर्णय किया। दोनों ही समूह के लोगों के पास एक ही मात्रा में और एक ही संभावना के साथ पैसा जीतने के अवसर उपलब्ध थे, पर एक ही परिस्थिति को दूसरी तरह से भाँपा गया।[6]

यह परिणाम स्पष्ट हैं: हम कैसे निवेश का निर्णय लेते हैं, और कैसे हम उन निवेशों का प्रबंधन करने का चुनाव करते हैं, यह पैसे के बारे में हमारी सोच पर गहरा प्रभाव डालता है। उदाहरण के तौर पर, मानसिक लेखांकन को लोगों के ख़राब प्रदर्शन कर रहे शेयरों को न बेचने का एक अतिरिक्त कारण माना गया है: उनके मन में हानि प्रत्यक्ष रूप से तभी प्रकट होती है जब उस पर कार्य किया जाए। यह हमें जोखिम उठाने की अपनी क्षमता को भी समझने में सहायता करता है। सौभाग्यवश प्राप्त पैसे से जोखिम लेने की हमारी संभावना बहुत अधिक होती है।

अदूरदर्शिता के कारण हानि का भय

थेलर और बेनार्टज़ी ने इसके आगे भी काम किया। थेलर को नोबेल पुरस्कार विजेता पॉल सैमुएल्सन द्वारा प्रस्तावित एक वित्तीय पहेली याद आयी। सन 1963 में, सैमुएल्सन ने अपने एक सहकर्मी से पूछा कि क्या वह एक ऐसी शर्त लगाना स्वीकार करेंगे जिसमें: $200 जीतने

की 50 प्रतिशत संभावना होगी और $100 हारने की 50 प्रतिशत संभावना। सैमुएल्सन के अनुसार, उनके सहकर्मी ने पहले तो वह प्रस्ताव ठुकरा दिया पर बाद में उस पर पुनर्विचार किया। उन्होंने कहा कि, वह उस खेल को ख़ुशी-ख़ुशी खेलेंगे यदि उन्हें 100 बार खेलने का अवसर मिले और हर एक परिणाम को देखना न पड़े। खेल को नए नियमों के साथ खेलने की इस तत्परता से थेलर और बेनार्टज़ी को एक विचार आया।

सैमुएल्सन के सहकर्मी उस बाज़ी को दो शर्तों के साथ खेलने को तैयार थे: खेल की समय अवधि को बढ़ाया जाए और परिणाम देखने की बाध्यता की संख्या को घटाया जाए। इस अवलोकन को निवेश के क्षेत्र में ले जाते हुए, थेलर और बेनार्टज़ी ने तर्क लगाया कि कोई निवेशक जितने अधिक समय तक किसी संपत्ति को अपने पास रखेगा, वह संपत्ति उतनी ही आकर्षक हो जाएगी, बशर्ते उस निवेश को बार-बार परखा न जाए।

ऐतिहासिक निवेश परिणामों का विश्लेषण करते हुए, हम पाते हैं कि अधिकांश दीर्घकालीन प्रतिलाभ सभी कारोबारी महीनों के केवल 7 प्रतिशत का परिणाम होते हैं। बचे हुए 93 प्रतिशत का औसत प्रतिलाभ लगभग शून्य होता है।[7] इससे स्पष्ट है कि अल्प काल में पोर्टफोलियो के प्रदर्शन का परीक्षण करने से उसमें हानि की संभावना बढ़ जाती है। यदि आप प्रतिदिन अपने पोर्टफोलियो के वर्तमान मूल्य को देखते रहते हैं तो 50/50 संभावना है कि आपको हानि का अनुभव होगा। यदि आप इस अवधि को बढ़ा कर प्रति माह कर दें तो भी हानि की संभावनाओं में ज़्यादा कमी नहीं होगी।

पर यदि आप अपने पोर्टफोलियो को रोज़ाना न देखें, आपको प्रतिदिन के भावों में उतार-चढ़ाव को देखने से होने वाली उत्तेजना से मुक्ति मिल जाएगी; जितने लंबे समय तक आप अपने निवेश को बनाए रहेंगे, दामों के उतार-चढ़ाव से आपका सामना होने की संभावना उतनी ही कम होगी तथा इसके फलस्वरूप आपके द्वारा चुने गए विकल्प उतने ही आकर्षक लगने लगेंगे। दूसरे शब्दों में, जो दो कारक किसी निवेशक की भावनात्मक उथल-पुथल में योगदान देते हैं वह हैं, हानि का भय तथा जल्दी-जल्दी निवेश का परीक्षण करना। निकट दृष्टिदोष के लिए चिकित्सा क्षेत्र में प्रयोग होने वाले शब्द का प्रयोग करके, थेलर और बेनार्टज़ी ने एक नए पारिभाषिक भाष्य का अविष्कार किया, जिसे उन्होंने अदूरदर्शिता के कारण हानि का भय का नाम दिया जो कि हानि के भय एवं कम समय अवधि का संयोग दर्शाता है।

इसके बाद थेलर और बेनार्टज़ी ने आदर्श समय अवधि को निर्धारित करने की चेष्टा की। हम जानते हैं कि कम समय अवधि में, शेयरों के दामों में बांड्ज़ की तुलना में अधिक उतार-चढ़ाव आते हैं। हम यह भी जानते हैं कि यदि हम शेयरों के दामों में आने वाले उतार-चढ़ावों को देखने की अपनी समय अवधि में वृद्धि कर देते हैं, तो शेयरों से मिलने वाले प्रतिलाभों में होने वाला मानक विचलन कम हो जाता है। थेलर और बेनार्टज़ी यह देखना चाहते थे कि: निवेशकों को

कितनी देर तक शेयरों में अपने निवेश को बिना जाँच किए अपने पास रखना चाहिए, जिससे कि उन्हें अदूरदर्शिता के कारण हानि के भय के कारण हानि न उठनी पड़े? उत्तर था: एक वर्ष।

थेलर और बेनार्टज़ी ने एक घंटे, एक दिन, एक हफ़्ते, एक माह, एक वर्ष, 10 वर्ष, तथा 100 वर्ष की समयावधि में शेयरों के प्रतिलाभ, मानक विचलन, और घनात्मक प्रतिलाभ की संभावना की जाँच की। उसके बाद उन्होंने कानेमैन और त्वेर्स्की के हानि के भय के फलन की संख्या को 2 मान कर (उपयोगिता = दामों में बढ़ोतरी की संभावना - दामों में गिरावट की संभावना x 2) निकाले गए एक साधारण से उपयोगिता फलन का प्रयोग किया। गणितीय आधार पर, एक निवेशक का भावनात्मक उपयोगिता फलन तब तक घनात्मक संख्या तक नहीं पहुँचा, जब तक वह एक वर्ष की अवलोकनीय समय अवधि तक नहीं पहुँचा। मैं अक्सर सोचता हूँ कि वॉरन बफ़े का यह मत कि शेयर बाज़ार को व्यापार के लिए वर्ष में केवल एक बार ही खुलना चाहिए, कहीं अदूरदर्शिता के कारण हानि के भय से संबंधित मनोवैज्ञानिक खोज तो नहीं है।

थेलर और बेनार्टज़ी का तर्क है कि जब भी हम हानि से भय की बात करते हैं, तब हमें प्रतिलाभों की गणना की आवृत्ति पर भी ध्यान देना चाहिए। यदि निवेशक अपने पोर्टफोलियो की जाँच कम से कम समय अवधि के बाद करते हैं, तब यह स्पष्ट है कि वह अधिक उतार-चढ़ाव वाले शेयरों की ओर कम आकर्षित होंगे। थेलर और बेनार्टज़ी समझाते हैं कि, "हानि का भय जीवन की वास्तविकता है। इसके उलट, परीक्षण की आवृत्ति एक नीतिगत चुनाव है जिसको कदाचित सैद्धांतिक रूप से बदला जा सकता है।"[8]

लेमिंग फ़ैक्टर *(The Lemming Factor)*

एक और मनोवैज्ञानिक फंदा है जो निवेशकों को अन्य लोगों के अनुकरण का प्रलोभन देता है, चाहे उसमें कोई तर्क हो या न हो। इसे हम लेमिंग फ़ैलेसी (lemming fallacy) कह सकते हैं।

लेमिंग, चूहे जैसा एक छोटा जानवर होता है जो कि टुंड्रा क्षेत्र का मूल निवासी है और समूह में समुद्र में सामूहिक रूप से गमन करने के लिए प्रसिद्ध है। सामान्य समय में, लेमिंग वसंत के समय भोजन एवं नए आश्रय की खोज में गमन करते हैं। परंतु, हर तीन या चार वर्षों में कुछ अजीब होता है। अधिक प्रजनन और कम मृत्यु दर के कारण लेमिंग की जनसंख्या बढ़ने लगती है। जब उनकी जनसंख्या बहुत बढ़ जाती है, तो लेमिंग अंधेरे में कुछ अनियमित चाल चलना आरंभ करते हैं। शीघ्र ही, यह दुस्साहसी समूह दिन के उजाले में भी चलना आरंभ करता है। रुकावटों का सामना होने पर, समूह में लेमिंग्स की संख्या तब तक बढ़ती जाती है जब तक कि घबराहट की प्रतिक्रिया वश वे या तो रुकावट से हो कर निकल जाते हैं या तो फिर उसके ऊपर से निकल जाते हैं। जैसे-जैसे यह व्यवहार और बढ़ता जाता है, लेमिंग ऐसे पशुओं को भी चुनौती

देना आरंभ कर देते हैं जिन्हें वह आमतौर पर छेड़ने से बचते हैं। यद्यपि अधिकतर लेमिंज़ भूख, परभक्षी जानवरों तथा दुर्घटनाओं के कारण मारे जाते हैं, फिर भी अधिकतर समुद्र तक पहुँच ही जाते हैं। उसके बाद वे वहाँ कूद जाते हैं और तब तक तैरते रहते हैं जब तक कि वे डूब कर मर नहीं जाते।

लेमिंग का बर्ताव पूरी तरह से समझा नहीं जा सका है। जंतु वैज्ञानिकों का मत है कि उनकी खाद्य आपूर्ति में बदलाव एवं तनावपूर्ण परिस्थितियाँ इस समूह गमन का कारण है। लेमिंग्स में जनसंख्या वृद्धि के फलस्वरूप होने वाली परस्पर प्रतिस्पर्धा से संभवतः उनके हार्मोन की संरचना परिवर्तित होती है, जिससे उनके व्यवहार में बदलाव हो जाता है।

क्यों बहुत से निवेशक लेमिंग की तरह बर्ताव करते हैं? हमें इसे समझने में सहायता के लिए, बफ़े ने बेन ग्राहम की एक प्रिय कहानी बर्कशायर हैथअवे की 1985 की वार्षिक रिपोर्ट में साझा की।

तेल का एक खोजी जब मृत्यु के बाद स्वर्ग जा रहा था, तब उसे बुरी ख़बर के साथ संत पीटर मिले। संत पीटर बोले "तुम यहाँ रहने के पात्र तो हो, पर जैसा कि तुम देख रहे हो, तेल के खोजियों का परिसर पूरी तरह से भरा हुआ है। वहां तुम्हारे लिए कोई जगह नहीं है।" कुछ समय तक सोचने के बाद तेल के खोजी ने पूछा कि, क्या वह परिसर के वर्तमान निवासियों से केवल चार शब्द कह सकता है। संत पीटर को उसमें कुछ भी हानि नहीं लगी, इसलिए उन्होंने अपनी रज़ामंदी दे दी। तेल खोजी ने अपने हाथ को मुँह के पास ले जा कर कहा "नर्क में तेल मिला है।" तुरंत ही परिसर का फाटक खुला और सभी तेल खोजी बाहर निकल आए। इस बात से प्रभावित हो कर संत पीटर ने उस तेल खोजी को उस परिसर में जाकर आराम से रहने को कहा। वह तेल खोजी रुका। उसने कहा, "नहीं, मैं सबके साथ जाऊँगा। हो सकता है कि इस अफ़वाह में कोई सच्चाई हो।"

निवेशकों को इस फंदे से बचाने के लिए, बफ़े हमसे व्यवसायिक वित्त प्रबंधकों के विषय में सोचने के लिए कहते हैं, जो कि कई बार एक ऐसी व्यवस्था द्वारा पोषित होते हैं जो कि औसत को सुरक्षित मानता है और स्वतंत्र चिंतन से अधिक सामान्य प्रथाओं के अनुकरण को बढ़ावा देता है। बफ़े ने कहा है, "अधिकांश प्रबंधकों के पास बुद्धिमत्तापूर्ण, परंतु मूर्खतापूर्ण की कुछ संभावना वाला निर्णय लेने के लिए बहुत कम प्रोत्साहन होता है। उनका व्यक्तिगत लाभ/हानि अनुपात बिलकुल सीधा होता है: यदि कोई अपरंपरागत निर्णय सही साबित होता है, तो उन्हें शाबाशी मिलती है, और यदि वह ख़राब साबित होता है तो उन्हें नौकरी से निकाल दिया जाता है। परंपरागत रूप से असफल होने में ही लाभ है: एक समूह के तौर पर लेमिंग की छवि ख़राब हो सकती है, परंतु किसी भी लेमिंग को कभी भी अपने विषय में बुरी बातें सुनने को नहीं मिलीं।"[9]

भावनात्मक फंदों का प्रबंधन

पैसे के बारे में सोचने के इन आम तरीक़ों में से हर एक, उन निवेशकों के लिए समस्याएँ खड़ी करता है जो इनके हानिकारक प्रभावों से स्वयं को बचा नहीं पाते, पर मेरे मत में इनमें से भी सबसे गंभीर है अदूरदर्शिता के कारण हानि का भय। मैं मानता हूँ कि यह अकेला सबसे बड़ा मनोवैज्ञानिक अवरोध है जो निवेशकों को वॉरन बफ़े वे का सफलतापूर्वक पालन करने से रोकता है। अपने लगभग तीन दशक लंबे व्यवसायिक अनुभव में, मैंने निवेशकों, पोर्टफोलियो प्रबंधकों, परामर्शदाताओं तथा बड़े संस्थागत कोषों के समिति सदस्यों द्वारा अपने घाटों की बार-बार गणना करने से अपनी हानियों को स्वीकार करने में आने वाली समस्याओं का सीधा अवलोकन किया है। इस मनोवैज्ञानिक बोझ से बहुत कम ही व्यक्ति स्वयं को बचा पाते हैं।

शायद इसमें कोई आश्चर्य नहीं है कि एक व्यक्ति जिसने अदूरदर्शिता के कारण हानि का भय पर विजय प्राप्त कर ली है, वह विश्व का महानतम निवेशक भी है- वॉरन बफ़े। मैंने सदा ही यह माना है कि बफ़े की लंबे समय तक बनी रहने वाली सफलता के पीछे उनकी कंपनी के निराले ढाँचे का बहुत बड़ा हाथ है। बर्कशायर हैथअवे के पास सामान्य शेयर और पूरी कंपनियाँ अथवा व्यवसाय, दोनों का स्वामित्व है, इसलिए बफ़े ने स्वयं इन व्यवसायों के मूल्यों में वृद्धि और इनके शेयरों के दामों में वृद्धि के बीच के अंतरंग संबंध का सीधा अनुभव किया है। उन्हें हर रोज़ शेयरों के दामों को देखने की आवश्यकता नहीं पड़ती, क्योंकि उन्हें अपने द्वारा लिए गए निवेश के निर्णयों के सही होने के लिए बाज़ार की पुष्टि की आवश्यकता नहीं पड़ती। जैसा कि वह अक्सर कहते हैं, "मुझे किसी शेयर के दाम से मूल्य के बारे में जानने की आवश्यकता नहीं है।"

कैसे यह बफ़े के लिए कार्य करता है, इसे जानने के लिए बफ़े का 1988 में कोका कोला कंपनी में $1 बिलियन का निवेश का उदाहरण देखा जा सकता है। उस समय यह किसी भी कंपनी के शेयरों में बर्कशायर का तब तक का सबसे बड़ा निवेश था। अगले 10 वर्षों में कोका कोला के शेयरों के दाम दस गुना बढ़े जबकि S&P सूचकांक में केवल तीन ही गुना वृद्धि हुई। पीछे मुड़कर देखने से, हमें लग सकता है कि कोका कोला किसी भी निवेशक के लिए एक अत्यधिक सरल निवेश था। नब्बे के दशक के अंत में, मैंने कई निवेश संगोष्ठी में भाग लिया और वहाँ मैं हमेशा दर्शकों से पूछता था, "आपमें से कितने लोगों ने पिछले दस वर्षों में कोका कोला के शेयरों में निवेश किया है?" लगभग सभी हाथ ऊपर उठ जाते थे। फिर मैं पूछता था, "आपमें से कितने लोगों को अपने कोका कोला में किए गए निवेश पर उतना ही प्रतिलाभ मिला जितना कि वॉरन बफ़े को कोका कोला में किए गए अपने निवेश से मिला?" झेंपते हुए सभी लोगों के हाथ धीरे-धीरे नीचे हो जाते थे।

फिर मैं असली प्रश्न पूछता था: "ऐसा क्यों?" यदि दर्शकों में इतने सारे लोगों के पास कोका कोला के शेयर थे (उन्होंने उसी कंपनी में निवेश किया था जिसमें बफ़े ने भी किया था), तो फिर

उनमें से किसी को भी बफ़े के समान प्रतिलाभ क्यों नहीं मिला? मुझे लगता है कि इसका उत्तर अदूरदर्शिता के कारण हानि का भय ही है। दस वर्ष की अवधि (1989-1998) में कोका कोला ने निस्सन्देह बाज़ार को मात दी, परंतु वार्षिक परिणामों में उसने बाज़ार को केवल छह बार ही पछाड़ा। हानि के भय के गणित के अनुसार, कोका कोला में निवेश की भावनात्मक उपयोगिता ऋणात्मक थी (छह घनात्मक इमोशनल यूनिट - चार ऋणात्मक इमोशनल यूनिट्स x 2)। मैं केवल कल्पना ही कर सकता हूँ कि कैसे, जिन निवेशकों के पास कोका कोला के शेयर थे, उन्होंने शेयर में मंदी के वक़्त शेयर को बेचने का निर्णय ले लिया होगा। ऐसे समय में बफ़े ने क्या किया? उन्होंने कोका कोला की आर्थिक प्रगति का जायज़ा लिया— तब भी बढ़िया थी— और कंपनी में निवेशित रहने का निर्णय लिया।

बेन ग्राहम ने हमें स्मरण कराया कि "अधिकतर समय सामान्य शेयर, निवेशकों के आशा, भय, एवं लोभ की भावनाओं के वशीभूत होकर शेयरों में सट्टा अथवा जुआ खेलने के निर्णय दामों में होने वाले अतार्किक एवं अत्यधिक उतार-चढ़ाव से पीड़ित रहते हैं।"[10] उन्होंने चेताया कि निवेशकों को बाज़ार में आने वाले उतार-चढ़ावों के लिए तैयार रहना चाहिए। और तैयारी से उनका मतलब था मनोवैज्ञानिक तथा वित्तीय, दोनों रूप से-केवल बुद्धि से यह जान लेना कि कभी कोई गिरावट आएगी, ऐसा नहीं, बल्कि जब वह गिरावट आए तब सही निर्णय लेने के लिए साधन संपन्न होना।

ग्राहम ने कहा कि, "जो निवेशक, अपने द्वारा किए गए निवेश में आयी अनुचित गिरावट से स्वयं को प्रभावित अथवा चिंतित होने देता है, वह अपने मूल लाभ को मूल हानि में परिवर्तित कर रहा है। ऐसे व्यक्ति के लिए सबसे अच्छा तो यह रहेगा कि उसके पास स्वयं द्वारा निवेशित शेयरों के बाज़ार भाव का विवरण उपलब्ध ही न हो, क्योंकि तब वह दूसरों द्वारा की गयी ग़लतियों से उसे होने वाली मानसिक पीड़ा से बचा रहेगा।"[11]

और दूसरी ओर, वॉरन बफ़े

वॉरन बफ़े का निवेश के प्रति दृष्टिकोण, उनका शेयरों को व्यवसाय समझना और एक संकेंद्रित पोर्टफोलियो का प्रबंधन करना, प्रतिवर्ष बिज़नस स्कूलों में हज़ारों छात्रों को पढ़ाए जाने वाले वित्तीय सिद्धांतों के बिलकुल उलट है। सामूहिक रूप से, इन सिद्धांतों के ढाँचे को 'आधुनिक पोर्टफोलियो सिद्धांत' के नाम से जाना जाता है। जैसा कि हम आगे देखेंगे, निवेश का यह सिद्धांत व्यवसायियों द्वारा नहीं, बल्कि उच्च संस्थानों में कार्यरत विद्वानों ने बनाया था। बफ़े इस प्रकार के बौद्धिक संस्थानों में बसने से इनकार करते हैं। जो लोग बफ़े के उसूलों के अनुयायी हैं, वे जल्दी ही स्वयं को अधिकतर निवेशकों से भावनात्मक एवं मनोवैज्ञानिक रूप से अलग महसूस करेंगे।

हैरी मार्कोविट्ज़- सह-प्रसरण

मार्च 1952 में, यूनिवर्सिटी ऑफ़ शिकागो के एक स्नातकोत्तर छात्र, हैरी मार्कोविट्ज़ ने जर्नल ऑफ़ फ़ाइनैन्स में एक 14 पन्ने का लेख प्रकाशित किया, जिसका शीर्षक था "पोर्टफोलियो सलेक्शन"।[12] उसमें मार्कोविट्ज़ ने समझाया कि प्रतिलाभ और जोखिम आपस में अटूट रूप से जुड़े हुए हैं, साथ ही अपने इस निष्कर्ष को सिद्ध करती हुई गणनायें भी प्रस्तुत कीं कि, कोई भी निवेशक औसत से अधिक प्रतिलाभ तभी पा सकता है जब वह औसत से अधिक जोखिम भी उठाये। आज यह लगभग प्रत्यक्ष सी बात लगती है, पर 1950 के दशक में, जब पोर्टफोलियो बेतरतीब ढंग से बनाए जाते थे, यह एक क्रांतिकारी परिकल्पना थी। आज उस छोटे से लेख को आधुनिक वित्त शास्त्र का जनक माना जाता है।

सात वर्षों के बाद, मार्कोविट्ज़ की पहली पुस्तक का प्रकाशन हुआ, पोर्टफोलियो सलेक्शन: एफ़िशियेंट डिवर्सिफ़िकेशन ऑफ़ इन्वेस्ट्मेंट्स (जॉन वाइली एंड संज़, 1959)। इसमें उन्होंने पूरे पोर्टफोलियो से जुड़े जोखिम के मापन पर अपना ध्यान केंद्रित किया, जो कई लोगों के मत में उनका महानतम योगदान है। उन्होंने उसे सह-प्रसरण का नाम दिया, जो शेयरों के एक समूह की दिशा को मापने की एक पद्धति है। जितना वह एक ही दिशा में चलते हैं, उतनी ही अधिक यह संभावना रहती है कि आर्थिक परिस्थितियों में बदलावों के कारण वह एक ही साथ नीचे आ जाएँगे। इसी तर्क के अनुसार, जोखिम वाले शेयरों से बना एक पोर्टफोलियो असल में एक सुरक्षित चयन सबित हो सकता है, यदि उसके घटक शेयरों के दाम अलग तरह से चल रहे हों। मार्कोविट्ज़ के अनुसार, दोनों ही परिस्थितियों में विविधिकरण सबसे महत्त्वपूर्ण है। वह इस निष्कर्ष पर पहुँचे कि निवेशकों के लिए समझदारी इसी में है कि सबसे पहले वह स्वयं की जोखिम बर्दाश्त करने की क्षमता को पहचान लें, और फिर कम सह-प्रसरण वाले शेयरों का एक दक्ष व विविधिकृत पोर्टफोलियो बनायें।

यूजीन फ़ामा— दक्ष बाज़ार

सन 1965 में, यूनिवर्सिटी ऑफ़ शिकागो के यूजीन फ़ामा ने जर्नल ऑफ़ बिज़नस में अपने पीएचडी शोध-प्रबंध"द बिहेव्यर ऑफ़ स्टॉक मार्केट प्राइसेज़" का प्रकाशन किया, जिसमें उन्होंने शेयर बाज़ार के व्यवहार पर एक व्यापक सिद्धांत का प्रतिपादन किया। उनका संदेश बिलकुल स्पष्ट था: शेयर बाज़ार में शेयरों के दामों की भविष्यवाणी करना फ़िज़ूल है, क्योंकि बाज़ार अत्यधिक दक्ष है। एक दक्ष बाज़ार में, जैसे-जैसे सूचना उपलब्ध होती जाती है, बहुत से चतुर व्यक्ति उस सूचना का प्रयोग ऐसे आक्रामक रूप से करते हैं कि, इससे पहले कि कोई भी लाभ उठाए, दाम बदल जाते हैं। किसी भी समय, दाम, सभी उपलब्ध सूचनाओं को प्रतिबिंबित करते हैं और इसलिए हम कहते हैं कि बाज़ार दक्ष है।

बिल शार्प— पूंजीगत संपत्ति मूल्य-निर्धारण मॉडल

मार्कोविट्ज़ के लेख के प्रथम प्रकाशन के लगभग 10 वर्ष बाद, बिल शार्प नाम के एक युवा पीएचडी छात्र ने पोर्टफोलियो सिद्धांत में किए गए उनके कार्य एवं अनगिनत सह-प्रसरण की आवश्यकता पर विस्तार से चर्चा की। अगले वर्ष, सन 1963 में शार्प का शोध-प्रबंध: "ए सिम्प्लिफ़ाइड मॉडल ऑफ़ पोर्टफोलियो एनालिसिस" प्रकाशित हुआ। मार्कोविट्ज़ के विचारों पर अपनी निर्भरता को पूर्णतया स्वीकार करते हुए, शार्प ने एक सरल पद्धति सुझायी। शार्प का मानना था कि सभी प्रतिभूतियों का किसी एक आधारभूत कारक से संबंध होगा, अतः किसी एक प्रतिभूति का उस आधारभूत कारक के सापेक्ष विचलन का मापन करने से विश्लेषण पूर्ण हो जाएगा। उन्होंने आधारभूत कारक से विचलन को नाम दिया: बीटा फ़ैक्टर।

एक वर्ष बाद, शार्प ने पूंजीगत संपत्ति मूल्य-निर्धारण मॉडल (CAPM) नाम के एक ऐसे सिद्धांत का प्रतिपादन किया, जो उनके एकल-कारक मॉडल का सीधा विस्तार था और जिसका प्रभाव अत्यधिक विस्तृत होने वाला था। CAPM के अनुसार शेयरों में दो प्रकार के जोखिम निहित होते हैं। एक जोखिम तो वह होता है जो कि केवल बाज़ार में होने से ही आ जाता है, जिसे शार्प ने निश्चित जोखिम नाम दिया। निश्चित जोखिम ही "बीटा" है और इसका विविधिकरण नहीं किया जा सकता। दूसरे प्रकार का जोखिम, जिसे अनिश्चित जोखिम कहते हैं, कंपनी की विशिष्ट आर्थिक स्थिति से जुड़ा हुआ जोखिम है। निश्चित जोखिम के उलट, अनिश्चित जोखिम का विभिन्न शेयरों को पोर्टफोलियो में जोड़कर विविधिकरण किया जा सकता है।

■ ■ ■

एक दशक के भीतर, तीन विद्वानों ने आधुनिक पोर्टफोलियो सिद्धांत के महत्त्वपूर्ण घटकों को परिभाषित कर दिया था। मार्कोविट्ज़ ने प्रतिपादित किया कि, सही जोखिम-प्रतिलाभ का संतुलन विविधिकरण पर निर्भर करता है। फ़ामा ने अपने दक्ष बाज़ार का सिद्धांत का प्रतिपादन किया, और शार्प ने जोखिम की परिभाषा दी। अतः इतिहास में पहली बार, हमारी वित्तीय नियति वॉल स्ट्रीट, वॉशिंगटन डी.सी., अथवा व्यवसायों के स्वामियों के हाथ में नहीं रह गयी। जैसे-जैसे हम आगे बढ़ते गए, वित्तीय परिदृश्य को विश्वविद्यालयों के प्रोफ़ेसरों के एक समूह ने परिभाषित किया जिनके दरवाज़े पर आख़िरकार वित्तीय व्यवसायी सलाह लेने आ पहुँचे थे। अपनी ऊँची मीनारों से, वह लोग अब आधुनिक वित्त शास्त्र के मठाधीश बन चुके थे।

जोखिम और विविधिकरण पर बफ़े

आइए अब वॉरन बफ़े की ओर लौट चलते हैं। उन्होंने कुछ हज़ार डॉलर की लागत से एक निवेश भागीदारी फ़र्म का आरंभ किया था और उससे $25 मिलियन कमा लिए थे। अपनी फ़र्म द्वारा

कमाए गए लाभ से, उन्होंने बर्कशायर हैथअवे पर नियंत्रण स्थापित कर लिया था और वह तेज़ी से $1 बिलियन से भी अधिक की निजी संपत्ति की ओर बढ़े चले जा रहे थे। उन 25 वर्षों में, उन्होंने शेयरों के सह-प्रसरण, पोर्टफोलियो के विचलन को कम करने, तथा- भगवान न करे- यह विचार कि बाज़ार दक्षतापूर्वक दाम तय करता है, पर कोई विचार ही नहीं किया था। बफ़े ने जोखिम के सिद्धांत पर गहन चिंतन-मनन अवश्य किया था, पर उनकी जोखिम के विषय में समझ विद्वानों के सिद्धांतों से अलग थी।

स्मरण करें कि आधुनिक पोर्टफोलियो सिद्धांत में, जोखिम को शेयर के दामों में होने वाले बदलाव से परिभाषित किया जाता है। परंतु बफ़े ने सदा ही शेयरों के दामों में गिरावट को एक अवसर के रूप में देखा है। शेयरों के दाम गिरने से जोखिम असल में कम होता है। वह कहते हैं, "किसी व्यवसाय के मालिक के लिए-और हम शेयरधारकों को व्यवसाय का मालिक ही समझते हैं- विद्वानों द्वारा प्रतिपादित जोखिम की परिभाषा बाज़ार के यथार्थ से बहुत अलग है, इतनी अलग कि उसके कारण असंगतियाँ उत्पन्न होती हैं।"[13]

बफ़े जोखिम को अलग तरह से परिभाषित करते हैं: हानि अथवा क्षति की संभावना। और यह किसी व्यवसाय के "आंतरिक मूल्य जोखिम" पर निर्भर करता है न कि शेयर के दाम के व्यवहार पर। बफ़े के अनुसार, असली जोखिम यह है कि किसी निवेश पर कर चुकाने के बाद बचा प्रतिलाभ "उसे (निवेशक को) कम से कम उतनी क्रय क्षमता देगा जिससे उसने आरंभ किया था, और उसके ऊपर थोड़ा सा ब्याज भी मिलेगा।"[14]

बफ़े के अनुसार, जोखिम, एक निवेशक के समय क्षितिज के साथ अभिन्न रूप से जुड़ा हुआ है। यही वॉरन बफ़े और आधुनिक पोर्टफोलियो सिद्धांत की जोखिम की अवधारणाओं में सबसे बड़ा अंतर है। बफ़े समझाते हैं कि यदि आज आप कोई शेयर ख़रीदें जिसे आप कल बेचने का इरादा रखते हों, तब आप एक जोखिम से भरे सौदे में प्रवेश कर गए हैं। इसमें लाभ की संभावना एक सिक्के को उछालने के परिणाम जितनी ही है, आधी बार आप सफल नहीं होंगे। परंतु बफ़े के अनुसार, यदि यदि आपने विवेकपूर्ण निर्णय ले कर निवेश किया हो तथा आप अपने समय क्षितिज को कई वर्षों तक बढ़ा लें, तब उस सौदे के जोखिमपूर्ण होने की संभावना अर्थपूर्ण रूप से कम हो जाती है। बफ़े कहते हैं कि, "यदि आप मुझसे कोका कोला के शेयर को आज सुबह ख़रीद कर कल सुबह बेच डालने के जोखिम का आकलन करने के लिए कहेंगे तो मैं कहूँगा कि यह बहुत ही जोखिम भरा सौदा है।"[15] पर बफ़े के सोचने के तरीक़े के अनुसार, आज सुबह कोका कोला ख़रीद कर उसे 10 वर्ष तक रखे रहने में कोई जोखिम नहीं है।

बफ़े का जोखिम के विषय में यह नायाब दृष्टिकोण उनकी पोर्टफोलियो का विविधिकरण करने की रणनीति का भी मार्गदर्शन करता है; यहाँ भी, उनकी सोच आधुनिक पोर्टफोलियो

सिद्धांत से बिलकुल ही उलट है। याद कीजिए, उस सिद्धांत के अनुसार एक व्यापक रूप से विविधिकृत पोर्टफोलियो का प्रमुख लाभ, पोर्टफोलियो के घटक शेयरों के दामों में होने वाले उतार-चढ़ावों को कम करना है। पर यदि आपको बफ़े की तरह, दामों में होने वाले अल्पकालिक विचलन की चिंता नहीं है तो, आप भी पोर्टफोलियो के विविधिकरण को एक अलग दृष्टि से देखेंगे।

बफ़े समझाते हैं कि, "विविधिकरण, अज्ञान से रक्षा करता है। यदि आप यह सुनिश्चित करना चाहते हैं कि बाज़ार में आपके साथ कुछ बुरा न हो जाए, या आपको सब वस्तुओं का स्वामी होना चाहिए, तो इसमें कोई ग़लत बात नहीं है। यह एक ऐसे व्यक्ति के लिए बिलकुल सही पद्धति है, जो व्यवसायों का विश्लेषण करना नहीं जानता है।" पर इस सुरक्षा की कीमत भी चुकानी पड़ती है। बफ़े के अनुसार, आधुनिक पोर्टफोलियो सिद्धांत "आपको औसर की गणना करने का तरीक़ा बताएगा। पर मैं समझता हूँ कि पाँचवीं कक्षा तक लगभग सभी लोग औसत की गणना करना सीख जाते हैं।"[16]

अंत में, यदि दक्ष बाज़ार का सिद्धांत (EMT) सही है, तो ऐसी कोई संभावना नहीं हो सकती सिवाय किसी अनियमित संभावना के, कि कोई व्यक्ति या समूह बाज़ार को पछाड़ दे, और ऐसी तो कोई भी संभावना नहीं हो सकती कि एक ही व्यक्ति या समूह बार-बार ऐसा कर पाये। फिर भी, पिछले 48 वर्षों का बफ़े के प्रदर्शन का रिकॉर्ड स्वयं प्राथमिक साक्ष्य है कि, विशेषकर उन तीक्ष्ण बुद्धि वाले व्यक्तियों के अनुभवों का समावेश करके ऐसा करना संभव है, जिन्होंने बफ़े से प्रेरित हो कर शेयर बाज़ार को पछाड़ा है। यह सब दक्ष बाज़ार के सिद्धांत के विषय में क्या बताता है?

दक्ष बाज़ार के सिद्धांत से बफ़े की समस्या का आधार एक केंद्रीय बिंदु है। इसमें उन निवेशकों के लिए कोई स्थान नहीं दिया गया है जो कि सारी उपलब्ध सूचना का विश्लेषण करते हैं और ऐसा करने के फलस्वरूप प्रतिस्पर्धा में आगे निकल जाते हैं। "जब उन्होंने यह देखा कि बाज़ार अक्सर दक्ष होता है, उन्होंने यह ग़लत निष्कर्ष निकाल लिया कि वह सदा ही दक्ष रहता है। इन दोनों बातों में रात और दिन का अंतर है।"[17]

इसके बावजूद, दक्ष बाज़ार का सिद्धांत अभी भी पूरी श्रद्धा के साथ बिज़नेस स्कूल्स में पढ़ाया जाता है, जो कि वॉरन बफ़े में बेचैनी उत्पन्न करता है। वह मज़ाक़ में कहते हैं कि, "यह स्वाभाविक है कि छात्रों तथा व्यवसायिक निवेशकों द्वारा EMT में गहरी श्रद्धा का हमें और ग्राहम के अन्य अनुयायियों को बहुत लाभ मिला है। किसी भी प्रकार की प्रतिस्पर्धा-वित्तीय, मानसिक, अथवा भौतिक-में ऐसे विरोधियों से सामना होना, जिन्हें पढ़ाया गया है कि कोई भी प्रयास करना बेकार है, बहुत लाभदायक है। अपने लाभ के लिए, शायद हमें सदा ही EMT पढ़ाने के लिए विश्वविद्यालयों को अनुदान देना चाहिए।"[18]

आज, निवेशक एक बौद्धिक तथा गहरे भावनात्मक दोराहे पर खड़े हैं। बायीं ओर आधुनिक पोर्टफोलियो सिद्धांत का मार्ग है। इस सिद्धांत का 50 वर्ष पुराना इतिहास है, जो शोध-पत्रों, गणितीय सूत्रों तथा नोबेल पुरस्कार विजेताओं से भरा पड़ा है। इसका उद्देश्य है निवेशकों को बिंदु A से बिंदु B तक दामों में कम से कम उतार-चढ़ाव में पहुँचाना, जिससे कि उन्हें उस यात्रा की भावनात्मक पीड़ा कम से कम हो। यह मानते हुए कि बाज़ार दक्ष है, इसलिए दाम और निहित मूल्य में कोई अंतर नहीं है, आधुनिक पोर्टफोलियो सिद्धांत के अनुयायी दाम पर पहले ध्यान केंद्रित करते हैं और उसके बाद संपत्ति के मूल्य पर- या तो कभी-कभी बिलकुल भी नहीं।

दायीं ओर वह मार्ग है जिस पर वॉरन बफ़े तथा अन्य सफल निवेशक चले हैं। इसके 50 वर्षों का इतिहास जीवन के अनुभवों, सरल अंकगणित तथा लंबे समय से व्यवसाय के मालिकों से भरा हुआ है। यह निवेशकों को बिंदु A से बिंदु B तक निर्विघ्न रूप से सीधी अल्पकालिक भाव की सवारी पर नहीं बल्कि एक ऐसी निवेश की पद्धति द्वारा ले जाना चाहता है, जो निहित मूल्य वृद्धि दर को आर्थिक जोखिम संशोधित आधार पर अधिकतम करना चाहती है। बफ़े की पद्धति के प्रणेता नहीं मानते कि बाज़ार सदा ही दक्ष होता है। वह संपत्ति के मूल्य पर सर्वप्रथम ध्यान देते हैं और उसके बाद ही दामों पर ध्यान देते हैं- या कभी-कभी उस पर भी ध्यान नहीं देते हैं।

■ ■ ■

अब जबकि आपके पास आधुनिक पोर्टफोलियो सिद्धांत की संकल्पनाओं की एक संक्षिप्त रूपरेखा है, आप आसानी से देख सकते हैं कि कैसे बफ़े की पद्धति को अपनाने से आप इस सिद्धांत के प्रणेताओं से मतभेद की स्थिति में आ जाते हैं। न केवल आप बौद्धिक रूप से आधुनिक पोर्टफोलियो सिद्धांत के प्रणेताओं से विपरीत स्थिति में हैं, बल्कि आप विद्यालय की कक्षाओं एवं कार्यालय, दोनों जगह उनकी अपेक्षा अल्पसंख्यक हैं। वॉरन बफ़े का मार्ग अपनाकर आप स्वयं को एक ऐसे विद्रोही की तरह पाएँगे, जो मैदान के उस पार एक ऐसी विशाल निवेशकों फ़ौज का सामना करते हुए खड़ा है जिसका निवेश करने का तरीक़ा उससे बिलकुल विपरीत है। आप सीखेंगे कि, जाति से बाहर निकाले जाने पर भावनात्मक स्थिति से निपटना भी एक चुनौती होती है।

मैं वॉरन बफ़े के बारे में पिछले 20 वर्ष से अधिक से लिखता आ रहा हूँ। इतने समय में, मुझे एक भी ऐसा व्यक्ति नहीं मिला जिसने 'द वॉरन बफ़े वे' में वर्णित पद्धति से प्रबल मतभेद व्यक्त किया हो। परंतु, मैं कई ऐसे व्यक्तियों से मिल चुका हूँ, जो बफ़े के लेखों में व्यक्त विचारों से पूरी तरह सहमत थे परंतु उनके द्वारा सिखाए गए पाठों को कभी भी अपने जीवन में भावनात्मक रूप से लागू नहीं कर पाए। मैं मानता हूँ कि यह बफ़े की सफलता को समझने की सबसे महत्त्वपूर्ण कड़ी है, और साथ ही यह इस पहेली का एक ऐसा भाग है जिसका पूरी तरह से अन्वेषण नहीं हुआ है। वॉरन बफ़े तार्किक हैं, भावुक नहीं।

मनोविज्ञान का महत्त्व

सन 2002 में, डैनियल कानेमैन- जो एक मनोवैज्ञानिक हैं- को "मनोवैज्ञानिक शोध से प्राप्त निष्कर्षों का अर्थशास्त्र में समावेश करने, विशेषकर मानवीय विवेक एवं निश्चित भविष्य वाली परिस्थिति में निर्णय लेने के संबंध में, के लिए अर्थशास्त्र में नोबेल पुरस्कार प्रदान किया गया।" इससे पूँजी बाज़ार के संबंध में सोचने के लिए स्वभावजन्य आर्थिक प्रबन्ध के दृष्टिकोण के प्रयोग के अधिकारिक आगमन की घोषणा हो गयी। आज के इस कंप्यूटर प्रोग्राम और ब्लैक बॉक्स के ज़माने में भी बाज़ार लोगों से ही बनता है।

चूँकि भावनायें तर्क से अधिक शक्तिशाली होती हैं, इसलिए भय और लोभ के कारण किसी कंपनी के शेयर के दाम उसके निहित मूल्य से ऊपर अथवा नीचे हो जाते हैं। बफ़े कहते हैं, जब लोग लोभी अथवा भयभीत होते हैं तब वे अक्सर शेयरों को मूर्खतापूर्ण दामों पर बेचने के लिए तैयार हो जाते हैं। अल्पावधि में, निवेशकों की भावनाओं- यानि मानवीय भावनाओं- का कंपनी के मूल तत्त्वों की तुलना में उसके शेयर के दाम पर अधिक प्रभाव होता है।

स्वभावजन्य आर्थिक प्रबन्ध के क्षेत्र के नामकरण तथा उसकी स्थापना के बहुत पहले ही, चार्ली मंगर तथा वॉरन बफ़े जैसे कुछ विद्रोही इसे समझ और स्वीकार कर चुके थे। चार्ली कहते हैं कि, जब उन्होंने और बफ़े ने स्नातकोत्तर स्कूल छोड़ा, तब उन्होंने "व्यापार के क्षेत्र में प्रवेश किया और अति-अतर्किकता के व्यवहार का व्यापक और स्थापित चलन देखा।"[19] वह समय की भविष्यवाणी की बात नहीं कर रहे, बल्कि इस विचार की कि जब अतर्किकता घटित होती है तब व्यवहार के अगले चरण की भविष्यवाणी करना सरल हो जाता है।

बफ़े और मंगर को छोड़ दें तो, अधिकतर व्यावसायिक निवेशकों ने अर्थशास्त्र एवं मनोविज्ञान के मेल पर अभी हाल में ही ध्यान देना शुरू किया है। जब निवेश की बात आती है तो, भावनाओं का प्रभाव बहुत अधिक होता है, क्योंकि उनसे व्यक्तियों का व्यवहार प्रभावित होता है और जिसके कारण बाज़ार में दामों पर असर पड़ता है। मुझे विश्वास है कि अब तक, आप समझ गए होंगे कि आपके स्वयं की निवेश प्रक्रिया में मानवीय पक्ष की समझ, दो कारणों से बहुत मूल्यवान है: (1) आपके पास सबसे आम ग़लतियों से बचने के लिए दिशानिर्देश होंगे, तथा (2) आप समय पर दूसरे व्यक्तियों द्वारा की गयी ग़लतियाँ पहचान कर उनसे लाभ कमा सकेंगे।

हम सभी से निर्णय लेने में ग़लतियाँ हो सकती हैं, जो हमारी निजी सफलता को प्रभावित कर सकती हैं। जब हज़ारों या लाखों लोगों से निर्णय लेने में ग़लतियाँ होती हैं, तो सामूहिक रूप से उसका प्रभाव बाज़ार को विनाश की दिशा में धकेल देता है। उस समय भीड़ के साथ चलने की इच्छा इतनी तीव्र होती है कि बुरे निर्णय इकट्ठे होकर और भी अधिक बुरा प्रभाव डालते हैं। अतार्किक व्यवहार के समुद्र में, जो थोड़े से लोग तार्किक व्यवहार करते हैं, वही बच पाते हैं।

असल में, तर्किकता ही निर्णय में भावना-प्रधानता के कारण होने वाली त्रुटि की काट है, विशेषकर जब उसे धैर्यपूर्वक और दृढ़ता के साथ लंबे समय तक अपनाया जाये। और यही हमारे अगले अध्याय का विषय है।

अध्याय 7
धैर्य की अहमियत

अपनी महान रचना, 'वॉर एंड पीस' में लियो टॉल्स्टॉय ने एक गूढ़ विचार व्यक्त किया था: "सबसे शक्तिशाली योद्धा दो ही होते हैं— समय एवं धैर्य।" उन्होंने यह बात सैन्य रणनीति के दृष्टिकोण से कही थी, परंतु यह विचार अर्थशास्त्र पर भी उतना ही लागू होता है, तथा जो लोग पूँजी बाज़ार को और गहराई से समझना चाहते हैं, उनके लिए यह बहुत ही मूल्यवान उक्ति है।

बाज़ार में होने वाली समस्त गतिविधियाँ समय-रेखा के साथ चलती और बदलती हैं। समय रेखा पर बायें से दायें चलते हुए, हम देखते हैं कि कई ख़रीद-फ़रोख़्त के निर्णय तो कुछ माइक्रोसेकंड में ही ले लिए जाते हैं, जबकि कुछ अन्य निर्णयों में मिनट, घंटे, दिन, हफ़्ते, साल, अथवा दशक तक लग जाते हैं। यद्यपि यह स्पष्ट नहीं है कि किसी गतिविधि की स्पष्ट सीमा-रेखा कहाँ स्थित है, आम तौर पर यही स्वीकार किया जाता है कि बायीं तरफ़ की गतिविधि (जिसकी समय अवधि कम होती है) के सट्टा होने की संभावना अधिक होती है और दायें तरफ़ की गतिविधि (जो कि तुलनात्मक रूप से लंबी अवधि की होती है) को निवेश माना जाता है। कदाचित यह कहने की आवश्यकता नहीं है कि, वॉरन बफ़े दायीं ओर ही आगे बढ़ते हैं- अर्थात् लंबे समय तक धैर्य को बरकरार रखते हैं।

इससे यह प्रश्न उत्पन्न होता है कि: क्यों इतने सारे लोग समय-रेखा के बायीं ओर बेतहाशा, कम से कम समय में अधिक से अधिक पैसा कमाने की होड़ करते हुए पाए जाते हैं? क्या यह लोभ है? क्या यह एक भ्रांति है कि वे लोग बाज़ार की मानसिकता में होने वाले बदलावों की भविष्यवाणी कर सकते हैं? या फिर हो सकता है कि एक दशक में दो बार बाज़ार में मंदी देखने के बाद उन्होंने सकारात्मक दीर्घकालिक निवेश प्रतिलाभ की आशा छोड़ दी हो? यथार्थ में, इन

तीनों प्रश्नों का उत्तर 'हाँ' है। हालाँकि इनमें से हर एक प्रश्न चिंताजनक है, परंतु, अंतिम प्रश्न, दीर्घकालिक निवेश पद्धति में आस्था का अभाव, मुझे सर्वाधिक चिंतित करता है-क्योंकि दीर्घकालिक निवेश ही 'वॉरन बफ़े के तरीके' का केंद्र बिंदु है।

दीर्घकाल के लिए

अल्पकालिक एवं दीर्घकालिक रणनीतियों की तुलना करने वाले मौलिक ग्रंथ की रचना, 20 वर्ष से अधिक पूर्व हार्वर्ड यूनिवर्सिटी के प्रोफ़ेसर एवं जॉन बेट्स क्लार्क मेडल विजेता, आंद्रे श्लेफेर तथा यूनिवर्सिटी ऑफ़ शिकागो के बूथ स्कूल ऑफ़ बिज़नस में वित्त शास्त्र के प्रोफ़ेसर, रॉबर्ट विश्नी ने की थी। सन 1990 में श्लेफ़र एवं विश्नी ने अमेरिकन एकनॉमिक रिव्यू के लिए एक शोध-पत्र लिखा था, जिसका शीर्षक था 'द न्यू थ्योरी ऑफ़ द फ़र्म: इक्विलिब्रिअम शॉर्ट होरायज़ंस ऑफ़ इन्वेस्टर्ज़ एंड फ़र्म्ज़।'[1] इसमें उन्होंने अल्पकालिक एवं दीर्घकालिक अंतरपणन (arbitrage) के जोखिम, प्रतिलाभ एवं मूल्य की तुलना की थी।

अंतरपणन का मूल्य, वह समय अवधि है जिसमें आपकी पूँजी निवेशित रहती है; जोखिम, परिणाम के लिए होने वाली अनिश्चितता है; तथा प्रतिलाभ, निवेश पर कमाया गया लाभ है। अल्पकालिक अंतरपणन में, तीनों कारक कम होते हैं। दीर्घकालिक अंतरपणन में, आपकी पूँजी लंबे समय तक निवेशित रहती है, लाभ में अनिश्चितता अधिक होती है, पर प्रतिलाभ अधिक होना चाहिए।

श्लेफ़र एवं विश्नी के अनुसार, "साम्यावस्था में हर एक प्रकार की संपत्ति में अंतरपणन द्वारा अपेक्षित प्रतिलाभ बराबर होना चाहिए। चूँकि दीर्घकालीन संपत्ति में अंतरपणन, अल्पकालीन सम्पत्ति की तुलना में अधिक महँगी होती है, इसलिए कुल प्रतिलाभ को बराबर करने के लिए दीर्घकालीन अंतरपणन का समतुल्यता में बेमेल कीमत निर्धारण होना चाहिए।"[2] इसको इस तरह भी कहा जा सकता है कि, चूँकि दीर्घकालिक अंतरपणन अल्पकालिक अंतरपणन से अधिक महँगा होता है, इसलिए निवेश पर प्रतिलाभ अधिक होना चाहिए।

श्लेफ़र एवं विश्नी कहते हैं कि, सामान्य शेयरों को अल्पकालिक अंतरपणन के लिए प्रयोग किया जा सकता है। उदाहरण के तौर पर, अल्पकालिक सट्टेबाज़, सूचना के अंतरपणक के तौर पर कार्य करते हुए, अधिग्रहण, कंपनी द्वारा आय की घोषणा, अथवा अन्य कोई सार्वजनिक घोषणा जिसके कारण कंपनी के शेयरों में ग़लत मूल्यांकन में त्वरित संशोधन हो जाए, जैसी किसी गतिविधि पर सट्टा लगा सकते हैं। चाहे शेयर के भाव में उनकी अपेक्षा के अनुसार संशोधन न भी हो, फिर भी शेयर व्यापारी, बिना किसी ख़ास नुक़सान के उससे बाहर निकल आता है। श्लेफ़र एवं विश्नी की विचारधारा का अनुकरण करते हुए, सट्टेबाज़ द्वारा उठाया गया ख़र्चा न्यूनतम होता है (पूँजी अल्प काल के लिए निवेशित होती है) तथा जोखिम भी कम होता

है (परिणाम पर बनी अनिश्चितता जल्दी समाप्त हो जाती है)। तथापि, प्रतिलाभ भी कम होता है।

ध्यान देने योग्य बात है कि, अल्पकालिक अंतरपणन से अधिक प्रतिलाभ पाने के लिए इस रणनीति का जल्दी-जल्दी और बार-बार प्रयोग करना चाहिए। श्लेफ़र और विश्नी यह भी कहते हैं कि, एक सट्टेबाज़ से अधिक लाभ कमाने के लिए आपको अपने निवेश का ख़र्च (पूँजी के निवेश का समय) बढ़ाने को तैयार रहना चाहिए तथा अधिक जोखिम उठाने (वांछित परिणाम प्राप्त करने की अनिश्चितता) के लिए भी तैयार रहना चाहिए। निवेश की समयावधि निवेशकों एवं सट्टेबाज़ों, दोनों के लिए नियंत्रक चर राशि होती है। सट्टेबाज़ कम समय अवधि के लिए निवेश करते हैं और कम प्रतिलाभ स्वीकार करते हैं। निवेशक लंबी समय अवधि में कार्य करते हैं तथा अधिक प्रतिलाभ की अपेक्षा करते हैं।

यह हमें अगले प्रश्न की ओर ले जाता है: दीर्घकालिक अंतरपणन में क्या सामान्य शेयरों द्वारा अधिक प्रतिलाभ कमाया जा सकता है? मैंने प्रमाणों की ओर ध्यान से देखने का निर्णय किया।

हमने सन 1970 एवं 2012 के बीच एक वर्ष के प्रतिलाभ, तीन वर्ष के प्रतिलाभ, एवं पाँच वर्ष के प्रतिलाभ (केवल दाम पर) की गणना की। इस 43 वर्षों की अवधि में, S&P 500 सूचकांक में शामिल शेयरों, जिनके दाम एक वर्ष में दोगुने हो गए, का औसत लगभग 1.8 प्रतिशत, या लगभग 500 में से 9 शेयर के बराबर था। तीन वर्ष की अवधि में, 15.3 प्रतिशत शेयरों, अर्थात् 500 में से लगभग 77 शेयरों के दाम दोगुने हो गए। पाँच वर्ष की अवधि में 29.9 प्रतिशत शेयरों, अर्थात् 500 में से लगभग 150 शेयरों के दाम दोगुने हो गए।

अब हम अपने मूल प्रश्न पर वापस आ जाते हैं: दीर्घकाल में, क्या शेयरों को ख़रीदने एवं रखे रहने पर वाक़ई प्रतिलाभ मिलते हैं? और इसका निर्विवाद उत्तर है, हाँ। और यदि आप सोचते हैं कि पाँच वर्ष में दोगुने दाम हो जाना कोई छोटी सी बात है तो, यह लगभग 14.9 प्रतिशत औसत वार्षिक संयोजित प्रतिलाभ दर है।

हालाँकि यह शोध इस बात पर निर्भर करता है कि निवेशक, पाँच वर्षों में दोगुना वृद्धि करने वाले शेयरों की सही पहचान कर पाते हैं अथवा नहीं। यह स्पष्ट रूप से उनके शेयरों का चुनाव करने की प्रक्रिया तथा पोर्टफ़ोलियो का प्रबंधन करने की रणनीति पर निर्भर करता है। मुझे विश्वास है कि जो निवेशक 'द वॉरन बफ़े वे' में बताए गए निवेश के सिद्धांतों का प्रयोग करते हैं और कम आय देने वाले पोर्टफ़ोलियो की रणनीति का पालन करते हैं, उनके पाँच वर्षों में दोगुने भाव होने वाले शेयरों का चुनाव करने की संभावना बढ़ जाती है।

वित्त शास्त्र का सिद्धांत कहता है कि, निवेशकों को शेयरों के बेमेल कीमत निर्धारण को पहचानने का लाभ मिलता है। हम मान सकते हैं कि यदि किसी एक कंपनी के शेयर से होने वाले अतिरिक्त प्रतिलाभ की मात्रा पर्याप्त रूप से बड़ी है, तो वह और अधिक ऐसे निवेशकों को

आकृष्ट करेगी जो शेयर के भाव एवं निहित मूल्य के बीच के अंतर को कम करना चाहते हैं। जब अंतर्पणन करने वालों की संख्या में वृद्धि होती है, तब हम जानते हैं कि अंतर्पणन से होने वाले प्रतिलाभ में कमी आनी चाहिए। परंतु जब हमने 1970 से 2012 के बीच के अपने द्वारा चुने कंपनियों के समूह की जाँच की, तो पाया कि पाँच वर्ष के प्रतिलाभ वाले समूह में शेयरों के दामों के दोगुने होने में हमें अतिरिक्त प्रतिलाभ में कोई विशेष कमी देखने को नहीं मिली। हाँ, भाव दोगुने होने वाली कंपनियों की कुल संख्या एवं बाज़ार के प्रदर्शन में सहसंबंध ज़रूर देखने को मिला। जब बाज़ार का प्रदर्शन मज़बूत होता है तो अधिक मात्रा में कंपनियों के शेयरों के दाम दोगुने होते हैं और जब कमज़ोर प्रदर्शन होता है तो अपने शेयरों के भावों को दोगुना करने वाली कंपनियों की संख्या में कमी आ जाती है। परंतु अपने शेयरों के दामों को दोगुना करने वाली कंपनियों ने बाज़ार की दोनों ही अवस्थाओं की तुलना में दोगुना वृद्धि की, जो बेहद प्रभावोत्पादक है। संक्षेप में, दीर्घकालिक अंतर्पणन करने वालों की सेना का इस क्षेत्र में अभाव दिखायी देता है, जबकि हमें अपेक्षा थी कि मूल्यांकन में इस त्रुटि का लाभ उठाने के लिए ऐसे निवेशक अधिक मात्रा में दिखायी देंगे।

पाँच वर्षीय अवधि में भाव-मूल्य भेद को कम करने में कौन सर्वाधिक सक्षम है? इसका उत्तर है: दीर्घकालिक निवेशक। चूँकि पिछले 43 वर्षों में यह बड़ा अंतर बना रहा है, इसलिए शायद बाज़ार में अल्पकालिक निवेशकों का प्रभुत्व हो गया है।

सन 1950 से 1970 के बीच, शेयरों को क्रय करके रखने की औसत अवधि लगभग 4 से 8 वर्षों के बीच थी। तथापि, सत्तर के दशक के आरंभ से शेयर को ख़रीद कर रखने की इस अवधि में लगातार गिरावट आयी है। आज किसी म्यूचुअल फ़ंड द्वारा धारित शेयरों की औसत अवधि महीनों में मापी जाती है। हमारे शोध से पता चलता है कि ऊँचे प्रतिलाभ कमाने के अवसर किसी शेयर को ख़रीदने के तीन वर्ष बाद ही उत्पन्न होते हैं। चूँकि पॉर्टफ़ोलियो कारोबार अनुपात 100 प्रतिशत से भी अधिक होते हैं, इसलिए अधिकतर निवेशक ऐसे अवसरों का लाभ नहीं उठा पाते हैं।

एक सशक्त तर्क दिया जा सकता है कि, अल्पकालिक एवं दीर्घकालिक निवेशकों के बीच संतुलन बाज़ार के लिए अच्छा है। कहा जाता है कि यदि बाज़ार में अल्पकालिक एवं दीर्घकालिक अंतरपणन करने वाले समान मात्रा में हों, तो बाज़ार की अल्पकालिक एवं दीर्घकालिक, दोनों प्रकार की अक्षमताएँ मिट जाएँगी। पर जब यह संतुलन बिगड़ता है तब बाज़ार पर इसका क्या प्रभाव पड़ता है? दीर्घकालिक निवेशकों के प्रभुत्व वाले बाज़ार में अल्पकाल में होने वाले दामों के ग़लत मूल्यांकन की अनदेखी होगी और अल्पकालिक निवेशकों के प्रभुत्व में दीर्घकालिक ग़लत मूल्यांकन पर अधिकतर लोग ध्यान नहीं देते।

बाज़ार की अपनी इस विविधता को खोने का क्या कारण है? दीर्घकालिक निवेशकों का अल्पकालिक निवेश में धीरे-धीरे स्थानान्तरण ही इसका कारण है। इस बदलाव के परिणामों का

अनुमान लगाना सरल है। यह अंकगणित का प्रश्न हल करने जैसा है। चूँकि सटोरियों की संख्या में भारी वृद्धि हुई है, इसलिए अल्पकालिक सट्टों पर लाभ कमाना और भी अधिक कठिन हो गया है, साथ ही इससे मिलने वाले लाभ में कमी आयी है। चूँकि अधिकतर निवेशक सटोरिए बन गए हैं, इसलिए दीर्घकालिक निवेश से लाभ लेने वाले निवेशक बहुत कम ही बचे हैं।

तर्किकता: अति महत्त्वपूर्ण कारक

ऑक्सफोर्ड अमेरिकन डिक्शनरी के अनुसार, तर्किकता यह विश्वास है कि व्यक्ति के मत अथवा कृत्य, तर्क एवं ज्ञान पर आधारित होने चाहिए न कि भावनात्मक प्रतिक्रियाओं पर। एक तर्कशील व्यक्ति की सोच स्पष्ट, विवेकपूर्ण एवं तार्किक होती है।

सबसे पहले तो हमें यह समझ लेना चाहिए कि तर्किकता और चतुराई में अंतर है। चतुर व्यक्ति भी मूर्खतापूर्ण कृत्य करते हैं। यूनिवर्सिटी ऑफ़ टोरंटो में मानव विकास एवं मनोविज्ञान के प्रोफ़ेसर, कीथ स्टैनोविच मानते हैं कि IQ तथा SAT/ACT जैसे टेस्ट, तार्किक सोच का मापन नहीं कर पाते हैं। वे कहते हैं, "यह व्यक्ति में तार्किक सोच का बहुत कम ही अनुमान लगा पाते हैं और कुछ प्रकार की तार्किक सोच की श्रेणियों का तो बुद्धि से कुछ भी लेना-देना नहीं होता है।"[3]

उन्होंने अपनी पुस्तक, 'व्हाट इंटेलिजेन्स टेस्ट्स मिस: द सायकॉलजी ऑफ़ रैशनल थॉट', में एक नए पारिभाषिक शब्द का अविष्कार किया है, जिसे उन्होंने 'ग़ैर-तार्किकता' का नाम दिया है— जिसका प्रयोग उच्च कोटि की बुद्धि होने के बावजूद किसी व्यक्ति के तार्किक रूप से व्यवहार न कर पाने की अक्षमता के लिए किया जाता है। संज्ञानात्मक मनोविज्ञान की शोध के अनुसार, ग़ैर-तार्किकता के दो मुख्य कारण होते हैं। पहला कारण प्रक्रमण की समस्या से संबंधित है। दूसरा कारण अंतर्निहित विषय-वस्तु की समस्या से संबंधित है। आइए हम दोनों का बारी-बारी से अवलोकन करें।

स्टैनोविच मानते हैं कि, मानव ठीक से प्रक्रमण नहीं कर पाते हैं। किसी समस्या के समाधान के संदर्भ में वह कहते हैं कि, लोगों के पास विभिन्न संज्ञानात्मक तंत्र के विकल्प उपलब्ध होते हैं। चिंतन की सीमा के एक छोर पर अधिक संगणना की क्षमता से युक्त तंत्र होते हैं। पर इस अधिक संगणना की क्षमता की एक क़ीमत चुकानी पड़ती है। इसमें विचार करने की गति धीमी हो जाती है और बहुत ध्यान लगाना पड़ता है। चिंतन की सीमा के दूसरे छोर पर ऐसे तंत्र मौजूद होते हैं, जिनके लिए संगणना की क्षमता का बहुत कम प्रयोग होता है, जिनमें बहुत कम ध्यान लगाना पड़ता है और उनका प्रयोग कर जल्दी निर्णय लेना संभव होता है। स्टैनोविच लिखते हैं कि, "हम मानव संज्ञानात्मक रूप से बहुत ही कंजूस होते हैं, क्योंकि हमारी मूल प्रकृति ऐसी है कि हम सदा ही कम संगणना वाले तंत्र की ओर आकृष्ट होते हैं, भले ही ऐसे तंत्र अपेक्षाकृत कम सटीक हों।"[4]

एक शब्द में कहा जाए तो सोच के मामले में मानव बड़े ही आलसी होते हैं। वे समस्याओं का समाधान ढूँढते समय सबसे आसान मार्ग की ओर जाते हैं; जिसके परिणामस्वरूप, उनके द्वारा खोजे गए समाधान अक्सर अतार्किक होते हैं।

मंद-गति से चलने वाले विचार

अब हम अपना ध्यान सूचना की भूमिका की ओर केंद्रित करते हैं। जिस विषय की सूचना की हमें आवश्यकता है वह है — धैर्य — और 'मंद-गति से चलने वाले विचार' का महत्त्व, जो इस अध्याय की विषय-वस्तु है।

अधिकांश पाठकों ने जैक ट्रेयनोर का नाम नहीं सुना होगा। वे वित्तीय प्रबंधन के क्षेत्र के बहुत बड़े बुद्धिजीवी हैं। हेवरफ़ोर्ड कॉलेज में बतौर गणितज्ञ प्रशिक्षण लेने के उपरांत, सन 1955 में उन्होंने हार्वर्ड बिज़नेस स्कूल से सर्वोच्च अंक के साथ स्नातक की उपाधि प्राप्त की तथा अपने करियर की शुरुआत एक कंसल्टिंग कंपनी, आर्थर डी. लिटिल के शोध विभाग में की। एक युवा विश्लेषक के रूप में, एक बार कोलोरेडो में तीन सप्ताह की छुट्टी मनाते हुए, ट्रेयनोर ने जोखिम के मुद्दे पर 44 पन्नों के गणितीय नोट्स लिख डाले। वे सदा से ही बहुत लिखते थे और बाद में वे CFA संस्थान के फाइनेंशियल एनालिस्ट्स जर्नल के संपादक बन गए।

अगले कई वर्षों तक, ट्रेयनोर का कई प्रमुख वित्त शास्त्रियों के साथ पत्र व्यवहार जारी रहा, जिनमें नोबेल पुरस्कार विजेता फ्रैंको मॉडग्लियानी, मेरटन मिलर, तथा विलियम शार्प शामिल थे। ट्रेयनोर के कई लेखों को प्रतिष्ठित पुरस्कार प्राप्त हुए, जिनमें फाइनेंशियल एनालिस्ट्स जर्नल का ग्राहम एंड डॉड अवार्ड तथा रॉजर एफ़. मरे प्राइज़ शामिल हैं। सन 2007 में उन्हें प्रतिष्ठित CFA इंस्टिट्यूट अवार्ड फ़ॉर प्रोफेशनल एक्सीलेंस से सम्मानित किया गया। सौभाग्यवश, ट्रेयनोर के अप्रकाशित लेख अब 574 पन्ने की एक पुस्तक के रूप में प्रकाशित किए गए हैं, जिसका शीर्षक है 'ट्रेयनोर ऑन इन्स्टिट्यूशनल इन्वेस्टिंग'। हर गंभीर निवेशक की पुस्तकों की अलमारी में यह पुस्तक होनी चाहिए।

इस पुस्तक की मेरी निजी प्रति अब पुरानी और थकी सी लगने लगी है, क्योंकि मैं एक वर्ष में कई बार इसमें अपनी पसंद के भागों को पढ़ता हूँ। पुस्तक के पीछे के हिस्से में, पृष्ठ संख्या 424 पर मेरा सबसे प्रिय लेख है— 'दीर्घकालिक निवेश'। यह लेख सर्वप्रथम फाइनेंशियल एनालिस्ट्स जर्नल के मई-जून 1976 संस्करण में पहली बार प्रकाशित हुआ था। ट्रेयनोर सर्वप्रथम तो बाज़ार की दक्षता के सिद्धांत की सतत पहेली के विषय में बात करते हैं। वह सोचते हैं कि, क्या यह सत्य है कि चाहे हम जितना भी प्रयास कर लें हमें ऐसा कोई भी विचार नहीं मिलेगा जिसे बाज़ार मे प्रयोग न किया गया हो? इस प्रश्न का उत्तर जानने के लिए ट्रेयनोर हमसे कहते हैं कि, "निवेश के दो प्रकार के विचारों के बीच भेद करना होगा: (a) वह जिनके परिणाम

प्रत्यक्ष एवं सरल हैं, जिनके मूल्यांकन के लिए किसी विशेष प्रकार की निपुणता की कोई ख़ास आवश्यकता नहीं है, तथा वह इसके फलस्वरूप अधिक गति से गमन करते हैं, तथा (2) वह जिनके मूल्यांकन के लिए गहन चिंतन, विवेक एवं विशेष दक्षता की आवश्यकता होती है, जिसके परिणामस्वरूप वे धीमी गति से यात्रा करते हैं।[5]"

वह कहते हैं कि, "यदि बाज़ार दक्ष नहीं है, तो यह प्रथम प्रकार के विचार के सापेक्ष अदक्ष नहीं होगा, क्योंकि अपनी परिभाषा से ही प्रथम प्रकार के विचार की अधिकतर निवेशको द्वारा ग़लत विवेचना संभव नहीं है।"[6] इसी को दूसरे ढंग से व्यक्त किया जाए, तो सरल अवधारणाओं— सरल जैसे कि अर्थात् मूल्य-आय अनुपात, लाभांश पर प्रतिफल, P/E-संवृद्धि अनुपात, 52-सप्ताह में निम्न स्तरीय प्रदर्शन की सूची, तकनीकी चार्ट तथा किसी भी शेयर के संदर्भ में विचार करने योग्य अन्य प्राथमिक तरीके— का प्रयोग करके आसानी से लाभ कमाने की उम्मीद नहीं की जा सकती। ट्रेयनोर कहते हैं, "यदि बाज़ार में कहीं भी अदक्षता है, यानि कि कोई निवेश का अवसर उपलब्ध है, तो वह अवसर दूसरे प्रकार के निवेश विचारों से उत्पन्न होगा— वह विचार अथवा अवधारणाएँ जो कि धीमी गति से चलती हैं। यह दूसरे प्रकार के विचार एवं अवधारणाएँ ही हैं— सामान्य विचार नहीं, जो कि बहुत जल्दी ही दीर्घकालीन निवेश के विषय में स्वीकार अथवा अस्वीकार कर दिए जाते हैं— जो सही में लाभकारी दीर्घकालीन निवेश का आधार बनते हैं।"[7]

आप समझ गए होंगे कि इस पुस्तक में प्रतिपादित निवेश संबंधी सिद्धांत वह विचार हैं, जो कि 'मंद गति से चलते हैं' और जो दीर्घकालिक व्यवसायिक घटनाओं' से संबंधित हैं। यहाँ हम स्पष्ट करना चाहते हैं कि; धीमी गति वाले निवेश के सिद्धांत समझने में कठिन नहीं होते, पर उनका पालन करना 'सरल एवं स्पष्ट' कहे जाने वाले निवेश संबंधी विचारों की तुलना में अधिक कठिन होता है।

प्रणाली 1 एवं प्रणाली 2

कई वर्षों से मनोवैज्ञानिकों का मत है कि हमारी संज्ञानात्मक प्रक्रियाओं को सोचने के दो तरीक़ों में विभाजित किया जा सकता है। पहला वह जिसे परंपरागत रूप से सहज-ज्ञान कहते हैं और जो 'त्वरित एवं सहचारी' अनुभूति उत्पन्न करता है। दूसरा तर्क-शक्ति है, जो 'धीमा एवं नियम आधारित' है। आज, मनोवैज्ञानिक सामान्यतः इन संज्ञानात्मक प्रणालियों को सामान्यतः 'प्रणाली 1 की विचार-प्रक्रिया' तथा 'प्रणाली 2 की विचार-प्रक्रिया' के तौर पर संबोधित करते हैं। प्रणाली 1 की विचार-प्रक्रिया वह है, जहाँ सरल एवं स्पष्ट विचार तीव्र गति से गमन करते हैं। मूल्य-आय अनुपात अथवा लाभांश पर प्रतिफल की गणना करने में बहुत कम समय लगता है और बुद्धि भी ज़्यादा नहीं लगानी पड़ती।

प्रणाली 2 की विचार-प्रक्रिया हमारी संज्ञानात्मक प्रक्रिया का विचारशील भाग है। यह नियंत्रित तरीक़े से, धीमी गति से और प्रयास के साथ कार्य करता है। हमारे 'धीमे चलने वाले

विचार' जिनके लिए हमें 'विचारशीलता, विवेक, एवं विशिष्ट निपुणता' की आवश्यकता होती है, वह प्रणाली 2 की विचार-प्रक्रिया का भाग है।

सन 2011 में नोबेल पुरस्कार विजेता डैनियल कानेमैन ने एक महत्त्वपूर्ण पुस्तक लिखी, जिसका शीर्षक था *'थिंकिंग फ़ास्ट एंड स्लो'*। यह पुस्तक *न्यू यॉर्क टाइम्ज़* की सर्वाधिक बिकने वाली पुस्तकों की सूची में शामिल थी और उस वर्ष की कथेतर साहित्य (non-fiction) श्रेणी की पहली पाँच पुस्तकों में एक थी— जो निर्णय लेने के ऊपर लिखी गयी 500 पन्ने की पुस्तक के लिए एक बड़ी उपलब्धि थी। इस पुस्तक में अध्याय 3, 'द लेज़ी कंट्रोलर' मेरा सबसे पसंदीदा भाग है। कानेमैन हमें स्मरण कराते हैं कि संज्ञानात्मक प्रयास भी एक प्रकार का मानसिक कार्य है और सभी तरह के कार्य की तरह ही, जब कार्य कठिन हो जाता है तो हममें से कई व्यक्ति आलस्य के शिकार हो जाते हैं। कानेमैन यह देख कर आश्चर्य करते हैं कि, बुद्धिमान व्यक्ति अपने मन में आए हुए पहले विचार से इतने संतुष्ट हो जाते हैं कि वह विचार करना ही बंद कर देते हैं।

कानेमैन हमें बताते हैं कि जिन गतिविधियों में प्रणाली 2 की विचार-प्रक्रिया की आवश्यकता होती है, उनमें आत्म-नियंत्रण की भी आवश्यकता होती है और लंबे समय तक आत्म-नियंत्रण अप्रिय हो सकता है। यदि हमें लगातार कुछ ऐसा करना पड़े जो कि हमारे लिए चुनौतीपूर्ण हो, तो जब अगली चुनौती हमारे समक्ष आती है तो हमारे भीतर आत्म-नियंत्रण की प्रवृत्ति में कमी आती है। अंततोगत्वा, हममें प्रयास करने की भावना का क्षय हो जाता है। इसके विपरीत, "जो व्यक्ति बौद्धिक प्रयास के परिश्रम से स्वयं को बचाकर रखते हैं उन्हें 'व्यस्त' कहा जा सकता है। वे अधिक सतर्क रहते हैं, बौद्धिक रूप से अधिक क्रियाशील होते हैं, आकर्षक लगने वाले उत्तरों से संतुष्ट नहीं होते हैं तथा अपने सहज-ज्ञान के प्रति अधिक संशयवादी होते हैं।"[8]

येल विश्वविद्यालय में मार्केटिंग के असोसिएट प्रोफ़ेसर, शेन फ्रेड्रिक ने हमें औसत से अधिक IQ वाले व्यक्तियों के प्रणाली 1 एवं प्रणाली 2 की विचार-प्रक्रियाओं के बीच चयन का विस्मयकारी दृश्य प्रदान किया है। उन्होंने प्रतिष्ठित हार्वर्ड, प्रिन्स्टन तथा MIT विश्वविद्यालयों के छात्रों के एक समूह (शायद ये सभी अत्यधिक बुद्धिमान होंगे) को एकत्र कर उनसे निम्नलिखित तीन प्रश्न पूछे:

1. एक बैट और एक गेंद का दाम $1.10 है। बैट का दाम गेंद से पूरे एक डॉलर अधिक है। गेंद का दाम क्या है?
2. यदि पाँच मशीनों को पाँच विजेट बनाने में पाँच मिनट लगते हैं, तो 100 मशीनों को 100 विजेट बनाने में कितना समय लगेगा?
3. एक झील में एक स्थान पर लिली के फूल खिले हुए हैं। हर दिन लिली वाला क्षेत्र आकार में दोगुना हो जाता है। यदि लिली के क्षेत्र को पूरी झील को ढकने में 48 दिन लगते हैं, तो उस क्षेत्र को आधी झील को ढकने में कितना समय लगेगा?[9]

फ्रेड्रिक को बहुत आश्चर्य हुआ, जब उन्होंने पाया कि आधे छात्र सही उत्तर नहीं दे पाए। फ्रेड्रिक ने इसके लिए दो महत्त्वपूर्ण समस्याओं की पहचान की। पहली, अधिकांश व्यक्तियों को समस्याओं के विषय में गहराई से सोचने की आदत नहीं होती और सामान्यतः वे अपने मन में आने वाले सबसे पहले स्वीकार्य विचार को ही अपना लेते हैं, जिससे कि उन्हें प्रणाली 2 की विचार-प्रक्रिया के कठिन मार्ग पर न जाना पड़े। इस बात को स्वीकार कर लेना दूसरी समस्या थी कि प्रणाली 2 की विचार-प्रक्रिया से प्रणाली 1 की विचार-प्रक्रिया की त्रुटियों पर नियंत्रण करना बहुत कठिन है। फ्रेड्रिक को स्पष्ट हो गया कि, छात्र प्रणाली 1 की विचार-प्रक्रिया में फँसे हुए थे और प्रणाली 2 की विचार-प्रक्रिया में या तो जाने में असमर्थ थे, अथवा ऐसा नहीं करना चाहते थे।

निवेश में प्रणाली 1 तथा प्रणाली 2 की विचार-प्रक्रिया कैसे काम करते हैं? मान लेते हैं कि एक निवेशक एक सामान्य शेयर को ख़रीदने की सोच रहा है। प्रणाली 1 की विचार-प्रक्रिया का प्रयोग करके निवेशक एक कंपनी के मूल्य-आय अनुपात, बही-मूल्य तथा लाभांश पर प्रतिफल की गणना करेगा। यह देखकर कि पहले दोनों अनुपात ऐतिहासिक रूप से निम्न स्तर पर चल रहे हैं तथा कंपनी ने पिछले दस साल में प्रत्येक वर्ष लाभांश में बढ़ोतरी की हुई है, निवेशक जल्दी ही इस निष्कर्ष पर पहुँच सकता है कि इस कंपनी का शेयर एक अच्छा निवेश है। अफ़सोस की बात है कि अधिकतर निवेशक निर्णय लेने के लिए प्रणाली 1 की विचार-प्रक्रिया पर ही निर्भर रहते हैं और कभी भी रुक कर प्रणाली 2 की विचार-प्रक्रिया में संलग्न नहीं रहते।

संलग्न रहने का क्या अर्थ है? सरल शब्दों में, इसका अर्थ है कि आपकी प्रणाली 2 की विचार-प्रक्रिया शक्तिशाली एवं जीवंत है तथा इसको करते हुए आपके थकने की संभावना कम है। प्रणाली 1 एवं 2 की विचार-प्रक्रियाएं एक-दूसरे से इतनी अलग हैं, कि मनोवैज्ञानिक कीथ स्टैनोविच के अनुसार दोनों के "अलग-अलग मन हैं।"

परंतु एक 'अलग मन' वास्तविक अर्थों में अलग तभी हो सकता है, जब उसकी अपनी अलग पहचान हो। निवेश के संदर्भ में देखा जाए, तो प्रणाली 2 की विचार-प्रक्रिया से जुड़े 'अलग मन' की प्रणाली 1 की विचार-प्रक्रिया से जुड़े 'अलग मन' से पृथक तौर पर पहचान तभी हो सकती है, जब वह पर्याप्त रूप से कंपनी में निहित प्रतिस्पर्धिक लाभ, कंपनी के प्रबंधन की टीम के तार्किक रूप से कंपनी की पूँजी को आवंटित करने की क्षमता, कंपनी में मूल्य-निर्धारण करने वाले महत्त्वपूर्ण आर्थिक कारक तथा निवेशक को मूर्खतापूर्ण निर्णयों से बचाने वाली मनोवैज्ञानिक सीख को समझने में सक्षम हो।

मुझे लगता है कि वॉल स्ट्रीट में अधिकतर निर्णय प्रणाली 1 की विचार-प्रक्रिया के माध्यम से लिए जाते हैं। वहाँ मूलतः सहज-ज्ञान से ही काम लिया जाता है। कम से कम समय में बिना गहराई से विचार किए स्वचालित एवं तीव्र गति से निर्णय लिए जाते हैं। प्रणाली 2 की विचार-

प्रक्रिया में गंभीरता से विचार करना होता है। इसमें प्रयास करके ध्यानपूर्वक सोचना होता है। प्रणाली 2 की विचार-प्रक्रिया से सोचने वाले व्यक्ति नैसर्गिक रूप से धैर्यवान होते हैं। प्रणाली 2 की विचार-प्रक्रिया से काम करने के लिए आपको गहन विचार एवं ध्यान के लिए समय निकालना पड़ता है। आपको आश्चर्य नहीं होगा, यदि मैं कहूँ कि इस पुस्तक में दिए गए निवेश के सिद्धांत, प्रणाली 1 की विचार-प्रक्रिया पर आधारित त्वरित निर्णयों के बजाय गहराई से धीमी गति से सोचने के लिए उपयुक्त हैं।

मानसिक बुद्धिमत्ता में अंतर

स्टैनोविच के अनुसार, ग़ैर-तार्किकता का दूसरा कारण है प्रणाली 2 की विचार-प्रक्रिया के लिए पर्याप्त सामग्री का अभाव। जो मनोवैज्ञानिक निर्णय लेने की प्रक्रिया का अध्ययन करते हैं, वह ऐसे सामग्री के अभाव को *'मानसिक बुद्धिमत्ता में अंतर'* कहते हैं। इसे सबसे पहले हार्वर्ड के संज्ञानात्मक वैज्ञानिक डेविड पर्किंज़ ने परिभाषित किया था। मानसिक बुद्धिमत्ता वास्तव में उन सभी नियमों, रणनीतियों, कार्यप्रणालियों तथा ज्ञान का समूह है, जो व्यक्तियों के मन में किसी समस्या के समाधान के लिए उपलब्ध होता है। पर्किंज़ समझाते हैं, "जिस प्रकार किचनवेयर मतलब किचन में काम करने के उपकरण, तथा सॉफ़्टवेयर का मतलब कम्प्यूटर से काम लेने के उपकरण होता है, उसी प्रकार से मानसिक बुद्धिमत्ता मन से काम लेने वाले उपकरणों को कहते हैं। किसी भी प्रकार का मानसिक बुद्धिमत्ता कोई भी ऐसी चीज़ होती है, जिसको कोई व्यक्ति सीख ले तो वह उस व्यक्ति की आलोचनात्मक एवं रचनात्मक सोचने की सामान्य क्षमता में वृद्धि कर देती है।"[10]

आपको प्रणाली 2 की विचार-प्रक्रिया को सक्रिय करने के लिए किस प्रकार की मानसिक बुद्धिमत्ता की आवश्यकता होगी? कम से कम, आप किसी कंपनी की तथा उसकी प्रतिद्वंदी कंपनियों की वार्षिक रिपोर्ट को पढ़ने में सक्षम होंगे। यदि ऐसा लगा कि उस कंपनी की प्रतिस्पर्धा के दृष्टिकोण से मज़बूत स्थिति है और उसकी दीर्घकालीन संभावनायें अनुकूल हैं, तो फिर आप कई लाभांश छूट मॉडल का प्रयोग करेंगे, जिनमें विभिन्न समयावधि में कंपनी के स्वामी की आय की विभिन्न वृद्धि दरें भी शामिल होंगी, जिससे आपको अनुमानित मूल्यांकन का अंदाज़ा हो जाएगा। उसके बाद आप प्रबंधन की दीर्घकालीन पूँजी आवंटन रणनीति का अध्ययन करेंगे और उसे समझेंगे। अंत में, आप शायद कुछ मित्रों, सहयोगियों, अथवा वित्तीय सलाहकारों को कॉल करेंगे तथा यह जानने की कोशिश करेंगे किआपके द्वारा अध्ययन की जा रही कंपनी के विषय में उनके क्या विचार हैं, या फिर उससे भी बेहतर, उस कंपनी के प्रतिद्वंदियों के बारे में उनके क्या विचार हैं। ध्यान दें: इसमें से किसी भी कार्य के लिए उच्चस्तरीय IQ की आवश्यकता नहीं है, पर यह बहुत परिश्रम वाला काम है जिसमें कंपनी के

वर्तमान मूल्य-आय अनुपात की गणना करने से अधिक मानसिक प्रयत्न एवं ध्यान लगाने की आवश्यकता होती है।

समय एवं धैर्य

धैर्यपूर्वक दीर्घकालीन सोच का प्रयोग ही निवेश में सफलता का सर्वश्रेष्ठ मार्ग है, तथा इस संदर्भ में पर्याप्त परमाणु की मौजूदगी के बावजूद लगता है कि कुछ विशेष परिवर्तन नहीं हुआ है। 2008-09 के वित्तीय संकट एवं मंदड़िया बाज़ार भी हमारा व्यवहार नहीं बदल पाए हैं। आजकल लगभग सभी बाज़ार संबंधी गतिविधियाँ अल्पकालीन ही होती हैं। सन 1960 में, NYSE/AMEX का सालाना मूल्य-भारित कारोबार 10 प्रतिशत से कम था। आज, वह अनुपात 300 प्रतिशत से भी अधिक हो गया है— जो कि पिछले 50 वर्षों में 30 गुना से अधिक की वृद्धि को दर्शाता है।[11] यह विश्वास करना कठिन है कि गतिविधि में इतनी नाटकीय वृद्धि का बाज़ार एवं उसमें भाग लेने वालों पर कोई परिवर्तनकारी प्रभाव नहीं पड़ा है।

सैद्धांतिक रूप से, ऐसी मान्यता है कि अधिक संख्या में शेयरों की ख़रीद-फ़रोख़्त के साथ बाज़ार में भागीदारी में बढ़ोतरी से मौजूदा मूल्य का बेहतर निर्धारण होता है, जिसके फलस्वरूप मूल्य एवं भाव में अंतर (price-value gap) में कमी आती है, साथ ही बाज़ार की भावना को प्रतिबिंबित नहीं करने वाली गतिविधियों एवं अस्थिरता में भी कमी आती है। पर यथार्थ में, हम जानते हैं कि बाज़ार में भाग लेने वाले अधिकतर लोग निवेशक नहीं बल्कि सट्टेबाज़ हैं। इस परिस्थिति में हमें बिल्कुल ही विपरीत नतीजे देखने को मिल सकते हैं: व्यापारिक गतिविधि में बढ़ोतरी से मूल्य एवं भाव में अंतर और बढ़ जाएगा, प्रणाली में बाज़ार की भावना को प्रतिबिंबित नहीं करने वाली गतिविधियां भी बढ़ जाएगी तथा अस्थिरता में भी वृद्धि होगी। ऐसे माहौल में जो निवेशक अल्पकालिक परिणामों के दबावों से बंधे हुए हैं, उन्हें असन्तोष के अलावा कुछ भी नहीं मिलेगा।

ऐसी परिस्थिति का सामना सभी को करना पड़े, ऐसा नहीं है। कार्य को अलग तरीके से करने की इच्छा ही वॉरन बफ़े की सफलता का स्रोत है। हम सभी उनके साथ इस खेल में आमंत्रित हैं। खेल में सफलता के लिए एक ही आवश्यकता है, और वह है अलग नियमों को अपनाने की तत्परता। उन सभी नियमों में, धैर्य से अधिक मूल्यवान कुछ भी नहीं है।

समय और धैर्य एक ही सिक्के के दो पहलू हैं— और यह बफ़े का मौलिक गुण है। बर्कशायर द्वारा पूर्णतया अधिग्रहित कंपनियों तथा व्यवसायों एवं बर्कशायर के शेयर पॉर्ट्फ़ोलियो में शामिल कंपनियों के शेयरों के प्रबंधन की ओर शांत धैर्यपूर्ण रवैया ही उनकी सफलता का राज़ है। निरंतर तीव्र गतिविधि वाले आज के संसार में, बफ़े जान-बूझ कर धीमी गति से चलते हैं। किसी निष्पक्ष प्रेक्षक को लग सकता है कि इस आलसी सी लगने वाली धीमी कार्य गति का अर्थ है आसान लाभों को छोड़ देना, परंतु जो लोग इस प्रक्रिया का सम्मान करते हैं वे जानते हैं

कि बफ़े और बर्कशायर पैसों के पहाड़ अर्जित कर रहे हैं। सट्टेबाज़ में धैर्य नहीं होता। जबकि बफ़े ने अपना जीवन ही उसे समर्पित कर रखा है। वह हमें याद दिलाते हैं कि, "समय की सीमा ही इसका सर्वश्रेष्ठ गुण है।"

इस प्रकार हम विचार-विमर्श के चक्र को पूर्ण करते हुए भावना और उसके विपरीत गुण, अर्थात् तर्किकता के महत्त्वपूर्ण मुद्दे पर वापस आते हैं। केवल बुद्धि ही निवेश में सफलता दिलाने के लिए पर्याप्त नहीं है। बुद्धि को भावनाओं से अलग कर पाने की क्षमता, निवेशक के मस्तिष्क के आकार से अधिक महत्त्वपूर्ण है। बफ़े कहते हैं, "जब अन्य व्यक्ति अल्पकालिक लोभ अथवा भय के वशीभूत होकर निर्णय ले रहे हों, तब तर्किकता का महत्त्व बढ़ जाता है। तभी धन का सृजन संभव है।"[12]

बफ़े जानते हैं कि बाज़ार में दामों में अल्पकालिक उतार-चढ़ावों के कारण उनकी संपत्ति पर कोई प्रभाव नहीं पड़ता है, क्योंकि वह लंबे समय तक अपने द्वारा किए गए निवेश को थाम कर रखते हैं। जहाँ अधिकतर व्यक्ति शेयरों के दामों में गिरावट से व्यथित हो जाते हैं, वहीं बफ़े इससे निराश नहीं होते क्योंकि उनका विश्वास है कि वह किसी कंपनी का मूल्यांकन, बाज़ार से बेहतर कर सकते हैं। बफ़े समझते हैं कि,बेहतर प्रदर्शन करने की क्षमता नहीं होने पर आपको खेल में नहीं रहना चाहिए। वह समझाते हैं कि यह बिल्कुल पोकर के खेल की तरह है— यदि आपको बाज़ी खेलते हुए कुछ समय हो गया और आपको यह नहीं पता कि बलि का बकरा कौन है, तो इसका मतलब है कि बलि का बकरा आप ही हैं।

तर्किकता के अभाव में, निवेशक आसानी से प्रणाली 1 की विचार-प्रक्रिया से जुड़ जाते हैं, जो सरल एवं निश्चित प्रकृति वाले कार्यों के लिए तो पर्याप्त है परंतु शेयर बाज़ार जैसे जटिल परिवेश के लिए समुचित नहीं है। तर्किकता के अभाव में निवेशक भय एवं लोभ की भावनाओं के ग़ुलाम हो जाते हैं। तर्किकता के अभाव में निवेशक की नियति निवेश के खेल में बलि के बकरे की तरह हो जाती है।

अध्याय 8

विश्व का महानतम निवेशक

उन्हें अक्सर विश्व का महानतम निवेशक कहा जाता है, पर हम इस बात को कैसे सच मान लें? कैसे हम इस दावे का परीक्षण कर सकते हैं? कदाचित हमें दो सरल कारकों की ओर ध्यान देना होगा: सापेक्षतः बेहतर प्रदर्शन एवं समयावधि। दोनों की ही आवश्यकता होती है। कम समय तक शेयर बाज़ार से अधिक अच्छा प्रदर्शन करना ही पर्याप्त नहीं होता है। कई लोग समय-समय पर ऐसा करते रहते हैं। लंबे समय तक ऐसा करना मायने रखता है। माइकल मौबौस्सिन ने अपनी पुस्तक 'द सक्सेस इक्वेशन' (हार्वर्ड बिज़नस स्कूल प्रेस, 2012) में वर्णन किया है कि व्यवसाय, खेल, एवं निवेश में कौशल व भाग्य, दोनों की भूमिका होती है। इस बात का पता लगाने के लिए कि कोई परिणाम कौशल के कारण है अथवा क़िस्मत के कारण, केवल लंबे समय तक परिणामों का अवलोकन करना ही एकमात्र रास्ता है । कम समय के लिए क़िस्मत साथ दे सकती है, पर लंबी अवधि में लगातार अच्छे परिणाम मिलने का मतलब है कि यह कौशल के कारण ही संभव हो पाया है। इसमें बफ़े का कोई सानी नहीं है।

पूँजी के प्रबंधन में बफ़े का करियर लगभग 60 वर्षों का है। उनके करियर को उनके बफ़े इन्वेस्टमेंट पार्टनरशिप लिमिटेड (1956-1969) तथा बर्कशायर हैथअवे के उनके प्रबंधन (सन 1965 में जब उन्होंने कंपनी का अधिग्रहण किया था, से अब तक) की समय अवधि के बीच बाँटा जा सकता है।

25 वर्ष की सापेक्षतः कम आयु में बहुत काम पूँजी से आरम्भ (उनका अपना निवेश केवल $100 ही था) करते हुए, उन्होंने साझेदारी की शुरुआत की थी। यद्यपि उस साझेदारी का ध्येय न्यूनतम 6 प्रतिशत वार्षिक लाभ कमाना था, परंतु बफ़े ने स्वयं के लिए एक अधिक कठिन

लक्ष्य रखा; और वह था डाओ जोन्स के औद्योगिक औसत ज को 10 से अधिक अंकों से पछाड़ने का। उन्होंने उससे भी अच्छा प्रदर्शन किया: सन 1965 से 1969 के बीच बफ़े ने अपनी साझेदारी में 29.5 प्रतिशत की चक्रवृद्धि वार्षिक दर से वृद्धि की, जो डाओ से पूरे 22 प्रतिशत से अधिक थी। यदि किसी निवेशक ने बफ़े की साझेदारी में आरंभ में $10,000 का निवेश किया होता और अंत तक उसे अपने पास रखा होता, तो उसे बफ़े के हिस्से को घटाने के बाद कुल $150, 270 की रक़म मिलती। यदि इतनी ही पूँजी उसने डाओ में लगायी होती, तो उसे कुल $15,260 धनराशि की प्राप्ति होती। उस पूरी अवधि में डाओ ने पाँच अलग-अलग वर्षों में घाटा उठाया, जबकि बफ़े ने प्रत्येक वर्ष डाओ को पछाड़ा और लाभ कमाया।

उन दिनों बहुत ही कम ऐसे प्रबंधक थे, जिनसे बफ़े अपनी तुलना कर सकते थे। दो विख्यात म्यूचुअल फ़ंड प्रबंधक, जेरल्ड ट्साई तथा फ्रेड कार का आगमन साठ के दशक के मध्य में हुआ, जब बफ़े अपनी साझेदारी बंद करने की सोच रहे थे। उन दोनों ने जल्दी ही अपनी साख बनाई परंतु, साठ के दशक के 'गो-गो' शेयरों में निवेश कर के गँवा दी। कैरल लूमिस द्वारा फ़ॉर्च्यून पत्रिका के लिए लिखे गए एक प्रारंभिक लेखों में से एक, जिसका शीर्षक था 'द जोन्स नोबॉडी कीप्स अप विद'(अप्रैल 1966), में उन्होंने बफ़े की साझेदारी के प्रदर्शन की तुलना प्रसिद्ध हेज फ़ंड मैनेजर ऐल्फ्रेड विन्स्लो जोन्स से की थी। उस समय, ऐ.डब्ल्यू. जोन्स एंड कंपनी का दस वर्ष का रिकॉर्ड था, पर बफ़े को अपना करियर आरंभ किए हुए केवल नौ वर्ष ही हुए थे। कैरल ने दोनों निवेशकों के पीछे के पाँच वर्षों के प्रतिलाभ का परीक्षण किया और पाया कि बफ़े थोड़े से, 334 प्रतिशत एवं 325 प्रतिशत के फ़ासले, से जीत गए थे। पर जैसा कि कैरल ने कहा कि बफ़े ने शीघ्र ही अपनी साझेदारी बंद कर दी, जबकि जोन्स खेल में बने रहे और उन सभी लोगों की तरह घाटा झेला, जो समझ नहीं पाए थे कि शेयरों का उनके निहित मूल्य से कहीं अधिक मूल्यांकन हो गया है।

यदि बफ़े इन्वेस्टमेंट पार्टनरशिप के अभूतपूर्व प्रदर्शन को नज़रअंदाज़ कर दिया जाए, तो भी बफ़े के विश्व का महानतम निवेशक होने का दावा, बर्कशायर हैथअवे के उनके नेतृत्व में प्रदर्शन का अवलोकन करके किया जा सकता है, जैसा कि तालिका 8.1 में दिखाया गया है। सन 1965 से 2012 के बीच, 48 वर्षों में बर्कशायर हैथअवे का बही मूल्य $19 प्रति शेयर से बढ़कर $14,214 प्रति शेयर हो गया, जो कि 19.7 प्रतिशत की दर से वार्षिक प्रतिलाभ का द्योतक है। इसकी तुलना में S&P 500 सूचकांक, लाभांश के साथ, 9.4 प्रतिशत की वार्षिक दर से बढ़ा। इन 48 वर्षों में से 11 वर्षों में, S&P 500 सूचकांक ने घाटा उठाया— अर्थात् लगभग हर पाँच वर्ष में एक बार: बर्कशायर ने केवल दो ही वर्ष घाटा उठाया।

तालिका 8.1 बर्कशायर एवं S&P 500 का तुलनात्मक प्रदर्शन

	वार्षिक प्रतिशत परिवर्तन		
	बर्कशायर का प्रति शेयर बही मूल्य	S&P 500 लाभांश के साथ	सापेक्षिक परिणाम
वर्ष	(1)	(2)	(1) - (2)
1965	23.8	10.8	13.8
1966	20.3	(11.7)	32.0
1967	11.0	30.9	(19.9)
1968	19.0	11.0	8.0
1969	16.2	(8.4)	24.6
1970	12.0	3.9	8.1
1971	16.4	14.6	1.8
1972	21.7	18.9	2.8
1973	4.7	(14.8)	19.5
1974	5.5	(26.4)	31.9
1975	21.9	37.2	(15.3)
1976	59.3	23.6	35.7
1977	31.9	(7.4)	39.3
1978	24.0	6.4	17.6
1979	35.7	18.2	17.5
1980	19.3	32.3	(13.0)
1981	31.4	(5.0)	36.4
1982	40.0	21.4	18.6
1983	32.3	22.4	9.9
1984	13.6	16.1	7.5
1985	48.2	31.6	16.6
1986	26.1	18.6	7.5
1987	19.5	5.1	14.4
1988	20.1	16.6	3.5
1989	44.4	31.7	12.7
1990	7.4	(3.1)	10.5

(क्रमशः)

	वार्षिक प्रतिशत परिवर्तन		
	बर्कशायर का प्रति शेयर बही मूल्य	S&P 500 लाभांश के साथ	सापेक्षिक परिणाम
वर्ष	(1)	(2)	(1) - (2)
1991	39.6	30.5	9.1
1992	20.3	7.6	12.7
1993	14.3	10.1	4.2
1994	13.9	1.3	12.6
1995	43.1	37.6	5.5
1996	31.8	23.0	8.8
1997	34.1	33.4	0.7
1998	48.3	28.6	19.7
1999	0.5	21.0	(20.5)
2000	6.5	(9.1)	15.6
2001	(6.2)	(11.9)	5.7
2002	10.0	(22.1)	32.1
2003	21.0	28.7	(7.7)
2004	10.5	10.9	(0.4)
2005	6.4	4.9	1.5
2006	18.4	15.8	2.6
2007	11.0	5.5	5.5
2008	(9.6)	(37.7)	27.4
2009	19.8	26.5	(6.5)
2010	13.0	15.1	(2.1)
2011	4.6	2.1	2.5
2012	14.4	16	(1.6)
चक्रवृद्धि वार्षिक लाभ 1965-2012	19.7%	9.4%	10.3
समग्र लाभ, 1964-2012	586,817%	7,433%	

केवल लंबे समय तक बेहतर प्रदर्शन के आंकड़ों के आधार पर इस निष्कर्ष पर विवाद करना कठिन है कि, वॉरेन बफ़े विश्व के महानतम निवेशक हैं। पर यदि हम आंकड़ों के परे देखें तो?

निजी जीवन में बफ़े

हम एक ऐसे व्यक्ति के विषय में कैसे सोचें जिसने धन प्रबंधन का कार्य उस वक़्त आरंभ किया था, जब ड्वाइट आइज़नहावर राष्ट्रपति थे और लगभग छह दशक बाद भी इस खेल में बने हुए हैं?

किशोरावस्था में प्रवेश करने से पहले ही बालक बफ़े ने सभी को कह रखा था कि, वह 30 की आयु तक करोड़पति बन जाएँगे और यदि ऐसा न कर सके तो ओमाहा की सबसे ऊँची इमारत से छलाँग लगा देंगे। निश्चित तौर पर छलांग लगाने की बात उन्होंने मज़ाक़ के तौर पर कही थी और उनकी करोड़पति बनने की महत्त्वकांक्षा भी वैसी नहीं थी, जैसी कि हम अपेक्षा करते हैं। आज उन्होंने अपने बचपन के लक्ष्य से कहीं अधिक पा लिया है, पर बफ़े के क़रीबी लोग इस बात को अच्छी तरह जानते हैं कि, बफ़े को एक अरबपति की जीवन-शैली में कोई ख़ास रुचि नहीं है। वह ओमाहा में उसी घर में रहते हैं जिसे उन्होंने सन 1958 में ख़रीदा था। वह पुराने मॉडल की अमेरिकी कार चलाते हैं और खाने में उन्हें ऊँचे पकवानों की बजाय चीज़बर्गर, कोक एवं आइसक्रीम पसंद हैं। उनका अतिप्रिय प्राइवेट जेट ही उनकी एकमात्र बुराई है। बफ़े कहते हैं कि, "ऐसा नहीं है कि मुझे पैसा नहीं चाहिए, पर पैसा बनाने और उसे बढ़ते हुए देखने में ज़्यादा मज़ा आता है।"[1] और जैसा कि हमने अध्याय 1 में देखा, इन दिनों उन्हें अपना पैसा दान करने में बहुत आनंद आता है।

एक ऐसी दुनिया में, जहाँ देशभक्ति अक्सर एक अप्रचलित मुहावरा बनकर रह जाती है, वॉरन बफ़े खुले रूप से संयुक्त राज्य अमेरिका के प्रशंसक हैं। उन्होंने सदा ही यह विश्वास व्यक्त किया है कि संयुक्त राज्य अमेरिका में किसी भी व्यक्ति के लिए अत्यधिक अवसर हैं, बशर्ते वह अथक परिश्रम करने के लिए तैयार हो। वह जीवन के प्रति उत्साही, प्रफुल्लित, एवं आशावादी दृष्टिकोण रखते हैं। सामान्यतः ऐसा माना जाता है कि युवा सदा ही आशावादी होते हैं और जैसे-जैसे आप बूढ़े होते जाते हैं, तो जीवन के प्रति निराशावादी दृष्टिकोण रखने लगते हैं। पर बफ़े इस नियम के अपवाद हैं। मेरे अनुसार इसका एक कारण यह है कि, लगभग छह दशकों में कई बार उन्होंने नाटकीय एवं त्रासदीपूर्ण घटनाओं में पूँजी प्रबंधन का कार्य किया है और हर बार बाज़ार, अर्थव्यवस्था एवं देश को सँभलते व कामयाबी होते हुए देखा है।

गूगल पर 1950, 1960, 1970, 1980, 1990, के दशकों तथा इक्कीसवीं सदी के पहले दशक की स्मरणीय घटनाओं को खोजना एक सार्थक अभ्यास है। यद्यपि इन घटनाओं की सूची यहाँ उल्लेख के लिए उपलब्ध स्थान से कहीं अधिक लंबी है; इस काल के समाचार पत्रों के मुखपृष्ठ की सुर्ख़ियों में परमाणु युद्ध का ख़तरा; राष्ट्रपतियों की हत्या अथवा इस्तीफ़ा; नागरिक असंतोष एवं दंगे; क्षेत्रीय युद्ध; तेल संकट; अत्यधिक मुद्रास्फीति, दो संख्याओं वाली ब्याज दरें; तथा आतंकवादी हमले— साथ ही समय-समय पर होने वाली आर्थिक मंदी तथा शेयर बाज़ार में गिरावट, शामिल होंगे।

जब भी बफ़े से यह पूछा जाता है कि वह ऐसी परिस्थितियों का किस प्रकार सामना करते हैं, जो बाज़ारों में हाहकार मचा देती हैं तथा अधिकतर निवेशकों को भयभीत कर उन्हें शेयर बाज़ार से दूर कर देती हैं, तो वह अपने सहज अन्दाज़ में जवाब देते हैं कि, वह तो केवल यह प्रयास करते हैं कि "जब दूसरे भयभीत हों तो मैं लोभी हो जाऊँ और जब दूसरे लोभी हों तो मैं भयभीत हो जाऊँ।" पर मेरे विचार से इसका कोई और कारण भी है। बफ़े में अत्यधिक संकट के समय बचे रहने और आक्रामक रूप से निवेश करने की अत्यंत विकसित क्षमता है।

बफ़े के लिए अनुकूल परिस्थिति

कई वर्षों से विद्वान एवं व्यावसायिक निवेशक कुशल बाज़ार सिद्धांत की वैधता पर बहस करते आ रहे हैं। जैसा कि आपको अध्याय 6 से स्मरण होगा, इस विवादास्पद सिद्धांत के अनुसार शेयरों का विश्लेषण करना समय की बर्बादी है, क्योंकि वर्तमान समय के भाव सभी उपलब्ध जानकारियों को प्रतिबिम्बित करते हैं; एक प्रकार से इसका अर्थ यह हुआ कि बाज़ार स्वयं आपके लिए अनुसंधानकरता है। जो व्यक्ति इस सिद्धांत के अनुयायी हैं, वे विनोदपूर्वक दावा करते हैं कि व्यावसायिक निवेशक यदि शेयर के भावों की सूची के किसी पन्ने पर डार्ट्स फेंकें, तो भी वे एक अनुभवी वित्तीय विश्लेषक, जो घंटों कंपनियों की वार्षिक रिपोर्ट एवं तिमाही लेखा-विवरण पढ़ता रहता है, के समान ही अच्छे शेयरों का चयन कर सकते हैं।

फिर भी, प्रमुख सूचकांकों को मात देने वाले कुछ व्यक्तियों की सफलता— जिनमें वॉरन बफ़े प्रमुख हैं— से पता चलता है कि कुशल बाज़ार सिद्धांत में दोष है। बफ़े समेत दूसरे लोग यह तर्क देते हैं कि अधिकतर पूँजी प्रबंधक बाज़ार से ख़राब प्रदर्शन इसलिए नहीं करते क्योंकि बाज़ार स्वयं में दक्ष हैं, वरन इसलिए क्योंकि उनके द्वारा प्रयुक्त निवेश के तरीक़े सही नहीं होते हैं।

प्रबंध सलाहकार मानते हैं कि सफल व्यवसायों के पास तीन प्रकार के फ़ायदे होते हैं: व्यवहारिक फ़ायदा, विश्लेषणात्मक फ़ायदा और संगठनात्मक फ़ायदा।[2] वॉरन बफ़े का अध्ययन करते हुए हम इन तीनों अवयवों को क्रियाशील होते हुए देख सकते हैं।

व्यवहारिक फ़ायदा

बफ़े हमें बताते हैं कि सफल निवेश के लिए बहुत उच्च IQ अथवा बिज़नस स्कूल में पढ़ाए जाने वाले पाठ्यक्रम को पढ़ने की आवश्यकता नहीं होती। सबसे महत्त्वपूर्ण होता है स्वभाव। और जब बफ़े स्वभाव की बात करते हैं तो उनका मतलब होता है तर्किकता। तर्किकता का आधार है वर्तमान के परे जाकर विभिन्न संभावनाओं का विश्लेषण करके कार्य करने का निर्णय लेने की क्षमता। संक्षेप में, यही वॉरन बफ़े हैं।

जो लोग बफ़े को जानते हैं, वे स्वीकार करते हैं कि उनकी तर्किकता ही उन्हें दूसरों से अलग बनाती है। चार्ली मंगर का कहना है "हार्वर्ड लॉ स्कूल की मेरी कक्षा में एक हज़ार छात्र थे। मैं शीर्ष स्थान पर मौजूद सभी छात्रों को जानता था, और उनमें से कोई भी वॉरन जैसा सक्षम नहीं था। उनका मस्तिष्क एक अति उत्तम तार्किक यंत्र है।"[3] फ़ॉर्च्यून पत्रिका की कैरल लूमिस, जो वॉरन बफ़े को पिछले 50 वर्षों से अधिक समय से जानती हैं, भी मानती हैं कि उनकी सफलता का सबसे महत्त्वपूर्ण कारण है उनका तार्किक होने का गुण।[4] 'बफ़े: द मेकिंग ऑफ़ ऐन अमेरिकन कैपिटलिस्ट' नामक पुस्तक के लेखक, रॉजर लोवेन्स्टायन कहते हैं कि, "बफ़े की प्रतिभा काफी हद तक उनके प्रतिभाशाली व्यक्तित्व, अर्थात् धैर्य, अनुशासन एवं तर्किकता पर आधारित है।"[5]

बर्कशायर हैथअवे के बोर्ड के सदस्य, बिल गेट्स भी मानते हैं कि तर्किकता ही बफ़े का पारिभाषिक गुण है। यह बिंदु तब स्पष्ट हो गया था जब दोनों मित्र एक दोपहर, सिएटल में यूनिवर्सिटी ऑफ़ वाशिंगटन के प्रेक्षागृह में वहाँ के छात्रों के प्रश्नों का उत्तर दे रहे थे। एक छात्र ने उनसे प्रश्न किया, "आप कैसे यहाँ तक पहुँचे? कैसे आप ईश्वर से भी अमीर बन गए?" बफ़े ने एक गहरी साँस ली और कहा:

"मैं यहाँ तक कैसे पहुँचा यह मेरे मामले में बिलकुल सरल है। मुझे मालूम है कि आपको यह सुन कर अच्छा लगेगा कि यह IQ की वजह से नहीं है। सबसे बड़ी चीज़ है तर्किकता। मैं सदा से ही IQ एवं प्रतिभा को मोटर की हॉर्सपावर का प्रतिनिधित्व करते हुए देखता हूँ, परंतु उसकी उत्पादकता— जिस दक्षता से मोटर कार्य करती है— तर्किकता पर निर्भर है। कई लोग 400 हॉर्सपावर की मोटर से केवल 100 हॉर्सपावर की ही उत्पादकता पाते हैं। इससे कहीं अच्छा है कि आपके पास 200 हॉर्सपावर की मोटर हो और आपको उसकी पूरी क्षमता का लाभ मिले।"

तो फिर बुद्धिमान व्यक्ति ऐसे कार्य क्यों करते हैं जो उनके हिस्से की उत्पादकता में बाधा उत्पन्न करता है? बफ़े ने आगे कहा, "यह आपकी आदतों, चरित्र, एवं स्वभाव तथा तर्किकता के साथ व्यवहार करने में शामिल हो जाता है। स्वयं के मार्ग में बाधा उत्पन्न नहीं करें। जैसा कि मैंने कहा है, यहाँ मौजूद प्रत्येक व्यक्ति में मेरी तरह और मुझसे भी अधिक उपलब्धि प्राप्त करने की क्षमता है। आपमें से कुछ लोग ऐसा कर पाएँगे और कुछ लोग नहीं। जो नहीं कर पाएँगे, वह इसलिए कि आप स्वयं ही अपने मार्ग में बाधक बन जाएँगे, इसलिए नहीं कि दुनिया ने आपको वह करने नहीं दिया।"[6]

वे सभी लोग जो उन्हें जानते हैं, और बफ़े स्वयं भी यह मानते हैं कि: तर्किकता वॉरन बफ़े की संचालक शक्ति (driving force) है। पूँजी का तार्किकता के साथ आवंटन, उनकी निवेश की रणनीति की संचालक शक्ति है। किसी कंपनी की आय के आवंटन का निर्णय लेना, एक प्रबंधक द्वारा लिया जाने वाला सबसे महत्त्वपूर्ण निर्णय है; अपनी बचत की पूँजी का आवंटन कैसे करना है, यह निर्धारित करना एक निवेशक द्वारा लिया जाने वाला सबसे महत्त्वपूर्ण निर्णय

है। तर्किकता— ऐसे निर्णय लेने के समय तार्किक सोच का प्रदर्शन— बफ़े द्वारा सबसे अधिक प्रशंसित गुण है। अंतर्निहित अनिश्चितताओं के बावजूद वित्तीय बाज़ारों में भी तर्किकता मौजूद होती है। बफ़े की सफलता, उस तर्क का पता लगाने और उससे कभी न हटने का परिणाम है।

विश्लेषणात्मक फ़ायदा

जब बफ़े निवेश करते हैं, तब वह व्यवसाय पर विचार करते हैं। अधिकांश निवेशक केवल शेयर का दाम देखते हैं। वे शेयरों के दामों को देखने, भविष्यवाणी करने एवं उनमें होने वाले बदलावों का अनुमान लगाने में बहुत समय एवं प्रयास लगाते हैं और जिस व्यवसाय में वे एक भाग के स्वामी हैं, उसे समझने में बहुत कम समय व्यतीत करते हैं। यह आरंभिक स्तर की बात है, पर यही बफ़े को दूसरों से अलग बनाती है।

व्यवसायों के मालिक होने और उनका संचालन करने से उन्हें विश्लेषणात्मक सोच में एक विशेष लाभ मिलता है। उन्होंने अपने व्यावसायिक उद्यमों में सफलता एवं असफलता, दोनों का स्वाद चखा है और इससे मिली सीख का शेयर बाज़ार में प्रयोग किया है। अधिकतर व्यावसायिक निवेशकों को ऐसी शिक्षा का लाभ नहीं मिलता। ऐसे निवेशक जब पूंजीगत संपत्ति मूल्य-निर्धारण मॉडल, बीटा (beta) तथा आधुनिक पोर्टफोलियो सिद्धांत का अध्ययन करने में व्यस्त थे, तब बफ़े अपनी कंपनियों के आय विवरण, पूँजी के पुनर्निवेश की आवश्यकताओं, तथा उनकी नगद उत्पन्न करने की क्षमताओं का अध्ययन करने में व्यस्त थे। बफ़े पूछते हैं, "क्या आप किसी मछली को यह समझा सकते हैं कि ज़मीन पर चलना कैसा होता है? ज़मीन पर एक दिन बिताना उसके बारे में हज़ारों वर्षों तक बातें करने के बराबर होता है और किसी व्यवसाय को एक दिन चलाने का अनुभव भी उतना ही मूल्यवान होता है।"[7]

बफ़े का विश्वास है कि निवेशक एवं व्यवसायी को किसी भी कंपनी की ओर एक ही दृष्टि से देखना चाहिए, क्योंकि उन दोनों की अपेक्षाएँ मूलतः एक ही हैं। व्यवसायी पूरी कंपनी ख़रीदना चाहता है और निवेशक उसका एक भाग ख़रीदना चाहता है। यदि आप व्यवसायियों से पूछें कि किसी कंपनी को ख़रीदते समय वे क्या सोचते हैं, तो कदाचित उनका उत्तर होगा, "इस व्यवसाय से कितना धन उत्पन्न किया जा सकता है।" वित्त शास्त्र का सिद्धांत कहता है कि, समय के साथ, किसी कंपनी के मूल्य एवं उसके धन उत्पन्न करने की क्षमता के बीच सीधा संबंध होता है। इसलिए, लाभ कमाने के लिए व्यवसायी एवं निवेशक, दोनों को ही समान कारकों पर विचार करना चाहिए।

बफ़े कहते हैं कि, "हमारे मतानुसार वित्तीय निवेश के विद्यार्थियों को केवल दो ही अच्छे से पढ़ाए गए विषयों की आवश्यकता होती है: किसी व्यवसाय का मूल्यांकन कैसे करें और बाज़ार भावों के विषय में कैसे सोचें।"[8]

याद रखें, शेयर बाज़ार उन्मत्त व अवसादग्रस्त होता है। कभी-कभी यह भविष्य की संभावनाओं को लेकर अति उत्साहित हो जाता है और अन्य समय यह अकारण ही अवसाद में आ जाता है। बेशक, इससे अवसर उत्पन्न होते हैं, विशेषकर तब जब अच्छी कंपनियों के शेयर अतार्किक रूप से कम दामों पर उपलब्ध होते हैं। पर जैसे कि आप किसी ऐसे सलाहकार की सलाह नहीं मानेंगे जिसमें उन्मत्त अवसादग्रस्तता के लक्षण हों, वैसे ही आपको बाज़ार को अपने कृत्यों को निर्देशित नहीं करने देना चाहिए। शेयर बाज़ार कोई शिक्षक नहीं है; इसका अस्तित्व केवल आपको शेयरों की ख़रीद-फ़रोख़्त की प्रक्रिया में सहायता करने के लिए ही है। यदि आपको लगता है कि शेयर बाज़ार आपसे अधिक होशियार है, तो आप सूचकांक निधि में निवेश करके उसे अपना पैसा दे सकते हैं। पर यदि आपने अपने स्तर पर गहन अध्ययन किया है और आप में यह आत्मविश्वास है कि आप अपने व्यवसाय समझते को हैं, तो बाज़ार की सुनना बिलकुल बंद कर दीजिए।

बफ़े बाज़ार में दामों के उतार-चढ़ाव पर नज़र रखने के लिए कभी भी कम्प्यूटर से चिपके हुए नहीं रहते, और उनका काम इसके बिना भी सही चलता है। यदि आपकी योजना किसी असाधारण कंपनी के शेयरों को ख़रीदकर कई वर्षों तक उन्हें रखे रहने की है तो, बाज़ार में प्रतिदिन क्या हो रहा है यह आपके लिए कोई मायने नहीं रखता। आपको यह जान कर आश्चर्य होगा कि निरंतर बाज़ार पर नज़र रखे बिना भी आपके निवेश पोर्टफोलियो में अच्छी वृद्धि होती रहेगी। यदि आपको विश्वास नहीं है तो आप स्वयं इसका परीक्षण कर सकते हैं। केवल 48 घंटे तक बाज़ार की ओर न देखिए। अपने कम्प्यूटर या सेल फ़ोन की ओर न देखिए, अख़बार मत देखिए, और टेलिविज़न या रेडियो पर प्रसारित शेयर बाज़ार का कोई विवरण न सुनिए। यदि दो दिन के बाद आपकी कंपनियाँ ठीक मिलें, तो प्रयास करिए कि शेयर बाज़ार के विषय में अगले तीन दिन तक कुछ न सुनें, और फिर पूरे एक सप्ताह तक। शीघ्र ही आप आश्वस्त हो जाएँगे कि आपके निवेश का स्वास्थ्य बचा रहेगा और आपके निरंतर शेयरों के दामों को देखते रहने के बिना ही आपकी कंपनियाँ चलती रहेंगी।

बफ़े कहते हैं कि "शेयर ख़रीदने के बाद यदि बाज़ार 1-2 वर्ष तक बंद भी रहे, तब भी हम लोगों को चिंता नहीं होती है। जब हमें अपने पूर्ण स्वामित्व वाली कंपनी, सीज़ कैंडीज़ में अपने शेयरों के दामों का प्रतिदिन निरीक्षण करने की आवश्यकता नहीं पड़ती तो हमें कोक में अपने शेयरों को देखते रहने की क्या आवश्यकता है?"[9] स्पष्ट रूप से, बफ़े हमें यह बता रहे हैं कि उन्हें बर्कशायर द्वारा किए गए सामान्य शेयरों में निवेश को सत्यापित करने के लिए बाज़ार के भावों की आवश्यकता नहीं है। यह व्यक्तिगत निवेशकों पर भी लागू होता है। यदि जब भी आप शेयर बाज़ार पर अपना ध्यान केंद्रित करते हैं और आपके मन में एक ही विचार आता है कि: "क्या किसी ने हाल ही में कुछ ऐसा मूर्खतापूर्ण कार्य किया है जिससे मुझे एक अच्छी कंपनी के शेयर अच्छे दामों पर उपलब्ध हो रहे हैं?", तो समझिए कि आप बफ़े के स्तर पर पहुँच गए हैं।

जिस प्रकार लोग फ़ालतू में कई घंटे शेयर बाज़ार की चिंता में बिता देते हैं, वैसे ही वह अर्थव्यवस्था के बारे में व्यर्थ चिंता करते रहते हैं। यदि आप स्वयं को यह चर्चा करते हुए पाएँ कि अर्थव्यवस्था में वृद्धि होगी या फिर वह आर्थिक मंदी की ओर अग्रसर है, या फिर ब्याज दरें बढ़ रही हैं या घट रही हैं, या फिर मुद्रास्फीति हो रही है अथवा विस्फीति, तो रुक जाइए! स्वयं को विश्राम दीजिए। बफ़े भी अर्थव्यवस्था का कभी-कभी अवलोकन कर लेते हैं पर वह अर्थव्यवस्था की दिशा संबंधी भविष्यवाणी करने की मंशा से कभी उसका विश्लेषण नहीं करते और न ही उसमें अपना समय और ऊर्जा लगाते हैं।

प्रायः निवेशक किसी आर्थिक धारणा के साथ निवेश आरंभ करते हैं और फिर ऐसे शेयरों का चुनाव करने की चेष्टा करते हैं, जो उनकी इस धारणा में बिलकुल सटीक बैठ जाए। बफ़े को ऐसी सोच मूर्खतापूर्ण लगती है। सर्वप्रथम तो, किसी के पास शेयर बाज़ार एवं अर्थव्यवस्था की पूरी तरह सटीक भविष्यवाणी करने की शक्ति नहीं होती। दूसरे, यदि आप किसी एक विशिष्ट आर्थिक वातावरण में अच्छा प्रदर्शन करने वाले शेयरों का ही चुनाव करते हैं तो, आप निश्चित रूप से कारोबार एवं सट्टेबाज़ी को आमंत्रण दे रहे हैं। भले ही आप अर्थव्यवस्था की चाल की सटीक भविष्यवाणी कर पाएँ अथवा नहीं, आप स्वयं को निरंतर अगली आर्थिक परिस्थिति के लिए निरंतर संशोधित करता हुआ पाएँगे। बफ़े ऐसा व्यवसाय क्रय करना पसंद करते हैं जो अर्थव्यवस्था की परवाह किए बिना लाभ कमाने के अवसरों का सृजन करने में सक्षम हो। संभवतः व्यापक आर्थिक शक्तियों के कारण मार्जिन पर मिलने वाले प्रतिलाभ पर कुछ असर पड़े, पर कुल मिला कर, बफ़े की कंपनियाँ अर्थव्यवस्था में होने वाले उतार-चढ़ाव के बावजूद अच्छी तरह से लाभ कमा लेती हैं। शेयरों के एक समूह, जो अर्थव्यवस्था के एक विशिष्ट अनुमान के सत्य होने पर ही अच्छा प्रदर्शन करते हैं, से अच्छा है एक ऐसे व्यवसाय को खोजने और क्रय करने में समय व्यतीत करना जिसमें कि हर प्रकार के आर्थिक वातावरण में लाभ कमाने का सामर्थ्य हो।

संगठनात्मक फ़ायदा

सन 1944 में, एक दिन पूर्व हवाई हमले में क्षतिग्रस्त हुई एक इमारत में हाउस ऑफ़ कॉमंज़ को संबोधित करते हुए विंस्टन चर्चिल ने कहा था, "हम अपने घर बनाते हैं, और बाद में हमारे घर हमें बनाते हैं।" कई पीढ़ियों के वास्तुकारों की प्रिय यह पंक्ति हमें बर्कशायर हैथअवे एवं उसके निर्माता को भी समझने में सहायता करती है। बफ़े के फ़ायदों की पड़ताल करने से हमें उनके द्वारा निर्मित कंपनी के संगठनात्मक ढाँचे का अवलोकन करने में मदद मिलती है।

जब बफ़े ने $7 के मूल्य पर बर्कशायर हैथअवे का पहला शेयर ख़रीदा था, उस वक़्त मुझे नहीं लगता कि उनके पास कोई ऐसी योजना थी कि पचास वर्ष बाद बर्कशायर कितनी बड़ी

कंपनी हो जाएगी। पर जैसा कि चर्चिल ने कहा था, कंपनी अपने वास्तुकार के चरित्र को प्रतिबिम्बित करने लगी और निवेशक वॉरन बफ़े अपनी कंपनी की विशेषताओं का मूर्त रूप बन गए।

बर्कशायर हैथअवे की सफलता तीन आधारभूत स्तम्भों पर टिकी है। पहला, कंपनी की अधीनस्थ कंपनियाँ बड़े पैमाने पर नगद धनराशि का सृजन करती हैं, जिन्हें ऊपर ओमाहा में कॉर्पोरेट मुख्यालयों में भेज दिया जाता है। यह नगद उसके व्यापक बीमा व्यवसाय एवं उसके पूर्ण स्वामित्व वाली अवित्तीय क्षेत्रों की अधीनस्थ कंपनियों से आता है।

दूसरे, पूँजी का आवंटन करने वाले बफ़े इस नगद राशि को लेकर और अधिक नगद उत्पन्न करने वाले अवसरों में निवेश कर देते हैं। इससे उन्हें अन्य नगद उत्पादक व्यवसायों के अधिग्रहण का अवसर मिलता है, और फिर उससे उत्पन्न नगद से उन्हें और अवसर मिलता है.......... मुझे लगता है कि आप समझ गए होंगे।

विकेंद्रीकरण अंतिम स्तम्भ है। प्रत्येक अधीनस्थ व्यवसाय का प्रबंधन अत्यंत प्रतिभावान संचालक करते हैं, जिनको अपने व्यवसायों को चलाने के लिए बफ़े की सहायता की आवश्यकता नहीं पड़ती। इसका फ़ायदा यह है कि बफ़े अपनी सर्वश्रेष्ठ प्रतिभा, पूँजी के आवंटन पर अपनी 100 प्रतिशत ऊर्जा केंद्रित कर सकते हैं। बफ़े के प्रबंधन घोषणा-पत्र को संक्षेप में ऐसे व्यक्त किया जा सकता है कि "अच्छे लोगों को काम दो, उनका प्रबंधन कम करो।" आज, बर्कशायर हैथअवे के पास 80 से अधिक अधीनस्थ कंपनियाँ एवं 270,000 से अधिक कर्मचारी हैं, पर उसका कॉर्पोरेट मुख्यालय केवल 23 व्यक्तियों द्वारा संचालित है।

'द आउट्साइडर्ज़: एट अंकन्वेन्शनल CEOs एंड देयर रैडिकली रैशनल ब्लूप्रिंट फ़ॉर सक्सेस' के लेखक विलियम थॉर्नडाइक का कहना है कि बर्कशायर हैथअवे की संरचना ने मात्र एक सरल व्यावसायिक रणनीति से कहीं अधिक बढ़कर शक्तिशाली संरचना को जन्म दिया है। थॉर्नडाइक लिखते हैं, "बफ़े ने एक ऐसे दृष्टिकोण का विकास किया है जो अपने केंद्र में उत्कृष्ट व्यक्तियों के साथ दीर्घकालीन संबंधों पर बल देता है तथा अनावश्यक कारोबार से बचने पर भी बल देता है जो कि दीर्घकालीन मूल्य सृजन के आधार, अर्थात् आर्थिक चक्रवृद्धि की शक्तिशाली कड़ी को बाधित कर सकता है।"[10]

थॉर्नडाइक का विश्वास है कि बफ़े को एक "प्रबंधक/निवेशक/दार्शनिक जिसका प्राथमिक उद्देश्य कारोबार में कमी करना है" के तौर पर समझा जाना चाहिए।[11] क्यों? क्योंकि अनावश्यक कारोबार की क़ीमत चुकानी पड़ती है, और मैं केवल व्यापार पर मिलने वाले कमीशन तथा पूंजीगत लाभ कर के बारे में बात नहीं कर रहा हूँ।

बफ़े के विचारानुसार अनावश्यक कारोबार की क़ीमत की प्रकृति, वित्तीय से अधिक मानवीय होती है। यदि आपने सर्वोत्तम प्रबंधकों द्वारा संचालित, सर्वोत्तम शेयर धारकों द्वारा वित्त

पोषित, सर्वोत्तम कंपनियों को एकत्र किया है, तो क्यों कोई इस प्रबल मिश्रण द्वारा जनित दीर्घकालीन मूल्य में बाधा डालना चाहेगा?

बफ़े की तरह सोचना सीखें

पिछले 20 वर्षों से, जब से मैंने वॉरन बफ़े एवं उनकी अद्वितीय सफलता के विषय में लिखना एवं व्याख्यान देना आरंभ किया है, अक्सर मुझे यह बात अलग-अलग तरह से सुनने को मिलती है कि: "अगर मेरे पास उनकी तरह करोड़ों रुपये होते तो मैं भी शेयर बाज़ार में आहत पैसा बना लेता।" मुझे यह सोच कभी समझ में नहीं आयी। यदि आप इसके पीछे के तर्क को समझें तो, यह लोग कह रहे हैं कि अमीर बनने की प्रतिभा प्राप्त करने के लिए आपको पहले से ही अमीर होना होगा। पर मैं पाठकों को स्मरण कराना चाहूँगा कि बफ़े ने करोड़ों रुपये कमाने से पहले ही एक अनूठी निवेश प्रक्रिया का विकास कर लिया था।

मैं आपको पूरी तरह से विश्वास दिलाने का प्रयास करूँगा कि, यदि आप बफ़े के सिद्धांतों को अपनी सोच में शामिल कर लें तथा निवेश संबंधी निर्णय इसी के आधार पर लें तो आप भी बफ़े की तरह सफलता प्राप्त कर सकते हैं। मैं यह गारंटी तो नहीं दे सकता कि आप $100 से आरंभ करके कई वर्ष बाद अरबों के मालिक बन जाएँगे, पर मैं इतनी गारंटी दे सकता हूँ कि आप किसी ऐसे आपके समान वित्तीय संसाधनों वाले व्यक्ति से अधिक सफल होंगे जो सट्टेबाज़ी पर निर्भर है।

तो आइए हम एक काल्पनिक परिस्थिति के माध्यम से विभिन्न चरणों को सीखते हैं।

मान लीजिए कि आपको एक अति महत्त्वपूर्ण निर्णय लेना है। कल आपको निवेश के लिए एक कंपनी — केवल और केवल एक ही कंपनी — के चयन का अवसर दिया जाएगा। इसे और अधिक रोचक बनाने के लिए, चलिए हम यह भी मान लेते हैं कि जब आप एक बार निर्णय ले लेंगे तो उसे बदला नहीं जा सकता है, साथ ही आपको यह निवेश अगले 10 वर्षों तक बनाए रखना है। अंततोगत्वा इस निवेश से मिले लाभ से आप सेवानिवृत्ति के बाद स्वयं को वित्त पोषित करेंगे। तो अब आप कैसे सोचेंगे?

व्यावसायिक सिद्धांत

क्या कंपनी का व्यवसाय सरल एवं समझने में सुगम है? आप अपने द्वारा निवेशित कंपनी के भविष्य में बारे में सही अनुमान तब तक नहीं लगा सकते जब तक कि आप यह न समझते हों कि वह कैसे पैसा कमाती है। कई बार लोग शेयरों में पैसा लगाते हैं बिना यह जाने कि कंपनी कैसे बिक्री करती है, कैसे उसका व्यय होता है, और कैसे वह लाभ कमाती है। यदि आप आर्थिक प्रक्रिया को समझ पाते हैं, तो आप बुद्धिमत्ता के साथ अपने अन्वेषण में आगे बढ़ सकते हैं।

क्या इस व्यवसाय का निरंतर संचालन होता रहा है? यदि आप अपने परिवार के भविष्य को संवारने के लिए किसी कंपनी में निवेश कर रहे हैं, तो आपको यह जानने की आवश्यकता है कि क्या कंपनी समय की कसौटी पर खरी है अथवा नहीं। आप कदाचित अपने भविष्य को किसी नयी कंपनी पर दाँव पर नहीं लगाएँगे जिसने विभिन्न प्रकार के आर्थिक चक्रों तथा प्रतिस्पर्धात्मक शक्तियों को अनुभव नहीं किया है। आपको आश्वस्त होना चाहिए कि आपकी कंपनी पर्याप्त रूप से लंबे समय से व्यावसायिक क्षेत्र में है और, समय के साथ उस कंपनी ने अपनी अधिक लाभ कमाने की क्षमता प्रदर्शित की है।

क्या कंपनी की दीर्घकालीन संभावनायें अनुकूल हैं? वॉरन बफ़े, सर्वश्रेष्ठ दीर्घकालीन संभावनाओं वाली कंपनी के शेयरों को सर्वश्रेष्ठ निवेश मानते हैं और ऐसी कंपनी के लिए 'फ्रैंचाइज़ी' (franchise) शब्द का प्रयोग करते हैं- एक ऐसी कंपनी जो एक ऐसा उत्पाद अथवा सेवा बेचती है जो कि आवश्यक अथवा वांछित है, जिसका कोई निकटवर्ती विकल्प नहीं है, तथा जिसका लाभ विनियमित नहीं है। एक फ्रैंचाइज़ी के पास आम तौर पर काफ़ी अधिक आर्थिक साख (economic goodwill) होती है, जिसके कारण कंपनी मुद्रास्फीति के प्रभावों को बेहतर झेल सकती है। निवेश की दृष्टि से व्यापारिक वस्तु पर आधारित व्यवसाय सबसे ख़राब होते हैं। पण्य आधारित व्यवसायों के पास आर्थिक साख या तो बहुत कम होती है या फिर होती ही नहीं है। व्यापारिक वस्तु पर आधारित व्यवसाय की विशिष्टता केवल उसके उत्पाद या सेवाओं के दाम पर निर्भर होती है। व्यापारिक वस्तु पर आधारित व्यवसाय में निवेश में कठिनाई यह होती है कि कभी-कभी उसके प्रतिद्वंदी, ग्राहकों को आकर्षित करने के लिए, दामों का हथियार की तरह प्रयोग करते हैं और अल्पकाल के लिए अपने उत्पाद को लागत से कम मूल्य पर बेचते हैं, इस आशा के साथ कि इस प्रकार आकर्षित हुए ग्राहक बाद में भी निष्ठावान बने रहेंगे।

सामान्यतः, अधिकतर व्यवसाय इन दोनों स्थितियों के बीच मौजूद होते हैं: वे या तो कमज़ोर फ्रैंचाइज़ी होते हैं या फिर व्यापारिक वस्तु पर आधारित मज़बूत व्यवसाय होते हैं। एक कमज़ोर फ्रैंचाइज़ी की दीर्घकालीन अनुकूल संभावनाएँ व्यापारिक वस्तु पर आधारित मज़बूत व्यवसाय से अधिक होती हैं। एक कमज़ोर फ्रैंचाइज़ी के पास भी कुछ हद तक मूल्य-निर्धारण की शक्ति होती है जिससे वह निवेशित पूँजी पर औसत से अधिक प्रतिलाभ कमा सकता है। इसके विपरीत, व्यापारिक वस्तु पर आधारित एक सशक्त व्यवसाय, औसत से अधिक प्रतिलाभ तभी कमा सकता है जब वे न्यूनतम दाम पर आपूर्ति कर पाए। फ्रैंचाइज़ी के स्वामित्व का एक फ़ायदा यह है कि फ्रैंचाइज़ी प्रबंधन की अक्षमता को झेल कर बच सकता है, जबकि व्यापारिक वस्तु पर आधारित व्यवसाय के लिए प्रबंधन की अक्षमता घातक होती है।

प्रबंधन के सिद्धांत

क्या प्रबंधन विवेकपूर्ण है? चूँकि आपको शेयर बाज़ार अथवा सामान्य अर्थव्यवस्था को देखते नहीं रहना है, इसलिए आप अपनी कंपनी के नगद को देखें। प्रबंधन नगद आय को कैसे पुनर्निवेशित करता है, इससे यह तय होगा कि आपको अपने निवेश पर पर्याप्त प्रतिलाभ मिलेगा अथवा नहीं। यदि आपकी कंपनी अपने संचालन की आवश्यकता से अधिक नगद उत्पन्न करती है, जो आपके लिए वांछनीय है, तो आप प्रबंधन के कार्यों को ग़ौर से देखें। एक तार्किक प्रबंधक अतिरिक्त नगदी को केवल ऐसी परियोजनाओं में निवेश करेगा जो पूँजीगत लागत से अधिक दर से आय उत्पन्न करती हैं। यदि ऐसी दरें उपलब्ध नहीं हैं तो, एक तार्किक प्रबंधक शेयरधारकों को लाभांश में बढ़ोतरी कर और शेयरों की वापसी ख़रीद करके उनका पैसा लौटा देगा। अतार्किक प्रबंधक निरंतर अतिरिक्त नगद को व्यय करने के रास्ते खोजते रहते हैं, बजाय इसके कि शेयरधारकों को उनका पैसा लौटा दें। जब वे पूँजी के मूल्य से कम पर निवेश करते हैं तब अंततोगत्वा उनकी पोल खुल जाती है।

क्या प्रबंधन अपने शेयरधारकों के प्रति निष्पक्ष एवं स्पष्टवादी है? भले ही आपको अपनी कंपनी के मुख्य कार्यकारी अधिकारी के साथ बैठ कर बात करने का अवसर कभी भी प्राप्त न हुआ हो, फिर भी आप किसी CEO के बारे में यह देख कर बहुत कुछ जान सकते हैं कि वे अपने शेयरधारकों से कैसे संवाद करते हैं। क्या आपका प्रबंधक आपकी कंपनी की प्रगति के विषय में इस प्रकार रिपोर्ट देता है कि आप कंपनी के हर एक विभाग के प्रदर्शन को समझ सकते हैं? क्या प्रबंधन अपनी विफलताओं को भी उतने ही खुलेपन से स्वीकार करता है जितना कि वह अपनी सफलताओं की मुनादी करता है? सबसे महत्त्वपूर्ण बात, क्या प्रबंधन निष्कपट रूप से घोषणा करता है कि कंपनी का मुख्य ध्येय अपने शेयरधारकों के निवेश के कुल प्रतिलाभ को अधिकतम करना है?

क्या प्रबंधन संस्थागत मजबूरी का प्रतिरोध करता है? एक ऐसी अदृश्य शक्ति है जो कि प्रबंधकों को अतार्किक रूप से कार्य करने तथा कंपनी के मालिकों के हितों की अनदेखी करने की अनुमति देती है। इस शक्ति को संस्थागत मजबूरी कहते हैं — बिना बुद्धि का प्रयोग किए, जो अन्य सभी प्रबंधक कर रहे हैं उसी का यह सोच कर अनुकरण करना कि चूँकि अन्य सभी कंपनियों में भी ऐसा ही हो रहा है तो ऐसा ही करना सही है। प्रबंधकों की क्षमता का एक माप है कि वह कितनी अच्छी तरह से स्वयं की बुद्धि का प्रयोग करते हैं और कैसे स्वयं को भेड़चाल से बचा कर रखते हैं।

वित्तीय सिद्धांत

प्रति शेयर आय के बजाय इक्विटी पर प्रतिलाभ पर ध्यान दें। अधिकतर निवेशक किसी कंपनी के वार्षिक प्रदर्शन का निर्णय उसकी प्रति शेयर आय से करते हैं, यह देखते हुए कि क्या उसमें पिछले वर्ष से कोई भारी वृद्धि हुई। चूँकि कंपनियाँ निरंतर अपने पूँजी आधार में प्रत्येक

वर्ष, पिछले वर्ष की बची हुई आय को जोड़ कर वृद्धि करती रहती हैं, आय वृद्धि (जिससे प्रति शेयर आय स्वतः बढ़ जाती है) का असल में कोई अर्थ नहीं है। जब कंपनियाँ 'रिकॉर्ड प्रति शेयर आय' की घोषणा करती हैं, तब निवेशक इस भुलावे में आ जाते हैं कि प्रबंधन ने साल दर साल कुछ बड़ा काम किया है। वार्षिक प्रदर्शन का बेहतर मानक है, क्योंकि वह कंपनी के निरंतर बढ़ते हुए पूँजी आधार का भी ख़याल रखता है, इक्विटी पर प्रतिलाभ- जो कि परिचालन आय और शेयरधारकों की इक्विटी का अनुपात होता है।

'मालिक की आय' की गणना करें। किसी व्यवसाय की नगद उत्पन्न करने की क्षमता उसका मूल्य निर्धारित करती है। बफ़े ऐसी कंपनियों की खोज में रहते हैं जो अपनी आवश्यकता से अधिक नगद उत्पन्न करती हैं, बजाय ऐसी कंपनियों के जो नगद का उपभोग करती हैं। पर किसी व्यवसाय का मूल्य-निर्धारण करते समय, यह समझना महत्त्वपूर्ण है कि सभी प्रकार की आय बराबर नहीं होती। जिन कंपनियों का अचल संपत्ति और आय का अनुपात अधिक है, उन्हें व्यवहार्य रहने के लिए अचल संपत्ति एवं आय के कम अनुपात वाली कंपनियों की तुलना में अपनी प्रतिधारित आय का अधिक हिस्सा चाहिए होगा, क्योंकि आय का कुछ हिस्सा उन संपत्तियों को बनाए रखने तथा बढ़ाने में प्रयोग होगा। अतैव लेखा आय को व्यवसाय की नगद उत्पन्न करने की क्षमता को प्रतिबिंबित करने के लिए संशोधित करना होगा।

इसकी सटीक तस्वीर उस आंकड़े से मिलती है जिसे बफ़े 'मालिक की आय' कहते हैं। मालिक की आय का निर्धारण करने के लिए, मूल्यह्रास (depreciation), निःशेषीकरण (depletion), एवं ऋणमुक्ति (amortization) के शुल्क को कुल आय (net income) में जोड़ लें और फिर उसमें से कंपनी को अपनी आर्थिक स्थिति तथा इकाई मात्रा बनाए रखने के लिए किए जाने वाले पूँजीगत व्यय को घटा दें।

ऊँचे लाभ मार्जिन वाली कंपनियों की तलाश करें। ऊँचे लाभ मार्जिन वाली कंपनियाँ न केवल मज़बूत व्यवसाय को प्रतिबिंबित करती हैं बल्कि प्रबंधन के लागत को कम रखने दृढ़ संकल्प को भी प्रतिबिंबित करती हैं। बफ़े को ऐसे प्रबंधक अच्छे लगते हैं जो कि लागत के प्रति सजग रहते हैं तथा ऐसे प्रबंधकों को बिलकुल भी पसंद नहीं करते जो लागत को बढ़ने देते हैं। परोक्ष रूप से शेयरधारक, व्यवसाय द्वारा जनित लाभ के स्वामी होते हैं। बिना समझदारी के व्यय किया गया एक डॉलर, व्यवसाय के मालिकों को एक डॉलर के लाभ से वंचित कर देता है। समय के साथ, बफ़े ने देखा है कि संचालन की अधिक लागत वाली कंपनियाँ, अपनी लागत को बनाए रखने अथवा बढ़ाने के मार्ग खोज लेती हैं, जबकि औसत से कम लागत वाली कंपनियाँ अपने व्यय को कम करने की क्षमता पर गर्व करती हैं।

सुनिश्चित करें कि प्रत्येक प्रतिधारित डॉलर पर कंपनी ने न्यूनतम एक डॉलर के बाज़ार मूल्य का सृजन किया है। यह एक त्वरित वित्तीय परीक्षण है, जो आपको न केवल व्यवसाय की शक्ति के बारे में बताता है बल्कि यह भी बताता है कि कितने तार्किक ढंग से प्रबंधन ने कंपनी के

संसाधनों का आवंटन किया है। किसी कंपनी की कुल आय से शेयरधारकों को दिए गए सभी लाभांशों को घटा दें। जो संख्या बचती है वही कंपनी की प्रतिधारित कमाई है।

अब कंपनी की दस वर्ष की अवधि में प्रतिधारित आय को जोड़ें। उसके बाद, कंपनी के वर्तमान बाज़ार मूल्य और 10 वर्ष पूर्व के उसके बाज़ार मूल्य के अंतर की गणना करें। यदि आपके व्यवसाय ने इस 10 वर्षीय अवधि में अपनी प्रतिधारित कमाई का अनुत्पादक प्रयोग किया है, तो अंततोगत्वा बाज़ार उसका कम मूल्यांकन करेगा। यदि कंपनी का बाज़ार मूल्य, उसकी प्रतिधारित आय के योग से कम है, तो कंपनी पीछे की ओर जा रही है। पर यदि आपके व्यवसाय ने प्रतिधारित पूँजी पर औसत से अधिक प्रतिलाभ कमाया है, तो व्यवसाय के बाज़ार मूल्य की वृद्धि कंपनी के प्रतिधारित आय के योग से अधिक होनी चाहिए, जिसके फलस्वरूप हर एक प्रतिधारित डॉलर पर एक डॉलर से अधिक का बाज़ार मूल्य उत्पन्न होता है।

बाज़ार के सिद्धांत

व्यवसाय का मूल्य कितना है? किसी भी व्यवसाय का मूल्य उसके जीवन-पर्यन्त होने वाले नगद प्रवाह का एक उचित ब्याज दर से बट्टा काटने के फलस्वरूप मिला वर्तमान मूल्य है। किसी भी व्यवसाय का नगद प्रवाह उसके मालिकों की आय है। दीर्घकाल तक मालिक की आय का आकलन करने के बाद आपको स्वतः समझ में आ जाएगा कि, क्या वह किसी औसत दर के अनुसार लगातार बढ़ रही है या फिर किसी स्थिर संख्या के इर्द-गिर्द घूम रही है।

यदि कंपनी की आय ऊपर-नीचे ही हो रही है तो, आपको उस आय को दीर्घकालीन ब्याज दरों के अनुसार बट्टा काटना होगा। यदि मालिक की आय, वृद्धि के किसी नियमित पैटर्न का अनुकरण करती प्रतीत हो रही है तो बट्टा दर को इस वृद्धि दर से कम किया जा सकता है। किसी कंपनी की भविष्यगत वृद्धि दर के प्रति अत्यधिक आशावादी न हों। इसका संरक्षणात्मक अनुमान लगाना, उत्साहपूर्वक कंपनी के मूल्य को अत्यधिक बढ़ा देने से बेहतर है। बफ़े बट्टा दर के तौर पर अमेरिकी कोषागार की दीर्घकालीन दर को बट्टा दर की तरह प्रयोग करते हैं। वे इस बट्टा दर में कोई इक्विटी जोखिम प्रीमियम (equity risk premium) नहीं जोड़ते हैं, परंतु जब ब्याज दरें कम हो रही होती हैं तो वे बट्टा दर को उसके अनुपात में संशोधित कर देते हैं।

क्या व्यवसाय को उसके निहित मूल्य से काफ़ी कम पर ख़रीदा जा सकता है? किसी व्यवसाय के मूल्य का निर्धारण करने के बाद बाज़ार मूल्य की ओर देखना अगला चरण होता है। बफ़े का नियम है कि किसी व्यवसाय को तभी ख़रीदना चाहिए जब उसका क्रय मूल्य उसके निहित मूल्य से काफ़ी कम होता है। ध्यान दें: बफ़े आख़िरी चरण में ही बाज़ार में शेयर के दाम को देखते हैं। किसी व्यवसाय के मूल्य की गणना करना गणितीय रूप से कठिन नहीं है। परंतु, समस्याएँ तब आती हैं जब एक विश्लेषक किसी कंपनी के भविष्य के नगद प्रवाह की ग़लत गणना कर लेता है। बफ़े इस समस्या से दो तरह से निपटते हैं। पहले, वह भविष्य के नगद

प्रवाह का सही अनुमान लगाने की संभावना बढ़ाने के लिए सरल एवं स्थिर व्यवसायों वाली कंपनियों में ही निवेश करते हैं। दूसरे, वह सुनिश्चित करते हैं कि उनके द्वारा क्रय की गयी प्रत्येक कंपनी के क्रय मूल्य एवं निर्धारित मूल्य के बीच एक सुरक्षा मार्जिन (margin of safety) हो। यह सुरक्षा मार्जिन एक सुरक्षा कवच की तरह काम करता है, जो उन्हें- और आपको- उन कंपनियों से बचाता है जिनके भविष्य के नगद प्रवाह में बदलाव होता रहता है।

■ ■ ■

शेयरों को किराए पर लेने के विपरीत, एक कंपनी के मालिक बनने के बाद आप मात्र एक शेयर से और अधिक शेयरों में अपने पोर्टफोलियो का विस्तार करने के लिये तैयार हैं। अब आप अपनी

बफ़े के सिद्धांत

व्यवसायिक सिद्धांत
क्या व्यवसाय सरल एवं समझने में सुगम है?
क्या व्यवसाय का परिचालन का एक निरंतर स्थिर इतिहास है?
क्या व्यवसाय की दीर्घकालीन संभावनायें अनुकूल हैं?

प्रबंधन सिद्धांत
क्या प्रबंधन तार्किक है?
क्या प्रबंधन अपने शेयरधारकों से स्पष्ट बात करता है?
क्या प्रबंधन संस्थागत मजबूरी का प्रतिरोध करता है?

वित्तीय सिद्धांत
एक्वटी पर प्रतिलाभ पर ध्यान दें, प्रति शेयर आय पर नहीं।
'मालिक की आय' की गणना करें।
ऊँचे लाभ मार्जिन वाली कंपनियों को खोजें
सुनिश्चित करें कि प्रत्येक प्रतिधारित डॉलर पर, कंपनी ने न्यूनतम एक डॉलर का बाज़ार मूल्य उत्पन्न किया है।

बाज़ार सिद्धांत
व्यवसाय का मूल्य कितना है?
क्या व्यवसाय को उसके निहित मूल्य से काफ़ी कम पर ख़रीदा जा सकता है?

अपनी सफलता को केवल दाम में होने वाले बदलाव अथवा किसी बेंचमार्क शेयर के दामों में होने वाले वार्षिक परिवर्तन से तुलना करके नहीं माप रहे हैं, बल्कि आपको सर्वश्रेष्ठ उपलब्ध व्यवसायों का चुनाव करने की स्वतंत्रता प्राप्त हो गयी है। कोई ऐसा क़ानून नहीं है जो कहता हो कि आपको सभी प्रमुख उद्योगों को अपने पोर्टफोलियो में शामिल करना ही है, न ही आपको अपने पोर्टफोलियो में विविधता लाने के लिए 40, 50, 60, अथवा 100 शेयरों को शामिल करने की आवश्यकता है।

बफ़े मानते हैं कि, अत्यधिक विविधता की तभी आवश्यकता होती है जब निवेशकों को समझ में नहीं आता कि वे क्या कर रहे हैं। यदि इस प्रकार के 'अनभिज्ञ' निवेशक सामान्य शेयरों के मालिक बनना चाहते हैं, तो उन्हें बहुत सारी प्रतिभूतियाँ समय-समय पर ख़रीदते रहनी चाहिए। दूसरे शब्दों में, जो निवेशक कुछ नहीं जानते, उन्हें सूचकांक निधि एवं बड़ी खरीद पर अस्थिरता के प्रभाव को कम करने में सक्षम क्रय का सहारा लेना चाहिए। सूचकांक निवेशक बनने में कोई शर्म की बात नहीं है। बल्कि असल में, जैसा कि बफ़े कहते हैं, सूचकांक निवेशक, व्यावसायिक निवेशकों की तुलना में अच्छा प्रदर्शन करते हैं। बफ़े कहते हैं, "विडंबना यह है कि जब 'मूढ़' धन अपनी सीमाओं को स्वीकार कर लेता है, तो उसकी मूढ़ता समाप्त हो जाती है।"[12]

"दूसरी ओर", बफ़े कहते हैं, "यदि आप अल्प जानकारी रखने वाले निवेशक हैं, व्यावसायिक अर्थशास्त्र को समझते हैं तथा पाँच से दस ठीक दाम वाली अच्छे दीर्घकालीन प्रतिस्पर्धी फ़ायदों वाली कंपनियों को खोज लेते हैं, तो परंपरागत विविधता का आपके लिए कोई मतलब नहीं है।"[13] बफ़े कहते हैं कि आप सोचें: यदि आपके द्वारा ख़रीदा गया सर्वश्रेष्ठ व्यवसाय आपके लिए न्यूनतम वित्तीय जोखिम रखता है तथा उसकी दूरगामी संभावनायें सबसे अधिक अनुकूल हैं, तो क्यों अपने इस नंबर 1 के पसंदीदा व्यवसाय में और अधिक पैसा डालने की बजाय आप अपने 20 नंबर के पसंदीदा व्यवसाय में पैसा लगाएँगे?

अब अपने सैद्धांतिक पोर्टफोलियो की ओर देखें, एक और अधिक शेयर उसमें जोड़े जाने के बाद वह कैसा प्रदर्शन कर रहा है। आप अपने द्वारा ख़रीदे गए व्यवसायों के आर्थिक प्रदर्शन को उनकी क्षण-निरीक्षण आय की गणनां करके माप सकते हैं। आपके द्वारा ख़रीदी गयी कंपनियों की कुल आय शक्ति की गणना करने के लिए प्रति शेयर आय को आपके शेयरों की संख्या से गुणा कर दीजिए। बफ़े समझाते हैं कि व्यवसाय के मालिक का लक्ष्य होता है, कंपनियों का एक ऐसा पोर्टफोलियो बनाना, जो दस वर्षों में सबसे ऊँचे स्तर की क्षण-निरीक्षण आय का सृजन करने में सक्षम हो।

चूँकि अब दाम में बदलाव की बजाय, क्षण-निरीक्षण आय आपके पोर्टफोलियो में सर्वोच्च वरीयता पर आ गयी है, तो कई चीज़ें बदलनी शुरू हो जाती हैं। पहला, आप अपने सर्वश्रेष्ठ व्यवसायों को केवल लाभ के लिए नहीं बेचेंगे। विडंबना है कि प्रबंधक इसे तब समझते हैं जब वे स्वयं के व्यवसाय के संचालन पर ध्यान देते हैं। "एक मूल कंपनी", बफ़े समझाते हैं, "जिसकी

अधीनस्थ कंपनी की उत्तम दीर्घकालीन आर्थिक संभावनाएँ हैं, अपनी उस अधीनस्थ कंपनी को नहीं बेचेगी, चाहे उसे कितने भी दाम का प्रस्ताव मिले।"[14] एक CEO, जो व्यवसाय का मूल्य बढ़ाना चाहता है, कंपनी के मुकुट की मणि को नहीं बेचेगा। परंतु यही CEO जल्दबाज़ी में अपने निजी पोर्टफोलियो के शेयर इस तर्क के साथ बेच देगा कि "लाभ कमाने से कोई कंगाल नहीं हो जाता।" "हमारी दृष्टि में", बफ़े समझाते हैं, "व्यवसाय में जो तार्किक है वही शेयर बाज़ार में भी तार्किक है: एक निवेशक को सामान्यतः एक उत्कृष्ट व्यवसाय का एक छोटा हिस्सा उसी प्रकार कस के पकड़ के रखना चाहिए जिस तरह उस व्यवसाय का पूर्ण मालिक उसे पकड़ कर रखता।"[15]

अब जब कि आप व्यवसायों के एक पूरे पोर्टफोलियो का प्रबंधन कर रहे हैं, न केवल आप अपने सर्वोत्तम व्यवसायों को बेचना नहीं चाहेंगे, बल्कि आप क्रय हेतु नए व्यवसायों का चुनाव भी अधिक सावधानी के साथ करेंगे। कई व्यवसायों से बने एक पोर्टफोलियो के प्रबंधक होने के नाते, केवल अतिरिक्त धन की उपलब्धता के कारण आपको किसी असाधारण कंपनी को क्रय करने के प्रलोभन से बचना चाहिए। यदि कंपनी आपके सिद्धांतों पर खरी नहीं उतरती तो उसे मत ख़रीदिए। धैर्य रखिए और सही कंपनी की प्रतीक्षा कीजिए। यह सोचना ग़लत है कि चूँकि आप क्रय-विक्रय नहीं कर रहे हैं तो आप प्रगति नहीं कर रहे। बफ़े के विचारानुसार, किसी व्यक्ति के लिए अपने जीवनकाल में सैकड़ों चतुर निर्णय कर पाना अत्यंत कठिन होता है। वह अपना पोर्टफोलियो ऐसा बनाना चाहेंगे जिससे कि उन्हें कुछ ही चतुर निर्णय करने पड़ें।

अपना मार्ग खोजना

"मन में कुछ ऐसा है, जो कि वास्तविक एवं काल्पनिक पैटर्न खोजने के लिए बना है, जो कि मौलिक विकार की धारणा से बग़ावत करता है।"[16] जॉर्ज जॉनसन की पुस्तक 'फ़ायर इन द माइंड' के ये शब्द सभी निवेशकों द्वारा सामना किए जाने वाली दुविधा को उजागर करते हैं। मन प्रतिमानों की लालसा करता है, जॉनसन मानते हैं; प्रतिमान नियमितता के द्योतक होते हैं, जो हमें अपने संसाधनों के विषय में योजना बनाने और उन्हें समझने में सहायता करते हैं।

बफ़े के विषय में हमने जो कुछ भी जाना है उसके अनुसार वह हमेशा प्रतिमानों की तलाश करते रहते हैं- वह प्रतिमान जो कि किसी व्यवसाय का विश्लेषण करते समय मिल जाते हैं। वह जानते हैं कि व्यावसायिक प्रतिमान ही शेयर भाव के भविष्य के स्वरूप को उजागर कर देंगे। शेयर के दामों का प्रतिमान व्यावसायिक प्रतिमान का निश्चित अनुकरण नहीं करेगा, पर यदि आपकी समय-सीमा कुछ लंबी है, तब यह देख कर आश्चर्य होता है कि कैसे भाव के प्रतिमान अंततोगत्वा व्यवसाय के प्रतिमान से मेल खाते हैं।

बहुत सारे निवेशक ग़लत जगहों पर प्रतिमानों की तलाश कर रहे हैं। उन्हें विश्वास है कि अल्पकालीन भाव परिवर्तन को समझने के लिए कोई नियत प्रतिमान है। पर वह ग़लती कर

रहे हैं। शेयर बाज़ार की भविष्य की दिशा का अनुमान लगाने के लिए कोई भी नियत प्रतिमान नहीं है। किसी भी प्रतिमान की पुनरावृत्ति नहीं होती है। फिर भी निवेशक प्रयास करते रहते हैं।

एक ऐसे संसार में, जहां प्रतिमान की कोई मान्यता नहीं है, निवेशक कैसे व्यवहार करते हैं? इसका उत्तर है कि, सही जगह और सही स्तर पर देखा जाए। यद्यपि विशाल व जटिल होने के कारण अर्थव्यवस्था एवं बाज़ार का समग्र रूप से अनुमान लगाना कठिन होता है, फिर भी कंपनी के स्तर पर प्रतिमानों की पहचान की जा सकती है। हर एक कंपनी के भीतर, व्यावसायिक, प्रबंधन संबंधी, एवं वित्तीय प्रतिमान होते हैं।

यदि आप इन प्रतिमानों का अध्ययन करें, तो अधिकतर मामलों में आप कंपनी के भविष्य के विषय में तार्किक भविष्यवाणी कर पाएँगे। वॉरन बफ़े इन प्रतिमानों पर ध्यान देते हैं, न कि करोड़ों निवेशकों के व्यवहार के प्रतिमानों पर जिनका अनुमान नहीं लगाया जा सकता। बफ़े ने कहा, "मनोविज्ञान द्वारा निर्धारित वोट्स के मूल्यांकन की तुलना में मैंने सदा से ही मूल घटकों द्वारा निर्धारित भार का मूल्यांकन करना सरल पाया है।"[17]

एक बात जो हम निश्चित रूप से कह सकते हैं, वह यह है कि ज्ञान द्वारा हम अपने निवेश के प्रतिलाभ को बढ़ा सकते हैं और कुल जोखिम को भी कम कर सकते हैं। मुझे विश्वास है कि, हम यह भी कह सकते हैं कि निवेश एवं सट्टे के बीच का अंतर ज्ञान द्वारा परिभाषित होता है। अंत में, आप अपनी कंपनियों के बारे में जितना ज़्यादा जानेंगे, उतना ही शुद्ध सट्टे का आपकी सोच और कार्यों में प्रभाव कम हो जाएगा।

वित्तीय लेखक रॉन चर्नो का दावा है कि "वित्तीय प्रणालियाँ सामाजिक मूल्यों का प्रतिबिंब होती हैं।"[18] मैं मानता हूँ कि यह काफ़ी हद तक सही है। समय-समय पर, हम अपने मूल्यों को भूल जाते हैं, और तब हमारे बाज़ार सट्टेबाज़ों के शिकार हो जाते हैं। जल्दी ही हम स्वयं की दिशा को सुधार लेते हैं और फिर अपनी वित्तीय यात्रा आरंभ करते हैं, और कुछ समय बाद फिर हानिकारक आदतों के शिकार हो जाते हैं। इस दुष्चक्र को रोकने का एक तरीक़ा है स्वयं को शिक्षित करना कि कौन सी चीज़ कारगर है एवं कौन सी नहीं।

बफ़े को भी अपने हिस्से की असफलताओं का सामना करना पड़ा है और निस्सन्देह आगे भी करना पड़ेगा। पर निवेश में सफलता का अर्थ यह नहीं कि आपसे कभी चूक नहीं होगी। यह सफलता, ग़लत से अधिक सही कार्य करने से मिलती है। वॉरन बफ़े का मार्ग भी इससे अलग नहीं है। वॉरन बफ़े वे निवेश दृष्टिकोण की सफलता का राज है कई जटिल कार्यों (जिनमें बाज़ार, अर्थव्यवस्था, एवं शेयरों के भावों का अनुमान शामिल है) से बचना, जिनमें ग़लती होने की अत्यधिक संभावना होती है, और कुछ ऐसे सरल (जिसमें व्यवसाय का मूल्यांकन मुख्य है) कार्य करना जिन्हें सही से करना आसान है। जब बफ़े शेयर ख़रीदते हैं, तब वह दो सरल चर

संख्याओं पर ध्यान केंद्रित करते हैं: व्यवसाय का भाव और उसका मूल्य। व्यवसाय का भाव, उसके बाज़ार भाव से पता चल जाता है। उसकी गणना करनी पड़ती है पर यह थोड़ा प्रयास करने के लिए तत्पर रहने वालों के लिए कठिन नहीं है।

चूँकि अब आप शेयर बाज़ार, अर्थव्यवस्था और शेयरों के दामों की भविष्यवाणी करने की चिंता नहीं करते, इसलिए अब आप अपने व्यवसायों को समझने के लिए स्वतंत्र हैं। अब आप वार्षिक रिपोर्ट्स पढ़ने तथा व्यवसाय एवं उद्योग संबंधी लेख पढ़ने में समय का उत्पादक प्रयोग कर सकते हैं जो एक मालिक की हैसियत से आपके ज्ञान में वृद्धि करेंगे। असल में, जितना आप स्वयं के व्यवसाय के विषय में अनुसंधान करने के लिए तत्पर रहेंगे, उतना ही आप उन लोगों पर कम निर्भर करेंगे जिनका व्यवसाय दूसरे व्यक्तियों को अतार्किक निर्णय लेने की सलाह देना है।

अंततोगत्वा, आपके सर्वश्रेष्ठ निवेश विचार आपसे ही आएँगे जब आप स्वयं अपना कार्य करेंगे। परंतु आपको भयभीत होने की आवश्यकता नहीं है। वॉरन बफ़े वे अधिकांश गंभीर निवेशकों के लिए कठिन नहीं है। आपको इसका सफलतापूर्वक प्रयोग करने के लिए एक MBA डिग्री वाले व्यक्ति के स्तर की व्यवसाय के मूल्यांकन करने की क्षमता एवं कुशलता की आवश्यकता नहीं है। फिर भी, यदि आपको इन सिद्धांतों का स्वयं प्रयोग करने में असुविधा महसूस होती है, तो आप अपने वित्तीय सलाहकार से यही प्रश्न पूछ सकते हैं। असल में, आप दाम और मूल्य पर जितनी चर्चा करेंगे, आप वॉरन बफ़े के तरीके से उतना ही अधिक अवगत होंगे तथा आप इसकी उतनी ही क़द्र करेंगे।

अपने जीवनकाल में, बफ़े ने विभिन्न निवेश पद्धतियों का प्रयोग किया है। युवावस्था में उन्होंने शेयरों की सूची तैयार करने का कार्य भी किया। उन्हें प्रतिभूति विश्लेषण में, इस उद्योग के सर्वोत्तम विश्लेषक, बेंजामिन ग्राहम, से शिक्षा मिली है। उन्हें आरंभ में फ़िल फ़िशर की निवेश रणनीतियों का अध्ययन करने से लाभ हुआ है। इसके अलावा चार्ली मंगर के साथ साझेदारी उनके लिए अति भाग्यशाली साबित हुई, जिसमें उन्होंने जो भी सीखा था वह सब उन्हें प्रयोग करने का अवसर मिला। अपने छह दशक से अधिक के करियर में बफ़े ने असंख्य आर्थिक, राजनैतिक एवं युद्ध स्तरीय चुनौतियों का सामना किया है और उन्हें पार किया है। सभी ध्यान भटकाने वाली बातों के बीच, उन्होंने अपने लिए एक स्थिर स्थान खोज लिया, ऐसा स्थान जहाँ से देखने पर सभी चीज़ें स्पष्ट हो जाती हैं: जहाँ व्यक्तित्व एवं निवेश रणनीति में तारतम्य स्थापित होता है। बफ़े कहते हैं, "निवेश के प्रति हमारा दृष्टिकोण हमारे व्यक्तित्व के अनुरूप है और ऐसा है जैसे कि हम अपने जीवन को जीना चाहते हैं।"[19]

यह सामंजस्य बफ़े के रवैये में दिखाई देता है। वह सदा ही उत्साहित एवं सहायता हेतु तत्पर रहते हैं। वह रोज़ काम पर आने के लिए सही में उत्साहित रहते हैं। वह कहते हैं "जो कुछ भी मुझे

जीवन में चाहिए वह मेरे पास यहीं है, मैं हर दिन से प्रेम करता हूँ। मेरा मतलब है, यहीं मैं अपने सभी पेशेवर कार्यों को अंजाम देता हूँ और उन्हीं लोगों के साथ काम करता हूँ जो मुझे पसंद हैं।"[20] वह आगे कहते हैं, "दुनिया में बर्कशायर का संचालन करने से ज़्यादा मज़ेदार कोई काम नहीं है और मैं स्वयं को भाग्यशाली मानता हूँ कि मैं यह कर रहा हूँ।"[21]

अनुबंध

तालिका A.1 बर्कशायर हैथअवे 1977 कॉमन स्टॉक पोर्टफोलियो

शेयरों की संख्या	कंपनी	दाम	बाज़ार मूल्य
934,300	द वॉशिंगटन पोस्ट कंपनी	$ 10,628	$ 33,401
1,969,953	GEICO कन्वर्टिबल प्रिफ़र्ड	19,417	33,033
592,650	इंटरपब्लिक ग्रुप ऑफ़ कंपनीज़	4,531	17,187
220,000	कैपिटल सिटीज़ कम्यूनिकेशंज़	10,909	13,228
1,294,308	GEICO कॉमन स्टॉक	4,116	10,516
324,580	काइज़र एल्यूमिनियम एंड केमिकल कॉर्प	11,218	9,981
226,900	नाइट-रिडर न्यूज़पेपर्स	7,534	8,736
170,800	ऑग्लिवी एंड मादर इंटर्नैशनल	2,762	6,960
1,305,800	काइज़र इंडस्ट्रीज़	778	6,039
	कुल योग	$ 71,893	$ 139,081
	अन्य सभी कॉमन स्टॉक	34,996	41,992
	कुल कॉमन स्टॉक	$ 106,889	$ 181,073

स्रोत: बर्कशायर हैथअवे 1977 वार्षिक रिपोर्ट।
ध्यान दें: डॉलर की मात्रा हज़ारों में है।

तालिका A.2 बर्कशायर हैथअवे 1978 कॉमन स्टॉक पोर्टफोलियो

शेयरों की संख्या	**कंपनी**	**दाम**	**बाज़ार मूल्य**
934,000	द वॉशिंगटन पोस्ट कंपनी	$ 10,628	$ 43,445
1,986,953	GEICO कन्वर्टिबल प्रिफ़र्ड	19,417	28,314
953,750	SAFECO कॉर्पोरेशन	23,867	26,467
592,650	इंटरपब्लिक ग्रुप ऑफ़ कंपनीज़	4,531	19,039
1,066,934	काइज़र एल्यूमिनियम एंड केमिकल कॉर्प	18,085	18,671
453,800	नाइट-रिडर न्यूज़पेपर्स	7,534	10,267

(क्रमशः)

तालिका A.2

शेयरों की संख्या	कंपनी	दाम	बाज़ार मूल्य
1,294,308	GEICO कॉमन स्टॉक	4,116	9,060
246,450	अमेरिकन ब्रॉडकास्टिंग कंपनीज़	6,082	8,626
	कुल योग	$ 94,260	$ 163,889
	अन्य सभी कॉमन स्टॉक	39,506	57,040
	कुल कॉमन स्टॉक	$ 133,766	$ 220,929

स्रोत: बर्कशायर हैथअवे 1979 वार्षिक रिपोर्ट।
ध्यान दें: डॉलर की मात्रा हज़ारों में है।

तालिका A.3 बर्कशायर हैथअवे 1979 कॉमन स्टॉक पोर्टफोलियो

शेयरों की संख्या	कंपनी	दाम	बाज़ार मूल्य
5,730,114	GEICO कॉमन स्टॉक	$ 28,288	$ 68,045
1,868,000	द वॉशिंगटन पोस्ट कंपनी	10,628	39,241
1,007,500	हैंडी एंड हरमन	21,825	38,537
953,750	SAFECO कॉर्पोरेशन	23,867	35,527
711,180	इंटरपब्लिक ग्रुप ऑफ़ कंपनीज़	4,531	23,736
1,211,834	काइज़र एल्यूमिनियम एंड केमिकल कॉर्प	20,629	23,328
771,900	एफ़० डब्ल्यू० वुलवर्थ कंपनी	15,515	19,394
328,700	जेनरल फ़ूड्स, इंक	11,437	11,053
246,450	अमेरिकन ब्रॉडकास्टिंग कंपनीज़	6,082	9,673
289,700	अफ़िलीएटेड पब्लिकेशंस, इंक	2,821	8,800
391,400	ऑग्लिवी एंड मादर इंटर्नैशनल	3,709	7,828
282,500	मीडिया जेनरल	4,545	7,345
112,545	अमेराडा हेस	2,861	5,487
	कुल योग	$ 156,738	$ 297,994
	अन्य सभी कॉमन स्टॉक	28,675	36,686
	कुल कॉमन स्टॉक	$ 185,413	$ 334,680

स्रोत: बर्कशायर हैथअवे 1979 वार्षिक रिपोर्ट।
ध्यान दें: डॉलर की मात्रा हज़ारों में है।

तालिका A.4 बर्कशायर हैथअवे 1980 कॉमन स्टॉक पोर्टफोलियो

शेयरों की संख्या	कंपनी	दाम	बाज़ार मूल्य
7,200,000	GEICO कॉर्पोरेशन	$ 47,138	$ 105,300
1,983,812	जेनरल फ़ूड्स	62,507	59,889
2,015,000	हैंडी एंड हरमन	21,825	58,435
1,250,525	SAFECO कॉर्पोरेशन	32,063	45,177
1,868,600	द वॉशिंगटन पोस्ट कंपनी	10,628	42,277
464,317	एल्यूमिनियम कंपनी ऑफ़ अमेरिका	25,577	27,685
1,211,834	काइज़र एल्यूमिनियम एंड केमिकल कॉर्प	20,629	27,569
711,180	इंटरपब्लिक ग्रुप ऑफ़ कंपनीज़	4,531	22,135
667,124	एफ़. डब्ल्यू. वुलवर्थ कंपनी	13,583	16,511
370,088	पिंकरटंस, इंक	12,144	16,489
475,217	क्लीवलैंड-क्लिफ़्स आइरन कंपनी	12,942	15,894
434,550	अफ़िलीएटेड पब्लिकेशंस, इंक	2,821	12,222
245,700	आर. जे. रेनॉल्ड्स इंडस्ट्रीज़	8,702	11,228
391,400	ऑग्लिवी एंड मादर इंटर्नैशनल	3,709	9,981
282,500	मीडिया जेनरल	4,545	8,334
247,039	नैशनल डिट्रॉइट कॉर्पोरेशन	5,930	6,299
151,104	द टाइम्ज़ मिरर कंपनी	4,447	6,271
881,500	नैशनल स्टूडेंट मार्केटिंग	5,128	5,895
	कुल योग	$ 298,848	$ 497,591
	अन्य सभी कॉमन स्टॉक	26,313	32,096
	कुल कॉमन स्टॉक	$ 325,161	$ 529,687

स्रोत: बर्कशायर हैथअवे 1980 वार्षिक रिपोर्ट।

ध्यान दें: डॉलर की मात्रा हज़ारों में है।

तालिका A.5 बर्कशायर हैथअवे 1981 कॉमन स्टॉक पोर्टफोलियो

शेयरों की संख्या	कंपनी	दाम	बाज़ार मूल्य
7,200,000	GEICO कॉर्पोरेशन	$ 47,138	$ 199,800
1,764,824	आर. जे. रेनॉल्ड्स इंडस्ट्रीज़	76,668	83,127

(क्रमशः)

तालिका A.5

शेयरों की संख्या	कंपनी	दाम	बाज़ार मूल्य
2,101,244	जेनरल फ़ूड्स	66,277	66,714
1,868,600	द वॉशिंगटन पोस्ट कंपनी	10,628	58,160
2,015,000	हैंडी एंड हरमन	21,825	36,270
785,225	SAFECO कॉर्पोरेशन	21,329	31,016
711,180	इंटरपब्लिक ग्रुप ऑफ़ कंपनीज़	4,531	23,202
370,088	पिंकरटंस, इंक	12,144	19,675
703,634	एल्यूमिनियम कंपनी ऑफ़ अमेरिका	19,359	18,031
420,441	अरकाटा कॉर्पोरेशन	14,076	15,136
475,217	क्लीवलैंड-क्लिफ़्स आइरन कंपनी	12,942	14,362
451,650	अफ़िलीएटेड पब्लिकेशंस, इंक	3,297	14,362
441,522	GATX कॉर्पोरेशन	17,147	13,466
391,400	ऑग्लिवी एंड मादर इंटर्नैशनल	3,709	12,329
282,500	मीडिया जेनरल	4,545	11,088
	कुल योग	$ 335,615	$ 616,490
	अन्य सभी कॉमन स्टॉक	16,131	22,739
	कुल कॉमन स्टॉक	$ 351,746	$ 639,229

स्रोत: बर्कशायर हैथअवे 1981 वार्षिक रिपोर्ट।

ध्यान दें: डॉलर की मात्रा हज़ारों में है।

तालिका A.6 बर्कशायर हैथअवे 1982 कॉमन स्टॉक पोर्टफोलियो में है।

शेयरों की संख्या	कंपनी	दाम	बाज़ार मूल्य
7,200,000	GEICO कॉर्पोरेशन	$ 47,138	$ 309,600
3,107,675	आर. जे. रेनॉल्ड्स इंडस्ट्रीज़	142,343	158,715
1,868,600	द वॉशिंगटन पोस्ट कंपनी	10,628	103,240
2,101,244	जेनरल फ़ूड्स	66,277	83,680
1,531,391	टाइम, इंक	45,273	79,824
908,800	क्रम एंड फ़ॉर्स्टर	47,144	48,962
2,379,200	हैंडी एंड हरमन	27,318	46,692

(क्रमशः)

तालिका A.6

शेयरों की संख्या	कंपनी	दाम	बाज़ार मूल्य
711,180	इंटरपब्लिक ग्रुप ऑफ़ कंपनीज़	4,531	34,314
460,650	अफ़िलीएटेड पब्लिकेशंस, इंक	3,516	16,929
391,400	ऑग्लिवी एंड मादर इंटर्नैशनल	3,709	17,319
282,500	मीडिया जेनरल	4,545	12,289
	कुल योग	$ 402,422	$ 911,564
	अन्य सभी कॉमन स्टॉक	21,611	34,058
	कुल कॉमन स्टॉक	$ 424,033	$ 945,622

स्रोत: बर्कशायर हैथअवे 1982 वार्षिक रिपोर्ट।

ध्यान दें: डॉलर की मात्रा हज़ारों में है।

तालिका A.7 बर्कशायर हैथअवे 1983 कॉमन स्टॉक पोर्टफोलियो

शेयरों की संख्या	कंपनी	दाम	बाज़ार मूल्य
6,850,000	GEICO कॉर्पोरेशन	$ 47,138	$ 398,156
5,618,661	आर. जे. रेनॉल्ड्स इंडस्ट्रीज़	268,918	314,334
1,868,600	द वॉशिंगटन पोस्ट कंपनी	10,628	136,875
4,451,544	जेनरल फ़ूड्स	163,786	228,698
901,788	टाइम, इंक	27,732	56,860
2,379,200	हैंडी एंड हरमन	27,318	42,231
636,310	इंटरपब्लिक ग्रुप ऑफ़ कंपनीज़	4,056	33,088
690,975	अफ़िलीएटेड पब्लिकेशंस, इंक	3,516	26,603
250,400	ऑग्लिवी एंड मादर इंटर्नैशनल	2,580	12,833
197,200	मीडिया जेनरल	3,191	11,191
	कुल योग	$ 558,863	$ 1,260,869
	अन्य सभी कॉमन स्टॉक	7485	18044
	कुल कॉमन स्टॉक	$ 566,348	$ 1,278,913

स्रोत: बर्कशायर हैथअवे 1983 वार्षिक रिपोर्ट।

ध्यान दें: डॉलर की मात्रा हज़ारों में है।

तालिका A.8 बर्कशायर हैथअवे 1984 कॉमन स्टॉक पोर्टफोलियो

शेयरों की संख्या	कंपनी	दाम	बाज़ार मूल्य
6,850,000	GEICO कॉर्पोरेशन	$ 47,138	$ 397,300
4,047,191	जेनरल फ़ूड्स	149,870	226,137
3,895,710	एक्सॉन कॉर्पोरेशन	173,401	175,307
1,868, 600	द वॉशिंगटन पोस्ट कंपनी	10,628	149,955
2,553,488	टाइम, इंक	89,237	109,162
740,400	अमेरिकन ब्रॉडकास्टिंग कंपनीज़	44,416	46,738
2,379,200	हैंडी एंड हरमन	27,318	38,662
818,872	इंटरपब्लिक ग्रुप ऑफ़ कंपनीज़	2,570	28,149
690,975	अफ़िलीएटेड पब्लिकेशंस, इंक	3,516	32,908
555,949	नॉर्थवेस्ट इंडस्ट्रीज़	26,581	27,242
	कुल योग	$ 573,340	$ 1,231,560
	अन्य सभी कॉमन स्टॉक	11,634	37,326
	कुल कॉमन स्टॉक	$ 584,974	$ 1,268,886

स्रोत: बर्कशायर हैथअवे 1984 वार्षिक रिपोर्ट।

ध्यान दें: डॉलर की मात्रा हज़ारों में है।

तालिका A.9 बर्कशायर हैथअवे 1985 कॉमन स्टॉक पोर्टफोलियो

शेयरों की संख्या	कंपनी	दाम	बाज़ार मूल्य
6,850,000	GEICO कॉर्पोरेशन	$ 45,713	$ 595,950
1,727,765	द वॉशिंगटन पोस्ट कंपनी	9,731	205,172
900,800	अमेरिकन ब्रॉडकास्टिंग कंपनीज़	54,435	108,997
2,350,922	बीट्रिस कंपनीज़, इंक	106,811	108,142
1,036,461	अफ़िलीएटेड पब्लिकेशंस, इंक	3,516	55,710
2,553,488	टाइम, इंक	20,385	52,669
2,379,200	हैंडी एंड हरमन	27,318	43,718
	कुल योग	$ 267,909	$ 1,170,358
	अन्य सभी कॉमन स्टॉक	7,201	27,963
	कुल कॉमन स्टॉक	$ 275,110	$ 1,198,321

स्रोत: बर्कशायर हैथअवे 1985 वार्षिक रिपोर्ट।

ध्यान दें: डॉलर की मात्रा हज़ारों में है।

तालिका A.10 बर्कशायर हैथअवे 1986 कॉमन स्टॉक पोर्टफोलियो

शेयरों की संख्या	कंपनी	दाम	बाज़ार मूल्य
2,990,000	कैपिटल सिटीज़/ABC, इंक	$ 515,775	$ 801,694
6,850,000	GEICO कॉर्पोरेशन	45,713	674,725
1,727,765	द वॉशिंगटन पोस्ट कंपनी	9,731	269,531
2,379,200	हैंडी एंड हरमन	27,318	46,989
489,300	लीअर सीग्लर, इंक	44,064	44,587
	कुल योग	$ 642,601	$ 1,837,526
	अन्य सभी कॉमन स्टॉक	12,763	36,507
	कुल कॉमन स्टॉक	$ 655,364	$ 1,874,033

स्रोत: बर्कशायर हैथअवे 1986 वार्षिक रिपोर्ट।

ध्यान दें: डॉलर की मात्रा हज़ारों में है।

तालिका A.11 बर्कशायर हैथअवे 1987 कॉमन स्टॉक पोर्टफोलियो

शेयरों की संख्या	कंपनी	दाम	बाज़ार मूल्य
3,000,000	कैपिटल सिटीज़/ABC, इंक	$ 517,500	$ 1,035,000
6,850,000	GEICO कॉर्पोरेशन	45,713	756,925
1,727,765	द वॉशिंगटन पोस्ट कंपनी	9,731	323,092
	कुल कॉमन स्टॉक	$ 572,944	$ 2,115,017

स्रोत: बर्कशायर हैथअवे 1987 वार्षिक रिपोर्ट।

ध्यान दें: डॉलर की मात्रा हज़ारों में है।

तालिका A.12 बर्कशायर हैथअवे 1988 कॉमन स्टॉक पोर्टफोलियो

शेयरों की संख्या	कंपनी	दाम	बाज़ार मूल्य
3,000,000	कैपिटल सिटीज़/ABC, इंक	$ 517, 500	$ 1,086,750
6,850,000	GEICO कॉर्पोरेशन	45,713	849,400
14,172,500	द कोका-कोला कंपनी	592,540	632,448
1,727,765	द वॉशिंगटन पोस्ट कंपनी	9,731	364,126
2,400,000	फ़ेडेरल होम लोन मॉर्टगेज कॉर्प.	71,729	121,200
	कुल कॉमन स्टॉक	$ 1,237,213	$ 3,053,924

स्रोत: बर्कशायर हैथअवे 1988 वार्षिक रिपोर्ट।

ध्यान दें: डॉलर की मात्रा हज़ारों में है।

तालिका A.13 बर्कशायर हैथअवे 1989 कॉमन स्टॉक पोर्टफोलियो

शेयरों की संख्या	कंपनी	दाम	बाज़ार मूल्य
23,350,000	द कोका-कोला कंपनी	$ 1,023,920	$ 1,803,787
3,000,000	कैपिटल सिटीज़/ABC, इंक	517,500	1,692,375
6,850,000	GEICO कॉर्पोरेशन	45,713	1,044,625
1,727,765	द वॉशिंगटन पोस्ट कंपनी	9,731	486,366
2,400,000	फ़ेडेरल होम लोन मॉर्टगेज कॉर्प.	71,729	161,100
	कुल कॉमन स्टॉक	$ 1,668,593	$ 5,188,253

स्रोत: बर्कशायर हैथअवे 1989 वार्षिक रिपोर्ट।

ध्यान दें: डॉलर की मात्रा हज़ारों में है।

तालिका A.14 बर्कशायर हैथअवे 1990 कॉमन स्टॉक पोर्टफोलियो

शेयरों की संख्या	कंपनी	दाम	बाज़ार मूल्य
46,700,000	द कोका-कोला कंपनी	$ 1,023,920	$ 2,171,550
3,000,000	कैपिटल सिटीज़/ABC, इंक	517,500	1,377,375
6,850,000	GEICO कॉर्पोरेशन	45,713	1,110,556
1,727,765	द वॉशिंगटन पोस्ट कंपनी	9,731	342,097
2,400,000	फ़ेडेरल होम लोन मॉर्टगेज कॉर्प.	71,729	117,000
	कुल कॉमन स्टॉक	$ 1,958,024	$ 5,407,953

स्रोत: बर्कशायर हैथअवे 1990 वार्षिक रिपोर्ट।

ध्यान दें: डॉलर की मात्रा हज़ारों में है।

तालिका A.15 बर्कशायर हैथअवे 1991 कॉमन स्टॉक पोर्टफोलियो

शेयरों की संख्या	कंपनी	दाम	बाज़ार मूल्य
46,700,000	द कोका-कोला कंपनी	$ 1,023,920	$ 3,747,675
6,850,000	GEICO कॉर्पोरेशन	45,713	1,363,150
24,000,000	द जिलेट कंपनी	600,000	1,347,000
3,000,000	कैपिटल सिटीज़/ABC, इंक	517,500	1,300,500
2,495,200	फ़ेडेरल होम लोन मॉर्टगेज कॉर्प.	77,245	343,090
1,727,765	द वॉशिंगटन पोस्ट कंपनी	9,731	336,050
31,247,000	गिनीज़ पीएलसी	264,782	296,755

(क्रमशः)

तालिका A.15

शेयरों की संख्या	कंपनी	दाम	बाज़ार मूल्य
5,000,000	वेल्ज़ फ़ार्गो एंड कंपनी	289,431	290,000
	कुल कॉमन स्टॉक	$ 2,828,322	$ 9,024,220

स्रोत: बर्कशायर हैथअवे 1991 वार्षिक रिपोर्ट।

ध्यान दें: डॉलर की मात्रा हज़ारों में है।

तालिका A.16 बर्कशायर हैथअवे 1992 कॉमन स्टॉक पोर्टफोलियो

शेयरों की संख्या	कंपनी	दाम	बाज़ार मूल्य
93,400,000	द कोका-कोला कंपनी	$ 1,023,920	$ 3,911,125
34,250,000	GEICO कॉर्पोरेशन	45,713	2,226,250
3,000,000	कैपिटल सिटीज़/ABC, इंक	517,500	1,523,500
24,000,000	द जिलेट कंपनी	600,000	1,365,000
16,196,700	फ़ेडेरल होम लोन मॉर्टगेज कॉर्प.	414,527	783,515
6,358,418	वेल्ज़ फ़ार्गो एंड कंपनी	380,983	485,624
4,350,000	जेनरल डायनामिक्स	312,438	450,769
1,727,765	द वॉशिंगटन पोस्ट कंपनी	9,731	396,954
38,335,000	गिनीज़ पीएलसी	333,019	299,581
	कुल कॉमन स्टॉक	$ 3,637,831	$ 11,442,318

स्रोत: बर्कशायर हैथअवे 1992 वार्षिक रिपोर्ट।

ध्यान दें: डॉलर की मात्रा हज़ारों में है।

तालिका A.17 बर्कशायर हैथअवे 1993 कॉमन स्टॉक पोर्टफोलियो

शेयरों की संख्या	कंपनी	दाम	बाज़ार मूल्य
93,400,400	द कोका-कोला कंपनी	$ 1,023,920	$ 4,167,975
34,250,000	GEICO कॉर्पोरेशन	45,713	1,759,594
24,000,000	द जिलेट कंपनी	600,000	1,431,000
2,000,000	कैपिटल सिटीज़/ABC, इंक	345,000	1,239,000
6,791,218	वेल्ज़ फ़ार्गो एंड कंपनी	423,680	878,614
13,654,600	फ़ेडेरल होम लोन मॉर्टगेज कॉर्प.	307,505	681,023
1,727,765	द वॉशिंगटन पोस्ट कंपनी	9,731	440,148

(क्रमशः)

तालिका A.17

शेयरों की संख्या	कंपनी	दाम	बाज़ार मूल्य
4,350,000	जेनरल डायनामिक्स	94,938	401,287
38,335,000	गिनीज़ पीएलसी	333,019	270,822
	कुल कॉमन स्टॉक	$ 3,183,506	$ 11,269,463

स्रोत: बर्कशायर हैथअवे 1993 वार्षिक रिपोर्ट।

ध्यान दें: डॉलर की मात्रा हज़ारों में है।

तालिका A.18 बर्कशायर हैथअवे 1994 कॉमन स्टॉक पोर्टफोलियो

शेयरों की संख्या	कंपनी	दाम	बाज़ार मूल्य
93,400,000	द कोका-कोला कंपनी	$ 1,023,920	$ 5,150,000
24,000,000	द जिलेट कंपनी	600,000	1,797,000
20,000,000	कैपिटल सिटीज़/ABC, इंक	345,000	1,705,000
34,250,000	GEICO कॉर्पोरेशन	45,713	1,678,250
6,791,218	वेल्ज फ़ार्गो एंड कंपनी	423,680	984,272
27,759,941	अमेरिकन एक्सप्रेस कंपनी	723,919	818,918
13,654,600	फ़ेडेरल होम लोन मॉर्टगेज कॉर्प.	270,468	644,441
1,727,765	द वॉशिंगटन पोस्ट कंपनी	9,731	418,983
19,453,300	पीएनसी बैंक कॉर्पोरेशन	503,046	410,951
6,854,500	गैनेट को, इंक.	335,216	365,002
	कुल कॉमन स्टॉक	$ 4,280,693	$ 13,972,817

स्रोत: बर्कशायर हैथअवे 1994 वार्षिक रिपोर्ट।

ध्यान दें: डॉलर की मात्रा हज़ारों में है।

तालिका A.19 बर्कशायर हैथअवे 1995 कॉमन स्टॉक पोर्टफोलियो

शेयरों की संख्या	कंपनी	दाम	बाज़ार मूल्य
49,456,900	अमेरिकन एक्सप्रेस कंपनी	$ 1,392.70	$ 2,046.30
20,000,000	कैपिटल सिटीज़/ABC, इंक	345.00	2,467.50
100,000,000	द कोका-कोला कंपनी	1298.90	7,425.00
12,502,500	फ़ेडेरल होम लोन मॉर्टगेज कॉर्प.	260.10	1,044.00
34,250,000	GEICO कॉर्पोरेशन	45.70	2,393.20
48,000,000	द जिलेट कंपनी	600.00	2,502.00

(क्रमशः)

तालिका A.19

शेयरों की संख्या	कंपनी	दाम	बाज़ार मूल्य
6,791,218	वेल्ज़ फ़ार्गो एंड कंपनी	423.70	1,466.90
	कुल कॉमन स्टॉक	$ 4,366.10	$ 19,344.90

स्रोत: बर्कशायर हैथअवे 1995 वार्षिक रिपोर्ट।

ध्यान दें: डॉलर की मात्रा मिलियन में है।

तालिका A.20 बर्कशायर हैथअवे 1996 कॉमन स्टॉक पोर्टफोलियो

शेयरों की संख्या	कंपनी	दाम	बाज़ार मूल्य
49,456,900	अमेरिकन एक्सप्रेस कंपनी	$ 1,392.70	$ 2,794.30
200,000,000	द कोका-कोला कंपनी	1,298.90	10,525.00
24,614,214	द वॉल्ट डिज़्नी कंपनी	577.00	1,716.80
64,246,000	फ़ेडेरल होम लोन मॉर्टगेज कॉर्प.	333.40	1,772.80
48,000,000	द जिलेट कंपनी	600.00	3,732.00
30,156,600	मैकडॉनल्ड्ज़ कॉर्पोरेशन	1,265.30	1,368.40
1,727,765	द वॉशिंगटन पोस्ट कंपनी	10.60	579.00
7,291,418	वेल्ज़ फ़ार्गो एंड कंपनी	497.80	1,966.90
	कुल कॉमन स्टॉक	$ 5,975.70	$ 24,455.20

स्रोत: बर्कशायर हैथअवे 1996 वार्षिक रिपोर्ट।

ध्यान दें: डॉलर की मात्रा मिलियन में है।

तालिका A.21 बर्कशायर हैथअवे 1997 कॉमन स्टॉक पोर्टफोलियो

शेयरों की संख्या	कंपनी	दाम	बाज़ार मूल्य
49,456,900	अमेरिकन एक्सप्रेस कंपनी	$ 1,392.70	$ 4,414.00
200,000,000	द कोका-कोला कंपनी	1,298.90	13,337.50
21,563,414	द वॉल्ट डिज़्नी कंपनी	381.20	2,134.80
63,977,600	फ्रेडी मैक	329.40	2,683.10
48,000,00	द जिलेट कंपनी	600.00	4,821.00
23,733,198	ट्रैव्लर्ज़ ग्रुप इंक.	604.40	1,278.60
1,727,765	द वॉशिंगटन पोस्ट कंपनी	10.60	840.60
6,690,218	वेल्ज़ फ़ार्गो एंड कंपनी	412.60	2,270.90
	कुल कॉमन स्टॉक	$ 5,029.80	$ 31,780.50

स्रोत: बर्कशायर हैथअवे 1997 वार्षिक रिपोर्ट।

ध्यान दें: डॉलर की मात्रा मिलियन में है।

तालिका A.22 बर्कशायर हैथअवे 1998 कॉमन स्टॉक पोर्टफोलियो

शेयरों की संख्या	कंपनी	दाम	बाज़ार मूल्य
50,536,900	अमेरिकन एक्सप्रेस कंपनी	$ 1470	$ 5180
200,000,000	द कोका-कोला कंपनी	1299	13,400
51,202,242	द वॉल्ट डिज़्नी कंपनी	281	1,536
60,298,000	फ़्रेडी मैक	308	3,885
96,000,000	द जिलेट कंपनी	600	4,590
1,727,765	द वॉशिंगटन पोस्ट कंपनी	11	999
63,595,180	वेल्ज़ फ़ार्गो एंड कंपनी	392	2,540
	अन्य	2,683	5,135
	कुल कॉमन स्टॉक	$ 7,044	$ 37,265

**कर-आधारित मूल्य का प्रतिनिधित्व करता है जो कि, GAAP मूल्य से कुल $1.5 बिलियन कम है।*

स्रोत: बर्कशायर हैथअवे 1998 वार्षिक रिपोर्ट।

ध्यान दें: डॉलर की मात्रा मिलियन में है।

तालिका A.23 बर्कशायर हैथअवे 1999 कॉमन स्टॉक पोर्टफोलियो

शेयरों की संख्या	कंपनी	दाम	बाज़ार मूल्य
50,536,900	अमेरिकन एक्सप्रेस कंपनी	$ 1,470	$ 8,402
200,000,000	द कोका-कोला कंपनी	1,299	11,650
59,559,300	द वॉल्ट डिज़्नी कंपनी	281	1,536
60,298,000	फ़्रेडी मैक	294	2,803
96,000,000	द जिलेट कंपनी	600	3,954
1,727,765	द वॉशिंगटन पोस्ट कंपनी	11	960
59,136,680	वेल्ज़ फ़ार्गो एंड कंपनी	349	2,391
	अन्य	4,180	6,848
	कुल कॉमन स्टॉक	$ 8,203	$ 37,008

**कर-आधारित मूल्य का प्रतिनिधित्व करता है जो कि, GAAP मूल्य से कुल $1.5 बिलियन कम है।*

स्रोत: बर्कशायर हैथअवे 1999 वार्षिक रिपोर्ट।

ध्यान दें: डॉलर की मात्रा मिलियन में है।

तालिका A.24 बर्कशायर हैथअवे 2000 कॉमन स्टॉक पोर्टफोलियो

शेयरों की संख्या	कंपनी	दाम	बाज़ार मूल्य
151,610,700	अमेरिकन एक्सप्रेस कंपनी	$ 1,470	$ 8,329
200,000,000	द कोका-कोला कंपनी	1,299	12,188
96,000,000	द जिलेट कंपनी	600	3,468
1,727,765	द वॉशिंगटन पोस्ट कंपनी	11	1,066
55,071,380	वेल्ज़ फ़ार्गो एंड कंपनी	319	3,067
	अन्य	6,703	9,501
	कुल कॉमन स्टॉक	$ 10,402	$ 37,619

स्रोत: बर्कशायर हैथअवे 2000 वार्षिक रिपोर्ट।

ध्यान दें: डॉलर की मात्रा मिलियन में है।

तालिका A.25 बर्कशायर हैथअवे 2001 कॉमन स्टॉक पोर्टफोलियो

शेयरों की संख्या	कंपनी	दाम	बाज़ार मूल्य
151,610,700	अमेरिकन एक्सप्रेस कंपनी	$ 1,470	$ 5,410
200,000,000	द कोका-कोला कंपनी	1,299	9,430
96,000,000	द जिलेट कंपनी	600	3,206
15,999,200	एच एंड आर ब्लॉक, इंक	255	715
24,000,000	मूडीज़ कॉर्पोरेशन	499	957
1,727,765	द वॉशिंगटन पोस्ट कंपनी	11	916
53,265,080	वेल्ज़ फ़ार्गो एंड कंपनी	306	2,315
	अन्य	4,103	5,726
	कुल कॉमन स्टॉक	$ 8,543	$ 28,675

स्रोत: बर्कशायर हैथअवे 2001 वार्षिक रिपोर्ट।

ध्यान दें: डॉलर की मात्रा मिलियन में है।

तालिका A.26 बर्कशायर हैथअवे 2002 कॉमन स्टॉक पोर्टफोलियो

शेयरों की संख्या	कंपनी	दाम	बाज़ार मूल्य
151,610,700	अमेरिकन एक्सप्रेस कंपनी	$ 1,470	$ 5,359
200,000,000	द कोका-कोला कंपनी	1,299	8,768
15,999,200	एच एंड आर ब्लॉक, इंक	255	643
24,000,000	मूडीज़ कॉर्पोरेशन	499	991

(क्रमशः)

तालिका A.26

शेयरों की संख्या	कंपनी	दाम	बाज़ार मूल्य
1,727,765	द वॉशिंगटन पोस्ट कंपनी	11	1,275
53,265,080	वेल्ज़ फ़ार्गो एंड कंपनी	306	2,497
	अन्य	4,621	5,383
	कुल कॉमन स्टॉक	$ 9,146	$ 28,363

स्रोत: बर्कशायर हैथअवे 2002 वार्षिक रिपोर्ट।

ध्यान दें: डॉलर की मात्रा मिलियन में है।

तालिका A.27 बर्कशायर हैथअवे 2003 कॉमन स्टॉक पोर्टफोलियो

शेयरों की संख्या	कंपनी	दाम	बाज़ार मूल्य
151,610,700	अमेरिकन एक्सप्रेस कंपनी	$ 1,470	$ 7,312
200,000,000	द कोका-कोला कंपनी	1,299	10,150
96,000,000	द जिलेट कंपनी	600	3,526
14,610,900	एच एंड आर ब्लॉक, इंक	227	809
15,476,500	HCA इंक.	492	665
6,708,760	M&T बैंक कॉर्पोरेशन	103	659
24,000,000	मूडीज़ कॉर्पोरेशन	499	1,453
2,338,961,000	पेट्रोचाइना कंपनी लिमिटेड	488	1,340
1,727,765	द वॉशिंगटन पोस्ट कंपनी	11	1,367
56,448,380	वेल्ज़ फ़ार्गो एंड कंपनी	463	3,324
	अन्य	2,863	4,682
	कुल कॉमन स्टॉक	$ 8,515	$ 35,287

स्रोत: बर्कशायर हैथअवे 2003 वार्षिक रिपोर्ट।

ध्यान दें: डॉलर की मात्रा मिलियन में है।

तालिका A.28 बर्कशायर हैथअवे 2004 कॉमन स्टॉक पोर्टफोलियो

शेयरों की संख्या	कंपनी	दाम	बाज़ार मूल्य
151,610,700	अमेरिकन एक्सप्रेस कंपनी	$ 1,470	$ 8,546
200,000,000	द कोका-कोला कंपनी	1,299	8,328
96,000,000	द जिलेट कंपनी	600	4,299
14,350,600	एच एंड आर ब्लॉक, इंक	233	703

(क्रमशः)

तालिका A.28

शेयरों की संख्या	कंपनी	दाम	बाज़ार मूल्य
6,708,760	M&T बैंक कॉर्पोरेशन	103	723
24,000,000	मूडीज़ कॉर्पोरेशन	499	2,084
2,338,961,000	पेट्रोचाइना "एच" शेयर्स	488	1,249
1,727,765	द वॉशिंगटन पोस्ट कंपनी	11	1,698
56,448,380	वेल्ज़ फ़ार्गो एंड कंपनी	463	3,508
1,724,200	व्हाईट माउंटेन इंश्योरेंस	369	1,114
	अन्य	3,351	5,465
	कुल कॉमन स्टॉक	$ 9,056	$ 37,717

स्रोत: बर्कशायर हैथअवे 2004 वार्षिक रिपोर्ट।

ध्यान दें: डॉलर की मात्रा मिलियन में है

तालिका A.29 बर्कशायर हैथअवे 2005 कॉमन स्टॉक पोर्टफोलियो

शेयरों की संख्या	कंपनी	दाम	बाज़ार मूल्य
151,610,700	अमेरिकन एक्सप्रेस कंपनी	$ 1,287	$ 7,802
30,322,137	अमेरिप्राइज़ फ़ायनैन्शल, इंक.	183	1,243
43,854,200	ऐनह्यूज़र-बुश, इंक.	2,133	1,844
2,000,000	द कोका-कोला कंपनी	1,299	8,062
6,708,760	M&T बैंक कॉर्पोरेशन	103	732
48,000,000	मूडीज़ कॉर्पोरेशन	499	2,084
2,338,961,000	पेट्रोचाइना "एच" शेयर्स	488	1,915
100,000,000	द प्रॉक्टर एंड गैम्बल कंपनी	940	5,788
19,944,300	वॉल-मार्ट स्टोर्ज़, इंक.	944	933
1,727,765	द वॉशिंगटन पोस्ट कंपनी	11	1,322
95,092,200	वेल्ज़ फ़ार्गो एंड कंपनी	2,754	5,975
1,724,200	व्हाईट माउंटेन इंश्योरेंस	369	963
	अन्य	4,937	7,154
	कुल कॉमन स्टॉक	$ 15,947	$ 46,721

स्रोत: बर्कशायर हैथअवे 2005 वार्षिक रिपोर्ट।

ध्यान दें: डॉलर की मात्रा मिलियन में है।

तालिका A.30 बर्कशायर हैथअवे 2006 कॉमन स्टॉक पोर्टफोलियो

शेयरों की संख्या	कंपनी	दाम	बाज़ार मूल्य
151,610,700	अमेरिकन एक्सप्रेस कंपनी	$ 1,287	$ 9,198
36,417,400	ऐनह्यूज़र-बुश, इंक.	1,761	1,792
200,000,000	द कोका-कोला कंपनी	1,299	9,650
17,938,100	कोनोको फ़िलिप्स	1,066	1,291
21,334,900	जॉनसन एंड जॉनसन	1,250	1,409
6,708,760	M&T बैंक कॉर्पोरेशन	103	820
48,000,000	मूडीज़ कॉर्पोरेशन	499	3,315
2,338,961,000	पेट्रोचाइना "एच" शेयर्स	488	3,313
3,486,006	POSCO	572	1,158
100,000,000	द प्रॉक्टर एंड गैम्बल कंपनी	940	6,427
299,707,000	टेस्को पीएलसी	1,340	1,820
31,033,800	यू. एस. बैंकॉर्प	969	1,123
17,072,192	USG कॉर्प	536	936
19,944,300	वॉल-मार्ट स्टोर्ज़, इंक.	942	921
1,727,765	द वॉशिंगटन पोस्ट कंपनी	11	1,288
218,169,300	वेल्ज़ फ़ार्गो एंड कंपनी	3,697	7,758
1,724,200	व्हाईट माउंटेन इंश्योरेंस	369	999
	अन्य	5,866	8,315
	कुल कॉमन स्टॉक	$ 22,995	$ 61,533

स्रोत: बर्कशायर हैथअवे 2006 वार्षिक रिपोर्ट।

ध्यान दें: डॉलर की मात्रा मिलियन में है।

तालिका A.31 बर्कशायर हैथअवे 2007 कॉमन स्टॉक पोर्टफोलियो

शेयरों की संख्या	कंपनी	दाम	बाज़ार मूल्य
151,610,700	अमेरिकन एक्सप्रेस कंपनी	$ 1,287	$ 7,887
35,563,200	ऐनह्यूज़र-बुश, इंक.	1,718	1,861
60,828,818	बर्लिंगटन नॉर्दर्न सैंटा फ़े	4,731	5,063
200,000,000	द कोका-कोला कंपनी	1,299	12,274
17,508,700	कोनोको फ़िलिप्स	1,039	1,546
64,271,948	जॉनसन एंड जॉनसन	3,943	4,287

(क्रमशः)

तालिका A.31

शेयरों की संख्या	कंपनी	दाम	बाज़ार मूल्य
124,393,800	क्राफ़्ट फ़ूड्स, इंक.	4,152	4,059
48,000,000	मूडीज़ कॉर्पोरेशन	499	1,714
3,486,006	POSCO	572	2,136
101,472,000	द प्रॉक्टर एंड गैम्बल कंपनी	1,030	7,450
17,170,953	सनोफ़ी-अवेंटिस	1,466	1,575
227,307,000	टेस्को पीएलसी	1,326	2,156
75,176,026	यू. एस. बैंकॉर्प	2,417	2,386
17,072,192	USG कॉर्प	536	611
19,944,300	वॉल-मार्ट स्टोर्ज़, इंक.	942	948
1,727,765	द वॉशिंगटन पोस्ट कंपनी	11	1,367
303,407,068	वेल्ज़ फ़ार्गो एंड कंपनी	6,677	9,160
1,724,200	व्हाईट माउंटेन इंश्योरेंस	369	886
	अन्य	5,238	7,633
	कुल कॉमन स्टॉक	$ 39,252	$ 74,999

स्रोत: बर्कशायर हैथअवे 2007 वार्षिक रिपोर्ट।

ध्यान दें: डॉलर की मात्रा मिलियन में है।

तालिका A.32 बर्कशायर हैथअवे 2008 कॉमन स्टॉक पोर्टफोलियो

शेयरों की संख्या	कंपनी	दाम	बाज़ार मूल्य
151,610,700	अमेरिकन एक्सप्रेस कंपनी	$ 1,287	$ 2,812
200,000,000	द कोका-कोला कंपनी	1,299	9,054
84,896,273	कोनोको फ़िलिप्स	7,008	4,398
30,009,591	जॉनसन एंड जॉनसन	1,847	1,795
130,272,500	क्राफ़्ट फ़ूड्स, इंक.	4,330	3,498
3,947,554	POSCO	768	1,191
91,941,010	द प्रॉक्टर एंड गैम्बल कंपनी	643	5,684
22,111,966	सनोफ़ी-अवेंटिस	1,827	1,404
11,262,000	स्विस रे	733	530
227,307,000	टेस्को पीएलसी	1,326	1,193
75,145,426	यू. एस. बैंकॉर्प	2,337	1,879

(क्रमशः)

तालिका A.32

शेयरों की संख्या	कंपनी	दाम	बाज़ार मूल्य
19,944,300	वॉल-मार्ट स्टोर्ज़, इंक.	942	1,118
1,727,765	द वॉशिंगटन पोस्ट कंपनी	11	674
304,392,068	वेल्ज़ फ़ार्गो एंड कंपनी	6,702	8,973
	अन्य	6,035	4,870
	कुल कॉमन स्टॉक	$ 37,135	$ 49,073

स्रोत: बर्कशायर हैथअवे 2008 वार्षिक रिपोर्ट।

ध्यान दें: डॉलर की मात्रा मिलियन में है।

तालिका A.33 बर्कशायर हैथअवे 2009 कॉमन स्टॉक पोर्टफोलियो

शेयरों की संख्या	कंपनी	दाम	बाज़ार मूल्य
151,610,700	अमेरिकन एक्सप्रेस कंपनी	$ 1,287	$ 6,143
225,000,000	BYD कंपनी, लिमिटेड	232	1,986
200,000,000	द कोका-कोला कंपनी	1,299	11,400
37,711,330	कोनोको फ़िलिप्स	2,741	1,926
28,530,467	जॉनसन एंड जॉनसन	1,724	1,838
130,272,500	क्राफ़्ट फ़ूड्स, इंक.	4,330	3,541
3,947,554	POSCO	768	2,092
83,128,411	द प्रॉक्टर एंड गैम्बल कंपनी	533	5,040
25,108,967	सनोफ़ी-अवेंटिस	2,027	1,979
234,247,373	टेस्को पीएलसी	1,367	1,620
76,633,426	यू. एस. बैंकॉर्प	2,371	1,725
39,037,142	वॉल-मार्ट स्टोर्ज़, इंक.	1,893	2,087
334,235,585	वेल्ज़ फ़ार्गो एंड कंपनी	7,394	9,021
	अन्य	6,680	8,636
	कुल कॉमन स्टॉक	$ 34,646	$ 59,034

स्रोत: बर्कशायर हैथअवे 2009 वार्षिक रिपोर्ट।

ध्यान दें: डॉलर की मात्रा मिलियन में है।

तालिका A.34 बर्कशायर हैथअवे 2010 कॉमन स्टॉक पोर्टफोलियो

शेयरों की संख्या	कंपनी	दाम	बाज़ार मूल्य
151,610,700	अमेरिकन एक्सप्रेस कंपनी	$ 1,287	$ 6507

(क्रमशः)

तालिका A.34

शेयरों की संख्या	कंपनी	दाम	बाज़ार मूल्य
225,000,000	BYD कंपनी, लिमिटेड	232	1,182
200,000,000	द कोका-कोला कंपनी	1,299	13,154
29,109,637	कोनोको फ़िलिप्स	2,028	1,982
45,022,563	जॉनसन एंड जॉनसन	2,749	2,785
97,214,684	क्राफ़्ट फ़ूड्स, इंक.	3,207	3,063
19,259,600	म्यूनिख़ रे	2,896	2,924
3,947,554	POSCO	768	1,706
72,391,036	द प्रॉक्टर एंड गैम्बल कंपनी	464	4,657
25,848,838	सनोफ़ी-अवेंटिस	2,060	1,656
242,163,773	टेस्को पीएलसी	1,414	1,608
78,060,769	यू. एस. बैंकॉर्प	2,401	2,105
39,037,142	वॉल-मार्ट स्टोर्ज़, इंक.	1,893	2,105
358,936,125	वेल्ज़ फ़ार्गो एंड कंपनी	8,015	11,123
	अन्य	3,020	4,956
	कुल कॉमन स्टॉक	$ 33,733	$ 61,513

स्रोत: बर्कशायर हैथअवे 2010 वार्षिक रिपोर्ट।

ध्यान दें: डॉलर की मात्रा मिलियन में है।

तालिका A.35 बर्कशायर हैथअवे 2011 कॉमन स्टॉक पोर्टफोलियो

शेयरों की संख्या	कंपनी	दाम	बाज़ार मूल्य
151,610,700	अमेरिकन एक्सप्रेस कंपनी	$ 1,287	$ 7,151
200,000,000	द कोका-कोला कंपनी	1,299	13,994
29,100,937	कोनोको फ़िलिप्स	2,027	2,121
63,905,931	इंटर्नैशनल बिज़नस मशींज़ कॉर्प.	10,856	11,751
31,416,127	जॉनसन एंड जॉनसन	1,880	2,060
79,034,713	क्राफ़्ट फ़ूड्स, इंक.	2,589	2,953
20,060,390	म्यूनिख़ रे	2,990	2,464
3,947,555	POSCO	768	1,301
72,391,036	द प्रॉक्टर एंड गैम्बल कंपनी	464	4,829
25,848,838	सनोफ़ी	2,055	1,900

(क्रमशः)

तालिका A.35

शेयरों की संख्या	कंपनी	दाम	बाज़ार मूल्य
291,577,428	टेस्को पीएलसी	1,719	1,827
78,060,769	यू. एस. बैंकॉर्प	2,401	2,112
39,037,142	वॉल-मार्ट स्टोर्ज़, इंक.	1,893	2,333
400,015,828	वेल्ज़ फ़ार्गो एंड कंपनी	9,086	11,024
	अन्य	6,895	9,171
	कुल कॉमन स्टॉक	$ 48,209	$n76,991

स्रोत: बर्कशायर हैथअवे 2011 वार्षिक रिपोर्ट।

ध्यान दें: डॉलर की मात्रा मिलियन में है।

तालिका A.36 बर्कशायर हैथअवे 2012 कॉमन स्टॉक पोर्टफोलियो

शेयरों की संख्या	कंपनी	दाम	बाज़ार मूल्य
151,610,700	अमेरिकन एक्सप्रेस कंपनी	$ 1,287	$ 8,715
400,000,000	द कोका-कोला कंपनी	1,299	14,500
24,123,911	कोनोको फ़िलिप्स	1,219	1,399
22,999,600	डायर्क टीवी	1,057	1,154
68,115,484	इंटर्नैशनल बिज़नस मशींज़ कॉर्प.	11,680	13,048
28,415,250	मूडीज़ कॉर्पोरेशन	287	1,430
20,060,390	म्यूनिख़ रे	2,990	3,599
20,668,118	फ़िलिप्स 66	660	1,097
3,947,555	POSCO	768	1,295
52,477,678	द प्रॉक्टर एंड गैम्बल कंपनी	336	3,563
25,848,838	सनोफ़ी	2,073	2,438
415,510,889	टेस्को पीएलसी	2,350	2,268
78,060,769	यू. एस. बैंकॉर्प	2,401	2,493
54,823,433	वॉल-मार्ट स्टोर्ज़, इंक.	2,837	3,741
456,170,061	वेल्ज़ फ़ार्गो एंड कंपनी	10,906	15,592
	अन्य	7,646	11,330
	कुल कॉमन स्टॉक	$ 49,796	$ 87,662

स्रोत: बर्कशायर हैथअवे 2012 वार्षिक रिपोर्ट।

ध्यान दें: डॉलर की मात्रा मिलियन में है।

टिप्पणियाँ (Notes)

अध्याय 1

पाँच सिग्मा (Five-Sigma) कार्यक्रम विश्व का महानतम निवेशक

1. Carol Loomis, *Tap Dancing to Work: Warren Buffett on Practically Everything, 1966–2012* (New York: Time Inc., 2012), 256.
2. Matthew Bishop and Michael Green, *Philanthrocapitalism: How Giving Can Save the World* (New York: Bloomsbury Press, 2008), 1.
3. Loomis, *Tap Dancing to Work* , 258.
4. Ibid., 261.
5. Bishop and Green, *Philanthrocapitalism* , 75.
6. Loomis, *Tap Dancing to Work* , 149.
7. Ibid., 315.
8. Alice Schroeder, *The Snowball: Warren Buffett and the Business of Life (New York: Random House, 2008)*, 51, 55.
9. Roger Lowenstein, *Buffett: The Making of an American Capitalist* (New York: Random House, 1995), 10.
10. Schroeder, *Snowball* , 62.
11. Ibid.
12. Ibid.
13. Adam Smith, *Supermoney* (Hoboken, NJ: John Wiley & Sons, 2006), 178.
14. Ibid.
15. Loomis, *Tap Dancing to Wor k*, 67.
16. Lowenstein, *Buffett* , 26.
17. Schroeder, *Snowball* , 146. Schroeder references this apt analogy to Plato's cave, which was originally made by Patrick Byrne.
18. John Train, *The Money Masters* (New York: Penguin Books, 1981), 11.
19. John Brooks, *The Go-Go Years* (New York: Weybright & Talley, 1973).
20. Train, *Money Masters* , 12.
21. Berkshire Hathaway Annual Report, 1987, 22.
22. Berkshire Hathaway Annual Report, 2011, 9.
23. Loomis, *Tap Dancing to Work* , 62. The Greek letter sigma is used in statistics to represent standard deviation from the mean, or average. A five-sigma event, measuring five deviations, has a 1 in 3,488,555 chance of happening. Expressed another way, a five-sigma event has a 99.99994 percent chance of being correct.
24. Ibid.

अध्याय 2

वॉरन बफ़े की शिक्षा

1. Adam Smith, *Supermoney* (New York: Random House, 1972), 172.
2. *New York Times* , December 2, 1934, 13D.
3. Benjamin Graham and David Dodd, *Security Analysis* , 3rd ed. (New York: McGraw-Hill, 1951), 38.
4. Ibid., 13.
5. "Ben Graham: The Grandfather of Investment Value Is Still Concerned," *Institutional Investor* , April 1974, 62.
6. Ibid., 61.
7. John Train, *The Money Masters* (New York: Penguin Books, 1981), 60.
8. Philip Fisher, *Common Stocks and Uncommon Profits* (New York: Harper & Brothers, 1958), 11.
9. Ibid., 16.
10. Ibid., 33.
11. Philip Fisher, *Developing an Investment Philosophy* , Financial Analysts Research Foundation, Monograph Number 10, p. 1.
12. Fisher, *Common Stocks* , 13.
13. Fisher, *Developing an Investment Philosophy* , 29.
14. Andrew Kilpatrick, Of *Permanent Value: The Story of Warren Buffett* , rev. ed. (Birmingham, AL: AKPE, 2000), 89.
15. Robert Hagstrom, Investing: *The Last Liberal Art* (New York: Columbia University Press, 2013).
16. Remarks made at the 1997 Berkshire Hathaway annual meeting; quoted in Janet Lowe 's biography of Charlie Munger, *Damn Right!* (New York: John Wiley & Sons, 2000).
17. Andrew Kilpatrick, *Warren Buffett: The Good Guy of Wall Street* (New York: Donald I. Fine, 1992), 38.
18. Robert Lenzner, "Warren Buffett 's Idea of Heaven: 'I Don 't Have to Work with People I Don 't Like,'" *Forbes* , October 18, 1993, 43.
19. Berkshire Hathaway Annual Report, 1989, 21.
20. Ibid.
21. L. J. Davis, "Buffett Takes Stock," *New York Times Magazine* , April 1, 1990, 61.
22. Berkshire Hathaway Annual Report, 1987, 15.
23. Warren Buffett, "The Superinvestors of Graham-and-Doddsville," *Hermes,* Fall 1984.
24. Berkshire Hathaway Annual Report, 1990, 17.
25. Benjamin Graham, *The Intelligent Investor* , 4th ed. (New York: Harper & Row, 1973), 287.
26. Warren Buffett, "What We Can Learn from Philip Fisher," *Forbes* , October 19, 1987, 40.
27. "The Money Men—How Omaha Beats Wall Street," *Forbes* , November 1, 1969, 82.

अध्याय 3

व्यवसाय का अधिग्रहण बारह सनातन नियम

1. Berkshire Hathaway Annual Report, 1987, 14.
2. Robert Lenzner, "Warren Buffett 's Idea of Heaven: 'I Don 't Have to Work with People I Don 't Like," *Forbes* , October 18, 1993.
3. *Fortune* , November 29, 1993, p. 11.
4. Berkshire Hathaway Annual Report, 1987, 7.
5. Berkshire Hathaway Annual Report, 1989, 22.
6. Berkshire Hathaway 1995 annual meeting, as quoted in Andrew Kilpatrick, *Of Permanent Value: The Story of Warren Buffett* , rev. ed. (Birmingham, AL: AKPE, 2004), 1356
7. *St. Petersburg Times* , (December 15, 1999), quoted in Kilpatrick, *Of Permanent Value* (2004), 1356.
8. *Fortune* , (November 22, 1999), quoted in Kilpatrick, *Of Permanent Value* (2004), 1356.
9. Berkshire Hathaway 1996 annual meeting, Kilpatrick (2004), 1344.
10. Berkshire Hathaway Annual Report, 1982, 57.
11. Lenzner, "Warren Buffett 's Idea of Heaven."
12. Berkshire Hathaway Annual Report, 1989.
13. Carol Loomis, "The Inside Story of Warren Buffett," *Fortune* , April 11, 1988.
14. Berkshire Hathaway Annual Report, 1988, 5.
15. Berkshire Hathaway Annual Report, 1986, 5.
16. Kilpatrick, *Of Permanent Value* (2000), 89.
17. Berkshire Hathaway Annual Report, 1989, 22.
18. Linda Grant, "The $4 Billion Regular Guy," *Los Angeles Times* , April 17. 1991 (magazine section), 36.
19. Lenzner, "Warren Buffett 's Idea of Heaven."
20. Berkshire Hathaway Annual Report, 1985, 9.
21. Berkshire Hathaway Annual Report, 1987, 20.
22. Ibid., 21.
23. Berkshire Hathaway Annual Report, 1984, 15.
24. Berkshire Hathaway Annual Report, 1986, 25.
25. Carol Loomis, *Tap Dancing to Work: Warren Buffett on Practically Everything, 1966–2012* (New York: Time Inc., 2012).
26. Berkshire Hathaway Annual Report, 1990, 16.
27. Berkshire Hathaway Letters to Shareholders, 1977–1983, 52.
28. Berkshire Hathaway Annual Report, 1989, 5.
29. Jim Rasmussen, "Buffett Talks Strategy with Students," *Omaha World Herald*, January 2, 1994, 26.
30. Berkshire Hathaway Annual Report, 1992, 14.
31. Berkshire Hathaway Letters to Shareholders, 1977–1983, 53.
32. Lowenstein, *Buffett: The Making of an American Capitalist* (New York: Random House, 1995), 323.
33. Berkshire Hathaway Letters to Shareholders, 1977–1983, 82.

अध्याय 4

सामान्य शेयरों की ख़रीद नौ मामलों का अध्ययन

1. Mary Rowland, "Mastermind of a Media Empire," *Working Women,* November 11, 1989, 115.
2. The Washington Post Company Annual Report, 1991, 2.
3. Berkshire Hathaway Annual Report, 1992, 5
4. Berkshire Hathaway Annual Report, 1985, 19
5. Chalmers M. Roberts, *The Washington Post: The First 100 Years* (Boston: Houghton Mifflin, 1977), 449.
6. Berkshire Hathaway Annual Report, 1991, 8.
7. Ibid., 9
8. William Thorndike Jr., *The Outsiders: Eight Unconventional CEOs and Their Radically Rational Blueprint for Success* (Boston: Harvard Business Review Press, 2012), 9.110
9. Carol Loomis, "An Accident Report on GEICO," *Fortune,* June 1976, 120.
10. Although the 1973–1974 bear market might have contributed to part of GEICO 's earlier fall, its decline in 1975 and 1976 was all of its own making. In 1975, the Standard & Poor 's 500 Index began at 70.23 and ended the year at 90.9. The next year, the stock market was equally strong. In 1976, the stock market rose and interest rates fell. GEICO 's share price decline had nothing to do with the financial markets
11. Beth Brophy, "After the Fall and Rise," *Forbes,* February 2, 1981, 86
12. Lynn Dodds, "Handling the Naysayers," *Financial World,* August 17, 1985, 42
13. Berkshire Hathaway Letters to Shareholders, 1977–1983, 33
14. Andrew Kilpatrick, *Warren Buffett: The Good Guy of Wall Street* (New York: Donald Fine, 1992), 102.
15. Anthony Bianco, "Why Warren Buffett Is Breaking His Own Rules," *BusinessWee*k, April 15, 1985, 34.
16. Berkshire Hathaway Annual Report, 1991, 8.
17. Bianco, "Why Warren Buffett Is Breaking His Own Rules."
18. Dennis Kneale, "Murphy & Burke," *Wall Street Journal*, February 2, 1990, 1.
19. Capital Cities/ABC Inc. Annual Report, 1992.
20. "A Star Is Born," *BusinessWeek*, April 1, 1985, 77.
21. Anthony Baldo, "CEO of the Year Daniel B. Burke," *Financial World,* April 2, 1991, 38.
22. Berkshire Hathaway Annual Report, 1985, 20
23. Roger Lowenstein, *Buffett: The Making of an American Capitalist* (New York: Random House, 1995), 323.
24. Berkshire Hathaway Annual Report, 1993, 14.
25. Kilpatrick, *Warren Buffett: The Good Guy of Wall Street*, 123
26. Mark Pendergrast, *For God, Country and Coca-Cola* (New York: Scribners, 1993)
27. Art Harris, "The Man Who Changed the Real Thing," *Washington Post,* July 22, 1985, B1
28. "Strategy of the 1980s," Coca-Cola Company.
29. Ibid.

30. Berkshire Hathaway Annual Report, 1992, 13
31. Ibid.
32. John Dorfman, "Wells Fargo Has Bulls and Bears; So Who 's Right?," *Wall Street Journal, November 1, 1990, C1*
33. Ibid.
34. John Liscio, "Trading Points," *Barron 's,* October 29, 1990, 51.
35. Berkshire Hathaway Letters to Shareholders, 1977–1983, 15.
36. Berkshire Hathaway Annual Report, 1990, 16.
37. Reid Nagle, "Interpreting the Banking Numbers," in *The Financial Services Industry—Banks, Thrifts, Insurance Companies, and Securities Firms,* ed. Alfred C. Morley, 25–41 (Charlottesville, VA: Association of Investment Management and Research, 1991).
38. "CEO Silver Award," *Financial World,* April 5, 1988, 92.
39. Gary Hector, "Warren Buffett 's Favorite Banker," *Forbes,* October 18, 1993, 46.
40. Berkshire Hathaway Annual Report, 1990, 16.
41. Ibid.
42. Ibid.
43. R. Hutchings Vernon, "Mother of All Annual Meetings," *Barron 's,* May 6, 1991
44. John Taylor, "A Leveraged Bet," *Forbes,* April 15, 1991, 42.
45. Berkshire Hathaway Annual Report, 1994, 17
46. Dominic Rushe, "Warren Buffett Buys $10bn IBM Stake," *The Guardian,* November 14, 2011.
47. Berkshire Hathaway Annual Report, 2011, 7.
48. Ibid.
49. Ibid., 6
50. Ibid., 7.
51. Rushe, "Warren Buffett Buys $10bn IBM Stake."
52. I am grateful to Grady Buckett, CFA, director of technology at Morningstar, for his tutorial.
53. Steve Lohr, "IBM Delivers Solid Quarterly Profits," *New York Times,* July 18, 2012.
54. Berkshire Hathaway Annual Report, 2011, 7.
55. Quote from Warren Buffett on CNBC, February 14, 2013
56. Michael de La Merced and Andrew Ross Sorkin, "Berkshire and 3G Capital in a $23 Billion Deal for Heinz," *New York Times,* February 19, 2013.
57. Berkshire Hathaway Annual Report, 1987, 15.

अध्याय 5

पोर्टफोलियो प्रबंधन: निवेश की गणितीय विधा

1. Conversation with Warren Buffett, August 1994.
2. Dan Callaghan, Legg Mason Capital Management/Morningstar Mutual Funds.
3. Berkshire Hathaway Annual Report, 1993, 15.
4. Ibid.
5. Conversation with Warren Buffett, August 1994.

6. *Outstanding Investor Digest*, August 10, 1995, 63.
7. Ibid.
8. Peter L. Bernstein, *Against the Gods* (New York: John Wiley & Sons, 1996), 63.
9. Ibid.
10. Ibid.
11. *Outstanding Investor Digest*, May 5, 1995, 49.
12. Robert L. Winkler, *An Introduction to Bayesian Inference and Decision* (New York: Holt, Rinehart & Winston, 1972), 17.
13. Andrew Kilpatrick, *Of Permanent Value*: The Story of Warren Buffett (Birmingham, AL: AKPE, 1998), 800.
14. *Outstanding Investor Digest,* April 18, 1990, 16.
15. Ibid.
16. *Outstanding Investor Digest,* June 23, 1994, 19.
17. Edward O. Thorp, Beat the Dealer: *A Winning Strategy for the Game of Twenty-One* (New York: Vintage Books, 1962).
18. I am indebted to Bill Miller for pointing out the J. L. Kelly growth model.
19. C. E. Shannon, "A Mathematical Theory of Communication," *Bell System Technical Journal* 27, no. 3 (July 1948).
20. J. L. Kelly Jr., "A New Interpretation of Information Rate," *Bell System Technical Journal* 35, no. 3 (July 1956).
21. *Outstanding Investor Digest,* May 5, 1995, 57.
22. Andrew Beyer, *Picking Winners: A Horse Player's Guide* (New York: Houghton Mifflin, 1994), 178.
23. *Outstanding Investor Digest,* May 5, 1995, 58.
24. Benjamin Graham, *The Memoirs of the Dean of Wall Street* (New York: McGraw-Hill, 1996), 239.
25. The speech was adapted as an article in the Columbia Business School's publication Hermes (Fall 1984), with the same title. The remarks directly quoted here are from that article.
26. Warren Buffett, "The Super investors of Graham-and-Doddsville," *Hermes,* fall 1984. The super investors Buffett presented in the article included Walter Scholes, who worked at Graham-Newman Corporation in the mid-1950s, along with Buffett; Tom Knapp, another Graham-Newman alumnus, who later formed Tweedy, Browne Partners with Ed Anderson, also a Graham follower; Bill Rune, a former Graham student who went on to establish the Sequoia Fund with Rick Caniff; Buffett's partner Charlie Munger; Rick Guerin of Pacific Partners; and Stan Perlmeter of Perlmeter Investments.
27. Berkshire Hathaway Annual Report, 1991, 15.
28. Jess H. Chua and Richard S. Woodward, "J. M. Keynes 's Investment Performance: A Note," *Journal of Finance* 38, no. 1 (March 1983).
29. Ibid.
30. Ibid.
31. Buffett, "Superinvestors."
32. Ibid.
33. Ibid.

34. Sequoia Fund Annual Report, 1996.
35. Solveig Jansson, "GEICO Sticks to Its Last," Institutional Investor, July 1986, 130.
36. Berkshire Hathaway Annual Report, 1986, 15.
37. Berkshire Hathaway Annual Report, 1995, 10.
38. The research described here was conducted with Joan Lamm-Tennant, PhD, at Villanova University.
39. K. J. Martijn Cremers and Antti Petajisto, "How Active Is Your Fund Manager? A New Measure That Predicts Performance," Yale ICF Working Paper No. 06-14, March 31, 2009.
40. "Active Funds Come out of the Closet," Barron 's , November 17, 2012.
41. Buffett, "Superinvestors."
42. Joseph Nocera, "Who 's Got the Answers?," Fortune , November 24, 1997, 329.
43. Ibid.
44. V. Eugene Shahan, "Are Short-Term Performance and Value Investing Mutually Exclusive?," Hermes , Spring 1986.
45. Sequoia Fund, Quarterly Report, March 31, 1996.
46. A Warren Buffett widely quoted remark.
47. Berkshire Hathaway Annual Report, 1987, 14.
48. Ibid.
49. Ibid.
50. Berkshire Hathaway Annual Report, 1981, 39.
51. Benjamin Graham and David Dodd, Security Analysis , 3rd ed. (New York: McGraw-Hill, 1951).
52. Berkshire Hathaway Annual Report, 1987, 15.
53. Berkshire Hathaway Annual Report, 1991, 8.
54. Ibid.
55. Outstanding Investor Digest , August 10, 1995, 10.
56. Berkshire Hathaway Annual Report, 1991, 15.
57. Berkshire Hathaway Annual Report, 1996.
58. Robert Jeffrey and Robert Arnott, "Is Your Alpha Big Enough to Cover Its Taxes?," Journal of Portfolio Management , Spring 1993.
59. Ibid.
60. Brett Duval Fromson, "Are These the New Warren Buffetts?," Fortune , October 30, 1989, from Carol Loomis, Tap Dancing to Work: Warren Buffett on Practically Everything, 1966–2012 (New York: Time Inc., 2012), 101.

अध्याय 6

निवेश का मनोविज्ञान

1. *Outstanding Investor Digest* , August 10, 1995, 11.
2. Benjamin Graham, *The Intelligent Investor* (New York: Harper & Row, 1973), 106.
3. Jonathan Fuerbringer, "Why Both Bulls and Bears Can Act So Bird-Brained," *New York Times* , March 30, 1997, section 3, p. 6.

4. Jonathan Burton, "It Just Ain 't Rational," *Fee Advisor,* September/October 1996, 26.
5. Brian O 'Reilly, "Why Can 't Johnny Invest?," *Fortune* , November 9, 1998, 73.
6. Fuerbringer, "Why Both Bulls and Bears Can Act So Bird-Brained."
7. Larry Swedore, "Frequent Monitoring of Your Portfolio Can Be Injurious to Your Health," www.indexfunds.com/articles/20021015_myopic_com_gen_LS.htm.
8. Shlomo Benartzi and Richard Thaler, "Myopic Loss Aversion and the Equity Risk Premium," *Quarterly Journal of Economics* 110, no. 1 (February 1995): 73–92.
9. Berkshire Hathaway Annual Report, 1984, 14.
10. Graham, Intelligent Investor .
11. Ibid.
12. For a comprehensive and well-written historical summary of the development of modern finance, see Peter Bernstein, *Capital Ideas: The Improbable Origins of Modern Wall Street* (New York: Free Press, 1992).
13. Berkshire Hathaway Annual Report, 1993, 13.
14. Ibid.
15. *Outstanding Investor Digest* , June 23, 1994, 19.
16. *Outstanding Investor Digest* , August 8, 1996, 29.
17. Berkshire Hathaway Annual Report, 1988, 18.
18. Ibid.
19. Andrew Kilpatrick, Of Permanent Value: *The Story of Warren Buffett* (Birmingham, AL: AKPE, 1988), 683.

अध्याय 7

धैर्य की अहमियत

1. Andrei Shleifer and Robert Vishny, "The New Theory of the Firm: Equilibrium Short Horizons of Investors and Firms," *American Economic Review, Paper and Proceedings* 80, no. 2 (1990): 148–153.
2. Ibid.
3. Keith Stanovich, *What Intelligence Tests Miss: The Psychology of Rational Thought* (New Haven: Yale University Press, 2009). Also see Keith Stanovich, "Rationality versus Intelligence," Project Syndicate (2009-04-06), www.project-syndicate.org
4. Keith Stanovich, "Rational and Irrational Thought: The Thinking That IQ Tests Miss," *Scientific American Mind* (November/December 2009), 35.
5. Jack Treynor, *Treynor on Institutional Investing* (Hoboken, NJ: John Wiley & Sons, 2008), 425.
6. Ibid., 424.
7. Ibid.
8. Daniel Kahneman, *Thinking Fast and Slow* (New York: Farrar, Straus & Giroux, 2011), 4.
9. The bat costs $1.05 and the ball costs $0.05. It takes 5 minutes for 100 machines to make 100 widgets. It will take 47 days for the lily pad patch to cover half the lake.
10. D. N. Perkins, "Mindware and Metacurriculm," *in Creating the Future: Perspectives on Educational Change* , comp. and ed. Dee Dickinson (Baltimore: Johns Hopkins University School of Education, 2002).

11. Ilia Dicher, Kelly Long, and Dexin Zhou, "The Dark Side of Trading," Emory University School of Law, Research Paper No. 11, 95–143.
12. Carol Loomis, *Tap Dancing to Work: Warren Buffett on Practically Everything, 1966–2012* (New York: Time Inc., 2012), 101.

अध्याय 8

निवेश का मनोविज्ञान

1. Roger Lowenstein, *Buffett: The Making of an American Capitalist* (New York: Random House, 1995), 20.
2. John Pratt and Richard Zeckhauser, eds., *Principals and Agents: The Structure of Business* (Boston: Harvard Business School Press, 1985).
3. Carol Loomis, *Tap Dancing to Work: Warren Buffett on Practically Everything, 1966–2012* (New York: Time Inc., 2012), 101.
4. Conversation with Carol Loomis, February 2012.
5. Lowenstein, *Buffett* .
6. Loomis, *Tap Dancing to Work* , 134.
7. Carol Loomis, "Inside Story of Warren Buffett," *Fortune* , April 11, 1988, 34.
8. Berkshire Hathaway Annual Report, 1996, 16.
9. Berkshire Hathaway Annual Report, 1993, 15.
10. William N. Thorndike Jr., *The Outsiders: Eight Unconventional CEOs and Their Radically Rational Blueprint for Success* (Boston: Harvard Business Review Press, 2012), 194.
11. Ibid.
12. Berkshire Hathaway Annual Report, 1933, 16.
13. Ibid.
14. Ibid., 14.
15. Ibid.
16. George Johnson, Fire in the Mind: *Science, Faith, and the Search for Order* (New York: Vintage Books, 1995), 104.
17. Andrew Kilpatrick, *Of Permanent Value: The Story of Warren Buffett* (Birmingham, AL: APKE, 1998), 794.
18. Ron Chernow, *The Death of the Banker: The Decline and Fall of the Great Financial Dynasties and the Triumph of Small Investors* (New York: Vintage Books, 1997).
19. Berkshire Hathaway Annual Report, 1987, 15.
20. Robert Lenzner, "Warren Buffett 's Idea of Heaven: 'I Don 't Have to Work with People I Don 't Like,'" *Forbes* , October 18, 1993, 40.
21. Berkshire Hathaway Annual Report, 1992, 16.

आभार

जैसा कि मैंने पहले कई बार कहा है, 'द वॉरन बफ़े वे' की सफलता, स्वयं वॉरन बफ़े की महानता का साक्ष्य है। उनकी वाक्पटुता, सत्यनिष्ठा व बौद्धिक क्षमता ने विश्व भर में करोड़ों निवेशकों को प्रभावित किया है। यह गुणों का एक ऐसा अद्वितीय मेल है, जो वॉरन बफ़े को निवेशकों के मध्य आज का सबसे लोकप्रिय प्रेरणास्रोत तथा इतिहास का महानतम निवेशक बनाता है।

सर्वप्रथम तो मैं वॉरन बफ़े को उनकी शिक्षाओं के लिए तथा मुझे अपनी कॉपीराइट की हुई सामग्रियों के प्रयोग की अनुमति देने के लिए धन्यवाद देना चाहूँगा। जो श्री वॉरन बफ़े कह चुके हैं, उसमें कोई सुधार करना असम्भव है। इस पुस्तक के पाठक सौभाग्यशाली हैं कि उन्हें बफ़े द्वारा कही गई बातों को किसी अन्य व्यक्ति की व्याख्या के बिना पढ़ने का अवसर प्राप्त हो रहा है। मैं डेबी बोसनेक को भी धन्यवाद देना चाहूँगा कि उन्होंने अपनी अति व्यस्तता के बावजूद भी सम्पर्क की निरंतरता को बरकरार रखा।

मैं चार्ली मंगर को निवेश के अध्ययन में उनके बौद्धिक योगदान के लिए भी धन्यवाद देना चाहूँगा। 'ग़लत निर्णय लेने के मनोविज्ञान' तथा 'मानसिक तंत्र की संरचना' के विषय में उनके विचार अति महत्त्वपूर्ण हैं तथा इन्हें सभी का अध्ययन किया जाना चाहिए। चार्ली को मैं उनके साथ हुई मेरी चर्चाओं व उनके द्वारा मुझे दिए गए प्रोत्साहन के लिए आभार प्रकट करता हूँ।

मैं कैरल लूमिस का भी तहे दिल से आभारी हूँ। श्री बफ़े ने जब अपनी साझेदारी फ़र्म का आरम्भ किया था, उससे दो वर्ष पूर्व कैरल ने फ़ॉर्च्यून पत्रिका में बतौर सहयोगी शोधकर्ता अपने करियर की शुरुआत की थी। आज वह फ़ॉर्च्यून पत्रिका की वरिष्ठ सम्पादक हैं, न्यू यॉर्क टाइम्ज़ की सर्वाधिक बिक्री होने वाली पुस्तकों की सूची में शामिल पुस्तकों के लेखकों में से एक हैं, तथा अमेरिका की एक महान पत्रकार हैं। और जैसा कि आप में से कई लोग जानते होंगे, वह

बर्कशायर हैथअवे की वार्षिक रिपोर्टों का सम्पादन कर रही हैं। कैरल के प्रारम्भिक प्रोत्साहन भरे शब्दों का धन्यवाद प्रकट करने के लिए मेरे पास शब्द नहीं हैं।

मैं 'परमानेंट वैल्यू: द स्टोरी ऑफ़ वॉरन बफ़े' के लेखक एंडी किल्पैट्रिक को विशेष रूप से धन्यवाद देना चाहूँगा। जब भी मैं किसी तथ्य अथवा घटना को लेकर भ्रमित हुआ, मैंने एंडी की पुस्तक का सहारा लिया। और यदि मुझे फिर भी सहायता की आवश्यकता पड़ती तो मैं एंडी को फ़ोन करता, जो तुरंत ही मेरी सहायता करते। एंडी एक भद्र पुरुष हैं और मैं इन्हें बर्कशायर हैथअवे का आधिकारिक इतिहासकार मानता हूँ।

जब आप तीस वर्ष से भी अधिक समय से बर्कशायर हैथअवे परिवार के सदस्य रहे हों, तो आपको हज़ारों वार्ताओं, पत्रों व ईमेल्स के द्वारा उससे जुड़े रहने का सौभाग्य प्राप्त हुआ होगा। एक बार भी मुझे किसी अप्रिय वार्ता की स्मृति नहीं है जो कि बर्कशायर में निष्ठा रखने वालों के विषय में बहुत कुछ बताता है। इसी बात को ध्यान में रखते हुए मैं चक आकर, जैक बोगल, डेविड ब्रेवर्मन, जेमी क्लार्क, बॉब कोल्मन, लैरी कनिंघम, क्रिस डेविस, पैट डॉर्सी, चार्ल्ज़ एलिस, हेनरी एमर्सन, केन फ़िशर, फ़िल फ़िशर, बॉब गोल्डफ़ार्ब, बर्टन ग्रे, मेसन हॉकिंज़, अजित जैन, जोन लाम-टेनंट वर्जिन्या लीथ, जान लॉय्ड, पोल लूंतज़िस, जैनेट लो, पीटर लिंच, माइकल मौबूस्सिन, रॉबर्ट माइल्ज़, बिल मिलर, एरिका पीटर्सन, लारी पिजन, लीसा रपुआनो, लॉरा रिट्टेनहौस, जान रॉथ्चायल्ड, बिल रूऐन, टॉम रूसो, ऐलिस श्रोडर, लू सिंपसन, एड थोर्प, वॉली वाइट्ज़, एवं डेविड विंटर्ज़ का आभार व्यक्त करना चाहूँगा।

एक परम प्रिय मित्र, चार्ल्ज़ ई. हैल्डेमन जूनियर एड का भी आभारी हूँ जो आरंभ से ही मेरे साथ थे। मुझे याद है कि एक दिन मैंने उनसे पूछा था कि, मैं MBA करूँ कि वॉरन बफ़े पर पुस्तक लिखूँ। एड ने कहा था "पुस्तक लिखो!" वह अच्छी सलाह थी। एड ने मूल पांडुलिपि पढ़ी और कई सुझाव दिए जिनसे पुस्तक में काफ़ी सुधार हुआ। धन्यवाद एड।

मैं जॉन वाइली एंड सन्स का आभारी हूँ न केवल 'द वॉरन बफ़े वे' को प्रकाशित करने के लिए बल्कि उनके पिछले बीस वर्षों से इस पुस्तक के प्रति अटल समर्थन एवं अथक निष्ठा के लिए भी। वाइली के सभी कर्मचारी कर्मठ हैं। मैं आरम्भ करता हूँ माइल्ज़ थॉम्प्सन का आभार प्रकट करते हुए जिन्होंने एक नए लेखक को मौक़ा देने का निर्णय किया। मैं जेनिफ़र पिनकॉट, मेरी डैनिएलो, जोन ओ'नील, पामेला वैन गीसेन, तथा वर्तमान टीम के सदस्य केविन कमिंज़ व जूडी हावर्थ को धन्यवाद देना चाहूँगा।

एक बार फिर और सदा से ही, मैं अपनी एजेंट, सेबस्टीयन लिटरेरी एजेन्सी की लॉरी हार्पर का बहुत ऋणी हूँ। लॉरी आदर्श एजेंट हैं। वह कुशाग्र-बुद्धि, निष्ठावान व प्रसन्नचित्त हैं तथा सदा ही अपने सारे कार्य उत्कृष्ट सत्यनिष्ठा से करती हैं। उससे भी अधिक, वह अपनी ओर से अतिरिक्त प्रयास करती हैं जिससे कि हमारा साथ में किया गया काम उच्च कोटि का हो। एक शब्द में कहूँ तो, लॉरी विशेष हैं।

बीस वर्ष पहले, माइल्ज़ थॉम्प्सन ने मेरी पुस्तक का पहला ड्राफ़्ट मैगी स्टकी को भेज कर कहा कि क्या वह अपने कौशल का प्रयोग कर एक नए लेखक की सहायता कर सकती हैं। तब से अब तक, मैगी और मैंने एक साथ नौ पुस्तकों पर काम किया है और मैं अक्सर सोचता हूँ कि यदि उन्होंने पुस्तक लेखन में साझेदार बनना न स्वीकार किया होता तो क्या होता। यद्यपि हमारे बीच एक पूरे महाद्वीप का फ़ासला है, मैं सदा ही आश्चर्य करता हूँ कि मैगी कैसे मेरी लिखी हुई सामग्री से तुरंत ही तदात्मय स्थापित कर लेती हैं। वह प्रत्येक अध्याय पर अथक परिश्रम करती हैं, सदा यह खोज करते हुए कि कैसे वह मेरे द्वारा प्रेषित सामग्री को संरचित एवं सरल शब्दों में अभिव्यक्त कर सकती हैं। मैगी स्टकी अपने काम में सर्वश्रेष्ठ हैं।

किसी पुस्तक की रचना के विचार को अमल में लाने वाला व्यक्ति जानता है कि, इस कार्य का अर्थ है अपने परिवार के साथ बिताए जाने वाले समय को घंटों अकेले बिताना। लेखन की प्रक्रिया, लेखक से अधिक उसके परिवार से त्याग की अपेक्षा करती है। मैं अपने बच्चों से बहुत प्रेम करता हूँ और अपनी पत्नी मैगी के प्रति सदा कृतज्ञ हूँ, जो मेरे और मेरे परिवार के प्रति अपनी निष्ठा में कभी भी पीछे नहीं हटती। जिस दिन मैंने उससे कहा कि मैं एक पुस्तक लिखने की सोच रहा हूँ, वह मुस्कुराई और मुझे भरोसा दिलाया कि यह काम मैं कर सकता हूँ। उसके सतत प्रेम के कारण सब कुछ सम्भव हो जाता है। यद्यपि इस सूची में मेरा परिवार सबसे अंत में आया है, तथापि वह मेरे हृदय में सदैव प्रथम है।

इस पुस्तक में जो भी उत्तम तथा सही है, उसके लिए यहाँ उल्लिखित व्यक्ति पाठकों के धन्यवाद के पात्र हैं। किसी भी भूल अथवा चूक के लिए मैं स्वयं उत्तरदायी हूँ।

रॉबर्ट जी. हैग्स्ट्रम

वेबसाइट के विषय में

वॉरन बफ़े की निवेश पद्धति को आज के बाज़ारों में प्रयोग करने हेतु अधिक जानकारी के लिए कृपया www.thewarrenbuffettway.com पर लॉगिन करें। इस वेबसाइट में:

- किसी भी शेयर का मूल्यांकन करने हेतु एक इंटरैक्टिव टूल
- बर्कशायर हैथअवे द्वारा ख़रीदे गए सभी शेयरों की अद्यतन सूची
- वॉरन बफ़े से संबंधित समाचार एवं परिचर्चा मंच
- वॉरन बफ़े की जीवनी, उनकी निवेश प्रक्रिया का सार तथा उनके सबसे लोकप्रिय उद्धरण
- वॉरन बफ़े से संबंधित अन्य उत्पाद, जिसमें एक वीडियो तथा संबंधित पुस्तकें शामिल हैं

यह वेबसाइट इस पुस्तक का एक मूल्यवान विस्तार है, जो आपको ऐसे साधन, सूचना व टीका-टिप्पणी उपलब्ध करवाएगी जो वॉरन बफ़े की तरह निवेश करने के लिए आवश्यक हैं।

लेखक परिचय

रॉबर्ट हैग्स्ट्रम सामान्य जनता के लिए वित्तीय निवेश संबंधी पुस्तकों के सर्वाधिक प्रसिद्ध लेखकों में से एक हैं। उन्होंने नौ पुस्तकों का लेखन किया है, जिनमें न्यू यॉर्क टाइम्ज़ की सर्वाधिक बिकने वाली पुस्तकों की सूची में शुमार 'द वॉरन बफ़े वे' तथा 'द वॉरन बफ़े पोर्टफोलियो: मास्टरिंग द पावर ऑफ़ द फ़ोकस इन्वेस्टमेंट स्ट्रैटेजी' शामिल हैं। उन्होंने 'द नैसकार (NASCAR) वे: द बिज़नस दैट ड्राइव्ज़ द स्पोर्ट', 'द डिटेक्टिव एंड द इन्वेस्टर: अनकवरिंग इन्वेस्टमेंट टेक्नीक्स फ़्रॉम द लेजेंडेरी स्लूथ्स', एवं 'इन्वेस्टिंग: द लास्ट लिबरल आर्ट' शीर्षक से प्रकाशित पुस्तकों का भी लेखन किया है। रॉबर्ट ने विलानोवा यूनिवर्सिटी से स्नातक एवं स्नातकोत्तर की उपाधि प्राप्त की है तथा वह अधिकृत वित्तीय विश्लेषण भी हैं। वह अपने परिवार के साथ विलानोवा, पेंसिलवेनिया में रहते हैं। http://RobertHagstrom.com उनकी वेबसाइट है।